111 GRÜNDE, NEUSEELAND ZU LIEBEN

Jenny Menzel

111 Gründe, Neuseeland zu lieben

Eine Liebeserklärung an das schönste Land der Welt

SCHWARZKOPF & SCHWARZKOPF

Inhalt

Vorwort

Nau mai, haere mai – willkommen in Neuseeland!

Gibt es überhaupt so etwas wie Liebe auf den ersten Blick? Als Teenager, mit grün gefärbten und kurz rasierten Haaren, habe ich diese Frage stets verächtlich verneint. Verliebte waren nicht mehr als bemitleidenswerte Opfer eines Cocktails aus Hormonen, oder? Dann kam ich nach Neuseeland und es war um mich geschehen.

Inzwischen bin ich schon lange kein Teenager mehr, glücklich mit meiner Jugendliebe verheiratet und Mutter einer alles besser wissenden Teenie-Tochter sowie von zwei weiteren Kindern, die mich auf fast jede Reise begleiten. An Liebe auf den ersten Blick glaube ich immer noch nicht – mit einer großen Ausnahme.

Im Lauf der vergangenen Jahre habe ich einige Länder bereist, die mich faszinieren und in die ich immer wieder gern zurückkehre, weil ich mich dort so wohlfühle. Die Liste meiner »Hier würde ich gern mal länger bleiben«-Kandidaten reicht von Spanien über Kambodscha bis nach Japan. Aber kein Land hat mich so unmittelbar gepackt und nicht mehr losgelassen wie Neuseeland. Ich fühle tatsächlich eine Art Splitter in meinem Herzen, der dort seit 2002 sitzt und mich Neuseeland nicht vergessen lässt.

Woran es gelegen hat, dass ich dort vom ersten Tag an durchgehend glücklich war, mit einem leicht dämlichen Grinsen herumlief und erst nach mehreren Wochen erstaunt bemerkte, dass ich mich noch kein einziges Mal über die üblichen Alltagskleinigkeiten geärgert hatte? Wie es sein kann, dass ich in Neuseeland an jeder Straßenecke denke, gern für immer bleiben zu wollen? Wieso ich dort großzügig über Wetterkapriolen, schlechtes Brot und die stets lauernde Gefahr von Erdbeben und anderen Naturkatastrophen hinwegsehe? Warum es mir egal ist, dass ich zwei Tage am Stück in einem engen Flugzeug sitzen muss, um hinzukommen?

So richtig erklären kann ich es mir nicht – aber so ist das in der Liebe ja immer. Stattdessen genügt die bloße Erwähnung des Wortes »Neuseeland«, und mir wird warm im Bauch. Mit meiner Neuseelandliebe bin ich nicht allein. Immer mehr Menschen aus aller Welt reisen dorthin, in den nächsten Jahren soll die Vier-Millionen-Marke geknackt werden. Die überwältigende Mehrheit von ihnen (statistisch erwiesen!) ist so verzaubert wie ich. Ich muss mir meine große Liebe also mit sehr vielen anderen teilen; eine schwierige Situation.

Das hat aber auch Vorteile: Ich finde immer Menschen, die genauso für Neuseeland brennen wie ich. Sitzt man bei einem »flat white« oder einem neuseeländischen Wein zusammen, findet das gemeinsame Schwärmen kein Ende. Schaue ich mit meiner Familie die *Herr der Ringe*-Filme an, seufzen wir unisono auf, sobald wieder eine bekannte Gegend hinter den Hobbits auftaucht. Noch besser, wenn ein Neuseeland-Neuling in der Runde ist: Dem erzählen wir dann so lange Reiseanekdoten von den kauzigen Kiwis und den grandiosen Naturwundern, bis er oder sie wie in Trance einen Flug bucht.

Wer liebt, der will halt jedem davon erzählen. Aus dem Grund habe ich nach unserer Familien-Auszeit in Neuseeland meinen Reiseblog *Weltwunderer* gestartet, der inzwischen für Familien zur festen Anlaufstelle bei der Reisevorbereitung geworden ist. Das Buch, das Sie hier in der Hand halten, ist etwas ganz anderes: Es enthält keine konkreten Reisetipps, sondern vor allem mein Herz. Ich habe die einzigartige Gelegenheit genutzt, meiner Neuseelandliebe freien Lauf zu lassen. Verzeihen Sie mir also, lieber Leser oder liebe Leserin, wenn ich einfach nicht aufhören kann, dieses kleine, abgeschiedene Land zu preisen.

Nur die Titelvorgabe hat mich beim 111. Grund einen Stopp machen lassen; ich könnte jederzeit weitere Gründe aufzählen, warum ich Neuseeland so liebe. Das reicht von den ganz besonderen Besonderheiten, die Neuseelands Lage am anderen Ende der Welt so mit sich bringt, bis zu den sympathischen kleinen Eigenarten, die arglose Touristen gern ins Fettnäpfchen locken – Neuseeland ist nämlich beileibe kein kleines England (mehr), nur weil dort viele ausgewanderte Engländer leben. Die neuseeländische Küche, die sich in den vergangenen Jahrzehnten ebenfalls zu einer verliebenswerten Angelegenheit gemausert hat, ist genauso ein Quell für (freudige) Überraschungen wie die einzigartige neuseeländische Natur.

Die beiden Inseln im Pazifik haben in Millionen Jahren Abgeschiedenheit einen evolutionären Sonderweg eingelegt und dabei so niedliche Zeitgenossen wie den rundäugigen Kākāpo oder den blau gefiederten Pukeko hervorgebracht. Und auch wenn nicht alle Bewohner Neuseelands so süß sein können wie der Kiwi oder das puschelige Possum, haben sie doch Respekt verdient – so viele von ihnen sind entweder vom Aussterben bedroht oder werden im Sinne des Artenschutzes erbarmungslos gejagt; Opfer und Täter in einem vom Menschen herbeigeführten Drama. Ratten und Hunde als Begleiter der Māori richteten in Neuseeland fast genauso viel Schaden an wie die Brandrodungen der Farmer, die Zehntausende Schafe mitbrachten. Wo einst dichter Regenwald wucherte, erstrecken sich heute grüne Hügel und Pinienplantagen zum Horizont; wo sich noch vor 100 Jahren Wale und Seelöwen zu Tausenden tummelten, wird heute nach Öl gebohrt.

Vielerorts steht die geschundene Natur kurz vor dem ökologischen Kollaps. Die Touristen, die Neuseelands Naturwunder und Nationalparks besuchen, bemerken davon nichts. Mit ihrer schieren Zahl, die jedes Jahr zunimmt, sind sie allerdings Teil des Problems. Weiße Miet-Wohnmobile verstopfen die schmalen, kurvigen Highways, Scharen von asiatischen Bus-Touristen und wetterfest gekleideten Rucksackreisenden aus Europa drängen sich vor den Must-sees und bilden Warteschlangen vor den Selfie-Fotogelegenheiten. Das Land, dessen Natur ohnehin schon ächzt, wird gerade Opfer seines eigenen Ruhms.

Neuseeland ist einer der jüngsten Staaten der Welt; erst vor schätzungsweise 800 bis 1.000 Jahren wurde es besiedelt, als Seefahrer aus dem Pazifikraum es zu ihrer neuen Wahlheimat machten. Schon die Ankunft der Māori bedeutete für viele einheimische Tier- und Pflanzenarten das Aus; als dann in der Mitte des 19. Jahrhunderts die Europäer kamen und Neuseeland zur englischen Kolonie erklärt wurde, machte das die Lage nicht besser. Dass sich hier binnen 150 Jahren, die voll von bewaffneten Konflikten, regelrechten Kriegen und bis heute schwelenden Ungerechtigkeiten waren, eine so friedliche Gesellschaft entwickeln konnte, ist bemerkenswert.

Noch bemerkenswerter als die sympathisch-skurrilen Eigenarten, die ich als »typisch Kiwi« vorstelle, sind die großen Neuseeländer, die sich besonders verdient um ihr Land gemacht haben oder es gerade jetzt erfolgreich in die Zukunft führen. Wenn es diesen grandiosen Menschen jetzt noch gelingt, ihre Umwelt vor der Zerstörung zu retten, ziehe ich den Hut.

Sie merken: Über das Stadium der blinden Verliebtheit bin ich längst hinaus; die rosarote Brille habe ich schon vor geraumer Zeit abgesetzt. Umweltverschmutzung, Rassismus gegenüber den eingeborenen Māori und zugewanderten Asiaten, eine klaffende Schere zwischen Arm und Reich, all das gibt es in Neuseeland natürlich auch. Dieses Land, so abgeschieden es vom Rest der Welt sein mag, ist beileibe kein Paradies, auch wenn einige Hardcore-Neuseelandfans davor gern die Augen verschließen wollen.

Trotzdem habe ich für mich und meine Familie, die zum Glück ähnlich romantische Gefühle für Neuseeland hegt, wieder einmal Flugtickets gebucht und einen Campervan gemietet, in den wir bald wieder einsteigen werden. Dann geht es erneut los, der Nase nach durch Neuseelands Hügel und Berge, in die kleinen Ortschaften und abgelegenen Farmen, durch die dichten Wälder und an die einsamen, wilden Strände.

Wir werden an der stets verregneten Westcoast dem Sturm von der Tasman Sea trotzen, werden (hoffentlich) den Sonnenschein an den weiten Stränden der Golden Bay genießen und vor der Küste von Kaikōura den Pottwalen beim Luftholen zuschauen; wir werden uns im Schwefeldunst von Rotoruas Thermalgebieten die Nase zuhalten, im Tongariro-Nationalpark über Vulkangipfel wandern und im Auenland die Hobbits besuchen, im Wald von Waipoua die uralten Kauri-Bäume bewundern und nachts dem Ruf des Kiwi lauschen. Unseren Campervan werden wir auf schlammigen Pfaden mitten durch den »bush« steuern, von wellenüberspülten Klippen unsere Angel ins Meer halten und, wenn der »swell« gut ist, im Wetsuit auf dem Surfbrett hinauspaddeln auf den Ozean.

Die Vorfreude zaubert mir bereits Monate vorher das leicht debile Grinsen, das ich schon kenne, ins Gesicht. Das Kribbeln im Bauch ist dasselbe, das man vor dem Wiedersehen mit einem lange vermissten Freund spürt – oder vor dem ersten, zweiten, dritten Date mit der großen Liebe.

Neuseeland, ich komme – wieder und wieder!

Jenny Menzel

Kapitel 1

Am anderen Ende der Welt

1. Grund

Weil man nicht weiter weg reisen kann

24 Stunden dauert ein Flug nach Neuseeland. Mindestens. Durch diverse Zwischenlandungen und Aufenthalte sind es meistens eher an die 40 Stunden, die man mit schlechtem Kaffee an seelenlosen Flughäfen, ohne Schuhe in Sicherheitskontrollen und vor allem zusammengequetscht auf viel zu engen Economy-Sitzen in staubtrockener, klimatisierter Kabinenluft verbringen muss.

Als Alleinreisende mit Buch und Kopfhörern fand ich das alles auf meinem ersten Flug nach Neuseeland gar nicht so schlimm – aber ich war ja auch noch jung und verbrachte ohnehin gern den Großteil des Tages sitzend, lesend und gammelnd.

Beim Reisen mit kleinen Kindern wird diese Distanz aber zäh wie Kaugummi. Wenn die lieben Kleinen schon auf dem Zubringerflug vom Heimatflughafen nach Frankfurt drängeln: »Sind wir bald in Neuseeland?«, dann schwant selbst den optimistischsten Eltern Böses. Trotzdem traten wir die lange Reise ans andere Ende der Welt mit unseren zwei Kindern (die damals zwei und fünf Jahre alt waren) guten Mutes an. Denn wir wussten ja schon, worauf wir uns freuten.

Neuseeland ist wirklich furchtbar weit weg von Deutschland. 18.300 Kilometer Luftlinie sind zu überwinden, und da die Airlines aus praktischen Gründen von dieser abweichen, sind es je nach Verbindung sogar noch mehr. Die meisten Reisenden aus Deutschland fliegen in östlicher Richtung nach Neuseeland, also über Asien. Man kann aber auch genauso gut andersherum, nämlich nach Westen über die USA, nach Neuseeland fliegen. Von der Netto-Reisezeit her ist das Jacke wie Hose, allenfalls die Einreiseprozedur beim Transit über die USA kann mit Kindern ein wenig aufwendiger werden. Die brauchen dann nämlich – und zwar nur für diesen einen Zwischenstopp – statt eines preiswerten Kinderreisepasses einen Biometrie-tauglichen (und wesentlich teureren) Erwachsenen-Reisepass. Für wen das okay ist, der kann dann einen exotischen Zwischenstopp auf Hawaii oder der

Osterinsel einlegen und Spaß an den Gedankenspielen haben, die sich beim Überqueren der Datumsgrenze ergeben.

Egal, wie herum: Neuseeland ist so weit weg von Deutschland, dass man gar nicht weiter weg reisen kann. Jeder Kilometer mehr bringt einen schon wieder näher an die Heimat zurück. Was unsere Kinder faszinierte: Würde man in Südspanien ein Loch in die Erde, exakt durch den Erdmittelpunkt, graben, dann käme dieses genau auf der anderen Seite des Erdballs in Neuseeland heraus. Das wäre ein Hallo! Touristen ohne Ende würden den direkten Weg ins grüne Paradies nehmen, das Neuseeland für immer mehr Menschen hierzulande darstellt.

Zum Glück gibt es keine solche Abkürzung. Und auch der Nonstopflug, der seit 2016 von Dubai oder Qatar nach Auckland möglich ist, kann nicht darüber hinwegtäuschen, dass es nun mal eine ganze Weile dauert, den halben Erdball zu umfliegen. (Mich persönlich würden ja keine zehn Pferde in ein Flugzeug kriegen, in dem ich 17 Stunden am Stück sitzen muss. Siebzehn Stunden!)

Tatsächlich finde ich es sogar sehr gut, dass Neuseeland so weit weg ist – und dass man nur selten Flugtickets unter 1.000 Euro bekommt. Denn wäre es so bequem und günstig erreichbar wie, sagen wir, Teneriffa oder Thailand, dann hätte sich das Image des fernen Paradieses mit den grünen Hügeln und den dichten Farn-Regenwäldern schon längst in heiße Luft aufgelöst.

Dann wäre Neuseeland ein Reiseziel wie viele andere auch, und nicht das besondere, das letzte Land auf der Bucket List, das man sich »für irgendwann mal« aufhebt und für das man mehr als den normalen Jahresurlaub einplant. Dann würde man nicht dieses Kribbeln spüren, wenn man die Flüge nach Auckland oder Christchurch gebucht hat, und wenn man die Tage bis zum Abflug zählt. Und dann wäre es auch nicht so ein erhebendes Gefühl, wenn man es endlich geschafft hat – ans andere Ende der Welt, wo die Menschen mit den Füßen nach oben herumlaufen.

So weit weg, wie es trotz Billigfliegern und Globalisierung immer noch ist, gefällt mir Neuseeland, mein ach so fernes Herzensziel, am allerbesten.

2. Grund

Weil man hier von Luft und Liebe satt wird

Mein erster Besuch in Neuseeland ist nun schon mehr als 20 Jahre her. Eigentlich sollte es mal wieder Südostasien werden, aber dann blieben unsere Blicke an diesem Poster im Schaufenster des Reisebüros hängen: drei Wochen mit dem Campervan durch Neuseeland, inklusive Flügen, für einen Spottpreis von knapp 1.000 Euro – da mussten wir zuschlagen! Ohne Vorwissen und fast ohne Vorbereitung (eigentlich wollte ich in den Semesterferien ja für die Diplomprüfung lernen ...), aber mit viel Vorfreude stiegen wir in den Flieger.

Von dieser hopplahopp angetretenen Rundreise in viel zu kurzen drei Wochen und einem für drei Erwachsene viel zu kleinen 2-Bett-Campervan weiß ich heute nicht mehr allzu viel. Aber an das Gefühl, das schon beim ersten Heraustreten aus dem Flughafengebäude von Auckland erwachte, erinnere ich mich bis heute: Es war Ende September, und ich blinzelte nach sagenhaften drei Tagen Anreise übermüdet ins Licht des Spätnachmittags am anderen Ende der Welt. Zu Hause waren wir am Ende eines langen Sommers ins Flugzeug gestiegen, hier wehte uns frische Frühlingsluft um die Nasen.

Vielleicht lag es ja am Jetlag, aber der unglaublich blaue, weite Himmel Neuseelands schien sich viel höher über mir zu wölben, als er das zu Hause in Deutschland gewöhnlich tut. Dazu kam die frühlingshaft weiche, milde Luft, die ich mit einem Gefühl tief in meine Lunge zog, als wäre sie ein Lebenselixier. Ich wollte sie am liebsten gar nicht mehr ausatmen.

Wir – mein Noch-nicht-Mann, ich und eine gute Freundin, die sich in letzter Minute zum Mitkommen entschieden hatte – schauten uns damals verstohlen von der Seite an und prüften, ob den anderen auch gerade Tränen in den Augen standen. Dann stellten wir fest, dass unsere Mundwinkel sich ganz von selbst nach oben gezogen hatten. Das leicht debile Grinsen konnten wir in den folgenden Wochen einfach nicht abstellen, wir fühlten uns zeitweilig sogar ein wenig wie »auf Droge«.

Woher es kommt, kann ich nur vermuten: Die Luft am anderen Ende der Welt ist sicherlich reiner, weil es dort, inmitten des weiten Pazifiks und ohne Schwer- und Kohleindustrie in der Nähe, einfach weniger Schmutz gibt. (Da ist es geradezu eine Schande, dass trotzdem so viele neuseeländische Kinder an Asthma und Atemwegserkrankungen leiden – was aber nicht an der Luft liegt, sondern an den schlecht isolierten Häusern, die im feuchtkalten Winter kaum zu heizen sind und schnell komplett durchschimmeln.)

Die unglaublich saubere Luft, die dazu noch mit einer ordentlichen Ladung an Aerosolen aus dem nie weit entfernten Ozean angereichert ist, lässt entsprechend weite Blicke zu – auf Landschaften und Panoramen, die mir an jeder Ecke Neuseelands erneut Tränen der Ehrfurcht vor der gewaltigen Schönheit dieser Natur in die Augen treiben. Und sie zaubert ein Farbspektrum, das sich gewaschen hat – im wahrsten Sinne des Wortes, denn Regengüsse, die den Staub aus der Luft waschen, gibt es reichlich. Das satte Grün der Weiden und das unvergleichliche Blau des Himmels sind wirklich so intensiv wie auf den Urlaubsfotos und nicht am Computer nachbearbeitet. Ehrenwort!

Mehr als diese Luft und dieses Licht braucht es eigentlich nicht, um in Neuseeland glücklich zu werden. Spätestens 20 Kilometer außerhalb von Auckland, wenn man sich an die Herausforderung des Linksfahrens (und des Links-Beifahrens!) ein wenig gewöhnt hat, setzt das unheilvolle »Ohh!« und »Aaah!« ein, das jede Tagesetappe mindestens doppelt so lang werden lässt, wie es der Routenplaner einschätzte. »Nur mal eben kurz ranfahren und ein Foto machen«, das gehört auf unseren Roadtrips durch Neuseeland zu den Sätzen, die wir täglich mindestens 50-mal sagen.

Aus dem kurzen Fotostopp wird dann gern eine kurze Kaffeepause, weil die Haltebucht so idyllisch liegt und praktischerweise genau vor dem Panoramablick eine Picknickbank steht. Und nach der dritten kurzen Kaffeepause stellt man fest, dass man eigentlich auch gleich essen könnte, oder einfach über Nacht da stehen bleibt, wo man gerade ist. »Self containment«-Plakette vorausgesetzt*, darf man in Neuseeland prinzipiell überall mit dem Wohnmobil stehen und übernachten, wo man auf öffentlichem Grund niemanden stört – oder wo man auf Privatgrund von den Besitzern freundlich aufgefordert wird, doch bitte zu bleiben und beim BBQ mitzumachen.

Zugegeben: Allein von Luft und Liebe wird man auch in Neuseeland nicht satt. Aber man kommt doch ein gutes Stück weit damit. Wer auf den Thrill von Bungee-Sprüngen, Jetboat-Fahrten oder Fallschirmsprüngen verzichten kann, wer das nötige Kleingeld für Helikopter-Rundflüge, schicke Lodges oder Thermalbäder nicht hat und wem die Schönheit der Natur genügt zum Reiseglück, der hat es in Neuseeland gefunden.

Und zwar reichlich: Hier gibt es riesige Waldgebiete und stille Seen wie in Kanada, Fjorde und Wasserfälle wie in Norwegen, schneebedeckte Berge wie in den Alpen, goldene Strände wie in Thailand, hügeliges Farmland, das einige Reisende an England und andere unbegreiflicherweise an das Sauerland erinnert – getoppt von einigen Besonderheiten wie aktiven Vulkanen und Thermalgebieten, Bergregenwäldern mit urtümlichen Baumfarnen und einer Tierwelt, die wahrlich einzigartig ist. Auf einem Gebiet, das nur ein wenig größer als Großbritannien ist, findet sich fast jede Klimazone dieser Erde. Und selbst Regionen wie die Westcoast oder das Fiordland, wo es gefühlt nur eine Woche im Jahr *nicht* regnet, hauen einen mit den Tausenden Grünschattierungen des Bergregenwalds, dem ständig wechselnden Licht an den rauen Küsten und den wilden Stränden schlichtweg um.

Mit unseren Kindern sind wir zwei Monate lang durch Neuseeland gereist und haben doch noch lange nicht alles sehen können, was die beiden Inseln zu bieten haben. Die Liebe zu diesem Land war schon beim ersten Atemzug auf dem Flughafen da, und sie ist immer weiter gewachsen. Und anders als die unvergleichliche neuseeländische Luft

---

* *»Self-containment«-Plakette: Mit diesem Zertifikat am Campervan beweist man, dass man sich beim Camping autark versorgen kann, also weder Wasserversorgung noch öffentliche Toilette braucht (oder gar in den Straßengraben sch… muss). Ohne Plakette ist Freedom Camping heutzutage nur noch an wenigen Stellen in Neuseeland erlaubt.*

tragen wir die Liebe zu Neuseeland nach wie vor in unseren Herzen. Die nächste Reise ist schon gebucht!

3. Grund

Weil sich hier Fuchs und Hase (bzw. Kiwi) Gute Nacht sagen

Drei Wochen; so lange braucht man mindestens, um aus Europa per Schiff ans andere Ende der Welt zu gelangen. Und das war nicht nur in den 1850er-Jahren so, als die ersten Siedler ihr altes Leben gegen einen neuen Wohnsitz in Neuseeland eintauschten – für immer, denn eine Rückreise stand finanziell außer Frage. Noch in den 1950er- und 1960er-Jahren reiste man nicht zum Urlaubmachen nach Neuseeland, sondern vorrangig, um zu bleiben.

Viele derjenigen, die damals aus Europa herkamen, staunten, wie unglaublich rückständig und isoliert Neuseeland war. Zwar lebte man hier mit viel Platz und inmitten von großartiger Natur in geräumigen Häusern, deren Türen immer für Freunde und Nachbarn offen standen. Es gab Arbeit in Hülle und Fülle, weil Fachkräfte fehlten und überhaupt kaum jemand hier lebte. Aber über die schlechte Bauart der Häuser, die notgedrungen ärmliche Einrichtung und das fantasielose Essen rümpften selbst die vom Zweiten Weltkrieg nach Neuseeland vertriebenen Auswanderer die Nase.

Auch heute noch sind qualitativ hochwertige Möbel, Autos etc. in Neuseeland schwer zu bekommen und (für europäische Verhältnisse) enorm teuer. Häuser werden nach wie vor fix und schludrig gebaut, sind kaum isoliert und schimmeln daher schnell. Doppelt verglaste Fenster, Zentralheizung (oder überhaupt eine Heizung) und ordentliche sanitäre Anlagen sind immer noch in weiten Teilen des Landes Mangelware. Selbst in besseren Hotels war der »shared bathroom« für alle Gäste auf dem Flur noch vor wenigen Jahren die Regel.

Selbermachen und Improvisieren sind gang und gäbe, oder man kauft günstige Importe aus Asien. Internationale Unternehmen wie

IKEA und H&M halten sich hartnäckig aus Neuseeland fern, aktuelle Modetrends kommen erst Jahre später hier an (und werden ohnehin ignoriert, weil Neuseeländerinnen sich gern praktisch kleiden – siehe Kapitel »Typisch Kiwis«).

Selbst die Abendgestaltung sieht deutlich anders aus, als wir Großstadt-Europäer das gewohnt sind: Die Grillparty im eigenen Garten, Spieleabende zu Hause oder private Kostümpartys müssen Disco, Konzerte und Theater ersetzen, wenn man nicht gerade in Auckland wohnt. Und auch dort trifft man oft auf ein witziges Relikt aus der Zeit der Prohibition: Das Schild »BYO« an vielen Restaurants heißt, dass man sich seine alkoholischen Getränke zum Essen bitte selbst mitbringen möge. Bis 1997 war spätestens 22 Uhr sowieso in den meisten Etablissements Schluss mit lustig. Diese Sperrstunde galt landesweit seit 1967 und war damals eine Revolution gewesen: Vorher durften Pubs und Hotels nur bis 18 Uhr Bier und Wein ausschenken.

Selbst die Neuseeländer empfinden ihre Heimat oft als beengt, rückständig und hinterwäldlerisch. Ein Jahr im Ausland ist das Mindeste an kultureller Bildung für junge Kiwis, und oft verbringen sie mehr als dieses eine Jahr in Europa; am liebsten im »motherland« Großbritannien, mit dem sich viele nach wie vor eng verbunden fühlen. Ganze 15 Prozent der Neuseeländer leben für längere Zeit oder dauerhaft im Nachbarland Australien, mit dem enge Freihandels- und Arbeitsabkommen bestehen.

»Kiwi-Ernte fällt gut aus« oder »Flüchtiger Dieb von Schafherde aufgehalten«, das sind die Schlagzeilen in den großen neuseeländischen Tageszeitungen. Und zwar nicht nur in der Saure-Gurken-Zeit. Als wir von Januar bis März 2011 durch Neuseeland reisten, verpassten wir den Arabischen Frühling, der die Staaten Nordafrikas auf den Kopf stellte, komplett – den Zeitungen am anderen Ende der Welt war das Geschehen keine Titelstory wert gewesen.

Deutsche, die an die tägliche Zeitungslektüre und Fernsehabende voller politischer Diskussionen gewöhnt sind, müssen sich in Neuseeland auf »kalten Entzug« einstellen (und so einige Auswanderer seufzen darüber, dass man mit den stets höflichen Kiwis keine gescheiten Debatten über Politik führen könne). Nicht nur in Kilometern ist man

»down under« sehr weit weg vom aktuellen Geschehen und von den Krisenherden dieser Welt entfernt.

Für viele Neuseeländer sind der Erste und Zweite Weltkrieg die einzigen Ereignisse, die sie politisch mit dem Rest der Welt verbinden. »War memorials« und Gefallenenfriedhöfe findet man in jeder Kleinstadt, Buchläden führen unzählige militärische Sachbücher (und krass überzeichnete »war comics«). Regelmäßig gesendete englische und amerikanische Kriegsfilme mit klaren Freund-Feind-Bildern runden das Schwarzweißbild, das viele Neuseeländer vom politischen Weltgeschehen des 20. Jahrhunderts haben, ab. Selbst die deutsche Wiedervereinigung wurde in den neuseeländischen Medien zuerst als Bedrohung wahrgenommen: Jetzt würden die Deutschen wieder erstarken und demnächst erneut nach der Weltherrschaft streben, konnte man lesen.

An die herben Verluste, die Neuseeland als alliierter Kriegsteilnehmer vor allem in der Schlacht vor Gallipoli in der Türkei erlitt, erinnern jedes Jahr am 25. April, dem ANZAC Day, Gedenkveranstaltungen im ganzen Land. »Lest we forget«, lautet das Motto – und die Neuseeländer vergessen nicht, dass sie einmal gegen die Deutschen gekämpft haben. Noch heute werden deutsche Kinder in der Schule mitunter als »Nazis« gehänselt, und sich auf einer Party als englischer Kampfpilot oder als Hitler zu verkleiden, gilt allgemein als sehr witzig.

Vor feindlichen Äußerungen muss man sich als Besucher aus Deutschland aber trotzdem nicht fürchten, ganz im Gegenteil: Unsere regelmäßig erfragte Herkunftsangabe führte immer zu Begeisterung. Die Fußballer von »Bayern München« sind offenbar die effektivsten Botschafter der Marke Deutschland.

Genau diese politische Ignoranz ist auf der anderen Seite ja auch der Grund, warum so viele Europäer und Amerikaner in das abgelegene Inselreich im Pazifik auswandern wollen. Nichts mehr hören und sehen von all den schlechten Nachrichten, keine Angst mehr haben müssen vor Terroranschlägen und Kriegsgefahr, keine nagenden Sorgen mehr über die schmutzige, verkommene Welt, in der man seine Kinder aufwachsen lässt – das sind die treibenden Sehnsüchte hinter vielen Auswanderungsplänen. Wer mag es den Menschen verdenken?

Vor allem unter den Superreichen dieser Welt gilt Neuseeland derzeit als sicherer Hafen (wobei die VIPs wohl nicht nur an Leib und Leben, sondern auch an ihr Erspartes denken). Star-Regisseur James Cameron, der Sultan von Brunei oder der russische Stahltycoon Alexander Abramov sitzen auf großflächigen Landstücken in den schönsten Regionen Neuseelands und schauen zufrieden aus den doppelt verglasten Fenstern ihrer Luxusvillen hinaus ins sichere Paradies. Wenn sie Geschäfte erledigen oder einen Preis entgegennehmen wollen, können sie das dank Privatjet oder Skype ganz bequem tun – denn so abgeschieden, wie Neuseeland noch vor einigen Jahrzehnten war, ist das Land schon lange nicht mehr.

Nach wie vor Teil des britischen Commonwealth, akzeptiert Neuseeland die englische Queen Elisabeth II. als Staatsoberhaupt (allerdings nicht als »Queen of the United Kingdom«, sondern als »Queen of New Zealand« – mehr dazu im Kapitel »Große Kiwis«). Ansonsten ist das Land jedoch seit 1986 parlamentarisch unabhängig. Neuseeländische Soldaten mögen bei der Verteidigung ihrer abgelegenen Heimat nicht viel zu tun zu haben. Weltweit sind sie jedoch an allen größeren Einsätzen der USA, Großbritanniens und/oder der UN beteiligt, sei es in Afghanistan, Somalia oder im Irak.

Spätestens die Deklaration Neuseelands zur atomwaffenfreien Zone nach dem Anschlag des französischen Geheimdienstes auf das Greenpeace-Schiff »Rainbow Warrior« läutete die politische Emanzipation der einstigen britischen Kolonie ein. Seit diesem Alleingang, der nach wie vor weltweit einzigartig ist, hat Neuseeland auf dem internationalen politischen Parkett einen festen Platz.

Allerdings steht das kleine Land dort nach wie vor ziemlich am Rand. Den internationalen Medien ist Neuseeland eigentlich nur als Schauplatz von Naturkatastrophen eine Meldung wert – oder als Lieferant lustiger »Auch das gibt's«-Anekdoten. Ein Premierminister, den man zufällig auf der Straße trifft und der offen für ein Schwätzchen ist? Ein Land, in dem Anhänger der »Pastafari«-Religion im Namen ihres Gottes, des Fliegenden Spaghettimonsters, heiraten dürfen? Die erste transsexuelle Bürgermeisterin der Welt? »Only in New Zealand.«

Bevor jetzt jemand abschätzig lächelt: Genauso eindimensional, wie man in Neuseeland den Rest der Welt oft wahrnimmt, so naiv blicken auch wir aus Europa zurück und sehen nur unser verkitschtes Wunschbild. Aufgepasst! Das Paradies der unberührten, »100 Prozent reinen« Natur und der freundlichen Menschen gibt es heute leider nur noch in den Werbefilmchen von »Tourism New Zealand«, wie so mancher erstaunte oder gar enttäuschte Tourist bald bemerkt.

Aber wenigstens abseits der größeren Städte mit ihren »Starbucks«-Filialen, Verkehrsstaus und Drogenproblemen kann man sie auch heute noch sehen: Fuchs und Hase, die sich auf einem grünen Hügel im Sonnenuntergang Gute Nacht sagen. Ganz ohne Handy-Empfang, »Breaking News«-Laufband und Kulturprogramm.

4. Grund

Weil das neue Jahr in Neuseeland gleich zweimal beginnt

Mit dem Problem der umgekehrten Jahreszeiten haderten die neuseeländischen Siedler schon von Anbeginn ihrer Zeit in Neuseeland. Dass sie ihr vertrautes Weihnachtsfest im Sommer feiern müssen, daran haben sich die Neuseeländer inzwischen gewöhnt – anders als die Touristen, die oft unter Umstellungsschwierigkeiten leiden.

Dieses Manko kann Neuseeland aber stolzen Hauptes ausgleichen: mit einem doppelten Silvester. Dank der Māori feiert man in Aotearoa das neue Jahr nämlich gleich zweimal. Am 31. Dezember wird gemeinsam mit dem Rest der Welt der Jahreswechsel begangen; zwar mit deutlich weniger Feuerwerk und Alkohol, als wir in Europa es gewohnt sind, aber eben doch als Ereignis.

Im »richtigen« neuseeländischen Winter, nämlich im Juni, gibt es dann noch einmal das »richtige« neuseeländische Neujahrsfest: Matariki. Die Māori haben den Zeitpunkt des Kalenderwechsels seit jeher an einem Sternbild festgemacht, das Anfang Juni kurz vor Sonnenaufgang über den nördlichen Horizont des neuseeländischen Himmels steigt.

Matariki lässt sich übersetzen mit »Gottes Augen« (»mata ariki«) oder »kleine Augen« (»mata riki«), und dazu passend erzählen die Māori verschiedene Geschichten davon, wie das Sternbild an den Himmel gekommen sein soll: Mal sind die sieben Sterne eine Mutter mit ihren sechs Töchtern, dann wieder die Augen des verzweifelten Windgottes Tāwhirimātea, der sie in den Himmel schleuderte, als die Himmelsmutter und der Himmelsvater gewaltsam aus ihrer Umarmung gelöst wurden und die Erde entstand. Eines haben die Geschichten gemeinsam: Sie handeln von Leben und Tod, vom Anbau und der Ernte, und von der Vorbereitung der Menschen auf das nächste Jahr. Passend zur Jahreszeit ist der Juni in Neuseeland das, was in Europa der Oktober darstellt: die Zeit nach der Ernte, in der man die Felder für die Aussaat im nächsten Jahr vorbereitete, im Wald nach Pilzen suchte und die Lebensmittel für den Winter einlagerte. Es war anno dazumal die Zeit, in der alle satt und zufrieden waren, sich von der anstrengenden Feldarbeit ausruhen konnten und Lust auf Tanz und Gesang hatten.

Außerdem dachte man in dieser ruhigeren Zeit an alle, die im vergangenen Jahr gestorben waren. Wenn das Siebengestirn am Himmel zu sehen war, trauerten die Menschen um ihre Familienmitglieder, um ihre Seelen dann buchstäblich loszulassen, damit sie zum Himmel aufsteigen konnten. So wurden die Sterne der Matariki-Konstellation gleichzeitig zu einer Erinnerung an geliebte, verstorbene Menschen.

Mutter Erde, die bei den Māori Papatūānuku heißt, versorgt ihre Kinder aber nicht nur mit Essen. Sie gibt ihnen eine Heimat – und das war für die Māori, die ja als Seefahrer aus dem weit entfernten Hawaiki hergekommen waren, eine wichtige Erinnerung. Ohne das Sternbild Matariki hätten die Steuermänner der großen Kanus die Inseln von Neuseeland in den endlosen Weiten des Pazifiks niemals gefunden.

Auch bei uns in Europa sind die Plejaden, die man mit bloßem Auge als Sternhaufen erkennen kann, seit Langem bekannt – als Atlantiden, Taube oder Sieben Schwestern. Dabei haben die Māori wohl genauer hingeschaut: Denn einer der sieben Sterne, Pleione, ist ein veränderlicher Stern, dessen Helligkeit schwankt. Deshalb können Nicht-Astronomen je nach Klarheit des Himmels sechs oder auch neun Sterne in den Plejaden erkennen (tatsächlich besteht der Sternhaufen aus ganzen 1.200 Sternen).

Gleichbleibend ist jedoch die kulturelle und spirituelle Bedeutung des Sternbilds für die Māori. Tauchte der gut sichtbare Sternennebel über dem nächtlichen Horizont auf, war das für den »tohunga« (eine Art weiser Mann) des Stammes der Zeitpunkt, die Erntebedingungen für das nächste Jahr vorherzusagen. Die Kriterien waren eindeutig: Konnte man die Sterne klar und deutlich erkennen, sah alles gut aus. Auf den Stamm warteten dann reichlich Vögel und Fische und gutes Wetter, sodass man bereits im September mit dem Säen und Pflanzen beginnen würde. Hatte der Tohunga jedoch Schwierigkeiten, die einzelnen Sterne voneinander zu unterscheiden, oder schienen sie sich gar zu bewegen, dann drohte den Māori ein Jahr mit Pleiten, Pech und Pannen – und die neue Saat musste bis zum Oktober warten. (Ob der Tohunga diese Botschaft dann direkt zu Beginn der Feierlichkeiten verkündete und so allen die Party verdarb, ist nicht überliefert.)

Mit der Ankunft der Europäer in Neuseeland wurde die Kultur der Māori mit ihren Gebräuchen und Ritualen stark zurückgedrängt; seit den 1940er-Jahren wurde das Matariki-Fest nicht mehr gefeiert. Erst in den 2000er-Jahren besannen sich Kulturvereine wieder der alten Sitten und versuchten, das Fest neu zu beleben. Mit erstaunlichem Erfolg: Kamen zur ersten Feier im Jahr 2000 noch etwa 500 Menschen nach Hastings, waren es drei Jahre später schon 15.000, die mit viel Spaß am »neuseeländischen Thanksgiving« teilnahmen.

Weil es im kühlen, oft regnerischen Juni in Neuseeland ohnehin nicht viel zu tun gibt, feiert man Matariki heute nicht nur in den Māori-Gemeinden, sondern im ganzen Land. »Māori New Year« kennen alle Neuseeländer, egal welchen kulturellen Hintergrunds. Die vielfältigen Feierlichkeiten in jeder Stadt reichen von Theateraufführungen und Bastel-Workshops für die Kinder über Ausstellungen, Lesungen und Performances bekannter Künstler bis zu Modenschauen, Food-Verkostungen und besonderen Dinners. Im Te Papa Tongarewa, Neuseelands Nationalmuseum in Wellington, kann man in der Matariki-Zeit Māori-Kunsthandwerkern über die Schulter schauen und wissenschaftlichen Vorträgen zuhören.

Wenn man im Juni oder Juli durch eine Kleinstadt in Neuseeland fährt und auffällig viele Papierdrachen (»pākau«) zum Himmel steigen sieht, ist das ein deutliches Zeichen, dass hier Matariki gefeiert wird. In Hastings, das zum neuen Matariki-Zentrum geworden ist, erfreut man sich in dieser Zeit an Heißluftballons und Feuerwerken, die ebenfalls das Aufsteigen von Papierdrachen symbolisieren sollen.

Wann genau ist denn nun aber Matariki? Immerhin stehen die Plejaden ja eine ganze Weile am Himmel, aber der moderne Kalender möchte genau ein Datum dafür festlegen. Weil jeder Māori-Stamm oder »iwi« den exakten Beginn für das Neujahrsfest ein wenig anders festlegte, gab es keinen festen Termin dafür. Während die einen direkt das Erscheinen des Siebengestirns als Beginn des neuen Jahres feierten, warteten andere bis zum darauffolgenden Neumond, bevor sie mit dem Feiern begannen. Anstatt daher einen Tag festzulegen, auf den sich dann doch niemand einigen kann, erstrecken sich die Matariki-Feiern im modernen Neuseeland ganz einfach über mehrere Wochen.

Los geht es immer dann, wenn man am frühen Morgen zwischen 5 und 6 Uhr die Plejaden über dem nordöstlichen Horizont erkennen kann; ein Stück links von den drei Sternen, die den »Gürtel des Orion« (in Neuseeland bekannt als »the pot«) bilden. Das muss »freihändig« erfolgen, denn die neuseeländischen Observatorien schließen gegen Mitternacht.

Am ehesten wird man auf dem flachen Land oder am Meer fündig, denn Matariki steigt nicht allzu hoch am Himmel. Ältere Māori erinnern sich, wie sie mit ihren Großeltern noch vor Sonnenaufgang hinausgingen und auf das Erscheinen des Siebengestirns warteten. Erschienen die Sterne am Horizont, weinten die Alten um ihre Verstorbenen und entließen sie mit Gesängen hinauf zu den Sternen.

Wer für solche Ausflüge zu müde ist, der kann sich das Ereignis auch als Aufzeichnung anschauen: Im Auckland Stardome Observatory läuft immer im Juni die Show *Matariki Dawn* zur besucherfreundlichen Uhrzeit um 19 Uhr. Matariki ist heute für alle Neuseeländer ein Anlass, Familie und Freunde wiederzusehen, an das vergangene Jahr zu denken und Pläne für das kommende Jahr zu schmieden – auch wenn das eigentlich erst zur Hälfte vorbei ist.

5. Grund

Weil man erst hier versteht, was Grün ist

Wenn es eine Nationalfarbe Neuseelands gäbe, dann wäre es zweifelsohne Grün. Grün wie die dichten Regenwälder, in denen uralte Kauri-Bäume zwischen (erdgeschichtlich) noch urälteren Baumfarnen aufragen, umrankt von den lianengleichen Luftwurzeln des Rātā-Baums, moosbewachsen und mit bartgleichen Flechten behangen – so geheimnisvoll und mystisch, dass man unwillkürlich an Feen und Kobolde denkt, die sich zwischen den knorrigen Wurzeln und Stämmen verstecken.

Im Whirinaki Forest bei Rotorua, einem der letzten prähistorischen Regenwälder der Welt, wachsen uralte Exemplare von bis zu 60 Meter hohen Rimu-, Tōtara- oder Mataī-Bäumen. Es ist nicht schwierig, sich vorzustellen, dass schon die Saurier diesen Anblick genossen haben. Noch mystischer geht es im Goblin Forest an den Südhängen des Mount Taranaki zu: Dichte Flechten, Moose und Farne hängen wie Zwergenbärte von den knorrigen Stämmen und Ästen sich windender Kamahi-Bäume, die wiederum auf anderen Bäumen wachsen. Ein Fotografentraum, der bei schlechtem Wetter sogar noch besser wirkt.

Auf der Fahrt durch den vor Nässe triefenden gemäßigten Regenwald an der Westcoast oder im Fiordland der Südinsel – zwei Regionen, die sich dank ihres episch schlechten Wetters bis heute den Zivilisationsbemühungen der Menschen entziehen – erblickt man so unglaublich viele verschiedene Grüntöne und -schattierungen, vom fast weißen Grün der frischen Knospen des Silberfarns bis zum rötlichen Schimmern der hoch aufragenden Rimu-Harzeiben, dass man mit Rot-Grün-Blinden wirklich tiefes Mitleid empfinden muss. Beim Beschreiben der vielfältigen Grüntöne wünscht man sich, Japaner oder Chinese zu sein – deren Sprachen verfügen nämlich über wesentlich mehr Wörter für die feinen Abstufungen von Grün.

Bei Grün denken Neuseelandfans aber ebenfalls, und vielleicht sogar zuerst, an die sanft geschwungenen Hügel, die große Teile der Nordinsel bedecken, die Canterbury Plains und die Otago Peninsula auf der Südinsel prägen. Auch diese changieren in verschiedenen Farbtönen, zwischen verblichenem Erntegelb und dem unvergleichlichen neuseeländischen Sattgrün, je nach der Jahreszeit und dem Regenreichtum eines beliebigen Jahres – und der kann sehr unterschiedlich ausfallen.

Vor allem im Frühjahr sind diese grünen Hügel oft bedeckt mit hübsch kontrastierenden, zarten weißen Tupfern – das sind natürlich die Millionen von Schafen und ihre Lämmer, für die Neuseeland berühmt-berüchtigt ist (vor allem Australier lieben es, ziemlich zotige Witze über Schafe und Neuseeländer zu erzählen, die hier nicht wiederholt werden sollen). Da das Zusammenspiel von grünen Hügeln und weißen Schafen so typisch für England ist und da diese englische Kulturlandschaft wiederum dem Fantasy-Großmeister J.R.R. Tolkien im Hinterkopf geschwebt haben soll, als er seinen *Herrn der Ringe* schrieb, gab sich Regisseur Peter Jackson beim Dreh des gleichnamigen Films im neuseeländischen Matamata besondere Mühe.

Alles musste korrekt aussehen, dazu gehörten auch die richtigen Schafe – die zwar auf der Schaffarm bei Matamata, welche als Drehort für das Auenland diente, reichlich vorhanden waren, aber eben nicht in der gewünschten englischen Färbung: Weiß mit braunem Kopf sollten sie sein. Nur ein einziges der 13.000 Schafe der Farmer-Familie Alexander durfte schließlich als Darsteller im Film mitwirken. Die Statisten-Hauptarbeit übernahmen Schafe aus England, die extra für diesen Job eingeflogen wurden (wie es mit ihren Karrieren weiterging, ist nicht bekannt).

Auch wenn der Anblick der grünen Hügel, so weit das Auge reicht, nach jahrzehntelangen Werbekampagnen geradezu typisch für Neuseeland steht – so sanft und grasig sieht das Land noch nicht allzu lange aus. Bis zur Ankunft der europäischen Siedler am Anfang des 19. Jahrhunderts waren Nord- und Südinsel noch zu großen Teilen von dichten Wäldern und Feuchtgebieten bedeckt, und nichts erinnerte die Neuankömmlinge an ihre alte Heimat in »good old England«.

Zwar hatten auch die Māori, die schon mehrere Jahrhunderte eher aus ihrem Ahnenland Hawaiki hergekommen und sesshaft geworden waren, ihren Anteil am Raubbau der Wälder. Um Felder, Siedlungen und befestigte Forts (die sogenannten »pā«) anzulegen, rodeten sie vor allem auf der Südinsel beachtliche Waldflächen, rotteten den vier Meter großen flugunfähigen Moa aus und dezimierten die Bestände zahlloser weiterer einheimischer Tierarten, die den von ihnen mitgebrachten Ratten und Hunden keine Verteidigung entgegenzusetzen hatten.

Aber das war nichts gegen den Landhunger und die technische Effizienz der Farmer aus Nord- und Mitteleuropa, die den abenteuerlustigen Walfängern und Goldsuchern folgten und am anderen Ende der Welt ein neues Leben anfangen wollten. Tonnenweise wurden die wertvollen Hölzer aus den undurchdringlichen Wäldern geholt, in riesigen Sägewerken für den Weltmarkt verarbeitet und per Schiff exportiert. Sie begründeten Neuseelands Wirtschaftskraft und machten viele der Siedler zu reichen Leuten.

Für noch mehr und noch besser verkäufliches Holz pflanzte man Pinien und andere Bäume in Monokulturen auf den gerodeten Flächen an. Die können alle 20 Jahre per »skyline logging« effizient geerntet werden, tragen aber zum Artenreichtum und Bodenerhalt nichts bei. Eine Ausnahme bildet nur der Whakarewarewa Redwoods Forest bei Rotorua: Hier wurden vor 150 Jahren Hunderte von kalifornischen Redwood-Pinien angepflanzt, dann aber nicht wie geplant abgeholzt. Inzwischen ragen die Stämme kerzengerade bis zu 50 Meter in den Himmel auf und beschatten mit ihren breiten Kronen ein Naherholungsgebiet voller Wander- und Mountainbike-Wege. Seit 2016 kann man sogar aus der Vogelperspektive nach unten schauen: Zwölf Meter über dem Boden spannen sich die Brücken eines »tree walk« zwischen den Wipfeln (deutsche Ingenieurskunst, übrigens).

Einer der letzten großen Wälder Neuseelands, der schon vor Ankunft der ersten Menschen alt war, steht heute noch im Northland bei Hokianga: Der Waipoua Forest ist Heimat der größten und ältesten noch lebenden Kauri-Bäume, die den Māori heilig sind. Tāne Mahuta, der »Gott des Waldes«, soll 1.500 Jahre alt sein und ragt mit mehr als 50 Metern wie ein solcher über den Baumkronen auf.

Noch nie habe ich mich so klein gefühlt wie auf der hö
Plattform vor dem riesigen Kauri, die einer Art Altar

Hat das Auge aus dem Durcheinander von Blättern, Zweigen und Stämmen des Urwalds den gewaltigen, fast 15 Meter umfassenden Stamm mit der typischen, beinahe weißen, geschuppten Rinde herausgeschält, fällt automatisch die Kinnlade herunter. Die immergrüne Baumkrone ist von hier unten nur zu erahnen.

Wie traurig ist es da zu wissen, dass noch vor 100 Jahren Kauri-Exemplare bekannt waren, deren Stämme die doppelte Dicke erreichten – und wie tragisch sind Vorfälle wie der Sturm von 2007, bei dem ein ähnlicher Baumgigant, Te Matua Ngahere, seine Krone verlor, wodurch er wohl Hunderte Jahre eher sterben wird. Die jahrtausendealten Giganten der Wälder findet man heute nur noch in vereinzelten Enklaven auf der Nordinsel. Und obwohl sie geschützt und gehütet werden wie der Heilige Gral des neuseeländischen Nationalgefühls, sterben sie jämmerlich dahin: Ein mysteriöser Pilz, »Kauri dieback« genannt, nistet sich in den Wurzeln der Baumriesen ein und bringt sie von innen zum Absterben – allen Schutzbemühungen zum Trotz.

Die Māori hatten ein halbes Jahrtausend gebraucht, um fast die Hälfte der neuseeländischen Wälder zu vernichten. In knapp 150 Jahren schafften die »Pākehā« (Neuseeländer ohne Māori-Wurzeln) den Rest. Heute ist nur noch etwa ein Viertel der Fläche Neuseelands bewaldet, und der Wald hat schlechte Karten. Daran ist nicht zuletzt die »Nemesis« der neuseeländischen Flora und Fauna schuld: das Possum, auch bekannt als Fuchskusu und nicht zu verwechseln mit dem amerikanischen Opossum.

Ursprünglich als Pelzlieferant aus Australien eingeführt, fühlte sich das Possum ohne natürliche Feinde sehr wohl in Neuseeland. Inzwischen sind geschätzte 80 Millionen von ihnen im Land unterwegs, immer hungrig. Ihrem Erzfeind, den sie unerbittlich jagen und auf den Kopfprämien ausgesetzt sind, unterstellen die Neuseeländer eine enorme Vernichtungskraft: Bis zu 21.000 Tonnen an Blättern und jungen Trieben vertilgen die etwa 50 Zentimeter großen, plüschweichen und knopfäugigen Beuteltiere jede Nacht und sind damit verantwortlich für das großflächige Sterben der einheimischen Pohutukawa-Bäume (mehr über die puscheligen Bösewichte lesen Sie im Kapitel »Was kreucht und fleucht«).

Um Ackerland zu gewinnen, wurden bis heute 90 Prozent aller Sumpfgebiete in Neuseeland trockengelegt. Die Mangrovenwälder, die eigentlich typisch für viele Küstenregionen der Nordinsel sind und hier seit Jahrmillionen wachsen (nirgendwo sonst auf der Welt wachsen so weit südlich überhaupt Mangroven!), erblickt man heute nur noch in den Brackwasserzonen der Bay of Islands, im Hokianga Harbour oder in Whangarei. Und die Weideflächen, auf denen Millionen Milchkühe, Schafe und auch Rotwild für den Export gezüchtet werden, breiten sich immer noch aus. Die Farmer Neuseelands, vor allem die Milchbauern, haben eine starke Lobby.

Die grünen Hügel scheinen ungehindert zu wachsen. Dabei sind sie eigentlich ziemlich empfindlich. Das Gras, das hier grünt, stammt überhaupt nicht aus Neuseeland – genauso wenig wie der Klee und die Lupinen, die im Frühjahr so herrlich bunt blühen. Es ist so anspruchsvoll und so wenig für den hiesigen Boden geeignet, dass es alle 20 Jahre neu angesät werden muss.

Dazu tragen natürlich auch die intensive Belastung durch Überdüngung und die vielen Hufe bei. Wo die Wurzeln einheimischer Bäume oder das robuste, büschelige Tussock-Gras des Hochlands den dünnen Mutterboden beisammenhielten, genügt nun schon eine typisch neuseeländische Regenfront, um ihn großflächig fortzuspülen. Die Folge sind die »slips«, deren Spuren man auf einem Roadtrip häufig begegnet und die im schlimmsten Fall binnen Sekunden einen ganzen Highway-Abschnitt wegreißen können.

Die grünen Hügel, so hübsch sie auch aussehen mögen, sind also eigentlich ziemlich problematisch. Zum Glück gibt es überall im Land Initiativen, die man auch als Durchreisender mit Geld und/oder Tatkraft dabei unterstützen kann, dass es in Neuseeland zukünftig weniger grünhügelig und mehr grünwaldig aussieht.

Neben Vorzeige-Umweltaktivisten wie Barry Brickell (der bis zu seinem Tod im Jahr 2016 die Driving Creek Railway auf der Coromandel Peninsula betrieb und dort Tausende einheimische Bäume pflanzte), Sir Edmund Hillary oder Geoff Moon engagieren sich viele »ganz normale« Menschen für den Erhalt von Neuseelands einzigartiger Natur. Der Aufstieg des Kiwi, eines bei Licht betrachtet ziemlich hässlichen und unbeholfenen Laufvogels, zum Nationalsymbol ist symptomatisch für die enge Verbindung und die Verantwortung, die heute viele Neuseeländer für ihre (Wahl-) Heimat empfinden.

Das Mindeste, was man als Gast in Neuseeland tun kann, ist lernen: In den Botanischen Gärten überall im Land wachsen noch Bäume, die andernorts selten geworden sind, wie Kahikatea (die Warzeneibe), Mataī oder Tōtara. Oder man besucht das Kauri-Museum in Matakohe im Northland, wo die wechselvolle Geschichte eines der weltweit ältesten und größten Bäume gezeigt wird. Oder man bewundert die wiederhergestellte Artenvielfalt im »Zealandia«-Park bei Wellington oder auf dem umzäunten Berg der »Maungatautari Ecological Island« südlich von Cambridge …

Der Erfolg der vielen kleinen Graswurzel-Projekte (was für ein Wortspiel!) zeigt, dass es möglich ist, die ursprüngliche Natur zu retten – noch. Ob sich Neuseeland meinen Kindern und Enkeln als grünes, baumloses Grasland oder als lebendiger grüner Wald präsentieren wird? Ich bin gespannt.

6. Grund

Weil alles verkehrt herum ist

Auf den Antipoden, also auf der uns gegenüberliegenden Seite der Erde, laufen die Leute mit den Köpfen nach unten. Das erschien vielleicht den Menschen im Mittelalter glaubwürdig, aber meine fünfjährige Tochter schaute mich sehr zweifelnd an, als ich ihr davon erzählte. Auch meine Flunkereien darüber, dass auf der anderen Seite des Erdballs die Haarwirbel auf den Köpfen der Kinder andersherum wachsen würden oder dass sich das Wasser im Waschbecken nicht linksherum, sondern immer rechtsherum in den Abfluss dreht, glaubte sie mir nicht.

Trotzdem: So einiges in Neuseeland ist genau andersherum, als wir Europa gewohnt sind. Das hat nicht in jedem Fall etwas mit dem -Ding zu tun. So ist es eher den Engländern und ihrem kolonialen Verbreitungsgeschick zuzuschreiben, dass die Autos hier auf der linken Straßenseite fahren – trotz zahlreicher deutscher, norwegischer, französischer und osteuropäischer Einwanderer orientierte man sich in Neuseeland schnell am Vorbild von »Mother Britain« und erkennt bis heute die Queen als Hoheit über das neuseeländische Parlament an (mehr über die Treue zur Königin im Kapitel »Große Kiwis«).

Für einen gewaltigen Lernvorsprung meiner Kinder im späteren Sachkundeunterricht sorgte der Fakt, dass Neuseeland aus unserer Perspektive fast genau auf der gegenüberliegenden Seite des Erdballs liegt. Und nicht nur das, sondern auch noch auf der Südhalbkugel. Das hat für Reisen dorthin genauso große Auswirkungen wie für die Live-Kommunikation über Telefon oder Skype.

Herrschte in Deutschland tiefster Winter, als wir ins Flugzeug stiegen, kamen wir in Neuseeland im Hochsommer an (und mussten unsere blassen Winternasen schleunigst mit hochprozentiger Sonnencreme schützen). Von den nur wenige Stunden kurzen Wintertagen katapultierten wir uns in lange, bis gegen 22 Uhr helle Sommertage. Das viele Licht war eine spürbare Wohltat und sorgte sicherlich mit dafür, dass wir diesen »Winter« ganz ohne lästige Infekte überstanden.

Andersherum bedeutet das leider: Wer sparen will und die günstigsten Reisemonate zwischen April und September für eine ausgedehnte Neuseelandreise nutzt, der reist im frischen Frühjahr ab, erlebt den dunklen, kalten Winter »down under«, kommt im Herbst nach Deutschland zurück und verpasst auf diese Weise einen kompletten Sommer – was uns bis dato von so einer Unternehmung abgehalten hat. Viele Reisende aus Europa halten es lieber genau andersherum und steigen im grauen November in den Flieger nach Neuseeland. Dort genießen sie dann Sonne satt und Weihnachten am Strand, bis sie gebräunt und erholt im März zurückkehren und den Frühling in Europa begrüßen. Ätsch!

Nicht nur die Jahreszeiten sind in Neuseeland verkehrt herum; auch die Uhr zeigt fast genau die andere Seite des Tages an. Das sorgt nicht nur beim Anruf zu Hause für Spaß (oder nächtlichen Schrecken), sondern ist auch bei der Reisevorbereitung hinderlich. Telefonate mit Campervan-Vermietern oder Hotelbesitzern müssen in die frühen Morgenstunden oder auf den späten Abend geschoben werden, und auch beim Absetzen dringender E-Mails sollte man immer den Uhrzeit-Dreh im Kopf behalten. An dieser Stelle bitte einmal eine Portion Mitleid für die fleißigen Reisebüro-Mitarbeiter und Wohnmobil-Vermittler, die in Deutschland sitzen und mit neuseeländischen Partnerunternehmen arbeiten!

Noch etwas ist zwar verkehrt, aber enorm eindrucksvoll, wie wir schon in den ersten Nächten feststellen durften, die wir in unserem kleinen Campervan unter freiem Himmel verbrachten. Wer sich mit Sternbildern auskennt, der wird auf der anderen Seite der Erdkugel viel zu entdecken haben, denn hier schaut man selbstredend andersherum auf all die bekannten Konstellationen. Das Schöne: Die Sternguckerei funktioniert ganz ohne Teleskop.

Die Luft in Neuseeland ist nämlich nicht nur tagsüber ungewöhnlich frei von Verschmutzung, sondern auch nachts. Die Folge: Ohne »light pollution« durch umliegende Städte und andere Lichtquellen sind die Sterne an Neuseelands Nachthimmel so deutlich und klar zu sehen wie fast nirgendwo sonst auf der Welt (mehr dazu erzähle ich im Kapitel »Weil der Himmel über Tekapo nachts leuchtet«).

Die Milchstraße, die wir vorher allenfalls aus Alpen-Urlauben als blasse Andeutung am Nachthimmel kannten, knallt hier unten als glitzernder, aus Millionen verschiedenfarbig leuchtender Pünktchen und Sternennebeln bestehender Airbrush-Streifen über das Schwarz der Nacht, während sich drum herum ein wahrer Regen an Sternen und Sternschnuppen auftut. Stunden verbrachten wir in der kalten Nachtluft, mit offenen Mündern nach oben starrend und fast auf dem Rücken in unseren Campingstühlen hängend.

Auch für uns Laien war offensichtlich, dass der Orion, dessen Gürtel wir im Winter als Linie aus drei Sternen erblicken, in Neuseeland ein Sommersternbild ist – und dass der arme Kerl dabei auf dem Kopf steht. Andere Sternbilder, die wir zu Hause regelmäßig sehen, vermissten wir dagegen in Neuseeland, etwa den Großen Wagen oder die Kassiopeia (das »Himmels-W«). Die Magellan'schen Wolken, zwei mit bloßem Auge sichtbare Sternennebel, hatten wir vorher noch nie gesehen, da sie auf der Nordhalbkugel immer unterhalb des südlichen Horizonts bleiben.

Das Kreuz des Südens, das zum Südpol zeigt und für die Seefahrt der polynesischen Völker so wichtig war, dass es heute in zahlreiche Flaggen aus Südamerika und Ozeanien zu finden ist, sieht man heute nur noch auf der Südhalbkugel. Zur Zeit der antiken Griechen, die viele der noch heute bekannten Sternbilder beschrieben, war es im Mittelmeerraum noch am Nachthimmel zu sehen. Die Zeiten ändern sich eben auch am Sternenhimmel!

Tagsüber bleibt der Himmel natürlich ebenfalls »verkehrt herum«. Trotzdem fiel uns erst nach einiger Zeit auf, dass die Sonne zwar ganz wie gewohnt im Osten auf- und im Westen unterging, zwischendurch aber nicht im Süden, sondern im Norden stand!

Spätestens dann, wenn der Sonnenstand die Mittagszeit anzeigte, machte sich ein weiterer Punkt bemerkbar, in dem das Leben in Neuseeland ganz eindeutig »verkehrt herum« ist. In fast jeder Ladentür hing dann nämlich (zumindest in den kleineren Orten) eine hastig geschriebene Notiz: »back in 5 minutes«, oder gleich ehrlich: »gone fishing«. Während der Sommerferien und in den Wochen danach stießen wir immer wieder auf geschlossene Geschäfte oder Firmen, deren Mitarbeiter offensichtlich mehrere Wochen lang den Sommer und ihren Urlaub genossen.

Die Work-Life-Balance, das Verhältnis von Arbeit zu Freizeit, ist in Neuseeland genau umgekehrt zu dem, wie wir es uns in Deutschland auferlegen. Zwar können wir stolz auf die größere Zahl an Urlaubstagen und einen höheren Durchschnittsverdienst klopfen – aber die Selbstverständlichkeit, mit der die Kiwis um Punkt 17 Uhr den Schreibtisch verlassen, um gemeinsam mit ihrer Familie ihre Freizeit zu verbringen, ist beneidenswert. So wie in Neuseeland, dem Land des »great outdoors«, ist das Verhältnis von Arbeiten und Leben doch eigentlich genau richtig herum.

7. Grund

Weil es vier Jahreszeiten an einem Tag gibt

»Aufstehen! Die Sonne scheint!« Selbige knallte wirklich mit voller Kraft in die Fenster unseres Campervans und machte das Weiterschlafen unmöglich – zumindest für unsere abenteuerlustigen Kinder. Für mich hieß das: mich gähnend aus den Decken schälen, dem Nachwuchs bei der Suche nach Sonnenhüten und präsentablen Hosen assistieren und die Schiebetür öffnen, um den neuen Tag hereinzulassen – der auf einmal gar nicht mehr so sonnig aussah. Während wir gerade mit den Köpfen in der Reisetasche steckten und überlegten, ob man die doppelt befleckten Leggins noch einmal tragen kann, waren hinterrücks dicke, regenschwere Wolken herangezogen. Wo kamen die nur so schnell her?

Ein Regenschauer drückte eine Wand aus unangenehm kühler Luft vor sich her und ließ wenig später einen kurzen Schauer heruntergehen. Also noch mal in die Reisetasche tauchen: Weg mit den Sonnenhüten, wir brauchten Regenjacken. Und wo hatten wir gestern Abend die Gummistiefel hingestopft? Nach fünf Minuten waren die Kinder regenfest ausgerüstet, und ich war endgültig wach.

Pfützenspringen auf der nassen Wiese des Campgrounds macht Spaß! Sogar noch mehr, weil auf einmal wieder die Sonne schien. Meine Regenjacke, die ich hastig über die Fleecejacke geworfen hatte (ich bin nun mal eine Frostbeule, vor allem am Morgen), warf ich schwitzend von mir – puh, war das warm!

Den Regenbogen, der sich einladend über der Küste wölbte, bewunderten wir nur kurz. Zu viele davon hatten wir in den letzten Wochen gesehen. Regenbögen sind in Neuseeland Alltag; wie wundervoll ist das bitte?

Ein ganz normaler Sommertag in Neuseeland beginnt häufig so wie der eben geschilderte: aufstehen bei Sonnenschein, Frühstücksabbruch wegen eines Regenschauers, Start einer Wanderung bei bedecktem Himmel, plötzliche Schneeschauer in höheren Lagen und abendliches Ausspannen vor dem Campervan im warmen Schein der

Abendsonne. Das blitzartig wechselnde Wetter erinnert an die Launen eines Kleinkinds; unvermittelt kippt die Stimmung von strahlend sonnig zu gewitter-stürmisch. Bei allem pädagogischen Verständnis: Das Wetter kann Eltern aber auch in den Wahnsinn treiben. Regenjacke an, Regenjacke aus; Gummistiefel, warme Mütze, Flipflops oder Sonnenbrille, das alles braucht man an einem ganz normalen Frühsommertag in Neuseeland. Manchmal innerhalb derselben Stunde. Wie soll man da mit kleinem Gepäck reisen??

Die Kiwis machen es uns vor. Sie sind hart im Nehmen, wenn es ums Wetter geht, und machen für kleine Kinder keine Ausnahme. Wie oft haben wir fröstelnd und warm eingepackt zugesehen, wie neuseeländische Kinder barfuß über feuchte Wiesen tobten, sie sich fröhlich kreischend mit ihren Eltern in 10° Celsius kalte Seen warfen oder, mit Wetsuit und Helm ausgerüstet, ihre Surfboards in die tosende Brandung des eiskalten Pazifiks paddelten.

Barfuß laufen ist für Neuseeländer zu jeder Jahreszeit okay; irgendwie schaffen sie es, sich schon in frühester Kindheit absolut unempfindliche Füße anzutrainieren. Zehensandalen, die berühmten »jandals«, sind das maximale Zugeständnis an herbstliche Temperaturen. Wird das Wetter richtig mies, schlüpft der Neuseeländer in seine Gummistiefel, die »wellies«.

Weitere Merkmale wetterfester Neuseeländer: Sie tragen immer kurze Hosen, egal wie kalt es ist. Eigentlich ganz vernünftig. Wer sich genug bewegt, der bekommt keine kalten Beine (und entgeht gleichzeitig den überaus lästigen Sandflies, die ansonsten jedes Stück freie Haut finden). Und nasse Hosenbeine durch die ständigen Regenschauer werden so elegant vermieden. Obenherum darf es etwas wärmer sein: Als wir Mitte Januar bei 13° Celsius durch die Catlins fuhren (und dabei immer wieder ungläubig den Wetterbericht checkten – es war doch Hochsommer?!), hatten die Einwohner ihre kurzen Hosen mit gestrickten Bommelmützen kombiniert.

Das Wetter und seine Unvorhersagbarkeit stellen für uns Reisende ein großes Problem dar. Manche stoßen erst mitten in der Reiseplanung darauf, dass die Jahreszeiten in Neuseeland umgekehrt sind. Und auch wenn man das theoretisch weiß, stellen sich viele einfach den europäischen Jahreslauf umgekehrt vor. Neuseeland ist aber wettertechnisch etwas ganz Besonderes.

Die isolierte Lage der beiden Inseln mitten im Pazifik und ihre lang gestreckte, schmale Form sorgen dafür, dass das Klima im Norden komplett anders ist als im Süden. Das Fehlen stabilisierender Landmassen wiederum führt zu den schon bekannten dramatisch schnellen Wetterwechseln und auch zu generell »intensiverem« Wetter, als wir Europäer es gewohnt sind.

Aus dem Westen ziehen Wolkenmassen über den Pazifik heran, die mit voller Wucht an die neuseeländischen Küsten prallen und für reichlich Regen und Wind sorgen. Da sie aber nirgends lange festhängen können, ist der Spuk in aller Regel schnell wieder vorbei. Tagelange Regenfälle kennen wir eigentlich nur von der Westcoast und aus dem Fiordland, wo die Wolkenpakete an der Bergkette der Southern Alps dann doch stoppen müssen. Hier, in einer der abgelegensten und schönsten Regionen Neuseelands, staut sich alles, was der Pazifik an Feuchtigkeit mitbringt. Es regnet fast jeden Tag, was den unglaublich dichten, grünen Regenwald wachsen lässt, der die Landschaft prägt.

Ein krasses Kontrastprogramm ist das gebirgige Plateau von Otago und Central Canterbury, das hinter der ersten Bergkette liegt. Hier oben ist es fast immer sehr trocken. Während westlich der Southern Alps jedes Jahr zwischen vier und zehn Metern Regen niederprasseln, kommen im Osten nur 50 Zentimeter an. Die vergleichsweise kontinentale Lage sorgt auch dafür, dass es für neuseeländische Verhältnisse im Winter richtig kalt werden kann, während die Sommer überraschend heiß sind.

Auf der Nordinsel, die keine Gebirgsketten hat, haben es die Wetterfrösche schwerer mit verlässlichen Voraussagen. Immerhin eines kann man wissen: Im Sommer regnet es hier im Durchschnitt viel weniger als im Winter, und die Temperaturen rutschen eigentlich nie unter den Gefrierpunkt. Besonders im subtropischen Norden wecken Palmen und kilometerlange weißsandige Strände Sommersehnsüchte. Wir haben dort im Februar bei über 30° Celsius in der Hitze gestöhnt – sind aber trotzdem nur kurz ins Wasser gehüpft, denn die Tasman Sea ist auch im Hochsommer eine kühle Angelegenheit.

Richtige Sonnenschein-Inseln findet man auch in d
Bay und der Bay of Plenty im Osten – beides Regioner
raschend dünn besiedelt sind. Wollen die Neuseeländ
Warmen leben?, fragt man sich da. Auch der Norden der Südinsel ist mit ungewöhnlich viel Sonne gesegnet. Als wir dort durch Plantagen von Pfirsich-, Avocado- und Feigenbäumen fuhren, vorbei an selbst gemalten Straßenverkaufsschildern, Aussteiger-Biofarmen und Hippiedörfern, kamen wir uns wie in einem anderen Land vor. Selbst die Luft riecht hier in der Abel Tasman Region anders, irgendwie tropisch. Und in der kleinen, von Felsen umstandenen Bucht des goldenen Tonga Beach, mittendrin im Abel-Tasman-Nationalpark, war das flache Wasser dann endlich auch so warm, dass wir die Tropenstrand-Fotos schießen konnten, um die uns die Daheimgebliebenen beneiden sollten (mehr über diese schöne Gegend im Kapitel »Unterwegs in Neuseeland«).

Hat man allerdings das Pech, in einem Jahr nach Neuseeland zu reisen, in dem auch El Niño dort zu Besuch ist, dann kann die Reise im wahrsten Sinn des Wortes ins Wasser fallen. Alle paar Jahre, leider nicht regelmäßig, sorgt dieses weltweite Großwetterereignis aus dem Pazifikraum für mehr Niederschläge und niedrigere Temperaturen in Neuseeland. Während wir Touristen über den Dauerregen jammern, sorgen sich die Bauern in Canterbury wegen langer Dürreperioden und Kälteschübe, die ihre Ernten bedrohen.

Für eine richtige Neuseelandrundreise bleibt daher nichts anderes übrig, als wirklich »für jedes Wetter« zu packen. So seltsam es daheim beim Packen aussehen mochte und so überflüssig es sich an den meisten Reisetagen anfühlte – mehr als einmal waren wir froh darüber, dass wir warme Handschuhe, Herbstmützen und Matschhosen dabeihatten. Auch die UV-Schutzanzüge der Kinder und die Sonnenhüte haben wir oft hervorgekramt (und Letztere mindestens dreimal nachgekauft, weil sie davongeweht wurden).

Das Einzige, was wirklich überflüssig war: der Regenschirm. Der flog uns nämlich bei der ersten Windböe um die Ohren und dann in den Müll. Einen Neuseeländer mit Schirm haben wir nie gesehen!

8. Grund

Weil niemand da ist

Neuseeland ist voll. Während der Hauptsaison von Ende November bis Mitte Februar stauen sich die weißen Wohnmobile und die Reisebusse vor Sehenswürdigkeiten wie den mystischen Waitomo Caves, der idyllisch gelegenen Church of the Good Shepherd am Lake Tekapo oder an den majestätischen Huka Falls. Das Städtchen Queenstown, Ziel zahlreicher abenteuerlustiger Backpacker, platzt dann aus allen Nähten, und um einen der berühmten »Ferg Burger« zu probieren, steht man eine halbe Stunde in der Warteschlange. Auf beliebten Wanderwegen wie dem Tongariro Crossing geht es im Sommer nur noch im Gänsemarsch voran und Mehrtageswanderungen wie der weltberühmte Milford Track müssen ein Jahr im Voraus gebucht werden, wenn man einen Platz ergattern will.

Klingt alles nicht eben angenehm. Ist es auch nicht. Aber zum Glück kann man die Menschenmassen in Neuseeland immer noch weitgehend vermeiden, wenn man nicht wie ein Schaf den anderen Touristen hinterherrennt. Dann entdeckt man das Land so, wie es sich schon seit 150 Jahren seinen Entdeckern präsentiert: unberührt, rau und wild, schön und manchmal auch schrecklich.

In Neuseeland kann man tatsächlich aus dem Haus treten und nach wenigen Metern in unberührter Natur stehen – die Wildnis gehört hier zum Hinterhof. Da gibt es die kleinen »backcountry roads«, die nur geschottert sind und sich ohne Beschilderung hinauf in die Berge oder zwischen die grünen Hügel winden – wo sie wohl hinführen? Da gibt es die mehr als 250 vom Umweltschutzministerium verwalteten Campingplätze, die fast immer in abgelegenen, einsamen Gegenden liegen und teilweise gar nicht über Land erreichbar sind – und wo man auch im Sommer mit etwas Glück der einzige Gast ist.

Da gibt es Wanderwege, auf denen man tagelang von Hütte zu Hütte laufen kann, ohne einem Menschen zu begegnen. Zwischen den kleinen Ortschaften und Farmen liegen vielleicht nur wenige Kilometer, aber dort warten Wälder mit dichtem Unterholz, von tiefen

Felsspalten und Höhlen durchzogene Bergrücken, die heftigen Wetterumschwüngen ausgesetzt sind, und Wasserläufe, die binnen weniger Stunden vom Rinnsal zum reißenden Fluss anschwellen können.

Wandern in Neuseeland kann ein angenehmes Spazieren sein, wenn man sich auf der gut ausgetretenen Touristenroute bewegt. Die Wege und ungespurten Routen in den Nationalparks sind aber riskanter, als man denkt – und die Vorsichtsmaßnahmen und Warnungen in den Broschüren der Tourismusbüros, die ständigen Ermahnungen, sich gut auszurüsten und nicht allein loszuziehen, die überall bereitliegenden »intention books«, in denen man sein Ziel und die Zeit des Aufbruchs notiert, um rechtzeitig vermisst zu werden, gibt es nicht ohne Grund.

Jedes Jahr liest man in den neuseeländischen Medien von Wanderern oder Spaziergängern, die sich nur wenige Meter abseits der Straßen so gründlich in der neuseeländischen Natur verirren, dass sie erst nach tagelangen Suchaktionen gefunden werden (und manche bleiben für immer verschollen). Die ernsthaften Wanderer und Bergsteiger, die sich in die unwegsamen Regionen der Southern Alps vorwagen, sind da gar nicht mitgezählt.

Auf einer Fläche von rund 268.000 Quadratkilometern leben in Neuseeland nur 4,8 Millionen Menschen. Das ist schon allgemein nicht viel. Dazu kommt, dass der Großteil dieser Menschen nicht gleichmäßig über das Land verteilt ist, sondern sich bevorzugt im Großraum Auckland aufhält (wo es natürlich auch sehr schön ist, aber eben zunehmend eng wird). Und selbst die größte Metropole des Landes, die gleichzeitig eine der größten des gesamten Pazifiks darstellt, kann mit einer »richtigen« Großstadt nicht mithalten – die 1,5 Millionen Einwohner des Großraums Auckland würden in Paris oder Berlin gar nicht auffallen. Im Rest des Landes herrscht ziemliche Ruhe – abgesehen von den Punkten, wo sich während der Hauptsaison die Touristen aus Übersee tummeln.

Ich bin wahrlich kein Menschenfeind und unterhalte mich unterwegs gern mit anderen Reisenden, mit Einheimischen sowieso. Aber ich möchte auch meine Ruhe haben, wenn ich abends vor meinem Campervan sitze und in den Sternenhimmel schaue. Ich möchte beim

Wandern nicht warten müssen, bis ich an der Reihe bin, um ein gestelltes Foto ohne Menschen schießen zu dürfen. Und ich möchte hin und wieder das unbeschreibliche Gefühl genießen, einen Strand ganz für mich allein zu haben oder von einem Berggipfel über weites, unverbautes Land zu blicken.

Neuseeland hat mir dieses Gefühl reichlich gegeben. Hier habe ich zum ersten Mal gespürt, wie klein und bedeutungslos ich als Mensch bin, umgeben von Tausenden Kilometern Meer und Wind, unter einer Milliarden Jahre alten Milchstraße. Hier habe ich, unterwegs im dichten Regenwald, auf das Rufen des Kiwi gelauscht und mir ohne Weiteres vorstellen können, dass es ganz ähnlich schon vor der Ankunft der Māori aussah. Hier haben meine Kinder beim Einfahren unseres Bootes in den Milford Sound ganz von selbst angefangen zu überlegen, wie mutig und neugierig die Entdecker Neuseelands gewesen sein müssen – die allein mit der Kraft des Windes in jeden einzelnen der tief ins Land reichenden Fjorde hineinfahren mussten, um einen Landeplatz zu finden; immer mit dem Risiko, zwischen den engen Felsen festzustecken oder auf Grund zu laufen.

Was muss das für ein Gefühl gewesen sein, nach wochenlanger Seefahrt als erster Mensch seinen Fuß auf diesen Boden zu setzen? Die Bäume und Riesenfarne zu bestaunen, die vielen bunten Singvögel zu bewundern – und beruhigt festzustellen, dass es hier kein einziges gefährliches Raubtier gibt? Neuseeland ist ja wirklich so abgelegen, dass es nicht einmal die Säugetiere hierher geschafft haben. Seit 70 Millionen Jahren liegen die Hauptinseln allein im weiten Pazifik; das Gefühl der Einsamkeit ist sozusagen tief im Boden Neuseelands verwurzelt.

Die Neuseeländer genießen dieses Gefühl genauso: Nicht umsonst gehört es zu ihren liebsten Freizeitbeschäftigungen, draußen im unwegsamen »bush« zu wandern, zu jagen oder in einer abgelegenen »bach« (das neuseeländische, etwas abgeschrammelte Äquivalent zur deutschen Datsche) zu leben. Nicht umsonst verbauen sie ihre Küsten nicht mit Hotelburgen, sondern gehen campen.

Und nicht umsonst haben sie mehr als ein Fünftel ihres Landes unter Naturschutz gestellt. 14 Nationalparks, 18 Conservation Parks, 15 Forest Parks und 33 Meeresschutzgebiete bieten Rückzugsorte für die einzigartige Tier- und Pflanzenwelt, gleichzeitig aber erlauben sie es den Menschen, die neuseeländische Natur kennenzulernen und zu genießen – ganz ohne Absperrungen, Zutrittsbeschränkungen oder Eintrittsgelder. Ob das in Zukunft so bleiben kann, wenn immer mehr Menschen nach Neuseeland kommen und die Einsamkeit genießen wollen?

9. Grund

Weil man hier als Erster den Tag begrüßt

Ob Neuseeland tatsächlich das erste Land der Welt ist, das jeden Morgen die Sonne aufgehen sieht, darüber kann man streiten. Die meisten Medien nehmen es mit dem genauen Verlauf der Datumsgrenze nicht allzu genau, die nämlich eigentlich über das zu Kiribati gehörende Caroline-Atoll und die (immerhin auf neuseeländischem Territorium liegenden) Chatham Islands verläuft.

Die zu den Chathams gehörenden »Fourty-Fours« sind offiziell der östlichste bewohnte Punkt der Erde, der morgens von den Strahlen der aufgehenden Sonne erreicht wird – jedenfalls zu den Tag- und Nachtgleichen im März und September, nicht jedoch zur Winter- und Sommersonnenwende. Dann steht die Sonne während des Polartags am Süd- bzw. Nordpol so hoch, dass sie zuerst an der neuseeländischen McMurdo Station in der Antarktis oder im russischen Kamtschatka zu sehen ist.

An jedem Neujahrstag wird aber dann doch wieder die Silhouette von Auckland gezeigt, wo die Menschen mit einem der wenigen ordentlichen Feuerwerke auf der Südhalbkugel angeblich als erste das neue Jahr begrüßt haben. Qualitätsmedien, die unseren Respekt verdienen, wissen immerhin, dass der östlichste Punkt Neuseelands, an dem man sich bei Sonnenaufgang aufhalten kann, das Eastcape ist.

Dort feierten zum Beginn des dritten Jahrtausends Tausende Besucher, darunter die damalige neuseeländische Premierministerin Helen Clark, den Jahresbeginn, begleitet von Kamerateams aus aller

Welt. Die Regierungschefin und ihr Tross hatten es sich nicht leicht gemacht: Der Punkt, an dem die Sonnenstrahlen zuerst auf das neuseeländische Festland treffen, liegt nämlich wegen der Erdkrümmung nicht auf Meeresspiegelniveau, sondern auf dem Gipfel des Mount Hikurangi – einem 1.754 Meter hohen Berg in den Raukumara Ranges mit einer höchst merkwürdig geformten Doppelspitze, der außerdem der höchste nicht-vulkanische Berg der Nordinsel ist.

Für die Māori vom Stamm der Ngāti Porou ist der Hikurangi nicht nur ein sonnenbeschienener Berg, sondern Dreh- und Angelpunkt ihrer Identität: Nach der Legende ist Hikurangi der erste Teil des Fisches, den der Halbgott Māui einst an seinem Angelhaken aus dem Wasser gezogen hatte und der dann zur Nordinsel (»Te Ika a Māui«) wurde. »Hiku« heißt »Spitze« und »Rangi« ist der Name des Himmelsgottes der Māori. Irgendwie haben sie es wohl vor Jahrhunderten schon gewusst, dass der Hikurangi zum Licht strebt.

Māuis erste Tat an Land war es, das Volk der Ngāti Porou zu gründen – eben jener Māori, die heute noch diese Gegend besiedeln. Das Kanu des Halbgotts, Nuku-tai-memeha, ruht heute noch im Lake Takawhiti oben am Berggipfel.

Die Ngāti Porou haben es nicht leicht; sie leben in einer der am dünnsten besiedelten und wirtschaftlich schwächsten Regionen Neuseelands. Umso stärker sind ihre Traditionen und ihr Stolz auf das Erbe des Halbgotts. Das neue Jahr begrüßen sie alljährlich mit einer uralten Zeremonie auf dem Gipfelplateau des Hikurangi: Auf den traditionellen Willkommensgruß »karanga« folgen ein Gebet (das »karakia«) und ein Haka.

Obwohl der Berg für die Māori heilig (»tapu«) ist, lassen sie Touristen auf den Gipfel hinauf. Am besten geht das mit »Hikurangi Guided Tours« in Ruatoria, es ist aber auch individuell möglich. Nur fragen sollte man unbedingt. Es geht nicht um Geld (eine Übernachtung in der Hütte unterhalb des Gipfels kostet 15 NZ$), sondern um Respekt: Immerhin läuft man auf dem Heiligtum eines Volkes herum, ihrer kulturellen Identität. Ein Sprichwort der Ngāti Porou lautet: »Ko Hikurangi te maungu, ko Waiapu te awa, ko Ngāti Porou te iwi« (Hikurangi ist der Berg, Waiapu ist der Fluss, Ngāti Porou ist der Stamm).

Von der erwähnten Hütte aus sind es bis zum Gipfel nur etwa drei Stunden. Wer den Sonnenaufgang sehen will – ob nun am Neujahrstag oder an jedem anderen –, der muss also sehr früh aufstehen. Noch im Dämmerlicht wird man dabei, etwa nach zwei Streckendritteln, auf eine Gruppe von gigantischen Holzskulpturen treffen. Diese neun »Whakairo« wurden zur Jahrtausendwende hier oben aufgestellt, geschaffen von den besten Schnitzkünstlern, die die Region zu bieten hat – und für die das Eastcape und die Ngāti Porou bekannt sind.

Die gleichzeitig traditionell und modern anmutenden Figuren, angeordnet auf den acht Punkten einer Kompassrose, erzählen die Geschichten ihres Stammvaters, des Halbgottes Māui: Hinter dem Tor zur Höhle des Wissens (»waka hourua«) und dem Tor zur Geisterwelt, umgeben von seinem Vater Irawhaaki und seiner Ehefrau Hinerau-ma-ukuuku, seinem Kanu und dem Kieferknochen, aus dem er seinen Angelhaken fertigte, thront Māui selbstbewusst im Zentrum der Gruppe. Sie heißen Wanderer willkommen und fordern gleichzeitig Respekt. Die schwarzen Linien des »moko« von Māui tragen auch heute noch ungewöhnlich viele Māori am East Cape stolz im Gesicht oder am Kinn.

Ein sachkundiger Guide ist keine schlechte Idee, um den Gipfel des Hikurangi zu bezwingen. Nicht nur, weil nur ein Māori vom Stamm der Ngāti Porou den Reichtum der überlieferten Geschichten vermitteln kann; die geführten Touren finden außerdem in bequemen Allradantrieb-Fahrzeugen statt, womit man sich immerhin die ersten drei bis vier Stunden schweißtreibenden Aufstiegs bis zur Hikurangi Hut erspart.

Den Sonnenaufgang ganz oben auf dem Gipfel des Mount Hikurangi muss sich allerdings jeder erkämpfen. Die letzten 400 Meter heißt es buchstäblich über Stock und Stein klettern; hier ist nichts mehr markiert oder ausgebaut. Der Trost für die Schinderei: Wenn man nicht gerade zum Neujahrstag aufschlägt, genießt man den grandiosen Moment mit großer Wahrscheinlichkeit ganz für sich allein.

Aber auch an jedem anderen Ort in Neuseeland ist es ein besonderes Erlebnis, das neue Jahr zu begrüßen. Während man im Mitternachtsdunklen mit Sekt anstößt und Raketen steigen lässt, sollte man mit dem Anruf zu Hause in Deutschland jedenfalls noch warten. Dort ist es zwölf Stunden früher, und die Leute sind wahrscheinlich noch gar nicht in Silvesterstimmung. Umgekehrt ist es keine gute Idee, sich von den Lieben daheim um 0 Uhr mitteleuropäischer Zeit anrufen zu lassen – das frische neue Jahr ist dann in Neuseeland schon ein alter Hut.

Überhaupt feiert man das neue Jahr in Neuseeland für europäische Verhältnisse überraschend lahm. Außerhalb von Auckland und Wellington sieht man um Mitternacht fast nirgends Raketen aufsteigen, auch das Anstoßen mit Sekt und wilde Partys sind ungewöhnlich. Neuseeländer stehen lieber früh auf, um die Sonne des neuen Jahrs zu begrüßen. Auf dem Gipfel des Mount Hikurangi hatten sie dabei im Jahr 2000 kein Glück, denn er lag komplett im Nebel.

(Wer es ganz verrückt haben will, der kann versuchen, Silvester auf der Insel Niue zu feiern, die sich freiwillig über einen Assoziierungsvertrag an Neuseeland gebunden hat. Niue ist neben Amerikanisch-Samoa die einzige besiedelte Insel, auf der zwar exakt dieselbe Uhrzeit wie in Neuseeland gilt, aber der vorige Tag. Die Niueaner schauen daher (mangels eigenem Nachrichtenstudio) immer Nachrichten aus der Zukunft!)

10. Grund

Weil Neuseeland seine eigene Erdplatte reitet

Dass so etwas im 21. Jahrhundert noch passieren kann, grenzt an ein Wunder, finde ich. Im Zeitalter der Satellitennavigation ist jeder Flecken auf der Erdoberfläche eindeutig zu sehen; man muss nicht einmal aus der Tür treten, um per Google Streetview eine virtuelle Reise um die Welt zu machen. Selbst auf der schmalsten neuseeländischen Schotterstraße kann ich vom Schreibtisch in Deutschland aus bis ans Ende fahren und den Blick über die einsame Landschaft auf meinem Monitor genießen.

Aber dann kam Mitte Februar 2017 eine Meldung der Geological Society of America, die nicht nur mich überraschte und erstaunte. Die Wissenschaft habe sich geirrt, wurde selbstkritisch berichtet: Ein Team von elf Geologen könne nun eindeutig beweisen, dass Australien und Neuseeland nicht auf demselben ozeanischen Erdplattenstück liegen, das den Kontinent Australien bildet. Vielmehr nennt das kleine Neuseeland eine eigene kontinentale Platte sein Eigen: »Zealandia« wurde der neue Kontinent flugs getauft.

Wie konnte man so etwas übersehen haben? Streng genommen war das alles in Geologenkreisen schon mehr oder weniger bekannt gewesen. Schon vor 20 Jahren hatte der amerikanische Geologe Bruce P. Luyendyk eine entsprechende These aufgestellt, jedoch damals nicht beweisen können. Deshalb war man beim Status quo geblieben, der Neuseeland und seine umgebenden Inseln als Teil eines »Mikrokontinents« einstufte.

Nun ist nach zehn Jahren des Messens und Auswertens von aktuellen Satellitenbildern und Gravitationskarten des urzeitlichen Meeresbodens klar: Neuseeland liegt zweifelsfrei auf einem eigenen Kontinent. Der ist läppische 4,9 Millionen Quadratkilometer groß, aber er liegt – und das ist eines der Anerkennungskriterien für Kontinente – im Durchschnitt 1.100 Meter höher als der ozeanische Boden drum herum.

Zugegeben: Auch wenn sie messbar höher liegt, befinden sich fast 95 Prozent der neuseeländischen Erdplatte, die etwa zwei Drittel so groß ist wie die australische, unter dem Meeresspiegel. Das war zwar vor einigen Millionen Jahren noch anders, aber die Zeiten ändern sich eben. Heute ragen neben den Hauptinseln Neuseelands nur noch Neukaledonien und einige andere Südpazifik-Inseln weit genug aus dem Meer.

Der neue neuseeländische Kontinent war ursprünglich ein Teil des Urkontinents Gondwana; gemeinsam mit Australien und großen Teilen von Südamerika, Afrika und der Antarktis. Vor 180 Millionen Jahren zerbrach Gondwana in mehrere Teile, die auseinanderdrifteten und teilweise im Meer versanken. Etwa zu dieser Zeit wurden die Bäume, die man am Strand der Curio Bay im Süden der Südinsel bewundern kann, von Vulkanasche und Schlamm überzogen und begannen den langen Prozess ihrer Versteinerung – sie liegen also schon seit einer Zeit dort, als Neuseeland noch zum australischen Kontinent gehörte! Ich finde solche Belege der ungeheuer langen Erdgeschichte ungeheuer faszinierend.

Als sich »Zealandia« vom australischen Kontinent abtrennte, dehnten sich die Erdplatten und wurden auseinandergezogen. Daher ist »Zealandia« nicht nur kleiner, sondern auch dünner als die anderen Kontinente. Und das wiederum führt dazu, dass es hier sehr viele thermal aktive Gebiete gibt – Regionen, in denen es allerorts aus Spalten im Boden dampft und wo man beim Laufen förmlich spürt, dass die Erdkruste hier ungewöhnlich dünn ist.

Die Neuseeländer nahmen die Meldung vom eigenen Kontinent mit Stolz auf. Endlich liegen sie nicht mehr als Anhängsel Australiens am unteren Rand der Weltkarte, sondern auf ihrer eigenen Erdplatte! Und die vielgereisten Globetrotter können ganz cool nicht nur ein weiteres Land, sondern gleich einen ganzen Kontinent auf ihrer Bucket List abhaken.

11. Grund

Weil man hier zwar keine Nordlichter, aber Südlichter sehen kann

Wie inzwischen deutlich geworden sein dürfte, bietet Neuseeland eine wahre Fülle von Naturwundern. Sie alle sind nicht weltweit einzigartig, aber die Kombination aus so vielen faszinierenden Dingen macht Neuseeland in meinen Augen zu einem ganz besonderen Reiseziel.

Wo sonst kann man am selben Tag auf einem Gletscher Ski fahren und im Meer baden? Wo kann man aktiven Vulkanen dabei zusehen, wie sie neues Land bilden, und ohne Spezialausrüstung am Rand von Kraterseen entlangwandern? Wo warten karibische Strände in unmittelbarer Nachbarschaft von Weinbergen und englischen Parks? Die Krönung dieser Anhäufung ungewöhnlicher Naturphänomene sind meiner Meinung nach die Polarlichter: ein Once-in-a-lifetime-Spektakel, das viele Menschen irgendwann einmal auf einem Trip nach Nordeuropa erleben wollen. Aber auch auf der anderen Seite der Erdkugel kann man mit etwas Glück erleben, wie der Nachthimmel plötzlich von grün- bis rosafarbenen Lichtschleiern überzogen wird, die auf und ab tanzen und wie ein Traum wieder verschwinden.

Die Südpolarlichter, bekannt als »Aurora australis«, sind zwar viel weniger bekannt als die auf der Nordhalbkugel erscheinenden Nordlichter, die »Aurora borealis«, aber deshalb nicht weniger eindrucksvoll. Während man in Island oder Lappland direkt unter den Himmelslichtern steht, sieht man sie in Neuseeland, das weiter vom Pol entfernt ist, eher von der Seite, wie einen Vorhang am südlichen Nachthimmel. Auch wenn ich selbst weder die einen noch die anderen kenne, glaube ich allen, die mir versichern: Beide Phänomene sind gleichermaßen eindrucksvoll.

Unglücklicherweise ist nur schwer vorhersagbar, wann und wo man die »Südlichter« sehen kann – bisher hatten wir auf unseren Neuseelandreisen Pech, obwohl wir uns zahlreiche Nächte unter der Milchstraße um die Ohren geschlagen haben. Meist erscheinen sie ohne Vorwarnung und nur kurz am Nachthimmel. Die beste Chance besteht im neuseeländischen Winter, also zwischen März und September. Natürlich hat man mehr Glück, je weiter südlich man sich befindet und je schwärzer die Nacht ist – Neumondnächte sind bei Südpolarlicht-Jägern am beliebtesten. Wenn die Sonne gerade auf der gegenüberliegenden Seite des Erdballs steht, also gegen Mitternacht, leuchtet die »Aurora australis« am stärksten.

Zuletzt wurden im Jahr 2013 ungewöhnlich intensive Südpolarlichter in Neuseeland beobachtet. Die geomagnetischen Stürme, die von der Sonne ausgehen und die Magnetosphäre der Erde verschieben, erfolgen in Zyklen, die etwa elf Jahre lang sind. Damals wurden die magisch erscheinenden, vielfarbig flimmernden Himmelslichter bis hinauf zum Lake Tekapo und sogar auf der Nordinsel beobachtet. Mit einer langzeitbelichtenden Kamera kann man dann eindrucksvolle Aufnahmen machen, auch wenn sie für das bloße Auge nur als blasses Schimmern sichtbar sind.

Bis zum nächsten Magnetsturm, der erst um 2024 herum zu erwarten ist, wollte Dr. Ian Griffin vom Otago Museum in Dunedin nicht warten. Der Museumsdirektor und ehemalige NASA-Mitarbeiter war mit einem wissenschaftlichen Observationsflugzeug in Nordamerika auf die Jagd nach Nordlichtern gegangen und so begeistert zurückgekehrt, dass er für seine Landsleute und Nicht-Wissenschaftler ebenfalls ein solches Erlebnis ermöglichen wollte.

Er charterte kurzerhand ein Flugzeug, das am 23. März 2017, zur »Equinox Aurora«, wenn Tag und Nacht genau gleich lang sind, abends in Dunedin startete und fast genau nach Süden flog. Auf einer Zickzackroute kreuzte es dann über dem »Aurora-Oval«, einer Region im Südpolarmeer, wo sich nahezu immer Südpolarlichter beobachten lassen. Auf der Flugroute wurde außerdem viermal die Datumsgrenze überquert, bevor der Flieger gegen 5 Uhr morgens wieder auf Neuseelands Südinsel landete. Die 150 Plätze in der Boeing 767 waren im Nu ausverkauft, der »flight to the lights 1« so erfolgreich, dass schon im Frühjahr 2018 der nächste Flug startete. Diesmal brachte ein Air New Zealand Dreamliner 160 Polarlicht-Fans von Christchurch aus nach Süden.

Wer dabei sein will, zahlt sportliche 3.980 NZ$ für zwei Tickets in der Economy Class (wer dann am Fenster sitzen darf, muss jeder für sich entscheiden). Seufz – wir bleiben wohl erst einmal am Boden und schauen ganz ohne Hilfsmittel in den Nachthimmel über Neuseeland. Irgendwann wird es klappen, bestimmt!

12. Grund

Weil die Antarktis nicht weit ist

Slope Point ist ganz offiziell der südlichste Punkt auf Neuseelands Festland. Trotz dieses Ruhms ist hier nicht viel los. Zahlreiche schmutzig weiße Schafe rupfen das trockene Southland-Gras aus dem Boden. Ihre dichten Locken sträuben sich im Wind, der bitterkalt und regenfeucht direkt aus der Antarktis zu kommen scheint. Umso mehr Eindruck macht der Weltwundersohn, der sie mit seinen 90 Zentimetern erbarmungslos über die Weide scheucht.

In der einen Richtung sehen wir nicht viel mehr als ein paar extrem windschiefe Bäume und endlose gelblich-grüne Hügel; in der anderen Richtung schäumt tiefblau der Pazifik unter einem schiefergrauen Himmel. Am Rand der brüchigen Steilküste hockt ein nicht allzu fotogener Leuchtturm, in dessen Windschatten wir uns drängen, während wir das obligatorische Wir-waren-hier-Foto machen.

Hinter dem knallgelben Wegweiser, gesponsert wie die vielen anderen im ganzen Land vom neuseeländischen Automobilclub, hält unseren Blick auf dem Weg nach Süden nichts auf. 4.803 Kilometer sind es bis zur Antarktis, lesen wir. Verglichen mit der Entfernung von hier zum Äquator (das sind laut Wegweiser immerhin 5.140 Kilometer), ist das geradezu ein Katzensprung!

Tatsächlich ist Neuseeland ein beliebter Startpunkt für Antarktisreisen. Seine Rolle als Tor zum Südpol nimmt das Land ernst: In Christchurch befindet sich das Hauptquartier des COMNAP (des Verwaltungsrates der internationalen Antarktisprogramme), die USA, Südkorea und Italien haben hier ihre Antarktisbüros stationiert. Da es neben den Forschern auch immer mehr Touristen in die Antarktis zieht – um die 50.000 sind es jedes Jahr, mit steigender Tendenz –, wird in Christchurch außerdem seit 2012 alle zwei Jahre das »NZ Ice-Fest« gefeiert. Vorträge und Veranstaltungen rund um Schnee und Eis sollen dem breiten Publikum die ökologische Bedeutung der Antarktis nahebringen. Das ist wichtig, denn der Klimawandel macht vor dem einzigen unbewohnten Kontinent der Welt nicht halt. So unbewohnt wie ehemals ist er auch gar nicht mehr: Hier geben sich (zumindest im antarktischen Sommer) Forscher aus aller Herren Länder die Klinken der Stationen in die Hand, und von den vielen neugierigen Touristen habe ich ja schon erzählt. So, so gern würden auch wir die Gelegenheit nutzen für den kurzen Trip per Schiff von Neuseelands südlichstem Hafen Invercargill in die Antarktis!

Ausflüge von der neuseeländischen Südinsel in Richtung Antarktis steuern den Osten des eisbedeckten Kontinents an. Auf dem Ross-Schelfeis, das 500.000 Quadratkilometer bedeckt und wegen seiner Dicke zur Landfläche gezählt wird, liegt heute die neuseeländische »Scott Base«. Außerdem ist hier irgendwo, unter einem Schneehügel und einem Kreuz aus zwei Skiern, die letzte Ruhestätte des tragischen Polarforschers Robert Falcon Scott und seiner Kameraden.

Im Januar 1912 erreichte der Brite mit vier Begleitern nach einem entbehrungsreichen Marsch den Südpol – nur um festzustellen, dass sein Konkurrent Roald Amundsen ihm um fünf Wochen zuvorgekommen war. Den Ärger kann man sich vorstellen; die Strapazen des mehr als 1.300 Kilometer langen Rückwegs, auf dem einer nach dem anderen verhungerte und erfror, zum Glück nicht.

Wissenschaftliche Antarktisexpeditionen starten heute wie damals in Christchurch, der größten Stadt der Südinsel. Die speziell ausgerüsteten Forschungsschiffe berühmter Entdecker wie Ernest Shackleton oder Robert Falcon Scott wurden im Hafen von Lyttelton, einem Vorort von Christchurch, beladen. Auf Quail Island, einer beschaulichen, unbewohnten Insel, die heute als Naherholungsgebiet genutzt wird, warteten damals Schlittenhunde und Ponys, geschützt vor Infektionen, und wurden hier auf ihren Einsatz im Eis vorbereitet. Nachgebildete Hundezwinger auf einem Rundwanderweg erinnern heute an das »goldene Zeitalter der Entdeckungsreisen«. In der Innenstadt von Christchurch erinnert eine Statue an Robert Scott – seit dem Erdbeben von 2011, bei dem sie von ihrem Sockel stürzte und zerbrach, steht sie im »Quake City Foyer«.

Heutige Antarktis-Forschungsreisende steigen lieber ins bequeme Flugzeug, Touristen reisen per Schiff. In den 1970er-Jahren waren Vergnügungsflüge in die Antarktis von Neuseeland aus noch recht populär. Dann kam der Absturz des Fluges Air New Zealand 901: Am 28. November 1979 krachte die Maschine, die eigentlich eine Schleife über den McMurdo Sound fliegen und dann nach Auckland zurückkehren wollte, mit voller Wucht gegen den fast 4.000 Meter hohen Mount Erebus, den südlichsten aktiven Vulkan der Welt. Keiner der 257 Flugzeuginsassen überlebte den Zusammenstoß. Es war das erste schwere Flugzeugunglück in der Geschichte von Air New Zealand und gehört bis heute zu den schlimmsten Unglücken in der Geschichte Neuseelands.

Zum Verhängnis wurde der Besatzung zum einen ein Berechnungsfehler bei den Flugkoordinaten, zum anderen erkannten sie den Berg direkt vor ihnen zu spät, weil seine schneebedeckten Flanken mit den Wolken zu einem »sector whiteout« verschmolzen. Neuseelands Nationalheld, Sir Edmund Hillary, Erstbesteiger des Mount Everest, hatte an einigen der vorhergegangenen 14 Rundflüge teilgenommen und war ursprünglich auch für diesen Flug als »Reiseführer« vorgesehen gewesen. Es war reiner Zufall, dass er den Job kurzfristig mit einem guten Freund getauscht hatte.

Das Wrack der DC 10-30 liegt noch heute an der Flanke des Mount Erebus; ein Kreuz an der »Scott Base« erinnert an die Toten und an die heroischen Anstrengungen der 60 Polizisten und Ärzte, die damals unter härtesten Bedingungen fast alle Leichen bargen. In Auckland steht auf dem Waikumete-Friedhof in Glen Eden ein Gedenkstein für die 44 Passagiere, deren Leichen nicht identifiziert werden konnten oder nie gefunden wurden. Speziell an die 24 Opfer aus Japan erinnert ein Kirschbaum neben dem Stein. Direkt am Flughafen von Auckland findet sich außerdem eine Gedenkplakette für die Crew der Unglücksmaschine.

Air New Zealand stellte nach dem Unglück seine Antarktisflüge für Touristen ein. Erst im März 2017 startete wieder ein (privat gechartertes) Flugzeug von Dunedin in Richtung Süden. Allerdings kehrte diese Maschine bereits ein gutes Stück weiter nördlich um. Die 150 Fluggäste wollten nämlich nicht das ewige Eis sehen, sondern das Polarlicht, die Aurora australis, am Nachthimmel vor den Flugzeugfenstern beobachten.

Am internationalen Flughafen in Christchurch reckten wir trotz unserer Müdigkeit und der Aufregung nach der Ankunft in Neuseeland neugierig unsere Hälse: Hinter den normalen Terminals hörten wir die Motoren der Antarktis-Frachtflugzeuge brummen. Drei Viertel aller Südpolarforscher weltweit starten hier ihre Forschungsreisen in die Antarktis, genauer: zur Ross-Insel im McMurdo Sound, die Neuseeland als Staatsgebiet beansprucht.

Sehen konnten wir von den Forschern und ihren Maschinen direkt am Flughafen leider nichts. Im Ferrymead Historic Park bewunderten wir immerhin eine DC3-Maschine, die in den 1960er-Jahren von den US-Expeditionen für ihre Versorgungsflüge in die Antarktis benutzt wurde. Noch älter sind die Expeditionsflugzeuge, die das (kostenlose) Air Force Museum im Stadtteil Wigram präsentiert.

Unseren Kindern stand der Sinn nach anschaulicherem Antarktis-Erleben. Das bekamen sie ohne teure Schiffspassage: Gleich neben dem Flughafen von Christchurch gibt es Schnee und Eis satt im International Antarctic Centre. Wir ließen uns begeistert in der Kältekammer von einem echten Indoor-Polarsturm durchpusten (warm eingepackt in »Extreme cold weather«-Spezialkleidung), schlitterten Eisrutschen hinab und freuten uns über unnahbare Kaiserpinguine, wuselige kleine Zwergpinguine und Schlittenhunde – die wir sogar hätten knuddeln dürfen, wenn wir an einem Samstag gekommen wären. Zum Glück ließen sich die enttäuschten Kinder von der Fahrt im Schneemobil ablenken, das uns auf Raupenketten rund um das Flughafengelände kutschierte.

Uns Eltern interessierten eher die originalgetreuen Nachbildungen der ersten Antarktis-Forschungsstationen. Auch wie die topmodern ausgestattete Scott Base heute aussieht, erfuhren wir, nebst hervorragend aufgemachten Informationen zur Bedeutung der Antarktis für unseren Planeten. Dann wissen wir doch jetzt Bescheid über die Antarktis, oder? Nichts da. Irgendwann wollen wir die echten Eisberge sehen, die wolkenkratzerhoch aufragende Abbruchkante des Ross-Schelfeises, den todbringenden Mount Erebus bestaunen und die Kaiserpinguine in ihrer Heimat besuchen. Von Neuseeland ist es immerhin nur ein Katzensprung!

13. Grund

Weil zu Weihnachten die Pohutukawa-Bäume blühen

Weihnachten in Neuseeland feiern, das heißt Bescherung am Strand, bei sommerlichen Temperaturen, ganz ohne Schnee und gemütliches Drinnenhocken. Genau deshalb entscheiden sich jedes Jahr Tausende für den teuren Flug in der Hauptsaison, drängeln sich gemeinsam mit gefühlt allen Neuseeländern gleichzeitig auf die Campingplätze, fluchen über stauverstopfte Highways rund um Auckland – und sind am Ende dann doch mitunter ein wenig enttäuscht.

Weihnachten in Neuseeland ist eben so anders, dass der eine oder andere akute Heimweh-Attacken erleidet und sehnsüchtig an Glühwein und Gänsebraten denkt, während um ihn herum fröhliche Kinder in Badehosen ums BBQ hüpfen und aus den Boxen *Jingle Bells* scheppert. Ende Dezember herrscht in Neuseeland Hochsommer. Das bedeutet je nach Region, dass die Sonne bei Temperaturen von über 30° Celsius vom Himmel knallt – oder auch, dass es ausdauernd regnet. Wirklich stabil ist das Sommerwetter in Neuseeland leider meist erst im Februar, und der von Dauerregen und Zyklonen geplagte Sommer 2017/18 hat gezeigt, dass auch dies nur eine Daumenregel ist.

Im Hochsommer herrscht (egal, welches Wetter) auch Hochsaison: Neben vielen europäischen und amerikanischen Touristen, die ihre Neuseelandreise auf die Weihnachtsfeiertage legen, und den noch zahlreicheren Asiaten, die gleich danach das Chinesische Neujahrsfest für eine Stippvisite nutzen, reisen auch die Kiwis selbst in großer Zahl durchs Land. Mitte Dezember beginnen die sechs Wochen langen Schulferien; das heißt, sehr viele Familien mit sehr vielen Kindern sind unterwegs, die vor allem günstig und bequem Urlaub machen wollen. Dabei besetzen sie genau die Orte, die so viele Europäer suchen: günstige Campingplätze, noch günstigere Campervan-Stellplätze und natürlich die vielen schönen Strände und Nationalparks.

Vor allem auf der bevölkerungsreichen Nordinsel, aber auch im sonnenscheinreichen Norden der Südinsel ist es während der Jahreswende knackvoll. Strände, Campingplätze und Wanderwege, die man das ganze Jahr über fast für sich allein genießt, sind zur Weihnachtszeit nicht wiederzuerkennen. Will man das wirklich haben?

Es gibt aus meiner Sicht nur einen Grund, warum man Neuseeland unbedingt einmal in der Zeit von Mitte Dezember bis Mitte Januar besuchen sollte: Wenn die Blüten der Pohutukawa-Bäume wie roter Schaum die Nordinsel überziehen, bekommen echte Kiwis weihnachtliche Gefühle. Auch ansonsten ist das neuseeländische Weihnachtsfest überraschend anders, als wir es von der Nordhalbkugel kennen. Das liegt natürlich vor allem an den »verkehrtherummen« Jahreszeiten. Seit 150 Jahren versuchen die aus Europa eingewanderten Neuseeländer, ein christianisiertes Wintersonnenwend-Ritual zu feiern, während vom Zeitpunkt eher die Sommersonnenwende ansteht. Da muss man kreativ werden.

Auf den ersten Blick lässt man sich als Gast aus Europa in der Vorweihnachtszeit täuschen: Die Innenstädte sind gewohnt festlich geschmückt, in den Supermärkten liegt weihnachtliche Schokolade und Gebäck aller Art aus, und immer mal wieder stolpert man über einen jovialen Weihnachtsmann mit dickem Bauch, rotem Mantel und weißem Bart. Aber die Weihnachtsstimmung ist in Neuseeland nicht besinnlich, gemütlich oder gar feierlich, sondern eher festlich ausgelassen und beschwingt.

Tannengestecke, heißer Glühwein oder Kerzen haben bei Sommerhitze keine Chance. Es macht auch wenig Sinn, drinnen in der geschmückten Stube zu sitzen. Stattdessen ist Weihnachten in Neuseeland ein Anlass für ausgelassene Weihnachtspartys am Strand oder Picknicks im Park. Dort treffen sich dann Arbeitskollegen und Freunde. Statt Chorgesängen zu lauschen, amüsiert man sich bei den Weihnachtsparaden, bei denen mit Krach und Pomp bunt geschmückte Festwagen durch jeden größeren Ort ziehen.

Christkind oder Weihnachtsmann sind bei dem schönen Wetter früh auf den Beinen und bringen die Geschenke am Morgen des 25. Dezember (so, wie es in den USA und Großbritannien üblich ist). Danach geht es raus ins Grüne, zum BBQ mit der Familie und Freunden. Da man einen festlichen Gänsebraten nicht mit nach draußen nehmen könnte, ziehen die Neuseeländer einen dicken, saftigen »Christmas ham« vor und servieren zum Nachtisch eine »Pavlova« aus Eischnee und frischen Früchten.

Die schönen Weihnachtstannen mit ihren dunkelgrünen Nadeln wachsen in Neuseeland nicht; und selbst wenn man sich eigens eine züchten würde, stünde sie in der Sommersonne traurig da. Die Neuseeländer nehmen es pragmatisch und stellen sich allenfalls eine lustig blinkende Plastik-Tanne ins Wohnzimmer.

Der eigentliche neuseeländische Weihnachtsbaum ist der schon erwähnte Pohutukawa oder Eisenholzbaum. Er ist genau wie unser Tannenbaum immergrün, bezaubert jedoch einmal im Jahr, und zwar passenderweise ab Anfang Dezember, mit einer wahren Explosion von leuchtend roten, puscheligen Blüten. Eher ins Pinkfarbene changieren die Pohutukawa rund um die Seen von Rotorua, einzelne Exemplare blühen auch mal gelb oder weiß.

Die knorrigen, bis zu 25 Meter hohen Bäume wachsen vor allem an den Küsten der Nordinsel. Roadtrips sind hier während der Weihnachtszeit eine echte Augenweide. Mit ihren weit verzweigten Wurzeln und dem breiten Wipfel können sich Pohutukawa auf überraschend schmalen und fast senkrechten Klippen halten und sind oft die ersten Bäume, die sich auf Lavafeldern ansiedeln.

Einst zog sich ein fast ununterbrochener Gürtel der neuseeländischen Weihnachtsbäume von New Plymouth im Westen bis nach Gisborne im Osten der Nordinsel. Die gefräßigen Possums, aber auch die Holzindustrie haben die Pohutukawa-Bestände um über 90 Prozent dezimiert. Statt an dichten Wäldern erfreuen wir uns heute an besonders schönen Einzelexemplaren wie dem fast 40 Meter breiten Baum in Te Araroa am East Cape.

Für die Māori, die Weihnachten erst mit der Ankunft der europäischen Siedler kennenlernten, hat der Pohutukawa eine andere spirituelle Bedeutung. Ein eher unscheinbares Exemplar bewacht zum Beispiel am Cape Reinga den Eingang zur Unterwelt, wo die Seelen der Toten ins Jenseits eingehen.

Leider war es uns bisher unmöglich, die in den Souvenirshops verkauften Pohutukawa-Samen bei uns daheim zum Keimen zu bringen. Dass es möglich ist, diesen nur in Neuseeland vorkommenden Baum nachzuzüchten, zeigen Pohutukawa-Bestände in Südostaustralien und Kalifornien; in Südafrika fühlt sich der Baum so wohl, dass er inzwischen als invasives Unkraut betrachtet wird. Ob die Neuseeländer, ständig im Kampf gegen eingeschleppte Schädlinge, da ein schlechtes Gewissen haben?

Für mich persönlich waren Sommer, Sonne und Strand noch nie verlockend genug, um auf die vertraute, geliebte Weihnachtszeit zu verzichten; vor allem nicht, seit ich Kinder habe. Am wichtigsten Feiertag des Jahres wollen die ihre gewohnten Zutaten haben – und dazu gehören nicht nur Schnee und Dunkelheit, sondern eben auch die Großeltern, die vertrauten weihnachtlichen Gerüche und Gerichte und die allgemeine kuschelige Stimmung.

Weihnachten ist, was man daraus macht, sagen viele. Auch bei sommerlichem Wetter kann man ein wunderschönes Weihnachtsfest feiern – die Neuseeländer haben ja definitiv Spaß. Aber es ist eben ein anderes Weihnachten, als wir es gewohnt sind.

Mir selbst war nie so richtig klar gewesen, wie sehr ich Weihnachten mag. Immerhin glaube ich an keinen Gott und bin unter hartgesottenen Atheisten aufgewachsen, in einem mittlerweile abgewickelten Land mit »Jahresendflügelfiguren«. Bis zu dem Jahr, in dem wir es wegen intensiver Neuseelandreisevorbereitungen verpasst hatten, rechtzeitig einen Weihnachtsbaum zu besorgen. Die kahle Ecke im Wohnzimmer, an der statt Baum ein mickriges Ersatzbündel aus dürren Kiefernzweigen herumstand, tat mir so in der Seele weh, dass ich Weihnachten wirklich absagen wollte.

Und dann kam tatsächlich das Weihnachtswunder: Die Schwiegereltern stießen am Vormittag des 24. Dezember beim Baumhändler auf ein prachtvolles Tännchen, das von dem, der es bestellt hatte, nicht abgeholt worden war. Dieses Weihnachtsfest ist mir als das schönste aller Weihnachten in Erinnerung, und dort wird es auch bleiben.

14 Tage später flogen wir ab nach Neuseeland – und ich habe es bis heute nicht bereut, noch niemals Weihnachten in Neuseeland gefeiert zu haben.

14. Grund

Weil alle hinwollen und niemand zurück

»Hier ist es so schön, hier könnte ich direkt bleiben!« – diesen Seufzer hört man von begeisterten Urlaubern wohl generell recht häufig. Bei Neuseelandreisenden hört man ihn mit großer Zuverlässigkeit von fast jedem; und (ohne das statistisch belegen zu können) eine erstaunlich große Zahl der Seufzenden macht ihren Traum früher oder später tatsächlich wahr.

Auswandern nach Neuseeland, das klingt in Zeiten von »Auswanderer-TV« auf allen Privatsendern schon fast alltäglich. Dass es das ist – und gleichzeitig natürlich wieder nicht –, zeigt die große Zahl an Erlebnisberichten von Auswanderern, planenden Auswanderern und auch zurückgekehrten Auswanderern. Zwischen 2005 und 2014 wanderten mehr als 10.000 Deutsche nach Neuseeland aus, der Trend geht stetig nach oben.

Warum die alle nach Neuseeland wollen? Ich kann sie schon verstehen. Die wunderschönen Landschaften, die freundlichen Menschen und das Gefühl, dass man hier weniger arbeiten und mehr leben könnte, sind sehr verlockend – vor allem für unsere Generation, die keine Lust mehr hat, in einem langweiligen Nine-to-Five-Job bis zur Rente durchzurackern und zwischendurch Urlaub auf dem Campingplatz zu machen. Unsere Generation ist auch diejenige, die sich zunehmend darum sorgen muss, wie wohl ihre Kinder leben werden: in einem von Staatskrisen, Arbeitslosigkeit und Terror geplagten Europa? In grauen, smogverseuchten Großstädten, wo sie den Tag in Schule oder Kita verbringen und am Wochenende mal ein paar Stunden im eingezäunten Park spielen dürfen?

Neuseeland hat sein Image in den vergangenen beiden Jahrzehnten regelrecht umgekrempelt: von einem abgeschiedenen, rückständigen Inselchen am A… der Welt hin zum Sehnsuchtshafen der restlichen Welt. Hier ist es (gefühlt) friedlicher, und die Schrecken der Weltkonflikte scheinen weit weg; die Menschen leben freier und gleichzeitig enger zusammen. Das attestiert zum Beispiel der »World Prosperity Index« des Legatum Instituts, der Neuseeland 2016 zum lebenswertesten Ort auf dem gesamten Planeten kürte – zum sechsten Mal.

Eine Neuseelandreise zeigt uns, wie wir eigentlich leben könnten: näher an der Natur, näher an uns selbst und an unseren Nachbarn. Wenn, ja wenn wir den Mut hätten, alles hinter uns zu lassen – denn auch E-Mail und Skype können keine Umarmung durch Oma und keinen Sandkastennachmittag mit dem besten Freund ersetzen. Das fällt vielen Auswanderern spätestens dann auf, wenn zu Hause ein geliebter Mensch krank wird oder stirbt und man einfach nicht das Geld hat, um spontan Flugtickets für die ganze Familie zu buchen.

Selbst diejenigen, die damit kein Problem hätten, haben ein anderes: Neuseeland macht die Schotten dicht. Das liegt weniger an den Deutschen, sondern vor allem an den Einwanderern aus Indien, China und Lateinamerika. In den letzten zehn Jahren stiegen die Einwandererzahlen aus Asien um 33 Prozent, aus Afrika und Lateinamerika um 35 Prozent. Da werden selbst die so gastfreundlichen Kiwis schmallippig. Ausländerfeindliche Töne hört man inzwischen häufiger, und die bösen Kommentare richten sich nicht mehr wie gehabt gegen die Māori, sondern gegen Chinesen und Inder. Die populistischen Argumente der »New Zealand First«-Partei erinnern deutlich an AfD und CSU …

Dass Neuseeland ein Einwanderungsland par excellence ist – selbst die Ureinwohner leben erst seit etwa 800 Jahren hier, und man munkelt, dass sie das friedliche Volk der Moriori ausgerottet haben –, gerät dann schnell in Vergessenheit. Ein Viertel der heute in Neuseeland lebenden Staatsbürger ist nicht im Land geboren, im Großraum Auckland gilt das für mehr als die Hälfte der Einwohner. Das ist weltweit einer der höchsten Anteile.

Trotzdem: Die Nachfahren der Engländer, Schotten oder Deutschen, die schon in den 1860er-Jahren hergekommen waren, fühlen sich oft als die »echten« Neuseeländer mit mehr Daseinsberechtigung. Tatsächlich war die neuseeländische Einwanderungspolitik zwar immer an geordneter Zuwanderung interessiert, da es im Land nie genug Arbeitskräfte gab. Aber man wollte lange Zeit nur Einwanderer aus dem »motherland« Großbritannien anziehen; Chinesen und Inder sollten bitte draußen bleiben, dafür sorgten Gesetze bis zum Ende des Zweiten Weltkriegs.

Dabei waren Inder als Bürger eines Commonwealth-Staates de facto britische Staatsbürger. Und auch Chinesen und Pazifik-Insulaner haben dasselbe Recht, sich als Einheimische in Neuseeland zu fühlen – die einen kamen ebenfalls schon im 19. Jahrhundert als billige Arbeitskräfte mit den Goldsuchern und Farmern her, die anderen sind mit den Māori zumindest über drei Ecken blutsverwandt und, wenn sie Bürger von Tokelau, den Cook Islands oder Niue sind, ohnehin neuseeländische Staatsbürger.

Erscheint Neuseeland vielen Europäern heute vielleicht auch deshalb als Traum-Lebensort, weil es dort fast so europäisch aussieht wie zu Hause? Seit der ersten Einwanderungswelle in den 1860er-Jahren haben sich die Siedler aus England und Irland bemüht, ein Abbild ihrer Heimat zu schaffen – von der Rodung der Wälder und der Zucht von Schafen und Rotwild über das Errichten viktorianischer Herrenhäuser einschließlich Fünfuhrtee und Cricket-Partien bis hin zum absichtlichen Aussetzen von Igeln oder Spatzen taten die »Pākehā« vieles, um Neuseeland zu einem Großbritannien des Südens zu machen. Auch die politische und wirtschaftliche Orientierung des Landes richtete sich fast ausschließlich auf Europa und Großbritannien. Spaziert man durch die Straßen so mancher Kleinstadt auf der Südinsel, wähnt man sich in England oder auch im Mittleren Westen der USA.

Erst in den 1980er-Jahren änderte sich die strikt auf Briten zugeschnittene Einwanderungspolitik. Inzwischen sind die Ethnien in Neuseeland deutlich vielfältiger: Während in der Altersgruppe der Rentner 91 Prozent europäischstämmig sind, machen Europäer bei den unter 18-Jährigen nur noch 72 Prozent aus; ein Viertel der jungen Leute ordnet sich als Māori ein, zwölf Prozent sind Pazifik-Insulaner und zehn Prozent Asiaten. Auch insgesamt hat sich das Land dem wesentlich näher gelegenen asiatischen Kontinent zugewandt.

Die Pazifik-Insulaner, die Auckland de facto zu »ihrer« größten Stadt machen, genießen außerdem eine Sonderrolle. Neuseeland nimmt jedes Jahr 1.000 Flüchtlinge auf, von denen die Mehrzahl Klimaflüchtlinge sind – aus Tonga, Tuvalu, Kiribati und anderen Inselstaaten, die vom steigenden Meeresspiegel betroffen sind.

Die Zeit der offenen Türen scheint allerdings vorbei. Im Oktober 2016 wurde die Quote von Visa für Einwanderer, die in Neuseeland arbeiten und dann eine permanente Aufenthaltsgenehmigung beantragen wollen, deutlich eingeschränkt, die zu erfüllenden Bedingungen wurden verschärft. Ob das die Menschen am Kommen hindern wird, ist zweifelhaft. Die Mehrzahl reist sowieso als Student oder mit einem befristeten Arbeitsvisum nach Neuseeland und bleibt dann einfach da.

Auch wir haben während unserer zweimonatigen Auszeit häufig darüber nachgedacht, einfach dazubleiben – nicht zurückzukehren ins kalte, graue, miesepetrige Deutschland, wo unsere tobenden Kinder so oft nur ein Stirnrunzeln ernten und die Mundwinkel der Menschen zuverlässig nach unten zeigen. Immer weiter im Campervan durch Neuseeland reisen, jeden Tag Neues entdecken und das Zusammenleben genießen – das fühlte sich verlockend und genau richtig an.

Nur: So wäre es ja nicht gewesen, wenn wir wirklich geblieben wären. Einen Alltag hat man auch in Neuseeland, zum Leben braucht man auch hier Geld – und zwar nicht zu knapp. Kriminalität, zunehmende Umweltverschmutzung und schockierende Armut gibt es auch im »Paradies«, das viele der sehnsüchtig seufzenden Reisenden nur von seiner Sonnenseite erleben. Immer wieder liest man von Auswanderern, die enttäuscht zurückkehren nach Deutschland – weil sich ihr Traum von einer »besseren Welt« in Neuseeland nicht erfüllt hat. Weil sie keinen Job fanden, weil sie mit der Mentalität der Menschen nicht zurechtkamen, weil sie ihre Beziehungsprobleme mitgenommen hatten oder weil sie feststellten, dass ihre Bindung an die Heimat in Deutschland doch stärker war als gedacht.

Manchmal glauben wir, dass wir nicht ganz normal sind – denn wir mögen unser Leben in Deutschland eigentlich ganz gern. Wir wollen hier nicht unbedingt weg, jedenfalls nicht für immer. Wir finden vieles hier nicht perfekt, aber wir können doch schätzen, was wir haben: eine gute Krankenversicherung und ein soziales Netz für den Notfall, bezahlte Elternzeit und Kindergeld, Großstädte mit kulturellem Leben und viel Geschichte, eine gute Infrastruktur, schöne Natur (ja, wirklich!) und rings um uns herum so viele verschiedene Länder zum Bereisen – teilweise nur wenige Stunden mit dem Auto oder ein günstiges Flugticket entfernt.

So haben wir entschieden, dass wir uns unser »Traumland« als solches erhalten wollen. Ohne Realitätsschock, ohne Enttäuschung und Ernüchterung über geplatzte Seifenblasenträume. Wir wollen Neuseeland gern immer wieder erleben – aber eben als Reisende, als Urlauber

ohne Geldsorgen und ohne allzu tiefen Einblick hinter di
Als (hoffentlich) gern gesehene Gäste, die die schönsten
und Erlebnisse mit nach Hause nehmen – um das graue, m
Deutschland damit ein wenig bunter und freundlicher zu machen.

15. Grund

Weil Neuseeland bald wieder weg sein könnte

Es muss eine furchtbare Explosion gewesen sein, die am 10. Juni 1886 die Region südlich von Rotorua mit glühenden Steinen und Asche bedeckte. Der Ausbruch des Mount Tarawera tötete über 100 Menschen und begrub das Dorf Te Wairoa unter einer Decke aus Asche und Schlamm.

Die 22 Krater des Vulkans, aus denen damals der Tod hervorbrach, liegen heute als stille – und heiße – Seen da. Die Dampfschwaden, die in ewig zirkelnden Kreisen über dem »Frying Pan Lake«, dem größten Thermalsee der Welt, aufsteigen, zeigen, dass Baden hier keine gute Idee wäre. Die pinkfarbenen und weißen Silikatterrassen, die sich als natürliche Badewannen an den Hängen des Mount Tarawera bis zu 30 Meter hoch türmten, hatten vor dem Ausbruch als »achtes Weltwunder« sogar Reisende aus Europa nach Neuseeland gelockt – sie gehörten zu den ersten richtigen Touristen, die nur für einen Besuch der Naturschönheiten die beschwerliche Seereise auf sich nahmen.

Beim Ausbruch des Mount Tarawera riss unter den Sinterterrassen ein 100 Meter tiefer Krater auf. Heute fahren Ausflugsboote auf dem so entstandenen Lake Rotomahana. Auf dem dunkelblauen, stillen Wasser kreuzen würdevoll schwarze Schwäne; nur die dampfenden Felsspalten am Ufer erinnern an die ungeheure Kraft unter dem Seeboden, wo vor Kurzem tatsächlich die Reste der Sinterterrassen wiederentdeckt wurden.

Der Lake Rotomahana bildet das südliche Ende des 17 Kilometer langen Waimangu Volcanic Valley, das ebenfalls bei dem Ausbruch entstand – und damit das jüngste Thermalgebiet der Welt ist.

Zwar kann man das Verschwinden der Sinterterrassen, die auf alten Schwarzweißbildern sehr eindrucksvoll aussehen, nur bedauern. Das Volcanic Valley mit Naturwundern wie dem dampfenden »Echo Crater«, dem quietschblauen »Inferno Crater« oder den »Marble Terraces« würde es ohne diese Naturkatastrophe aber auch nicht geben. Neuseelands Naturschönheiten sind vergänglich, Neues kann nur entstehen, wenn Altes verschwindet – manchmal auch mit einem großen Knall.

Der Ausbruch des Mount Tarawera war der schwerste in Neuseeland in den letzten 700 Jahren. Seine Eruption war aber noch gar nichts im Vergleich zu derjenigen, die den Lake Taupō entstehen ließ. Dieser See im Zentrum der Nordinsel, der bis zu 160 Meter tief ist und sich über 600 Quadratkilometer erstreckt, ist eigentlich ein riesiger Vulkankrater. Er entstand beim Ausbruch des Mount Taupō und riss den Berg so vollständig auseinander, dass heute nur noch dessen mit Wasser gefüllte Caldera, eben der Lake Taupō, übrig geblieben ist.

Die Wucht dieses mehrere Wochen dauernden Ausbruchs, den Wissenschaftler auf etwa 26.000 Jahre vor unserer Zeitrechnung datieren, veränderte die Landschaft der Nordinsel und ihr Klima grundlegend. Als der (wesentlich kleinere) Mount Taupō im Jahr 181 zuletzt ausbrach, bedeckte seine Asche ganz Neuseeland, und die Staubwolken reichten bis nach Europa. Kein anderer Vulkanausbruch in den letzten 5.000 Jahren war gewaltiger.

Nicht auszudenken, was passieren würde, wenn der Supervulkan heute ausbräche – in dem betroffenen Gebiet leben Hunderttausende Menschen. Nur sechs Kilometer unter dem Lake Taupō gibt es immer noch die riesige Magmakammer, die sich langsam, aber unaufhaltsam wieder füllt. Irgendwann wird es hier unweigerlich wieder krachen. Der Taupō gilt unter Wissenschaftlern als einer der gefährlichsten Vulkane Neuseelands und wird ständig überwacht.

Auch an anderen Stellen kann es in Neuseeland ordentlich rumpeln. Wie Chile, Japan oder Kalifornien liegt das Land auf dem »pazifischen Feuerring«, einer plattentektonisch extrem aktiven Bruchzone. Eindrucksvolle Erinnerung daran war das große Canterbury-Beben, das im Februar 2011 Hunderte Menschen in Christchurch tötete und das Stadtzentrum bis heute unbewohnbar machte. Eigentlich bebt in Neuseeland täglich irgendwo die Erde, die Menschen sind es gewohnt. Zuletzt zerstörte im November 2016 ein starkes Erdbeben an der Ostküste der Südinsel den Küstenhighway SH 1, der als Lebensader die Stadt Kaikōura mit dem Rest des Landes verbindet.

Das Canterbury-Erdbeben hatte eine Stärke von 6,3, das Kaikōura-Beben erreichte 7,8 Punkte auf der Richterskala. Ein Mega-Beben mit einer Stärke von 9,0 wäre unglaubliche 11.000 Mal stärker als dieses. Genau so ein Beben erwarten Seismologen vor der Ostküste der Nordinsel, wo die pazifische Platte auf die indo-australische trifft. Der resultierende Tsunami würde binnen wenigen Minuten die Eastcoast mit Städten wie Napier und Hastings erreichen und wohl ähnlich verheerend wirken wie die Flutwelle, die 2011 Japans Ostküste überschwemmte.

Anhand von Sedimenten und Fossilienfunden in Blenheim an der Nordküste der Südinsel haben Wissenschaftler errechnet, dass Mega-Beben in Neuseeland alle 500 bis 1.000 Jahre auftreten. Und wann war das letzte? Angeblich vor etwa 500 Jahren …

Was uns Europäern Angstschweiß auf die Stirn treibt – unsere kleine Tochter litt in Neuseeland Qualen, solange wir uns in Sichtweite eines Vulkangipfels aufhielten –, nehmen die Neuseeländer mit stoischer Ruhe auf. Erdbeben unter 5,0 werden weggelächelt und wenn es wirklich zu größeren Schäden kommt wie zuletzt in Kaikōura, dann unterstützen sich die Menschen mit unglaublicher Tatkraft und Nächstenliebe gegenseitig. Im »emergency pack«, das in jedem Haushalt für den Fall einer Naturkatastrophe fertig gepackt bereitsteht, ist für den schlimmsten Fall immer ein One-Way-Flugticket nach Australien enthalten, witzelt man.

Wegen des Mega-Beben-Risikos oder des Supervulkans nicht nach Neuseeland reisen? Nein, dafür ist die Gefahr, dass es ausgerechnet uns trifft, immer noch zu gering. Aber nach Neuseeland auswandern, wenn so ein Ereignis auf dem Radar steht? Hmmm …

Kapitel 2

Typisch Kiwis

16. Grund

Weil jeder ein Kiwi ist

Wer oder was ist ein Kiwi? Ganz klar, sagen die Cleveren unter uns und schmunzeln ob der Fangfrage: Während der Kiwi ein unscheinbarer, flugunfähiger Vogel ist, den es nur in Neuseeland gibt, trägt auch die Kiwi-Frucht diesen Namen, die heute ebenfalls als typisch neuseeländisches Obst gilt, doch eigentlich aus China eingeführt wurde (siehe auch Kapitel »Neuseeland kulinarisch«).

Beide sind klein, braun und pelzig, ihre Form erinnert an ein Ei. Nur dass die eine am Strauch hängt und der andere darunter hockt. Nein, das war noch nicht der Witz!

Kiwis sind nämlich auch die Menschen, die in Neuseeland leben. Vielleicht nicht alle – aber wer sich selbst »Kiwi« nennt oder von anderen Neuseeländern so genannt wird, der gehört zur exklusiven Gruppe dazu. Unterscheiden kann man die Menschen von den Beeren und Vögeln an der Orthografie: Die »real Kiwis« schreiben sich auch im Englischen groß und mit einem Plural-S.

Bereits die Māori mochten den Kiwi (-Vogel); er lieferte so feine Federn für die Mäntel ihrer Häuptlinge. Nachdem ihn Zoologen zu Anfang des 19. Jahrhunderts noch fälschlich als eine Unterart des Pinguins eingeordnet hatten (tatsächlich ist er ein Schnepfenstrauß), avancierte der Kiwi wegen seiner Possierlichkeit schnell zum Liebling der europäischen Siedler in Neuseeland. Cartoonzeichner übernahmen den kleinen Vogel bald als Symbol für das ferne, kuriose Land.

Es ist nicht genau nachgewiesen, wann und warum der Name des Kiwi von der gesamten Nation auf die (europäisch-stämmigen) Neuseeländer selbst überging. Fest steht nur, dass die Soldaten, die im Ersten Weltkrieg an der Seite Englands kämpften, den Kiwi auf Abzeichen am Revers trugen. Neuseeländische Truppen, die nach dem Ende des Krieges noch einige Zeit in England auf ihren Rücktransport warten mussten, verewigten ihr Wappentier sogar als gigantisches Kreidebild in einem Hügel über dem Städtchen Bulford (allerdings nicht aus einer kreativen Laune heraus, sondern auf Betreiben ihrer Vorgesetzten – die mussten die arbeitslosen Soldaten irgendwie beschäftigen, um sie von Unruhen und Revolten abzuhalten).

Seit den 1950er-Jahren wird der Spitzname auch vom Rest der Bevölkerung gern gebraucht. Das internationale Ausland bezeichnet die Neuseeländer nun nicht mehr als »En Zedders«, »Māorilanders« oder gar »Pig Islanders«, sondern durchweg wohlwollend als »Kiwis« (da können wir deutschen »Krauts«, die immer noch gern als ewige Nazis verunglimpft werden, nur neidisch sein).

Dass man sich selbst so nennt wie einen harmlosen, tollpatschigen, vom Aussterben bedrohten Vogel, sagt viel über die isolierte Nation am Ende der Welt aus. Sie sind ein spezielles Völkchen mit einem großen Herzen für ihre ganz besondere Natur, mit der sie sich tief verbunden fühlen – auch wenn sie noch gar nicht so lange hier leben. Gleichzeitig zeigt der Name auf augenzwinkernde Weise, dass die Neuseeländer sich selbst nicht so ernst nehmen.

Ernst nehmen sie nur eines: Ein echter Kiwi wird man nicht so schnell, bestenfalls nach 30 Jahren im Land. Eigentlich sollte man dafür hier unten geboren worden sein. Ansonsten ist der »Kiwi way of life« bemerkenswert unkompliziert. Man ist freundlich, offen und locker, toleriert auch die schrulligsten Eigenarten der Nachbarn, lädt sich gegenseitig zum Grillen ein und hilft sich, wenn Not am Mann ist. Was nicht passt, wird mit Erfindungsreichtum, Kreativität und Draht passend gemacht und ein grundsätzlicher Optimismus bringt einen auch über die größten Widrigkeiten hinweg.

Dass die Neuseeländer nicht einfach Engländer sind, die sehr weit südlich leben, merken viele Besucher erst nach einiger Zeit im Land. In den vergangenen 150 Jahren haben die Kiwis eine Vielzahl an kulturellen Besonderheiten entwickelt, auf die sie stolz sind – ihre Zugehörigkeit zu »mother Britain« besteht heute nur noch auf dem Papier. Diese Besonderheiten werden gern unter dem Begriff »Kiwiana« zusammengefasst – eben typisch Kiwi.

Neben der besonderen Kiwi-Mentalität gehört zum Lebensstil der Neuseeländer noch eine ganze Reihe von Traditionen, typischen Kochrezepten und speziellen Alltagsgegenständen, die man nur kennt, wenn man sein ganzes Leben hier verbracht hat. Idealerweise nicht in Auckland, das für viele Neuseeländer gar nicht richtig zu Neuseeland gehört, sondern am besten in einer langweiligen Kleinstadt, von denen es so viele gibt. Oder auf einer Farm auf der Südinsel, wo es viel Matsch, Wind und Regen und ansonsten von allem zu wenig gab – die richtigen Zutaten für den »southern man«, den hartgesottenen, wortkargen Neuseeländer, der das Leitbild der ersten Siedler und Bauern war und dessen Attraktivität nur langsam nachlässt.

Als »Kiwiana« wird eine feste Reihe von Gegenständen bezeichnet, die einen wichtigen Teil der neuseeländischen Identität ausmachen. Geliebte Dinge, an die sich jeder erinnert und an denen man die eigenen Landsleute erkennt – was für uns Deutsche Kuckucksuhr, Bratwurst oder Maggi-Brühe sind, das sind für die Neuseeländer die lustige »Buzzy Bee«-Holzbiene an einer Sprungfeder, das »Hokey Pokey«-Eis oder der »Number 8 wire«, den angeblich jeder Kiwi im Haus hat und mit dem er alles reparieren kann.

In Kiwiana-Shops können heimwehkranke Neuseeländer (oder fernwehkranke Nicht-Neuseeländer!) noch viele weitere Dinge des typischen neuseeländischen Alltags erwerben; von Lebensmitteln wie »L&P«-Limonade, »Marmite« und der Nationaltorte »Pawlowa« über die schweren schwarzen Gummistiefel oder den »swanndrie«-Regenmantel bis hin zum kringelförmigen »Koru«-Muster der Māori und der blaugrün schillernden Pāua-Muschel.

Wer sich mit Kiwiana ordentlich eindecken will, der fährt am besten in Ōtorohanga auf der Nordinsel vorbei. Außer einer Kiwi-Aufzuchtstation und der größten begehbaren Voliere Neuseelands gibt es dort nicht viel, weshalb die Einwohner sich zum Re-Marketing als Kiwiana-Hauptstadt entschieden haben. Die Kiwi-Kitsch-Vermarktung hat dem Städtchen die wirtschaftliche Existenz gerettet und sicherlich auch dazu beigetragen, die von Arbeits- und Perspektivlosigkeit gebeutelte Bevölkerung wieder unter einer gemeinsamen Identität zusammenzubringen.

Denn zum Kiwi-Sein gehört noch viel mehr als Kitsch und Souvenirs. Dinge, die man nicht kaufen kann, sondern als echter Kiwi leben muss, sind zum Beispiel die Liebe zu Rugby und die Beherrschung der Cricket-Regeln, die Hassliebe zum Nachbarn Australien oder der typische Kiwi-Familienurlaub in einer »bach«, dem Pendant zur ostdeutschen »Datsche«, am Strand.

Zu »Kiwiana« gehört auch eine spezielle Art zu sprechen; mit der typisch neuseeländischen Intonation, die zunächst nur Australier verstehen, und mit einer ganzen Reihe von Ausdrücken, deren Ursprünge zum Teil aus der Sprache der Māori stammen und zum Teil komplett im Dunkeln liegen – ich meine, was soll denn bitte »Bob's your uncle« bedeuten? (Die Auflösung gibt es im Kapitel »Weil selbst Engländer in Neuseeland nur Bahnhof verstehen«.)

Auch bestimmte populäre Songs, Fernsehshows, Werbeanzeigen oder der »Haka« gehören zum kulturellen Stamm-Repertoire echter Kiwis. Und weil es so toll ist, ein Kiwi zu sein, taucht der Name auch im Wirtschaftsregister Neuseelands überall auf: Da gibt es die »Kiwibank« und das Rentenprogramm »Kiwi Savers«, das Reisebus-Unternehmen »Kiwi Experience« oder die »KiwiRail«-Bahnlinie.

Schließlich sind Kiwis auch stolz auf ihre (kurze) Geschichte als Nation; das zeigt zum Beispiel der jährlich mit viel Pomp und Anteilnahme begangene ANZAC Day, der im Grunde die katastrophale und völlig überflüssige Niederlage neuseeländischer Soldaten in einer Nebenschauplatz-Schlacht des Ersten Weltkriegs markiert. Diese Interpretation des Feiertages sollte man gegenüber einem Neuseeländer freilich tunlichst unausgesprochen lassen!

Neuseeland, das nach wie vor dagegen kämpft, auf Weltkarten einfach vergessen zu werden, nimmt gern alles an internationaler Bedeutung mit, was es kriegen kann. Dann ist man eben auch stolz auf eine historische Niederlage. Dabei vergessen die Neuseeländer erstaunlicherweise oft, wie toll ihr Land wirklich ist – das weltweit erste atomwaffenfreie Land, das sich in historisch kürzester Zeit von einem Commonwealth-Ableger zur pazifischen Wirtschaftsmacht gewandelt hat. Das große Verdienst der asiatischen Bevölkerung, vor allem der Chinesen, an Neuseelands Geschichte und auch an seiner Zukunft wollen die »echten Kiwis« wohl aber eher nicht so gern sehen.

Zum »Kiwi way of life« und zum »Kiwiana«-Reigen gehören nur Dinge und Traditionen aus der »guten alten Zeit« der 1950er- und 1960er-Jahre. Echte Kiwis können eigentlich auch nur Pākehā sein:

Neuseeländer mit europäischen Vorfahren. Die machen allerdings heutzutage nur noch drei Viertel der neuseeländischen Bevölkerung aus – und dieser Anteil sinkt. Hoffentlich geht es den Kiwis nicht bald wie ihrem Namensvetter und Vorbild: Der Kiwi-Vogel ist trotz intensiver Schutzbemühungen vom Aussterben bedroht. Von besonders gefährdeten Unterarten wie dem Ōkārito-Kiwi leben nur noch wenige Hundert Exemplare.

Egal, ob sie Vorfahren aus Europa, China oder Tonga haben: Um den Schutz des Kiwi bemühen sich alle Neuseeländer. Der niedliche und so hoffnungslos schlecht an die Moderne angepasste Vogel mag es vielleicht nicht bis ins nächste Jahrhundert schaffen. Aber immerhin gelingt es ihm, als Nationalsymbol eine zunehmend diverse Gesellschaft zusammenzuhalten, indem er die Menschen daran erinnert, worauf sie stolz sein können und wofür sie sich einsetzen sollten: ihr kleines, einzigartiges und wunderschönes Heimatland.

17. Grund

Weil Neuseeländer Neuseeland lieben

Nationalstolz ist ja so eine Sache, mit der wir Deutschen nicht recht klarkommen. Zu viel davon, und wir kasteien uns vorsichtshalber gleich selbst als Nazis; zu wenig, und wir ernten verständnislose Blicke von Angehörigen anderer Nationen, die Deutschland und Angela Möörkel bewundern. Zu denen gehören übrigens auch viele Neuseeländer; auch wenn sie sich auf Faschingspartys gern in witzige Fake-Nazi-Kostüme werfen, finden sie das heutige Deutschland ziemlich cool. (Das glaube ich nicht nur ganz persönlich, weil ich mindestens 50-mal nach Auskunft über mein Herkunftsland sehr anerkennendes Kopfnicken erntete. Es ist auch amtlich: 2017 löste Deutschland beim renommierten »Anholt-GfK Nation Brands Index« die USA als beliebtestes Land der Welt ab.)

In Sachen Vaterlandsliebe können wir Deutschen uns von den Neuseeländern jedenfalls so einiges abschauen. Oder? Der Nationalstolz der Neuseeländer ist ja leicht verständlich, schaut man sich die Rahmenbedingungen an: Sie leben unter der ständigen Bedrohung, vom Rest der Welt übersehen und vergessen zu werden. Nicht wenige Weltkarten verzeichnen das kleine Neuseeland erst gar nicht und malen den Bereich südöstlich von Australien glatt blau aus. Und wer sich mit diesem Teil der Welt noch nicht beschäftigt hat, der wirft Neuseeland gern mit dem großen Nachbarn in einen Topf.

Das geht ja mal gar nicht!! Es ist ein sicheres Mittel, um den Nationalstolz der Neuseeländer herauszukitzeln und selbst aus dem mildesten Zeitgenossen einen wild fuchtelnden Patrioten zu machen, mit anderen Worten: gehörig ins Fettnäpfchen zu treten.

Ja, Australien und Neuseeland liegen geografisch relativ dicht zusammen – wobei auch sie durch eine Wasserstraße getrennt sind, die in weniger als zwei Stunden nicht zu überfliegen ist. Beide Länder wurden als Staaten vor nicht allzu langer Zeit von Großbritannien sozusagen gegründet. Die genaueren Umstände sahen allerdings durchaus unterschiedlich aus, vor allem was den Umgang mit den bereits dort lebenden Ureinwohnern angeht. Und obwohl die beiden Nationen dieselben Vorfahren teilen, was in ziemlich ähnlichen kulturellen Gepflogenheiten, einem ziemlich ähnlichen Dialekt und ziemlich ähnlich aussehenden Flaggen resultiert, werden beide nicht müde, sich ihrer Unterschiede zu versichern. Und die sind groß, wenn man genauer hinschaut.

Neuseeland wurde nicht als Strafkolonie gegründet, sondern aus freien Stücken von mutigen Siedlern; ein gewichtiger Unterschied, der für ein gutes Stück des heutigen Nationalstolzes verantwortlich ist. Kiwis sind stolz auf ihr schönes Land, das sie innig lieben und das sie zu schützen bereit sind. Sie pochen im Gegenzug vehement auf ihr Recht, dieses Land zu nutzen, dort zu jagen und zu fischen, zu wandern und so zu leben, wie sie wollen. Sie (bzw. ihre Urgroßeltern) haben alles, was Neuseeland heute ausmacht, mit eigener Arbeit aufgebaut – von den grünen Weidelandschaften, die noch vor Kurzem dichte Wälder waren, bis hin zu den Städten, Dörfern und Farmen, die ihre Besitzverhältnisse bis zur ersten Brandrodung zurückverfolgen können.

150 Jahre sind nicht viel Geschichte, verglichen mit den Jahrtausenden, auf die wir in Europa zurückblicken können. Aber in diesem überschaubaren Zeitraum können sich die Neuseeländer auch viel leichter selbst verorten, scheint mir. Wer noch genau sagen kann, welcher Vorfahre an welcher Stelle sein Haus gebaut hat, auf dessen Grundfesten heute das eigene Haus steht, der fühlt sich zu Hause an einem Ort – und ist stolz auf diesen Platz.

Das gilt noch mehr für die Māori, die sich als unterdrückte Volksgruppe, deren Kultur fast ausgestorben war, mit unglaublicher Kraft am eigenen Schopf aus der Versenkung gezogen haben. Sie sind die eigentlichen Neuseeländer, die jedem Berg, Fluss und Strand einen Namen gegeben haben, die eine Geschichte zu jedem Hügel erzählen können und deren Kunsthandwerk man heute an jeder Ecke bewundern kann.

Eine Untersuchung des National Opinion Research Center der Universität Chicago fand bei der Betrachtung des Nationalstolzes einen interessanten Unterschied: Während es Länder gibt, deren Einwohner ganz allgemein auf ihr Land stolz sind, gründet der Patriotismus anderer Staaten auf den Leistungen, die seine Einwohner vollbracht haben.

Die Neuseeländer haben in der Vergangenheit so einiges getan, auf das sie stolz sein können. Ob der Vertrag von Waitangi, mit dem die kleine Nation etwas überhastet begründet wurde, eine solche Glanzleistung war, wird von den betrogenen Māori heute noch heftig bestritten. Und ob es wirklich so klug war, Tausende junger Männer in Kriege am anderen Ende der Welt zu schicken, wo sie als Kanonenfutter in Gallipoli verheizt wurden, erscheint uns an jedem ANZAC Day erneut zweifelhaft.

Aber den USA die Stirn zu bieten und 1984 nach dem Attentat auf das Greenpeace-Schiff »Rainbow Warrior« die Teilnahme am Atomwaffenprogramm zu verweigern – das war eine Leistung, auf die man wirklich stolz sein kann. Genauso wie die Einführung des Wahlrechts für Frauen als weltweit erstes Land. Auch die Kraft und Ausdauer, mit der die Einwohner von Christchurch nach den Erdbeben von 2010 und 2011 ihre Stadt wieder aufgebaut haben (und sie sind immer noch dabei), ist beeindruckend. Ganz zu schweigen von der beachtlichen

Leistung, als extrem abgelegenes Land ohne tropische Strände trotzdem zum Sehnsuchtsziel Nummer eins Zehntausender Reisender zu werden – dank Kiwi-Erfindungen wie dem Bungee-Jumping oder dem Jetboat.

In den letzten Jahren scheint der Nationalstolz der kleinen Nation am Ende der Welt allerdings ein wenig zu bröckeln. Wenn selbst Vorzeige-Neuseeländer wie der Star-Regisseur Taika Waititi öffentlich angeben, nicht stolz auf ihr Land zu sein, dann ist etwas im Argen. Der mediale Sturm der Entrüstung, der über den Regisseur und Schriftsteller nach seiner Nominierung zum Neuseeländer des Jahres 2017 hereinbrach, war beachtlich – er wurde als Verräter beschimpft.

Dabei hat Waititi nur das ausgesprochen, was vielen Neuseeländern auf der Seele brennt: Ihre wunderschöne Heimat ist schon lange nicht mehr so unberührt und sauber, und längst nicht alle Menschen hier leben unter guten oder auch nur fairen Bedingungen. Dem müssen sich die Neuseeländer zweifellos stellen.

Trotzdem können sie auf ihr Land weiterhin stolz sein, finde ich. Das zeigt am besten die Arbeit von Taika Waititi selbst, der in den letzten Jahren von *Fünf Zimmer, Küche, Sarg* über *Boy* bis *Hunt for the Wilder People* einige der besten und erfolgreichsten Filme Neuseelands gedreht hat. Anders als die Blockbuster aus Mittelerde schaffen es diese Geschichten, Neuseeland und seine Menschen so zu zeigen, wie sie wirklich sind. Nicht perfekt, mit vielen Macken und dunklen Abgründen, aber auch mit einer ordentlichen Portion Humor und der »quirkyness«, die ich an den Kiwis so schätze. Auf die können sie wirklich stolz sein.

18. Grund

Weil die Natur allen gehört

Die neuseeländische Natur ist grandios – darin sind sich Reisende aus aller Welt einig, und die Neuseeländer sehen das ebenfalls so. Da ist es kein Wunder, dass »the great outdoors« in Neuseeland auch allen Menschen frei zugänglich ist. Dieses Grundrecht besteht schon seit Gründung des neuseeländischen Staates und es gehört fest zum kulturellen Selbstverständnis dieser kleinen, eng zusammenlebenden Gesellschaft.

Die Strände, Berge und Wälder zu genießen, dort zu wandern und zu übernachten, ihre Früchte zu ernten und ihre Tiere zu jagen, das gehört zum Geburtsrecht jedes Neuseeländers – und das wird heftig verteidigt. Vorsichtig geäußerte Pläne, für die staatlich verwalteten Nationalparks Eintrittsgelder zu verlangen, stoßen in der Bevölkerung auf breite Ablehnung. Dabei ist dies wahrscheinlich die einzige Strategie, um der zunehmenden Touristenmassen Herr zu werden. Die sind begeistert von der frei zugänglichen, unberührten Natur, auch weil sie das aus ihren Herkunftsländern nicht kennen.

Die Nationalparks in den USA und Kanada verlangen zum Teil hohe Eintrittsgelder. Das hat den ganz praktischen Grund, dass die Erhaltung und Pflege der Parks irgendwie finanziert werden muss. In Neuseeland war da bisher nicht allzu viel zu tun, denn die wenigen Wanderer verhielten sich rücksichtsvoll und folgten dem Motto »Toitū te whenua« (übersetzt etwa »Lass das Land ungestört«).

Es könnte alles so schön sein, wenn sich jeder an die Prinzipien halten würde. Leider tun das nicht alle Wanderer. Und da immer mehr nach Neuseeland kommen, häufen sich die Probleme. Zertrampelte Wegränder und überlaufende Mülleimer sind noch das wenigste, über das sich Anwohner zu Recht aufregen. Die zusätzlichen Kosten für das Entleeren der Toiletten, das Aufräumen der Wanderhütten und das Wiederaufpäppeln von zerstörten Flächen, auf denen die zahllosen Autos der Wanderer abgestellt werden, gehen in die Millionen. Geld, das die einzelnen Distrikte in Neuseeland bisher aus den Steuerzahlungen ihrer Einwohner aufbrachten. Nur ist es irgendwie unfair, dass genau diejenigen Distrikte mit der unberührten, menschenleeren Natur und den demzufolge wenigsten Steuergeldern heutzutage vor den größten Kosten stehen – denn genau hierher kommen ja die Touristen aus aller Welt am liebsten.

Zum Teil entstehen die Ärgernisse aber auch, weil kaum jemand Bescheid weiß über die vielfältigen Besitzverhältnisse des neuseeländischen Landes. Die schöne Natur ist nämlich weit entfernt davon, allen Neuseeländern zu gehören. Große Teile des Landes befinden sich in Privatbesitz und dürfen von Wanderern nicht ohne Weiteres betreten oder durchquert werden. Dass die Gepflogenheit, Landbesitzer vor dem Öffnen von Viehgattern oder dem Überklettern von Weidezäunen vorher um Erlaubnis zu bitten, eigentlich eine Pflicht ist, wissen viele Besucher aus Übersee nicht. Auch viele Neuseeländer, die nicht regelmäßig wandern gehen, haben das vergessen.

Städter haben oft keine Ahnung davon, wie eine Viehfarm funktioniert. Sie wissen nicht, dass Muttertiere mit Lämmern oder Kälbchen nicht gestört werden wollen, dass es gefährlich sein kann, in einen Viehabtrieb zu geraten, oder dass achtlos offen gelassene Gatter einen Bauern in den Ruin treiben können. Steht man dann vor einem Viehzaun, auf den der Farmer in kruden Lettern »Private – dogs – shot« gekritzelt hat, empört man sich über die Chuzpe … aber wahrscheinlich war der arme Mann einfach nur genervt davon, dass ständig begeisterte Touristen über seinen Zaun steigen, um den Traumblick von dem kleinen Hügel gleich dahinter zu fotografieren.

Wanderer in Neuseeland können sich trotz der vielen Zäune nicht beschweren. Erstens sind die allermeisten Landbesitzer durchaus bereit, den Zugang auf ihr Land zu gewähren – wenn man sie vorher fragt und wenn nicht gerade die Erfordernisse des Farmlebens dagegensprechen (siehe oben). Geifernde Kettenhunde und Farmer mit Schrotflinten sieht man in Neuseeland nicht. Und zweitens gibt es viele Gesetze und Regelungen, die Landbesitzer in ihre Schranken weisen. Zum Beispiel dürfen sie nicht den Zugang über angrenzendes öffentliches Land verweigern; das schließt auch Straßen ein, die über ihr Privatland führen. Auch Wasserwege sind mitunter öffentlich, obwohl sie durch Privatland verlaufen, und dürfen dann mit Booten befahren werden.

Wo wir gerade beim Wasser sind: Eine Besonderheit Neuseelands ist die »Queen's Chain«. Diese »Kette« ist eine Art Band, das etwa 70 Prozent von Neuseelands Küsten umschließt und für alle Bürger frei zugänglich sein muss. Bereits im Vertrag von Waitangi, dem Gründungsdokument Neuseelands, wurden die Ufer aller Flüsse und des Meeres zum Eigentum der Englischen Krone erklärt. Seitdem steht der Streifen Land, der bei Flut unter Wasser liegt, bei Ebbe jedoch wieder freigegeben wird, allen Menschen zum Zwecke der Erholung zur freien Verfügung. (Er wurde damals tatsächlich mithilfe einer etwa 20 Meter langen Kette abgemessen!)

Heute wird dieses Land in zunehmendem Maße für Zwecke des Naturschutzes beansprucht, denn die Erholungsaktivitäten der Neuseeländer kollidieren mit den Bedürfnissen empfindlicher Feuchtgebiete, fragiler Klippen und Dünenlandschaften. Trotzdem gilt weiterhin: Dieses öffentliche Land muss der Öffentlichkeit zugänglich sein. Es darf jedermann dort Boot fahren, angeln oder Muscheln ernten.

Auch wenn der Streifen Land vor dem Wasser in Privatbesitz ist, sieht man in Neuseeland keine abgezäunten Strandbereiche. Auf Bootsausflügen können Neuseeländer und Touristen nach Lust und Laune an jedem Ufer anlegen, dort ein Feuer machen und picknicken. Jeder Strand steht uns offen, um dort die Angel auszuwerfen oder köstliche »green lipped mussels« direkt vom Felsen zu pflücken (das Angeln im Meer ist in Neuseeland überall kostenfrei erlaubt!). Auch die Bewohner der schicken Villen in den Marlborough Sounds standen freundlich winkend an ihren Stegen, wo wir mit unseren Kajaks jederzeit anlegen durften und gern auf einen Kaffee eingeladen wurden.

Einzige Ausnahme: Die Māori haben sich nachträglich dagegen gewehrt, dass ihre Landrechte von der Englischen Krone glatt übersehen worden waren. Ihre Stammesgebiete sind heute nicht mehr Teil der »Queen's Chain«. Wer auf Māori-Land wandern will, der ist gut beraten, sich vorher gründlich zu informieren. Die komplizierten Besitzverhältnisse von Stämmen (»iwi«) und Unterstämmen (»hapu«), die sich teilweise überlappen, sind schwer durchschaubar.

Klar ist: »tikanga Māori«, die speziellen althergebrachten Vorschriften und Gebräuche bezüglich eines Stücks Land, müssen unbedingt eingehalten werden. Māori sehen die Verbindung zwischen dem Land und den Menschen in einer sehr spirituellen Weise, die sich aber im Endeffekt sehr praktisch äußert: Weil die Ressourcen und Schätze (»taonga«) des Landes eine Art Leihgabe der eigenen Urahnen sind, muss man verantwortungsvoll damit umgehen.

»Whāia ngā tapuwae o ngā tupuna« heißt so viel wie »in die Fußstapfen der Vorfahren treten« und umschließt den Respekt vor der kulturellen und spirituellen Bedeutung eines Ortes, das Einhalten von Verboten (»tapu«) genauso wie das Befolgen von anderen Vorschriften. So ist es am Cape Reinga und anderen für die Māori bedeutsamen Orten zum Beispiel verboten, zu essen und zu trinken – und dieses Verbot sollten auch Nicht-Māori respektieren.

Das Land (»whenua«) ihrer Vorväter ist für die Māori das Heiligste, was sie besitzen. Papatūānuku, Mutter Erde, ist im Glauben der Māori die Quelle der Schöpfung. Wer die kulturellen Vorschriften und Verbote der Māori auf ihrem Land belächelt, verspottet oder leichtfertig missachtet, ist – »pardon my English« – ein rücksichtsloser Trampel. Nicht nur das: Es gab schon Fälle, in denen Māori-Stämme den öffentlichen Zugang zu ihrem Land wieder geschlossen haben, nachdem es dort zu Schändungen von »taonga« kam.

Das Motto »Toitū te whenua« hat sich auch eine neuseeländische Behörde auf die Fahnen geschrieben, deren offizieller Zweck es ist, »Vertrauen in die Eigentumsrechte am Land aufzubauen«. Typisch Neuseeland: Da das Land prinzipiell jedem gehört und auch von jedem genutzt werden darf, stellt Land Information New Zealand (LINZ) seine topografischen Karten und Seekarten öffentlich zur Verfügung. Jeder Neuseeländer kann sich detaillierte Karten im Maßstab 1:50.000 auf der Website der Behörde herunterladen – kostenlos. Unter Wanderern genießen diese Karten einen hervorragenden Ruf.

LINZ verwaltet aber nicht nur die Ländereien, die der Britischen Krone und damit dem Staat gehören, sondern auch die geografischen Namen. Die können in einem Land, das erst vor etwa 150 Jahren von den Europäern besiedelt wurde, Gegenstand intensiver Auseinandersetzungen sein. Dabei geht es nicht nur darum, dass immer mehr Orte, Flüsse und Berge ihre ursprünglichen Māori-Bezeichnungen zurückerhalten. Sei es, dass diese lange Zeit falsch geschrieben wurden, weil die europäischen Kartografen vor 150 Jahren nicht richtig zugehört hatten; so wurde aus den Haumuri Bluffs südlich von Kaikōura kurzerhand »Amuri«.

Aber auch Orte, die schon immer einen englischen Namen hatten, werden in Neuseeland hin und wieder umgetauft. Das geht ganz einfach, wenn sich genug Menschen für eine Namensänderung aussprechen und diese dem Rat für Geografie »Ngā Pou Taunaha o Aotearoa« vorschlagen.

Die letzte dieser Änderungen taufte den »Nigger Hill« nahe Arthur's Pass in »Kānuka Hills« um – aus dem naheliegenden Grund, dass der ursprüngliche Name heutzutage einen ganz anderen Klang hat. Darkies Creek an der Westcoast, ursprünglich benannt nach einem afroamerikanischen Goldsucher, dürfte ebenfalls bald eine Neutaufe erfahren.

Nach wie vor ist nur ein kleiner Teil der Fläche Neuseelands tatsächlich im Besitz des Staates und damit aller Neuseeländer. Der überwiegende Teil der Felder, Wälder und Berge gehört großen und kleinen privaten Farmbetrieben, Kooperativen und großen Firmen. Auf der Südinsel ist der Māori-Stamm der Ngāi Tahu der zweitgrößte Landbesitzer. Trotzdem: Dass Neuseeland »ihr« Land ist, empfinden die meisten Neuseeländer nach wie vor als Geburtsrecht und Grundlage ihrer Identität.

Mit entsprechender Empörung begegnen sie daher den Versuchen reicher Ausländer – seien das VIPs wie Star-Regisseur James Cameron oder die chinesische Jin Hui Mining Corporation –, riesige Grundstücke oder neuseeländische Firmen zu kaufen. Sahnestücke wie Küstenabschnitte oder das wilde Hochland in den Southern Alps sind besonders begehrt. Hier sollen in Zukunft wohlhabende Touristen in Ruhe jagen und fischen können, wenn es nach den Plänen der Investoren geht.

Die Rechnung geht allerdings nur selten auf – die Neuseeländer lassen sich ihr Land nicht so einfach wegnehmen. Ein Gesetz erlaubt es seit 1998 den Besitzern großer, oft unrentabler Farmen im Hochland, ungenutztes Land dem Staat zur Verwaltung zu überlassen, damit sie es nicht verkaufen müssen. Auch die »kleinen Leute« machen mit: Auf den Aufruf der Initiative zweier Brüder aus Christchurch, die den Verkauf eines einsamen, in Privatbesitz befindlichen Strandes im Abel-Tasman-Nationalpark verhindern wollte, warfen Zehntausende Neuseeländer ihr Geld in den Spendentopf. Sie schafften es, den 800 Meter langen Awaroa Inlet Beach zu kaufen, und übergaben ihn dann an die Englische Krone. Nun darf der Strand im Norden des Nationalparks, der nur per Boot erreichbar ist, weiterhin von jedem Neuseeländer frei genutzt werden.

19. Grund

Weil es in Neuseeland so viele Hauptstädte gibt

Die Hauptstadt von Neuseeland ist nicht Auckland und auch nicht Sydney, sondern Wellington. Mit nicht einmal 500.000 Einwohnern und einer Fläche, auf die in den USA nicht einmal ein Vorort passt, kann diese Hauptstadt international nicht mithalten.

Die patriotischen Neuseeländer sehen das natürlich anders und haben mit ihrem typischen Humor aus der nicht eben großen Hauptstadt kurzerhand die »coolste kleine Hauptstadt der Welt« gemacht. Mit diesem Slogan wirbt Wellington seit einigen Jahren erfolgreich um Besucher und hat sich, nicht zuletzt als Sitz der Filmstudios von Sir Peter Jackson und damit offizielle »Hauptstadt von Mittelerde«, international dann eben doch einen ansehnlichen Ruf erworben.

Mit einer einzigen Hauptstadt sind die Neuseeländer aber nicht zufrieden! Wer in abgeschiedenen Orten wie Gore (7.300 Einwohner), Taihape (1.500 Einwohner) oder Manaia (960 Einwohner) lebt, die so bedeutungslos sind, dass es schmerzt, der zieht normalerweise um in die nächste größere Stadt. Oder, und so macht man es in immer mehr Kleinstädten in Neuseeland: der überlegt sich etwas, womit man durchfahrende Reisende zum Anhalten und Bleiben bringen kann.

Nun kann man sicherlich verschiedenste Methoden ersinnen, mit denen sich dieses Ziel erreichen lässt. In Neuseeland hat sich die Hauptstadt-Methode als so erfolgreich erwiesen, dass sie seit Jahrzehnten im ganzen Land erfolgreich angewendet wird. Sie geht so: Man schaue ganz genau auf die eigene, trostlose Heimat und finde wenigstens ein Ding, auf das ihre Einwohner stolz sind. Ein lokales

Produkt oder ein in der Umgebung lebendes Tier zählen auch. (Das oben erwähnte Manaia ist zum Beispiel deshalb die »Brot-Hauptstadt Neuseelands«, weil dort eine große Toastbrot-Fabrik steht.)

Der nächste Schritt ist die Errichtung eines möglichst großen Standbilds aus widerstandsfähigem, aber günstigem Baumaterial – Wellblech, Beton oder auch Plastik bieten sich hier an. Das Standbild wird am Ortseingang oder in der Ortsmitte aufgestellt und mit einem Schild versehen, das (vorsichtshalber) erklärt, was man hier sieht. Zwingend muss erwähnt werden, dass diese Stadt Neuseelands »Hauptstadt des … Was-auch-immer« ist.

Fertig! Jetzt muss man nur noch auf den nächsten Reiseführer-Autor warten, der vorbeifährt, sein Mietfahrzeug staunend anhält, ein Foto von dem Standbild macht und die unscheinbare kleine Stadt in sein Notizbuch schreibt; von wo er sie hoffentlich in die nächste Ausgabe des Reiseführers überträgt. Je spektakulärer der Hauptstadt-Anspruch oder je hässlicher das Standbild, desto besser sind die Chancen, als »New Zealand's capital of XY« Weltruhm zu erlangen, Touristen herzulocken und dem wirtschaftlichen Verfall zu entgehen.

Das glauben Sie mir nicht? Dann fahren Sie doch mal nach Ohakune, einem verschlafenen Bergdorf am Südrand des Tongariro-Nationalparks mit knapp 1.000 Einwohnern. Dass nicht sämtliche Besucher ohne einen Seitenblick hier durchfahren, weil sie ja eigentlich zu den schneebedeckten Vulkanen des Bergmassivs wollen, verhindert effektiv eine siebeneinhalb Meter große, ziemlich unansehnliche Karotte. Inzwischen gilt das schmucke Dörfchen auch als »après-ski capital of New Zealand«, aber in den 1980er-Jahren war der Ruf als »carrot capital« ein Lebensretter für den Ort.

Noch größer ist der »spektakulär hässliche Riesen-Obstsalat« (Zitat: *Lonely Planet*) am Ortseingang von Cromwell. Das Örtchen in Central Otago hat seine guten Jahre als Zentrum des Goldrauschs hinter sich; das 13 Meter hohe Ensemble aus Apfel, Birne, Nektarine und Pfirsich am Straßenrand des State Highway 8 bewahrt es vor dem endgültigen Vergessen.

Hinter den Standbildern steckt immer eine Geschichte, die es sich herauszufinden lohnt. So ist etwa die gigantische Limo-Flasche im

Örtchen Paeroa erst der zweite Anlauf gewesen – ursprünglich stand an ihrer Stelle Ende der 1960er-Jahre eine Rakete, die als witzige Weihnachtsdeko diente. Heute verweist die Flasche stolz auf das Nationalgetränk der Neuseeländer. »L&P«, eine Abkürzung für »lemon and Paeroa«, ist eine simple Zitronenlimonade, die weniger mit ihrem Geschmack denn mit ihrem Werbeslogan überzeugt: »World famous in New Zealand« hat sich zu einem geflügelten Wort entwickelt.

Nach demselben Motto hat sich das 300-Seelen-Nest Springfield in Canterbury einen großen pinkfarbenen Donut in den Stadtpark gestellt – so halten immerhin einige Fans der amerikanischen Serie *The Simpsons* für ein Foto an. Und das Örtchen Tirau, Anfang 1990 akut bedroht vom Verschwinden, hat sich mit einigen geschickt platzierten Wellblech-Monumenten, die als Häuser fungieren, am eigenen Schopf aus der Misere gezogen und ist heute ein Touristenmagnet.

Ich könnte mit meiner Aufzählung noch lange fortfahren. Ich könnte die »Forellenhauptstadt« Gore im Southland mit ihrer Riesenforelle anführen, den großen bunten Blech-Kiwi in Ōtorohanga (der Kiwiana-Hauptstadt) oder den Schafscherer aus Beton in Te Kūiti, das naheliegenderweise die Schafscher-Metropole Neuseelands ist. Am Ende erwähne ich auf jeden Fall noch Tuatapere, die Wurst-Hauptstadt im Southland, die bis vor wenigen Jahren ihren Stolz auf ihr unverwechselbares Würstchenrezept mit einem ebenso unverwechselbaren Würstchen-auf-Gabel-Monument ausdrückte.

Da sage noch einer, Neuseelands Kleinstädte wären langweilig und öde!

20. Grund

Weil Neuseeländer mit Draht alles schaffen

Die mutigen Siedler, die Mitte des 19. Jahrhunderts am anderen Ende der Welt ein neues Leben begannen, waren weitgehend auf sich allein gestellt. Was sie im Alltag brauchten, mussten sie selbst anbauen, herstellen und basteln – mit dem wenigen Material, das sie in ihren

Seekisten mitgebracht hatten. Fehlte etwas, musste es aus Übersee geordert werden; und bis die Schiffe aus England oder auch nur Australien sich über die tückische Tasman Sea gekämpft hatten, konnte es eine Weile dauern.

Auch heute ist es in Neuseeland weit weniger selbstverständlich als im Rest der Welt, mal schnell ein neues Gadget oder Kleider der neuesten Mode kaufen zu können. Internationale Marken zögern lange, Filialen in Neuseeland zu eröffnen; es gibt kein neuseeländisches Amazon und auch kein Ebay (dafür TradeMe!). Eigene Autos oder Maschinen stellt Neuseeland bis heute nicht her, sehr vieles wird importiert – und kostet entsprechend mehr, wenn es sich nicht um bereits gebrauchte Waren handelt, die dann notwendigerweise oft schon etwas »shabby« aussehen. Nach einfachen Dingen wie einem Teekessel suchten wir mehrere Tage lang in den Großmärkten, Camping- und Haushaltwarengeschäften von Rotorua und Tauranga (die zu den größten Städten der Nordinsel gehören).

Den Neuseeländern macht das erstaunlich wenig aus. Anstatt sich zu beschweren, was sie alles nicht haben, behelfen sie sich eben selbst – in klassischer Pionier-Manier. Die Einstellung, sich mit ein wenig Bastelei selbst zu helfen, propagieren clevere Baumärkte in Europa heute neumodisch als DIY (»do it yourself«). In Neuseeland ist das kein Trend, sondern Alltag und gleichzeitig eine Lebensweise, auf die man stolz ist: »Number 8 wire« steht sprichwörtlich für das nationale Talent der findigen Kiwis, alles reparieren zu können.

Der feste Draht mit der Stärke Nummer 8 (festgelegt auf 4,064 Millimeter nach dem königlich-britischen Drahtstärken-Kodierungssystem von 1884) diente Schaf- und Viehzüchtern ursprünglich zum Zaunbau. Gerade auf der Südinsel, wo den Farmern wenig Holz zur Verfügung stand, wurde Draht das Mittel der Wahl, bald durchzogen Hunderte Kilometer an Drahtzäunen das Land. Draht war das Material, das die neuseeländischen Siedler reichlich hatten – also benutzten sie ihn, um ihre Geräte, Maschinen und alles andere zu reparieren und länger am Leben zu halten, als man es für möglich hielte.

Heute können die Neuseeländer, selbst wenn sie auf den abgelegensten Farmen leben, auf wesentlich mehr Werkzeug und Material zurückgreifen. Aber die Einstellung, dass man etwas Kaputtes erst einmal notdürftig mit ein bisschen Draht reparieren kann, bevor man es »ordentlich« repariert oder gar ersetzt, ist geblieben. Und die Kiwis begnügen sich nicht mit schnöden Reparaturen, viele sind kreativ: Was wir an Schrottkunstwerken und zu Spielgeräten, Blumenkübeln oder Briefkästen umgenutzten Behältern, Geräten und Autoreifen am Wegrand gesehen haben, ließ uns immer wieder staunen (und schmunzeln).

Wer in Neuseeland mit offenen Augen durch Kleinstädte und über Wochenmärkte bummelt, eine Farm besucht oder ein Wochenende mit einer neuseeländischen Familie verbringt, dem fällt die Vielzahl an Secondhand-Läden, Handwerkern, Schrotthändlern und Tauschbörsen auf; hier finden die Neuseeländer Ersatzteile und Reparaturhilfen, hier geben sie nicht mehr Gebrauchtes ab und nehmen dafür »pre-loved things« von anderen Menschen mit.

Besonders deutsche Besucher blicken oft etwas herablassend auf die etwas schäbig aussehenden Eigenkreationen und warnen vor den Gefahren nicht fachmännisch durchgeführter Reparaturen – im Elektrobereich kann das böse Folgen haben. Ich mag die Einstellung der Neuseeländer, die in jedem Gegenstand ein Potenzial sehen, vielleicht sogar eine Seele. Ist etwas alt, funktioniert nicht mehr so gut oder geht kaputt, wird es nicht achtlos entsorgt, sondern man überlegt, wie man es weiternutzen kann. Vielleicht gibt man es weiter, oder man baut es auseinander und macht etwas anderes daraus – das ist nachhaltig und ungemein sympathisch.

Und es zeugt von großem Erfindungsreichtum – den die bescheidenen Neuseeländer nur ungern zur Schau tragen. Oder hätten Sie gewusst, dass Neuseeland im Jahr 1900 die weltweit höchste Pro-Kopf-Rate an Patentanmeldungen hatte? Auch 2006 lagen die Kiwis damit noch auf Platz 5, was das Verhältnis zur Einwohnerzahl betrifft. Aus Neuseeland stammen zahllose praktische Erfindungen wie der Instant-Kaffee, die Einwegspritze oder das Jetboat. Nachdem in Deutschland das Auto erfunden wurde, baute sich Cecil Wood aus Timaru anhand von Beschreibungen und Bildern aus der Zeitung im Jahr 1900 sein eigenes Automobil nach. Und der Bauer Richard Pearse aus

Temuka erfand 1903 so nebenbei das weltweit erste motorbetriebene Fluggerät.

Ihre Leistungen stellen sie gern unter den Scheffel, aber auf ihre »number 8 wire mentality« sind die Neuseeländer sehr stolz. Das erkennt man bei den »Fieldays«, einer landesweiten Agrarmesse, die immer Mitte Juni bei Hamilton stattfindet. Hier treffen sich nicht nur die neuseeländischen Bauern und Viehzüchter zum Fachsimpeln und sportlichen Wettbewerb im Traktorziehen und Schafscheren. Das Waikato Museum verleiht zu diesem Anlass einen mit 4.000 NZ$ dotierten Kunstpreis, den »Number 8 Wire National Art Award«, für Kunstwerke aus ebendiesem Draht.

Seit der Umstellung auf das metrische System heißt er zwar »4.0 mm wire«, und zum Zäuneziehen verwendet man inzwischen eher 2,5 Millimeter starken Draht, aber jeder Neuseeländer weiß, was gemeint ist. Wer also als Souvenir ein Stück »number 8 wire« aus Neuseeland mitnehmen will, der bekommt ihn nach wie vor im Baumarkt.

21. Grund

Weil man in Neuseeland mit Englisch nicht weit kommt

Die meisten Reisenden steigen ohne Wörterbuch ins Flugzeug nach Neuseeland, weil sie auf ihre Englischkenntnisse vertrauen. Die große Überraschung folgt schon am Flughafen, wenn der Zollbeamte sie mit einem breiten »Kia Ora!« begrüßt.

Neben Englisch spricht man in Neuseeland nämlich auch Te Reo Māori (und die Gebärdensprache, die dritte offizielle Landessprache). Das ist noch nicht allzu lange selbstverständlich. Bis in die 1970er-Jahre wurde die Sprache der neuseeländischen Ureinwohner unterdrückt und aus dem öffentlichen Leben verdrängt, sodass kaum noch jemand aktiv Te Reo Māori sprach.

Das scheint erstaunlich, weil Te Reo Māori in Neuseeland früher sogar als gemeinsame Sprache von Ureinwohnern und Siedlern gesprochen wurde. Bis in die 1870er-Jahre sprachen viele Regierungsbeamte, Missionare und Unternehmer Te Reo Māori, denn sie lebten vor allem in ländlichen Gebieten eng mit den Ureinwohnern zusammen. Erst als die Europäer zahlenmäßig die Oberhand gewannen, begann auch ihre Sprache zu dominieren – anfangs sogar unterstützt durch viele Māori, die Englisch als »moderne« Sprache ansahen. Wer arbeiten und ein gutes Leben haben wollte, der musste Englisch sprechen.

Te Reo Māori ist aber viel mehr als eine Sprache; in einer schriftlosen Kultur ist die Sprache das einzige Mittel, um Geschichten und Geschichte weiterzugeben, um den Menschen ihre Identität und den Stolz auf ihre Zugehörigkeit zu vermitteln. Mit dem Verschwinden der Sprache setzte auch ein genereller Niedergang der Māori-Kultur ein.

Erst 1984 gab es eine landesweite Debatte darüber, ob die Telefonistin Naida Glavish vom Stamm der Ngāti Whātua Anrufer mit »Kia Ora« begrüßen durfte. Ihr Supervisor wies sie an, eine englische Begrüßung zu verwenden, weil niemand diese Begrüßung verstünde. Er entließ sie, als sie sich weigerte. Erst als immer mehr Menschen die Post anriefen und nach der »Kia Ora Lady« verlangten und auch Flugzeugpiloten begannen, ihre Passagiere mit der Māori-Floskel zu begrüßen, erhielt Mrs Glavish auf Einwirken des damaligen Premierministers Robert Muldoon ihren Job zurück. (Später wurde sie Vorsitzende der Māori Party.)

Nach der Kehrtwende der Regierung dauerte es nicht mehr lange, bis 1987 der »Māori Language Act« verabschiedet wurde, der Te Reo Māori zur offiziellen Landessprache erklärte, die in Schulen und vor Gericht gesprochen werden darf. Aber damit ist es nicht getan. Die Sprache braucht aktive Hilfe und viele aktive Sprecher, um nicht auszusterben. Heute bemühen sich darum viele staatliche Initiativen in lobenswerter Weise, was sogar wir Touristen mitbekommen.

Trotzdem sprechen heute nur etwa 125.000 Menschen Te Reo Māori fließend – und das sind fast nur Māori, die in kleinen Siedlungen »unter sich« leben. Die regionalen Dialekte und Varianten, die sich in den Jahrhunderten vor Ankunft der Europäer entwickelt hatten, sind unwiederbringlich verschwunden. Eine Kultur ohne Schrift, die sich auf die mündliche Übertragung verlässt, ist zum Untergang verdammt, wenn niemand mehr spricht. Diese Erkenntnis kam den Māori gerade noch rechtzeitig.

Heute gibt es Bücher, Radio- und Fernsehsender in Te Reo Māori, Vorschul- und Grundschulkinder können bilingual unterrichtet werden, staatliche Websites und Publikationen sind zweisprachig, und immer mehr Straßen und Orte bekommen ihre ursprünglichen Māori-Bezeichnungen zurück.

Allerdings hat sich inzwischen das Englische in die Sprache eingeschlichen. Viele Vokabeln, die es in der ursprünglichen Lebenswelt der Māori nicht gab, sind aus dem Englischen übernommen und nur in der Aussprache angepasst worden (etwa »teihana« für »station«/Bahnhof oder »hōiho« für »horse«/Pferd). Ebensolche Transliterationen finden sich aber auch umgekehrt im neuseeländischen Englisch: »taboo« stammt vom Begriff des »tapu« ab, »kit« ist eine Übernahme von »kete« (Korb), und natürlich ist »Kiwi« heute nicht nur der Name für den Vogel oder die Frucht, sondern auch ein Begriff für die Neuseeländer.

Die Pākehā in Neuseeland sprechen zwar nach wie vor größtenteils kein Te Reo Māori, aber sie verwenden immer mehr Begriffe aus dieser Sprache. Wer in Neuseeland unterwegs ist, sollte sich nicht wundern, wenn er mit »Kia Ora!« begrüßt und zum BBQ mit der »whānau« (Familie) eingeladen wird, wo es dann leckeres »Māori kai« (Essen) gibt.

Es gibt sogar eine Initiative, Neuseeland seinen ursprünglichen Namen wiederzugeben: Aotearoa, wörtlich übersetzt: das »Land der langen weißen Wolke«. Die Nordinsel soll wieder »Te Ika-a-Māui« heißen, die Südinsel »Te Waipounamu«. Wäre das nicht tatsächlich viel schöner?

22. *Grund*

Weil selbst Engländer in Neuseeland nur Bahnhof verstehen

Machen wir uns nichts vor: Te Reo Māori ist in der Praxis nach wie vor nur eine Zweitsprache in Neuseeland. Auch ohne ein Wort davon zu kennen, kommt man als Besucher gut zurecht – mit seinem Schulenglisch.

Oder doch nicht? Erste Zweifel kamen uns schon am Flughafen, als wir ein Taxi suchten. Lag es am Jetlag oder redete der hünenhafte Polynesier nicht wirklich seltsam? Auch das Wirts-Ehepaar in unserem Motel in Christchurch begrüßte uns extrem herzlich und erwies sich als sehr redselig – uns kräuselten sich allerdings die müden Ohren, als wir uns bemühten, aus ihrem Wortschwall schlau zu werden. Es klang wie Englisch, aber irgendwie auch nicht. Jeder Vokal schien ein langes E oder I zu sein, wodurch die Wörter erst beim langsamen Nachsprechen einen Sinn ergaben. Erst nach einer Weile bemerkten wir außerdem, dass nicht jeder Satz der beiden netten Herrschaften eine Frage an uns war – sie zogen nur einfach am Ende jeder Aussage den Tonfall nach oben, sodass aus jeder Feststellung eine Frage wurde? Sie verstehen? (Da mein Vater aus Chemnitz stammt, klang der Singsang allerdings für mich recht vertraut und anheimelnd.)

Der Grund für die Verwirrung war nicht unsere Müdigkeit, sondern die neuseeländische Lautverschiebung (ob das tatsächlich so heißt, weiß ich nicht – aber es funktioniert genauso wie die althochdeutsche Lautverschiebung, von der mir meine Germanistik studierende WG-Mitbewohnerin augenrollend erzählte). Eine Sprachgemeinschaft, die lange Zeit abgeschnitten ist vom Rest der Sprechenden, entwickelt sich in einer eigenen Richtung weiter – weshalb »Kiwi English« heute durchaus anders klingt als das, was wir als »englisches Englisch« in der Schule lernen oder als amerikanisches Englisch bei Netflix hören.

Bei der neuseeländischen Lautverschiebung hat so ziemlich jeder Vokal eine andere Aussprache angenommen. So wird zum Beispiel das kurze E in Wörtern wie »left« oder »bed« eher wie ein kurzes I (»lift«, »bid«) ausgesprochen. Das kurze I dagegen in Wörtern wie »bit« oder »fish and chips« wird zu einem offenen, dumpfen Ding zwischen A und U und klingt dann wie »but« (englisch gelesen) oder »fush end chups«. Das A (das auf Englisch zwischen A und Ä changiert) wird natürlich entsprechend zum E.

Eine kleine Sprachübung dazu: »Peck the pack of pickles« sagt man in gutem Kiwi-Englisch eher wie »Pick the peck of puckles«. Und wer das kann, der versteht auch den Witz in »Australia 6«.

Wir brauchten wirklich eine Weile, bis wir aus dem freundlichen Kauderwelsch der Einheimischen schlau wurden. Bis dahin freuten wir uns, wenn wir in größeren Städten Menschen trafen, die sich erbarmten und ihr »Hoch-Englisch« herausholten oder die selbst erst vor Kurzem eingewandert waren und sich genauso große Mühe mit ihrem Englisch gaben wie wir.

Und wenn wir wieder einmal ergeben dem Wortschwall eines Kiwis lauschten, der uns wild gestikulierend einen Weg erklären wollte, nickten wir wissend und machten verständnisvoll »Yeah« und »Right!« – zwischendurch heimlich Blicke austauschend, um uns zu vergewissern, dass der andere ebenso ahnungslos war.

Da sage noch einer, mit Englisch käme man überall zurecht!

23. Grund

Weil man für Kiwi-Englisch ein eigenes Wörterbuch braucht

Die Kiwis haben sich im Laufe der Jahre nicht nur eine eigene Aussprache, sondern natürlich auch eine ganze Reihe von Wörtern und Redewendungen zugelegt, die vom Rest der Welt nicht ohne Weiteres verstanden werden. Einige davon sorgen regelmäßig für Missverständnisse oder Gelächter bei Touristen und Neu-Einwanderern.

Der berühmteste Fall sind sicherlich die »jandals«, die jeder ordentliche Neuseeländer fast das gesamte Jahr über trägt (es sei denn, er geht direkt barfuß oder zieht sich im tiefsten Winter dann doch mal »wellies«, also Gummistiefel, an). Flipflops sind nur etwas für ahnungslose Touristen, und »thongs«, wie die Zehensandalen in Australien heißen? Das sind im Kiwi-Slang String-Tangas – also nicht wundern über das breite Grinsen der Verkäufer.

Erst nach dem dritten unnötig langen Umweg verstanden wir auf unserer ersten Neuseelandreise, dass es nicht wörtlich zu verstehen ist, wenn ein Neuseeländer sagt »That's just around the corner« oder »That's just down the road«. Keine Ahnung, warum sie orientierungslose Touristen in die Pampa schicken; kommt den Kiwis ihr eigenes Land so klein vor, dass Entfernungen von zehn oder mehr Kilometern für sie zu »just around the corner« zusammenschrumpfen?

Die Krönung dieser Angewohnheit ist die Angabe, ein gesuchter Ort liege »somewhere near Taupō«, also im Zentrum der Nordinsel – auch wenn er sich tatsächlich bei Auckland oder gar am Cape Reinga befindet. Wahrscheinlich ist es hier derselbe Gedankengang: Für den Besucher aus dem 18.000 Kilometer entfernten Europa liegt eben jeder Ort in Neuseeland »irgendwo bei Taupō«.

Was muss es dann über die Abgelegenheit eines Ortes aussagen, wenn selbst die Neuseeländer ihn so bezeichnen? Wenn etwas »in the wop-wops« liegt, dann ist man dort wirklich am A… der Welt. Und da Neuseeland an sich ja schon dort liegt … puh!

Verniedlichungen sind überhaupt ein hervorstechendes Merkmal des Kiwi-Slangs. Das unscheinbare Wörtchen »bush« zum Beispiel beschreibt etwas sehr Großes: Statt eines Gebüschs meinen die Neuseeländer damit die urtümlichen, dichten Wälder, die oft direkt hinter der Veranda beginnen und immer noch große Teile des Landes bedecken. Aus einem Dosenbier (»tinned beer«) wird in Neuseeland ein niedliches »bevy« oder »tinnie«, ein zünftiges Barbecue ist oft ein »barbie« und eine Tasse Tee oder Kaffee ist kurz und knapp ein »cuppa«.

Missverständlich für Neulinge ist auch die neuseeländische Sitte des nachbarschaftlichen Essens, zu dem Zufallsbekanntschaften wie wir gern großzügig eingeladen werden. Einzige Bedingung: »Bring a plate!« Das heißt dann nicht etwa, dass man sein Geschirr mitbringen solle. Tatsächlich wird erwartet, dass man einen Beitrag zum Buffet mitbringt; einen Salat etwa.

Bleiben wir beim Essen: Da Neuseeländer, wenn sie nicht gerade in der Innenstadt von Auckland leben, immer noch ein wesentlich engeres Verhältnis zur Natur haben als der durchschnittliche Europäer, ist es für sie auch selbstverständlich, sich hieraus zu bedienen. »I'll go get some mussels« kann dann durchaus heißen, dass man nicht zum Supermarkt, sondern zum Strand geht, um die Muscheln für das Dinner zu besorgen. Vorsicht aber, wenn von »mountain oysters« die Rede ist – das ist keine Spezialität im Austernparadies Neuseeland, sondern hier handelt es sich um die Hoden von Lämmern. Tja, das Landleben ist nichts für Zimperliche.

An das raue Landleben erinnert auch die Sitte, dass sich Neuseeländer gern gegenseitig als »mate« (Kumpel) bezeichnen, selbst wenn sie sich gerade erst kennengelernt haben oder, wie in unserem Fall, nur kurz den Weg beschreiben wollen. Auch an der Supermarktkasse wird man in Neuseeland äußerst freundlich begrüßt: »How's it going, honey?«, flöteten mir die Kassiererinnen nicht nur einmal zu und ich konnte mich gerade noch bremsen, meiner neuen Freundin sofort mein aktuelles Befinden zu beschreiben. Das ist nämlich nicht gefragt, wenn ein Kiwi sich erkundigt, wie es einem geht.

Höfliche Floskeln als solche zu erkennen, ist in Neuseeland sehr wichtig, will man nicht knöcheltief in Fettnäpfchen landen. »Yeah nah …« ist so ein Ausdruck, mit dem der Neuseeländer sich nicht auf ein Ja oder Nein festlegen will, um nicht unhöflich zu sein. Beginnt die Antwort auf eine Frage so, sollte man nicht insistieren und das verkappte Nein akzeptieren. Und wenn man mit »See you later« verabschiedet wird, heißt das nicht zwingend, dass es auch ein späteres Wiedersehen gibt. Andere Floskeln sind einfach nur typisch neuseeländisch, wobei ihr Ursprung oft unklar ist. Sehr häufig verwendet wird zum Beispiel das kryptische »sweet as«, das einfach nur »super« oder »cool« heißt, oder das lässige »she'll be right«, mit dem man zu verstehen gibt, dass eine Sache (keine Sie) schon klappen wird. Sehr gelacht haben wir über den Ausdruck »… and Bob's your uncle«, nachdem wir ihn endlich verstanden hatten. Der junge Mann, der uns den Weg zum Hafen beschrieben hatte und am Ende (wie wir meinten) plötzlich über unsere Familienverbindungen reden wollte, meinte damit nur »... und fertig«.

Das soll das Ende unserer kleinen Kiwi-Englisch-Einführung sein. Als fortgeschrittener Sprecher zuckt man nicht mal mehr mit der Augenbraue, wenn ein Neuseeländer sagt: »Yeah nah bro, don't pack a sad, rattle yer dags and give it a burl, she'll be right!«

(Auflösung: Das heißt so viel wie »Hey, mach dich nicht fertig, reiß dich zusammen und versuch es, das wird schon!«)

24. Grund

Weil jeder Neuseeländer den Haka tanzt

Als ich das erste Mal im Fernsehen der neuseeländischen Rugby-Mannschaft »All Blacks« dabei zusehen durfte, wie sie sich vor dem Match-Beginn in Positur stellten und dann unisono in die Knie gingen und losbrüllten, lief mir eine Gänsehaut den Rücken hinunter. Das lag nicht (nur) an den attraktiven, muskelbepackten Spielern, sondern vor allem an der Magie, die in dem traditionellen Tanz der Māori, dem Haka, mitschwingt – und die auch durch den Fernseher und über Tausende Kilometer hinweg deutlich zu spüren war.

»Ka Mate« heißt der Haka der All Blacks, mit dem sie ihre jeweiligen Gegner gehörig einschüchtern; ihre zahlreichen Siege zeigen, dass es funktioniert. Da werden synchron Fäuste in die Luft gereckt, man klatscht sich auf die Schenkel, springt hin und her, schlägt sich auf den Brustkorb und brüllt die Worte im Sprechchor, garniert mit wild aufgerissenen Augen und am Ende der Liedzeilen einer weit herausgestreckten Zunge – einer Geste, die (auch im Tierreich) als Drohung verstanden werden will. Dabei ist »Ka Mate« gar kein Kriegs-Haka, denn Waffen werden von den Rugby-Spielern nicht geschwungen.

Dank der All Blacks wissen heute Millionen von Menschen auf der ganzen Welt, was ein Haka ist. Den Text dieses speziellen Tanzes kennt jedes neuseeländische Kind:

»Ka mate, ka mate! ka ora! ka ora!
(Werde ich sterben, werde ich leben)
Ka mate! ka mate! ka ora! ka ora!
(Werde ich sterben, werde ich leben)
Tēnei te tangata pūhuruhuru
(Dies ist der haarige Mann)
nāna nei i tiki mai whakawhiti te rā!
(der die Sonne brachte und sie scheinen ließ!)
ā, upane! ka upane!
(Ein Schritt nach vorn! Noch ein Schritt!)
ā, upane, ka upane, whiti te ra, hi!«
(Ein Schritt nach vorn! Noch ein Schritt! Die Sonne scheint!)

Die Ursprünge des Haka liegen tief in den Ahnengeschichten der Māori, aber dieser eine Haka kann genau datiert werden. Die Geschichte geht so: Um das Jahr 1820 war Te Rauparaha, ein Häuptling des Māori-Stamms Ngāti Toa Rangatira, auf der Flucht aus seiner Heimat Kāwhia an der Ostküste der Nordinsel. Vor seinen Verfolgern versteckte er sich in einem Kellerloch am Ufer des Lake Rotoaira bei Turangi, wo die Frau des Häuptlings Te Whareangi Kūmaras lagerte.

Te Rangikoaea hockte sich auf den Eingang des Lagerkellers und verbarg mit ihrem Rock Te Rauparaha auf diese Weise vor seinen Feinden (was für einen Krieger so undenkbar peinlich war, dass es schon wieder als listig und klug galt, weil niemand Te Rauparaha dies zugetraut hätte). Eingesperrt in dem finsteren Loch, murmelte der Häuptling laut der Überlieferung vor sich hin: »Werde ich leben, werde ich sterben?«, Als seine Beschützerin die Verfolger davon überzeugt hatte, dass ihr Opfer nicht hier war, sondern noch in Taranaki sein musste, konnte Te Rauparaha wieder über die Kellerstufen (»te upane«) ans Licht steigen.

Seine Freude und seine Dankbarkeit gegenüber Te Whareangi (der als »haariger Mann« in den Liedtext einging) und seiner Frau drücken sich in den Zeilen des Gesangs aus, der also eigentlich überhaupt nichts Kriegerisches an sich hat, sondern vielmehr der Freudengesang eines Überlebenden ist.

»Haka« heißt denn auch einfach nur »Tanz« auf Māori. Er wird von Männern und Frauen oder gemischt, heutzutage sogar von Kindern, zur Begrüßung von Gästen, als festliche Aufführung, bei Beerdigungen oder eben auch vor einem (Wett-) Kampf zelebriert. (Um die Verbundenheit Neuseelands mit seinem Partner Südkorea zu demonstrieren, führten im Jahr 2012 Māori in Seoul sogar einen Haka auf, der mit Elementen des Gangnam-Style-Tanzes gemischt war!)

Ob die Geschichte stimmt? Der Kūmara-Keller, in dem Häuptling Te Rauparaha sich vor fast 200 Jahren versteckte, kann jedenfalls tatsächlich besichtigt werden. Er befindet sich, ordentlich umzäunt und von einem Dach geschützt, im Städtchen Opotaka, am Lake Rotoaira im Tongariro-Nationalpark.

Als die Ngāti Toa, der Stamm von Häuptling Te Rauparaha, im Jahr 2006 »Ka Mate« als Eigenmarke registrieren wollten, wurde das vom Patentgericht abgelehnt: Dieser Haka würde inzwischen ganz Neuseeland repräsentieren und nicht nur den einen Stamm. Immerhin erstritten sich die Ngāti Toa vor dem Waitangi-Tribunal inzwischen das Urheberrecht und das Recht an der kulturellen Bedeutung des Haka »Ka Mate«.

Streitigkeiten um den Haka gibt es immer wieder: Neuerdings wollen große Firmen wie Lego, Sony oder die deutsche Versicherung ARAG die Beliebtheit des »exotischen« Tanzes für ihre Werbebotschaften nutzen, was nicht immer auf Zustimmung stößt.

»Ka Mate« wurde zum ersten Mal 1884 bei einem Länderspiel der neuseeländischen Rugby-Mannschaft getanzt. Ein Augenschmaus wie die heutigen, sehr synchronen Aufführungen waren die Haka der Rugby-Spieler lange Zeit nicht, da nur wenige Māori in den Mannschaften mitspielten. Es dauerte Jahre, bis Mannschaftskapitän Wayne Shelford seinen Pākehā-Mitspielern die richtigen Bewegungen und vor allem die korrekten Grimassen beigebracht hatte. Seit dem Weltcup 1987 gehört »Ka Mate« fest zum Ritual und wird nun bei jedem Spiel aufgeführt.

Für Überraschung und hochgezogene Brauen sorgte eine alternative Version, die erstmals 2005 vor einem Spiel gegen Südafrika gezeigt wurde: »Kapa O Pango« hat einen auf die All Blacks angepassten Text und endet mit einer sehr aggressiven Geste des Hals-Durchschneidens (die allerdings für die Māori eher bedeutet, Energie aus der Luft in die Lunge zu ziehen). Nicht nur deshalb werden immer wieder Beschwerden laut, der Haka würde den All Blacks einen unfairen Vorteil verschaffen. Andererseits stehen die Spieler dabei unter großem Druck: Führen sie den Haka nicht in perfektem Gleichklang auf, ist das nämlich ein schlechtes Omen!

Zum Mitsingen schreibe ich auch diesen Text noch auf, denn ein ordentliches Rugby-Match beginnt für die Zuschauer und Fans damit, ihre Mannschaft beim Haka zu unterstützen:

»Kapa o Pango kia whakawhenua au i ahau!
(All Blacks, lasst mich eins mit dem Land werden!)
Hī aue, hī! Ko Aotearoa e ngunguru nei!
(Das ist unser Land, das poltert!)
Au, au, aue hā!
(Das ist meine Zeit, mein Augenblick!)
Ko Kapa O Pango e ngunguru nei!
(Das macht uns aus als die All Blacks!)
Au, au, aue hā!
(Das ist meine Zeit, mein Augenblick!)
I āhahā!
Ka tū te ihiihi
(Unsere Dominanz)
Ka tū te wanawana
(Unsere Überlegenheit wird triumphieren)
Ki runga ki te rangi e tū iho nei, tū iho nei, hī!
(Und hoch angesehen werden!)
Ponga rā! *(Silberfarn!)*
Kapa o Pango, aue hī! *(All Blacks!)*
Ponga rā! *(Silberfarn!)*
Kapa o Pango, aue hī, hā!« *(All Blacks!)*

Es ist einfach mitreißend, eine Gruppe von Menschen beim Tanzen eines Haka zu beobachten. Ob man Schülern vor einem Schulfest zusieht, der neuseeländischen Frauen-Fußballmannschaft bei der WM, einem Flashmob auf YouTube oder einer professionellen Tanzgruppe auf einer Bühne – die Beine fangen ganz von selbst an zu wippen.

Der Gemeinschaftsgeist, der bei diesem Tanz ausgedrückt wird, beschränkt sich schon lange nicht mehr auf die Māori. Der Haka ist heute Tradition für alle Neuseeländer, egal welche Hautfarbe sie haben.

25. Grund

Weil das Ortsschilder-Lesen Spaß macht

Das wichtigste Mitbringsel meiner Freundin, die ein halbes Jahr mit einem »Work and Travel«-Visum in Neuseeland verbracht hat, war ziemlich sperrig: Reisegefährten hatten ihr ein Orts-Hinweisschild geschenkt. Und zwar ein echtes. Darauf stand: »Kaka Point«.

Dieser winzige Ort im tiefen Süden der Südinsel ist recht schön. Im Schatten einer hoch aufragenden Steilküste ruhen am Strand des Pazifiks stattliche Seebären, Albatrosse kreisen hoch in der Luft, und der unermüdliche, eiskalte Wind aus der Antarktis lässt die Flax-Sträucher rascheln. Benannt ist Kaka Point nach dem endemischen neuseeländischen Papagei Kākā, der seinen Namen wiederum wegen seines ähnlich klingenden Rufes erhalten hat.

Den zahlreichen (jungen) deutschen Touristen, die einen Abstecher nach Kaka Point als Pflichtpunkt auf ihre Reiseroute setzen, ist das alles ziemlich egal. Sie kommen eigens hierher, um ein Foto des Ortseingangsschildes zu machen, wahlweise als »Selfie« – denn für sie klingt Kaka Point wie, nun ja, Sie wissen schon.

Den meisten Spaß haben allerdings in Neuseeland Reisende, deren Muttersprache Englisch ist. Auf sie wartet eine ganze Reihe von Schenkelklopfern am Straßenrand. Viele dieser Ortseingangsschilder wurden schon mehrfach als Souvenirs entwendet oder mit Ergänzungen versehen – wie etwa das Ortseingangsschild von Matata (ergänzt mit »Hakuna«) oder Becks, dem immer wieder ein Apostroph angemalt wird. Dann hätten wir da den Oberkracher Whakapapa – der für Engländer unheimlich witzig klingt, sobald man die Kombination »wh« korrekt als »f« ausspricht. Da zahlreiche Māori-Ortsnamen den Wortbestandteil »whaka« enthalten, kann man quasi überall im Land kichern. Des Englischen Mächtige können sich auch über Waipu amüsieren, das als »Why poo?« wirklich eine interessante Frage aufwirft, während Te Puke, wo die meisten Kiwi-Früchte Neuseelands angebaut werden, einfach nur eklige Konnotationen weckt.

Manchmal sind die Namen, die die Māori den Orten gaben, aber auch an sich schon urkomisch – etwa der Wald von Te Urewera, der übersetzt »brennender Penis« heißt, oder der Tutaekuri River, der wegen seiner Farbe als »Hundesch…« benannt wurde.

Und schließlich gibt es da noch die Ortsbezeichnungen, bei denen man sich fragt, was hier früher los gewesen sein muss, als die ersten Europäer Neuseelands Weiten erkundeten und den Orten Namen gaben. Da gibt es das wunderschöne Hooker Valley am Aoraki/Mount Cook, wo sich offenbar früher größere Zahlen von Prostituierten herumtrieben, den Swag Saddle bei Nelson (was man weniger wohlwollend als »Schwuchtel-Sattel« oder neuerdings als coolen Ausdruck der Jugendsprache übersetzen kann) oder schließlich den Shag Point, den man mit viel Mühe als Platz umschreiben könnte, an dem sich Männer ihrer sexuellen Triebe entledigten.

Jedes Jahr prüft Neuseelands Rat für Geografie »Ngā Pou Taunaha o Aotearoa« eingehende Beschwerden über falsche oder beleidigende Ortsnamen. So wurden erst vor einigen Monaten ein Fluss, eine Bergkette und ein Hügel nahe dem Arthur's Pass auf der Südinsel nach langer öffentlicher Beratung offiziell umbenannt, da der Namensteil »Nigger« als nicht mehr zeitgemäß (oder sagen wir es deutlich: rassistisch) empfunden wurde.

Andere Namen, die oft von den ersten Eindrücken der Entdecker Neuseelands zeugen, wurden schon frühzeitig geändert: Die von Abel Tasman »Murderers Bay« getaufte Bucht heißt heute Golden Bay, und der »Bloodsuckers Sound«, wo Captain John Lort Stokes von Sandflies in den Wahnsinn getrieben wurde, heißt heute Doubtful Sound. Die Poverty Bay und das Cape Kidnappers, wo einige Matrosen aus

Captain Cooks Mannschaft von Māori entführt werden sollten, haben ihre klangvollen Namen bis dato behalten dürfen.

Manchmal fordern Māori auch, einen Ortsnamen zu korrigieren, weil die ersten Europäer aus den nur gehörten Worten der Eingeborenen (die Māori hatten keine Schrift) ein furchtbares Kauderwelsch machten. Kurow, der Geburtsort von Rugby-Star Richie McCaw, heißt zum Beispiel eigentlich Te Kohurau. Um die korrekte Schreibung (und die daraus resultierende korrekte Aussprache) von W(h)anganui stritten Māori und Regierung jahrelang. Aus der geforderten Wiedereinführung des H wurde schließlich ein Kompromiss: Man darf nun beide Schreibungen offiziell nutzen.

Dabei ist die Aussprache von Te Reo Māori eigentlich ganz einfach: Man spricht jeden Vokal und fast jeden Konsonanten »so, wie man es liest«. Das fällt allerdings nur uns Deutschen leicht, für Englisch-Sprecher sieht das ganz anders aus. Sie werden in letzter Zeit von den selbstbewusster werdenden Māori immer wieder ermahnt, ihre Sprache ordentlich zu sprechen – sonst drohen Sinnentstellungen und mitunter echte Beleidigungen. Aus »Kaikōura« wird oft »Kaikuhra« oder »Kaikorra«, was dann nicht mehr »Krebse essen« heißt, sondern »einen Funken essen« oder »dekorative Federn essen«.

Wir wissen nicht, wie oft das Ortseingangsschild von Kaka Point oder von Whakapapa bereits von kichernden Touristen gestohlen wurde. Das Namensschild an einem sehr unspektakulären Hügel bei Porangahau in der Hawke's Bay wäre die absolute Krönung einer Witzige-Schilder-Sammlung: »Taumatawhakatangihangakoauauotamateapokaiwhenuakitanatahu« hat 85 Buchstaben und gilt als zweitlängster Ortsname der Welt. Es dürfte aber kaum in einen Rucksack passen und noch nicht einmal auf ein Selfie im Instagram-Format – deshalb trifft man hier auch so gut wie keinen Touristen an.

26. Grund

Weil Gummistiefelweitwurf eine sportliche Disziplin ist

Jeder Neuseeländer, der etwas auf sich hält, trägt Gummistiefel – bekannt als »gumboots« oder »wellies«. Na ja, jedenfalls war das früher so, als der Großteil der Neuseeländer noch auf dem Land lebte und tagaus, tagein durch Matsch waten musste. Der schwarze, ziemlich schwere Gummistiefel ist daher heute zwar auf der einen Seite ein zelebrierter Teil der Kiwi-Identität, andererseits vermittelt er aber auch ein klein wenig Abwertung – wer heutzutage tatsächlich noch Gummistiefel trägt, gehört zu den, pardon, etwas einfältigen Bauern.

Die meisten neuseeländischen Bauern sind natürlich alles anderes als einfältig. Sie sind aber auch nicht nachtragend, sondern haben vielmehr ordentlich Humor. So kommt es, dass in Neuseeland, genauer: im winzigen Marktflecken Taihape, das schon wesentlich bessere Tage gesehen hat, seit 1985 der »Gumboot Day« gefeiert wird.

Einmal im Jahr, immer am Dienstag nach Ostern, dient der große Wellblechstiefel am Ortseingang nicht nur als Zierde und Blickfang für Durchreisende (die hoffentlich anhalten und ein wenig Geld ausgeben), sondern tatsächlich als Wegweiser. An diesem einen Tag kommen zahlreiche Besucher in das abgeschiedene Örtchen im Distrikt Rangitikei auf der Nordinsel, um sich im Gummistiefelweitwurf zu messen. Dem Sieger winkt ein goldener Gummistiefel.

Die Sportart ist zwar typisch für Neuseeland, aber nicht einzigartig: Auch in Großbritannien, Deutschland, Russland und Polen ist »gumboot throwing« oder »wellie wanging« eine anerkannte sportliche Aktivität. In Finnland fand schon 1976 die erste landesweite Meisterschaft statt, und wer gewann wohl im Jahr 2004 die Gummistiefelweitwurf-Weltmeisterschaft? Na? Deutschland natürlich!

Die Einwohner von Taihape wurden durch den erfolgreichen »Gumboot Song« inspiriert, mit dem sich der Comedian John Clark über die neuseeländischen Bauern lustig machte (die, wie wir uns erinnern, gar nicht so einfältig sind, wie es scheint). Das Event erwies sich vom ersten Jahr an als Erfolg: Immer neue Ideen werden ausprobiert, von Kostümwettbewerben als John-Clark-Doubles bis zur Verleihung von Diplomen in »Gummistiefelweitwerferei«.

Bei den »North Island Boot Throwing Championships« wird nicht einfach nur so mit Stiefeln geworfen, weit gefehlt! Die Ausscheide finden in allen erdenklichen Altersklassen und Disziplinen statt. Man kann den Stiefel einhändig oder beidhändig nach vorn oder weit nach oben werfen oder ihn direkt vom Fuß schleudern. Festgelegt ist außerdem die Schuhgröße, auch darf der Gummistiefel nicht irgendwie verändert worden sein. Zum Üben gehen die Sportler einfach auf ihr Feld oder sie treffen sich auf der »gumboot throwing lane« hinter dem Einkaufszentrum von Taihape. Der Rekord im Weitwurf der Männer liegt übrigens bei 38,55 Meter.

Selbstbewusst präsentiert sich das Örtchen heute als »Gummistiefelweitwurf-Hauptstadt Neuseelands«, wahlweise auch der Welt. Ob das stimmen kann oder nicht, darüber denken nur Deutsche nach; Neuseeländer freuen sich einfach, dass es etwas zu feiern gibt. Mit ihrer geschickten Marketing-Idee haben es die Einwohner von Taihape immerhin geschafft, ihre Heimat vor dem Niedergang zu retten – ohne den ikonischen Gummistiefel wäre der abgeschiedene Ort am Fuß der Ruahine Range sonst heute sicherlich eine Geisterstadt.

27. Grund

Weil die Neuseeländer das Adrenalin neu erfunden haben

Am Fallschirm aus einem Flugzeug springen. Mit einem Gleitschirm über Berge und Täler fliegen. Auf einem Schlauchboot einen schäumenden Wildbach hinunterpaddeln. Laaangweilig!, rufen die Neuseeländer. Sie wollen mehr Aufregung, mehr Herausforderung, den ultimativen Kick – und erfinden seit den 1980er-Jahren eine haarsträubende Freizeitaktivität nach der anderen, um sich selbst und ihre Gäste ordentlich zum Kreischen zu bringen.

Was hätten wir denn da im Angebot? Wollen Sie sich zum Beispiel zusammen mit einem Schwaps Wasser in einen durchsichtigen Gummiball setzen und darin einen Hügel hinunterrollen? Oder würden Sie lieber an einen Plastik-Gartenstuhl gebunden von einer 200 Meter hohen Brücke fallen? Vielleicht haben Sie aber auch mehr Spaß dabei, zusammen mit einem Freund in einem 300-Meter-Bogen über eine 160 Meter tiefe Schlucht zu schaukeln? Oder einfach in 192 Metern Höhe (angeseilt, aber egal) an der Außenseite des 328 Meter hohen Sky Tower in Auckland entlangzubalancieren?

Diese und andere Aufreger werden in Neuseeland an jeder Ecke angeboten, vor allem aber rund um Queenstown in Otago. In dieses Städtchen, das an ein aufgemotztes französisches Skidorf erinnert, kommen jedes Jahr mehr junge, verrückte Backpacker, die das ganze Geld ihres »Work and Travel«-Jahres in Neuseeland für den einen Sprung von der weltberühmten Kawarau Bridge zusammensparen (oder es sich von Mutti daheim in Deutschland überweisen lassen, wie böse Zungen munkeln). Zu ihrer Ehrenrettung muss man sagen: Die Kiwis scheinen sich wirklich über ihr Kommen zu freuen, denn viele von ihnen sind noch viel verrückter als der wagemutigste Rucksacktourist. Nicht umsonst halten Neuseeländer vollkommen durchgeknallte Ideen für ganz normalen Freizeitspaß: Sie surfen auf spiegelglatten Felsen einen Fluss hinunter (näheres im Kapitel »Weil die Natur der schönste Spielplatz ist«), sie stürzen sich im Kajak Wasserfälle hinab, fahren auf Schwimmreifen durch stockfinstere Höhlen oder sausen auf Blokarts (Kiwi-Erfindung!) über kilometerlange Strände. Und wer ein paar Jahre nicht da war, der staunt beim nächsten Neuseelandbesuch garantiert über eine neue Abenteuer-Attraktion, die noch höher, schneller, krasser ist.

Der berühmteste durchgeknallte Neuseeländer ist zweifellos Alan John Hackett, der den Abenteuersport in Neuseeland marktfähig machte und das Land in den entsprechenden Kreisen auf die Bucket List setzte. Auf Pentecost, einem zu Vanuatu gehörenden Inselchen, hatte »AJ« die Eingeborenen bewundert, die sich an einem Lianenseil von 30 Meter hohen hölzernen Sprungtürmen werfen. Einen Grund dafür scheinen sie nicht zu haben – sie tun es »just for fun«.

Das inspirierte AJ Hackett dazu, zurück in Auckland ein belastbares Gummiseil zu entwerfen, an dem man sich gefahrlos aus großen Höhen stürzen konnte. Dass das funktionierte, testete er vorbildlich an sich selbst, unter anderem mit einem (illegalen, aber medienwirksamen) Sprung im Jahr 1987 vom Pariser Eiffelturm. Schon im nächsten Jahr gründete er die erste kommerzielle Bungee-Sprunganlage an der Kawarau Bridge bei Queenstown. Der Rest ist Geschichte, wie man so schön sagt. Dafür, dass er Neuseeland mit einem Sprung auf die Landkarte des Tourismus gerückt hat, bekam AJ Hackett im Jahr 2017 sogar den neuseeländischen Verdienstorden verliehen.

Heute kann man nicht nur in Queenstown, sondern auch in Auckland, Australien, Frankreich, Deutschland und weiteren Ländern auf der ganzen Welt sicher und beruhigt an einer AJ-Hackett-Sprunganlage in den scheinbaren Tod springen. Denn der verrückte Neuseeländer hat nicht nur eine beachtliche Reihe an Sprung-Rekorden aufgestellt, sondern auch einen international anerkannten Sicherheitscode für Bungee-Sprünge entwickelt und durchgesetzt.

Geschubst wird grundsätzlich niemand. Wer nicht springen will, der springt nicht. Aber wer es gewagt und der Todesangst ins Gesicht geblickt hat, der spürt danach noch stunden- und tagelang das pure Glück, die Freude am Leben, das Gefühl, alles schaffen zu können. Das macht die Überdosis Adrenalin, die den Körper flutet – ganz wie ein Drogenrausch, vermutlich. Ich kann es nicht wissen, weil ich beides noch nie probiert habe.

Alles, was ich getan habe, ist, von unten zuzuschauen. Vom kieseligen Ufer des milchweiß schäumenden Kawarau River blickten wir mit offenen Mündern nach oben und kniffen in immer neuem Schrecken die Augen zusammen, wenn wieder ein leise kreischender Punkt von der 43 Meter hohen Brücke fiel. Wir haben nicht mitgezählt, aber unser Eindruck war nicht, dass da häufig jemand kneifen würde. Das ist die Berufsehre der »jumpmaster«: Sie überreden jeden Zögernden zum Sprung.

Längst ist Bungee-Jumping kein Sport ausschließlich für coole junge Leute mehr. In Queenstown und Auckland springen Familien, chinesische Reisegruppen, rüstige Seniorinnen, Blinde und Kinder

– ja, richtig gelesen: Das Mindestalter liegt bei 13 Jahren, in Rotorua darf man bereits mit zehn Jahren in die Tiefe hüpfen. Spartipp: Wer älter ist als 75 Jahre, der muss nichts bezahlen.

Dieser Marketing-Gag – alte Leute trauen sich schließlich keinen Bungee-Sprung! – muss sich an Touristen richten. Neuseeländer finden in der Regel nichts dabei, wenn ältere Herrschaften noch genauso fidel am Leben teilnehmen wie ihre Enkel. Während die jungen Backpacker aus Europa nervös kichernd vor der Felsenrutsche an den Cleopatra Pools im Abel-Tasman-Nationalpark herumstanden, schob sich eine weißhaarige Dame behutsam an ihnen vorbei, streifte Shorts und Wanderhemd ab – erst jetzt sahen wir, dass sie das Rentenalter schon lange erreicht hatte – und warf sich fröhlich juchzend in das eiskalte Wasser.

Senioren mit gebeugtem Rücken und fehlenden Zähnen trafen wir auf den Berggipfeln der Southern Alps, auf schlammigen Feldwegen am Lenker von Quadbikes und (mit Helm und Wetsuit) beim Surfen in der Brandung. Eine rüstige Neuseeländerin mit nur einem Bein lernten wir auch im Nachtzug von Hanoi nach Sa Pa kennen; sie erzählte uns, dass sie seit dem Tod ihres Mannes jedes Jahr eine längere Fernreise mache, um noch etwas von der Welt zu sehen.

In Sachen Extremsport und Nervenkitzel kann den Neuseeländern also wirklich niemand die Butter vom Brot nehmen.

28. Grund

Weil Tattoos hier kein Modetrend sind

Jeder fünfte Neuseeländer ist tätowiert, womit Neuseeland als das Land mit der am stärksten tätowierten Bevölkerung der Welt gelten dürfte. Besonders erstaunlich: In Neuseeland tragen 22 Prozent der Frauen ein Tattoo, hingegen nur 17 Prozent der Männer. Vor allem die jungen Leute sind heute tätowiert – und auch das ist erstaunlich, denn in der Kultur der Māori sind Tattoos eher den Älteren vorbehalten.

Die Muster aus immer wiederkehrenden Formen und Symbolen stehen für Elemente aus der Natur: die Triebspitzen des Silberfarns »ponga«, Fischschuppen oder die Wellen des Meeres. Auch menschenähnliche Figuren wie der »tiki« oder der »manaia«-Wächter mit Schlangenkörper und Vogelkopf sind häufige Motive. In der traditionellen Gesellschaft der Māori zierten sie nicht nur den Körper des Tätowierten, sondern auch und vor allem das Gesicht – »ta moko« heißt die überlieferte Kunst, mit Hämmern aus Albatrosknochen, Meißeln aus Haizähnen und Farbe aus verbranntem Kauri-Harz die feinen Muster in die Wangen, die Stirn und auf das Kinn zu klopfen.

Wer sich auskennt, der kann aus dem Stil und den verwendeten Mustern eines »moko« den Stamm erkennen, von dem der Kunsthandwerker abstammt. Außerdem sind enthalten: Informationen über die Stammesgeschichte, die Heldentaten und den Familienstand des Trägers. Klar, dass so ein Tattoo nicht aus dem Katalog eines Studios ausgesucht wird. Es steht schon vor der Geburt seines Trägers in gewisser Weise fest und liegt sozusagen unter der Haut. Nach vielen langen Gesprächen mit dem Tätowierer bringt dieser es dann nach außen. Bei gegebenem Anlass wird es ergänzt und weiterentwickelt.

Tattoos übernahmen in der traditionellen Māori-Kultur, der eine Schrift fehlt, das Weitererzählen von Stammesgeschichten und Sagen der Vorfahren – quasi Spickzettel auf der Haut. Seit die neuseeländische Regierung im Jahr 1907 mit dem »Tohunga Suppression Act« das Lehren der Māori-Meister für illegal erklärt hatte, war das kulturelle und spirituelle Wissen der Māori langsam dahingeschwunden.

Kaum ein Māori trug in den 1980er-Jahren noch ein »moko«, mit Ausnahme von Kriminellen, die sich auf diese Weise ein bedrohliches Image verschaffen wollten. Für die traditionelle Kunst des Tätowierens sah es schlecht aus, kaum jemand beherrschte noch die althergebrachten Techniken.

Erst seit einigen Jahrzehnten sind die Māori dabei, sich ihre Kunst zurückzuerobern. »Ta moko« wird dabei gemeinsam mit anderen traditionellen Handwerken wie der Holzschnitzerei (»whakairo«), dem Weben (»raranga«) oder dem Haka wiederentdeckt. Die schwarzen Linien und Kringel auf der Stirn, um die Augen und auf Nase und

Kinn sieht man inzwischen wieder häufiger – und das nicht nur bei kriminellen Bandenchefs.

»Ta moko« ist mehr als das Einstechen von Mustern in die Haut. Es ist die Kunst, das Wesen des Trägers und seiner Geschichte in ein visuelles Design auf der Haut zu übersetzen. »Ta moko« gilt heute offiziell als »taonga«, als kultureller Schatz der Māori, und ein »moko« ist das intellektuelle Eigentum seines Trägers und darf nicht kopiert werden.

Wunderschöne »moko« hat der Fotograf Chris Hoult in dem Fotoband *New Zealand Tattoo* gesammelt. Zusammen mit Autor Steve Forbes besuchte Chris die Studios der 23 bekanntesten neuseeländischen Tätowierer, vom Süden bis in den Norden. Die Porträts der Tätowierten zeigen die fantastische Welt der heutigen neuseeländischen Tattoos, die vor allem mit ihrer Vielfalt beeindrucken. Ikonen wie der 1960 geborene Kunstschnitzer Riki Manuel aus Christchurch oder Te Rangitu Netana vom Stamm der Ngā Puhi, der in Waipapa im Northland lebt und bereits Robbie Williams tätowierte, haben das traditionelle »moko« weiterentwickelt und mit Einflüssen aus dem Pazifik, Asien und Europa neu interpretiert. Tätowieren ist in Neuseeland heute keine Kunstform von Subkulturen mehr mit dem etwas verrufenen Image, das sie anderswo vielfach noch begleitet. »Tattoo artist« ist ein anerkannter Beruf, in dem sich viel Geld und Ruhm verdienen lässt. Oft sind die Künstler gleichzeitig als Grafiker oder Holzschnitzer tätig, erschaffen Kunstwerke für den öffentlichen Raum, führen Kunstgalerien oder gestalten Häuser.

Ein traditionelles Gesichtstattoo erblickt man trotzdem selten auf der Straße – zu ungewohnt ist es für viele, ihre eigene Geschichte für alle sichtbar auf der Haut zu tragen. Wer ein »moko« trägt, muss damit rechnen, dass er angestarrt und fotografiert wird, dass man ihn in eine Klischee-Schublade steckt und auch, dass man ihn anfeindet. Denn wer sich so offensichtlich als Māori zu erkennen gibt, der macht damit auch ein politisches Statement über das Selbstbestimmungsrecht (»rangatiratanga«) der Māori in einer Gesellschaft, in der sich die Ureinwohner Neuseelands aus Kolonisierung und Unterdrückung befreien.

Als Nanaia Mahuta von der Māori Party im Jahr 2016 als erste Angehörige des neuseeländischen Parlaments mit einem »moko kauae«, dem Kinn-Tattoo der Māori-Frauen, ans Rednerpult trat, war das eine Sensation. Gemeinsam mit vielen anderen Māori wünscht sie sich, dass die Kunst des »ta moko« wieder ein normaler Bestandteil der Māori-Kultur wird und dass irgendwann jeder Māori »sein« Gesichtstattoo trägt.

Ob den vielen Touristen, die sich in Neuseeland oder nach einer Neuseelandreise tätowieren lassen, dies alles bewusst ist? Sicherlich nicht – und irgendwie doch: Denn das Bedürfnis, sich mit einem Tattoo an ein Land zu erinnern und die tief empfundene Verbundenheit damit auszudrücken, verspürt man wohl nicht nach jedem Spanien-Urlaub. Insofern sind auch die unzähligen Farnspiralen, Tribals und andere Neuseelandmotive auf der Haut ein Statement: eine Liebeserklärung an Neuseeland, die man der ganzen Welt zeigen möchte.

29. Grund

Weil man barfuß einkaufen geht und im Sommer eine Pudelmütze trägt

Die Kiwis sind verrückt! Das war oft die einzig sinnvolle Erklärung, die uns einfiel, wenn wir wieder einmal mit offenen Mündern (oder laut kichernd) vor einer Seltsamkeit am Straßenrand hielten.

Spätestens nach ein paar Tagen im Land hat man zum ersten Mal den Kopf geschüttelt über den einen oder anderen kauzigen Neuseeländer. Zwei Wochen unterwegs, und der Verdacht erhärtet sich, dass die Verrücktheit in Neuseeland System hat.

Wir sprechen hier allerdings nicht von einer Passierschein-A38-Verrücktheit, die arglose Touristen in den Wahnsinn treibt (wer *Asterix erobert Rom* noch nicht gesehen hat, der möge das schleunigst nachholen). Und auch nicht von verrückt im Sinne von gruselig-eklig, wie es uns auf so manchen Asienreisen erging, wo wir befremdet bis schockiert über Märkte und Einkaufsstraßen stolperten. Nein, die Kiwis sind sympathisch verrückt – jedenfalls viele von ihnen.

Der berühmt-berüchtigte, ziemlich schwarze Sinn für Humor verbindet sich mit der pragmatischen Mentalität der Neuseeländer und einem sehr engen Verhältnis zu der Natur, die sie umgibt, zu einem einzigartigen Mix. Es ist nichts per se »undenkbar«, weil die Nachbarn hier offenbar Besseres zu tun haben, als wie bei uns in Europa etwas Falsches von einem zu denken. Über Jahrhunderte gewachsene Befindlichkeiten, Sitten und vor allem Standesunterschiede fehlen in Neuseeland – zusammen mit dem entsprechenden Gefühl, »etwas Besseres zu sein« (oder eben nicht).

Toleranz wird in Neuseeland großgeschrieben, und zwar ganz ohne Zeigefinger-Moral. Wen man liebt, wie man lebt oder an welchen Gott man glaubt, das sehen die meisten Neuseeländer ganz locker. Neuseeland ist nicht nur das erste Land der Welt, in dem Frauen das Wahlrecht erhielten und wo eheähnliche Gemeinschaften dieselben Rechte bekamen wie Ehepaare. Es ist auch das erste Land der Welt, in dem Anhänger der (nicht ganz ernst gemeinten) »Pastafari«-Religion, der Kirche des »fliegenden Spaghettimonsters«, Ehen schließen dürfen. Rastafari-Anhänger dürfen dies bis auf Weiteres nicht.

In Neuseeland ist es völlig normal, einen ranghohen Politiker oder einen Immobilienmagnaten beim Einkaufen im Supermarkt zu sehen, wo er Shorts und Flipflops trägt wie alle anderen auch. Er wird dann wahrscheinlich wie jeder andere nahe Bekannte mit einer lockeren Umarmung begrüßt und nicht anders behandelt als die Studentin, die hinter der Kasse die Einkäufe einpackt.

Apropos Flipflops: Ein Neuseeländer, der auf sich hält, würde solches Schuhwerk natürlich nie tragen. Entweder trägt er sie unter der Bezeichnung »jandals« oder er geht gleich barfuß. Ja, auch im Supermarkt oder bei der Arbeit. Schuhe sind doch ziemlich beengend. Findet auch Star-Regisseur Peter Jackson. Er hat diese typisch neuseeländische Sitte weltweit bekannt gemacht; bei öffentlichen Auftritten erscheint er grundsätzlich barfuß und fast immer in Shorts. Nur am Filmset trägt er Schuhe, aus Sicherheitsgründen; und auch auf dem roten Teppich sieht man ihn immer formell bekleidet – sofern man bequeme Turnschuhe zum schwarzen Anzug als formell bezeichnen mag … (mehr über ihn lesen Sie im Kapitel »Große Kiwis«).

In Neuseeland bewegt man sich immer draußen, fast nie in künstlichen Räumen. Neuseeländer sind daher viel mehr ein Teil ihrer Umwelt als wir Europäer – auch die Städter. Mehr als einmal haben wir uns bei frösteligen 10° Celsius ungläubig die Augen gerieben, wenn wir neuseeländische Kinder barfuß im Park oder am Strand spielen sahen oder wenn wir bei beißendem Wind und Regenschauern Wanderern in kurzen Hosen begegneten. Neuseeländern scheint es schlicht egal zu sein, welches Wetter gerade herrscht – wenn der Kalender Sommer sagt, dann wird die entsprechende Kleidung rausgeholt und man geht baden, selbst wenn die Wassertemperaturen bedrohlich nahe an einstelligen Werten liegen.

Das einzige Zugeständnis, das wir bei wirklich schlechtem Wetter bei den Kiwis erkannten: Strickmützen, »beanies« genannt, schützen den Kopf vor Wärmeverlust. Das sieht in Kombination mit Shorts und T-Shirt wirklich … verrückt aus!

Die eigenwillige Kleiderordnung der Neuseeländer ist sicherlich nicht auf eine landesweit verbreitete Geschmacklosigkeit zurückzuführen. Im Vergleich etwa zu ihrem großen Vorbild, »good old England«, und den dort anzutreffenden modischen Grausamkeiten sind die Neuseeländer und Neuseeländerinnen durchaus schick unterwegs. Auch Haute Couture spielt in der (kleinen) kulturellen Szene durchaus eine große Rolle. Das zeigt zum Beispiel die »World of Wearable Art« – eine Modenschau von Weltruhm, bei der alljährlich in Wellington die verrücktesten Kreationen gezeigt werden. Und da gibt es auch neuseeländische Teilnehmer!

Tatsächlich haben es einige neuseeländische Modedesigner und ihre Marken zu internationaler Bekanntheit geschafft. Die meisten, wie etwa »Icebreaker«, »NOM*D« aus Dunedin oder »Karen Walker« sind allerdings bekannt für praktische, tragbare und wettertaugliche Kleidung – was man in Neuseeland eben braucht.

Ich denke ja, die modische Abgebrühtheit vieler Neuseeländer ist eher ein direktes Resultat des überall herrschenden Pragmatismus. Auch die Abhängigkeit von teuren Importen mag eine Rolle dabei spielen, dass sich die Neuseeländer in Sachen Mode zurückhalten. Erst im Jahr 2017 eröffnete die erste H&M-Filiale in Neuseeland und brachte damit den bezahlbaren Mode-Mainstream ans andere Ende der Welt.

Ansonsten wird in Neuseeland nach wie vor sehr vieles gebraucht gekauft oder selbst gemacht. Es wäre nicht nur unpraktisch, sondern schlichtweg ziemlich teuer, sich jede Saison mit Klamotten in einem neuen Stil eindecken zu müssen. Und weil die meisten Neuseeländer ihre Freizeit draußen in der Natur verbringen, sind schicke Kleider und empfindliches Schuhwerk für sie ohnehin überflüssig. Ganz allgemein gesprochen, stellen sich die Neuseeländer einfach nicht so sehr an – da wird auch in Jeans Wintersport gemacht und zum Wandern taugen dieselben Gummistiefel wie bei der Feldarbeit.

An teurer Outdoor-Markenkleidung, in der hierzulande schon die Jüngsten über den Spielplatz tapsen, erkennt man in Neuseeland dagegen zuverlässig die Touristen. Tatsächlich kann man am Äußeren eines Neuseeländers kaum sehen, mit wem man es zu tun hat. Von neugierigen Fremden wurden wir zwar immer gefragt, woher wir kommen, was wir uns in Neuseeland anschauen und wie lange wir bleiben wollen. Aber für unseren Beruf – normalerweise doch die wichtigste Information, anhand derer man die passende Schublade öffnen kann – interessierte sich niemand. Statussymbole wie Autos sind in Neuseeland keine; jeder fährt dieselben klapprigen japanischen Limousinen, die im großen Stil importiert werden, oder auf dem Land einen praktischen, verrosteten »ute« (»utility vehicle« nennt man die weit verbreiteten Pick-ups).

Aus dem Beifahrerfenster so eines Pick-ups schaut einem dann gern mal ein Schaf entgegen. Oder es sitzt auf der Rückbank eines japanischen Kleinwagens – Neuseeländer sind auch pragmatisch, was den Transport von Gegenständen angeht. Zugegeben: So wahnwitzige Konstruktionen wie in Vietnam, wo wirklich alles Erdenkliche auf die allgegenwärtigen Mopeds getürmt, gebunden und gehängt wird, haben wir in Neuseeland nicht gesehen.

Trotzdem: Verkehrssicherheit wird in Neuseeland vielerorts nicht allzu großgeschrieben. Zu den üblichen Polizeimeldungen in der

Tageszeitung gehören regelmäßig Notizen von nicht vorschriftsmäßig gesicherten Pferden, Sofas oder Gartenschaukeln, die einfach auf die Ladefläche eines Pick-ups gestellt oder mit Strick aufs Autodach gebunden wurden. Mein persönlicher Verkehrsheld ist ein Student der Massey University, der sich in einem Einkaufswagen von einem Auto ziehen ließ und dabei einen selbst gebastelten Gleitschirm trug, der ihn und den Wagen zum Fliegen bringen sollte. Hat leider (?) nicht geklappt.

Und manchmal zeigen die harten und rauen Kiwis auch ihr sanftes Herz: Da wird dann schon mal von mehreren Streifenwagen eine Straße gesperrt, damit Mama Ente mit ihren Küken eine Straße überqueren kann. Ein bisschen verrückt sind die Neuseeländer; aber dabei (fast) immer sehr, sehr liebenswert!

30. Grund

Weil Air New Zealand die besten Sicherheitsvideos hat

Seit 1940 ziehen sie ihre Kondensstreifen am Himmel über Neuseeland: die Flugzeuge der neuseeländischen Fluggesellschaft Air New Zealand. Diese Airline ist keine normale – nicht umsonst bekommt sie ein eigenes Kapitel in diesem Buch voller Liebeserklärungen gewidmet.

Und das liegt nicht nur an der »cuddle class«, wie die Fluggesellschaft ihr cleveres Konzept für mehr Platz in der Economy Class nennt: Familien mit Kindern, die schon bei dem Gedanken an den langen Flug nach Neuseeland gähnen müssen, können seit 2011 die »Skycouch« buchen. Damit bekommen sie für einen kleinen Aufpreis einen dritten Sitz dazu und können die gesamte Sitzbank per Knopfdruck zum (schmalen) Bett umfunktionieren. Thrombose und übermüdete Kinder adé!

Air New Zealand hat aber noch viel mehr Überraschungen zu bieten – das merkten wir schon, als wir an Bord gingen und unsere

Kinder sich über zwei echte Rucksäcke voller Spielzeug freuten. Und als die Bildschirme an unseren Sitzen aufleuchteten, um die Sicherheitsinstruktionen abzuspielen, passierte rings um uns etwas für Flugreisen Ungewöhnliches: Alle Passagiere trugen plötzlich ein breites Lächeln im Gesicht.

Wie so vieles, was die Neuseeländer in die Hand nehmen, ist auch ihre Fluggesellschaft etwas ganz Besonderes. Air New Zealand braucht weder die fortschrittlichste Technik noch die schicksten Stewardessen oder die modernsten Lounges, um regelmäßig den Preis der beliebtesten Airline der Welt abzuräumen. Ihre Fluggäste sind vor allem begeistert von zwei Eigenschaften, die gleichzeitig typisch für ganz Neuseeland sind: dem rundherum sympathischen, unprätentiösen und kinderfreundlichen Service und dem Eigenmarketing, in dem die Airline ihre tiefe Verbundenheit mit Neuseeland zeigt – aber immer mit einem humorvollen Augenzwinkern.

Air New Zealand, das ursprünglich Tasman Empire Airways Limited (TEAL) hieß, hat sich zu einer weltweit renommierten Airline gemausert, was zum großen Teil einem geschickten Marketing zu verdanken ist. Die Airline aus dem kleinen Land am anderen Ende der Welt hat es immer wieder geschafft, sich mit aufsehenerregenden Aktionen in den Mittelpunkt zu rücken: 1964 brachten sie die Beatles erstmals nach Neuseeland, in den 1960er-Jahren präsentierten sich die Stewardessen in Uniformen von Christian Dior. Seit 2014 fliegt man mit Air New Zealand im Dreamliner von Boeing. Die 787-9 ist nicht nur eine sehr geräumige Maschine mit größeren Fenstern, sie verbraucht auch rund 20 Prozent weniger Treibstoff. Angesichts des schlechten Gewissens, das man bei einem Langstreckenflug automatisch bekommt (oder bekommen sollte!), ist das wenigstens ein kleiner Trost.

Das weltweit größte Aufsehen weckt Air New Zealand aber regelmäßig nicht mit seinen technologischen Innovationen, sondern mit seinen ungewöhnlichen Marketing-Ideen. Nur wenige Fluggesellschaften geben sich solche Mühe, ihr Heimatland als wunderschönes Reiseziel zu präsentieren – oder es überhaupt als Reiseziel auf die Agenda zu setzen. Air New Zealand schafft das mühelos mit seinen

Sicherheitsvideos, die abwechselnd zum Schreien komisch, wunderbar schräg oder einfach nur traumhaft schön sind.

Das Problem, dass genervte Vielflieger gar nicht mehr richtig zuhören oder ängstliche Flugneulinge durch die Instruktionen noch mehr Angst bekommen, hat Air New Zealand elegant gelöst. Die Fluggesellschaft schlägt gleich zwei Fliegen mit einer Klappe: Die Fluggäste hören aufmerksam den Sicherheitsinstruktionen zu und verlieben sich sofort in Neuseeland.

Aus der traditionellen Zusammenarbeit mit dem neuseeländischen Rugby-Team, den All Blacks, entstand 2015 ein Safety Video nach dem Vorbild der *Men in Black*-Filme. Die überraschten Passagiere sahen hier den Mannschaftskapitänen der All Blacks, Richie McCaw und Dan Carter, dabei zu, wie sie in schwarzen Anzügen die Schwimmwesten anlegten und sogar mit ihren Teamkollegen und dem R-'n'-B-Sänger Stan Walker eine Gesangseinlage zum Besten gaben.

Ein Jahr zuvor konnte man den besten Surfern der Welt dabei zusehen, wie sie an Neuseelands Stränden die Wellen ritten und gleichzeitig erklärten, wie man die Sauerstoffmasken anlegt. Dann gab es das Safety Video mit den legendären Seniorinnen der »Golden Girls«, den Auftritt des Survival-Spezialisten Bear Grylls, die Disco-Version mit Richard Simmons, einem Fitness-Guru der 1980er-Jahre, und den »Schocker« von 2009, bei dem das Bordpersonal die Sicherheitsanweisungen splitternackt präsentierte – allerdings blickdicht bemalt mit Körperfarben.

Natürlich präsentierte Air New Zealand als offizielle Airline von Mittelerde sowohl zu den Premieren des *Herrn der Ringe* als auch zur Ausstrahlung der *Hobbit*-Trilogie die passenden Sicherheitsvideos: In *The Unexpected Briefing* (ein Wortspiel mit dem Titel des ersten *Hobbit*-Films) konnte man Hobbits in der Flugzeugkabine sehen und wunderschöne Elben in Air-New-Zealand-Uniform; sogar Regisseur Peter Jackson hatte einen Gastauftritt. Und nicht nur die Sicherheitsvideos kamen im Mittelerde-Look: Mehrere Flugzeuge der Airline wurden komplett mit den Figuren der Filme bedruckt (das Anbringen der riesigen Folie dauerte angeblich sechs Tage) und der Flughafen von Wellington bekam ein Re-Design mit einer 13 Meter großen

Gollum-Figur. Die Krönung (jedenfalls für uns Fans) war zweifellos das »Most Epic Safety Video Ever Made« von 2015, gefilmt vom neuseeländischen Star-Regisseur Taika Waititi. Da sitzt nicht nur ein winziger Hobbit Frodo (alias Elijah Wood) in der Maschine; auch Filmstars wie der Zauberer Radagast (Sylvester McCoy) oder Zwerg Fili (Dean O'Gorman) und Special-Effects-Gott Richard Taylor von den Weta Studios zeigen inmitten der atemberaubenden Landschaften Neuseelands, wie man sicher fliegt.

Die Sicherheitsvideos von Air New Zealand können zeigen, wen sie wollen, sie werden auf jeden Fall ein Hit. Nicht nur bei den Passagieren, sondern auch auf YouTube: Die Videos werden millionenfach angeklickt und dienen ganz automatisch als PR-Filme für Neuseeland selbst. Ihren Ruf als coolste Airline der Welt hält Air New Zealand Jahr um Jahr, ohne ernsthafte Mitbewerber.

Denn was macht die Konkurrenz? Lufthansa etwa will sich dem Trend der witzigen Safety Videos nicht anschließen. »Es ist unsere Philosophie, das Thema Sicherheit ernst zu nehmen und auch so zu kommunizieren«, sagt der Pressesprecher. Pfff …

31. Grund

Weil man hier im Park nicht spazieren geht

Hände hoch, wer auch unter dieser schlimmsten aller Kindheitserinnerungen leidet: sterbenslangweilige Sonntage, an denen man mit Tante Inge und Opa Horst im Stadtpark spazieren gehen musste. Ein Parkbesuch in Deutschland sieht immer gleich aus: Man schlendert im Schlurftempo über geharkte, gern auch abgezäunte Wege, schaut (als Kind) sehnsüchtig auf die riesigen Rasenflächen – Betreten verboten! – und versucht verzweifelt, nicht im Gehen einzuschlafen, während die Erwachsenen sich über das Wetter oder die neueste Frisur von Cousine Sandy unterhalten.

Wie überrascht waren wir, als wir das erste Mal in Christchurch den Hagley Park betraten – wo wir nach einem 33-stündigen Flug ein wenig, nun ja, spazieren gehen wollten, während der vom Jetlag heimgesuchte Sohn im Buggy schlief. Ein neuseeländischer Park ist einem deutschen zunächst täuschend ähnlich: Auch hier gibt es große, fein gemähte Rasenflächen, geharkte Wege, nett arrangierte Gruppen von Gesträuch und Blumenrabatten. Wenn überhaupt, sind die meisten neuseeländischen Stadtparks sogar noch einen Tick gepflegter als die deutschen – da scheint das Erbe der Briten durch, die ihren Ruf als Weltmeister der gepflegten Parkanlagen verteidigen.

Viele Neuseeländer sind passionierte Gärtner und setzen ihrem grünen Daumen in wunderschönen Gartenanlagen ein Denkmal. Parks wie die öffentlichen Hamilton Gardens, die Pukeiti Rhododendron Gardens oder der Chinesische Garten in Dunedin sind kleine (bzw. große) Kunstwerke, wo man selbstverständlich zum Zwecke des Spazierens und des Bewunderns der Botanik hingeht. In internationalen Wettbewerben räumen neuseeländische Gärten und Parks regelmäßig Preise und Auszeichnungen ab.

Neben diesen Vorzeigegärten gibt es im grünen Neuseeland aber auch noch die ganz normalen Parks, die zur Erholung und Entspannung für das arbeitende Volk angelegt wurden – ganz wie in europäischen Städten. Kleine Details ließen uns aber schnell ahnen, dass die Neuseeländer ihre Parks ganz anders nutzen als wir Deutschen: Statt einzeln stehender Parkbänke vor Wasserflächen oder Rabatten laden die neuseeländischen Bänke eindeutig zum geselligen Essen ein. Sie sind nämlich fast immer in der typischen Konstruktion, die man auch oft vor Wanderhütten antrifft, gegenüberliegend um einen Tisch angeordnet.

Dass die Neuseeländer in ihren Parks liebend gern ausgedehnte Mahlzeiten einnehmen, zeigt sich weiterhin an den überall aufgestellten Barbecue-Grills – die, mit Propangas betrieben, entweder gegen Einwurf einer 50-Cent-Münze oder einfach so auf Knopfdruck in Betrieb genommen werden können. Ehrensache, dass die Neuseeländer ihre Grills nach erfolgter Nutzung sauber und ohne drum herumliegenden Müll hinterlassen; jedenfalls haben wir so etwas nie gesehen.

Das i-Tüpfelchen auf den äußerst einladenden neuseeländischen Parks sind schließlich die Toilettenanlagen. Weit entfernt von den traurigen, abgeranzten oder richtig versifften Bedürfnisanstalten in deutschen Stadtparks, die man nur bei ganz extrem dringenden Bedürfnissen aufsucht, laden die öffentlichen Sanitäranlagen in vielen Parks in Neuseeland regelrecht mit offenen Armen zur Benutzung ein. Gleich neben dem (fast immer vorhandenen und fast immer großartigen) Kinderspielplatz warten blitzsaubere und natürlich kostenlose Toiletten neben Trinkwasserspendern und – die Krönung – Sonnencreme-Spendern, die von der neuseeländischen Krebs-Gesellschaft gesponsert werden.

Inmitten dieser familienfreundlichen Herrlichkeit spazierten wir in Christchurch nun also über die geharkten Wege, wurden aber schnell langsamer, als wir bemerkten, dass spazieren offenbar nicht das ist, was die Neuseeländer in einem Park tun. Auch unseren Reflex, die Tochter vom Betreten des Rasens abzuhalten, schluckten wir schnell herunter – schließlich lagerten nahezu alle Besucher des Parks auf demselben. Familien und Gruppen von Freunden saßen auf Picknickdecken, standen um die Barbecues herum, warfen sich eiförmige Rugby-Bälle zu oder spielten Cricket – Neuseelands beliebtestes Ballspiel, das sich eigentlich nur richtig in einem Park spielen lässt.

Es war Sonntag; der Tag, an dem es für eine typische Kiwi-Familie dazugehört, dass man in den Park geht und den Tag dort verbringt. Bewegung an der frischen Luft, auch wenn das Wetter nicht optimal ist, gehört in Neuseeland einfach dazu. Wer es möglich machen kann, der fährt sonntags noch ein Stück weiter aus der Stadt heraus und verbringt den Tag nicht im Stadtpark, sondern in einem Regionalpark. Das ist quasi ein Stadtpark, der außerhalb der Stadt liegt, wesentlich größer ist und statt Blumenrabatten wilde Natur, Wanderwege und wunderschöne Strände bietet – ergänzt durch die typischen Park-Features wie Toilettenanlage, Barbecue-Grills und Spielplatz.

Und während man im Stadtpark natürlich nicht campen darf, ist das zumindest in einigen Regionalparks nach vorheriger Anmeldung erlaubt. Genau das taten wir, als wir unsere letzte Reisewoche in der Region rund um Auckland verbrachten. Nachdem wir eine Nacht im Omana-Regionalpark südöstlich der Stadt verbracht hatten, wo wir die einzigen Gäste gewesen waren, staunten wir nicht schlecht, als wir durch die Tore des Tawharanui-Regionalparks an der Küste nordwestlich von Auckland fuhren: Es war wieder einmal ein Sonntag und allem Anschein nach waren alle 1,5 Millionen Einwohner von Auckland an diesem Tag hierher gefahren.

Wo wir in gewohnter Neuseelandmanier einen abgeschiedenen, menschenleeren Strand genießen wollten, sah es eher aus wie im italienischen Rimini (nur ohne die Schirmchen): Menschen lagerten wie Seebären dicht an dicht am Strand und saßen gedrängt auf ihren Klappstühlen im Schatten der knorrigen Pohutukawa-Bäume. Auf dem Wasser stießen die Waveboards der Kinder fast aneinander, und der großzügige Parkplatz hinter den Dünen platzte aus allen Nähten. Die weiten Grünflächen des Parks waren zwischen all den Zelten kaum noch zu sehen. Hier würden wir keinen Platz für die Nacht finden, das sahen wir ein.

Zum Glück mussten wir nur einen Tag abwarten. Nach einer Nacht auf einem nahe gelegenen Campingplatz kehrten wir zurück und – standen an einem leeren Strand. Merke: Wer die Neuseeländer kennenlernen will, der sollte sonntags in einen Park gehen. Wer die neuseeländische Natur genießen will, ohne dabei auf Toiletten, Grill und Spielplatz zu verzichten, der sollte seinen Parkbesuch auf einen anderen Wochentag legen.

32. Grund

Weil die Toiletten immer sauber sind – überall

Die Wörtchen »immer« und »überall« soll man bekanntlich sparsam verwenden. Die Überschrift dieses Kapitels könnte also ein wenig übertrieben sein – was aber aus meiner ehrlichen Begeisterung über die wirklich fast immer sauberen und fast überall vorzufindenden öffentlichen Toiletten in Neuseeland rührt, die auch noch 15 Jahre nach meiner ersten Neuseelandreise nicht verblasst ist.

Wer viel auf Reisen ist, und dann noch als Dame und gar mit kleinen Kindern, der kennt das Problem: Mit dem Blasendruck wächst auch die Sorge, ob man es rechtzeitig zu einer betretbaren Toilette schaffen wird. Egal ob unterwegs in mondänen europäischen Metropolen oder im abgelegensten vietnamesischen Dorf – ekelhafte Klo-Anekdoten kann so ziemlich jeder erzählen, und ich will hier gar nicht damit anfangen.

Das kleine Geschäft (und erst das große!) kann einem das Reiseerlebnis jedenfalls ziemlich verderben – es sei denn, man ist unterwegs in Neuseeland. Von der nördlichsten Spitze am Cape Reinga bis zur Südküste von Stewart Island, einer einsamen Insel südlich der Südinsel, verzeichnet die neuseeländische Website »Toiletfinder« fast 8.000 öffentliche Toiletten. Selbst auf den fast unbewohnten Chatham-Inseln, Tausende Kilometer östlich von »mainland« Neuseeland gelegen, gibt es eine öffentliche Toilette am Hafen.

Ich habe keine Ahnung, warum die Neuseeländer solchen Wert darauf legen, auch noch das kleinste Städtchen, den abgelegensten Parkplatz und natürlich jeden Park und jeden Spielplatz mit einer Toilettenanlage auszustatten. Kawakawa im Northland sticht hier besonders heraus mit seiner original von Friedensreich Hundertwasser entworfenen Sanitäranlage, die als meistfotografierte Toilette Neuseelands gilt und dem kleinen Ort wahrscheinlich die Existenz gerettet hat. Aber auch in Wellington, Picton oder Taupō sind wir auf unseren Reisen ins Staunen gekommen über Star-Trek-ähnliches Hightech, künstlerische Wandmalereien und selbstironische »Superloo«-Schilder. Bezahlen muss man für den Besuch dieser Toiletten nichts – Ehrensache.

Ich habe auch keine Ahnung, wie es die Neuseeländer schaffen, dass all diese Toiletten (fast) immer picobello sauber sind. Aber es ist so: Ob in der Stadtmitte oder auf einem Parkplatz, nie liegt hier Toilettenpapier oder Schlimmeres auf dem Boden, es gibt keine Schmierereien an den Wänden oder Spuren von Vandalismus – alles, was wir bei einer Fahrt über deutsche Autobahnen in schöner Regelmäßigkeit erleben. Selbst wenn man das Gefühl hat, seit einiger Zeit der erste Durchreisende in einer Wanderhütte oder auf einem Campingplatz des Umweltschutzministeriums DOC zu sein, die Toilette wird immer mit einer frischen Rolle Papier ausgestattet sein und ansonsten kein

Fleckchen aufweisen. Fleißig putzende Heinzelmännchen haben wir keine gesehen. Aber wenn man so ein pieksauberes Klo betritt, gibt man sich halt auch Mühe, es genauso wieder zu verlassen – Ehrensache. Jedenfalls für die Neuseeländer.

»Be a tidy Kiwi« ist der Leitspruch der »Keep New Zealand Beautiful Society«, die schon seit 50 Jahren für Ordnung und Sauberkeit im Paradies kämpfen. Diesen Leitspruch haben sich viele Neuseeländer offenbar hinter die Ohren geschrieben. Klar gibt es auch hier ab und zu schmutzige, vermüllte Ecken und nicht jeder Neuseeländer übersetzt Nationalstolz damit, sein Heimatland möglichst sauber zu halten. Aber in einem Land, in dem sich fast 70.000 Freiwillige darum bemühen, mit Müllsammelaktionen und Strandreinigungen, mit Graffiti-Entfernung und Baumpflanzungen, mit dem Aufstellen von Aschenbechern und dem Bemalen von grauen Mauern ihre Heimat schöner zu machen, sind eben auch die Toiletten sauberer als anderswo.

Und das, obwohl die Bedingungen nicht eben leicht sind für hygienebewusste Menschen. Viele Toiletten in Neuseeland stehen weitab von einem Wasseranschluss. Bevor man beim Wandern aber in den Wald machen muss, stellt das DOC lieber eine Toilette auf. Und das gilt nicht nur für öffentliche Sanitäranlagen, sondern auch für die Aborte in vielen privaten Ferienhäusern, die mitten im schönsten Nirgendwo stehen und keinen Wasseranschluss haben. Hin und wieder sorgt auch ein Erdbeben dafür, dass die Einwohner einer Großstadt wie Christchurch sich selbst darum kümmern müssen, ihr Geschäft für ein paar Wochen oder Monate im Garten zu verrichten.

Statt WCs kennen und nutzen viele Neuseeländer daher selbstkompostierende Toiletten, vulgo »Plumpsklo« oder auch »long drop«. Und das geht so: Anstatt einfach den ganzen stinkenden Mist in einem Kübel zu sammeln, wo er sich im Laufe der Zeit zu einer gefährlichen Mischung zusammenbraut, trennt die wasserlose Toilette flüssige und feste Hinterlassenschaften, die dann möglichst tief nach unten fallen (zwei Meter sollten es schon sein, um den gefürchteten »splashback« zu vermeiden) und mit Sägemehl, Erde oder Holzspänen bedeckt werden. Ist die Grube voll, wird die Toilette einfach an eine andere Stelle versetzt. Platz ist ja in den meisten Hinterhöfen Neuseelands genug.

Auf den Wanderwegen und Hütten, die vom Umweltschutzministerium verwaltet werden, geht es oft noch komfortabler zu: Da stehen mitunter sogar solarbetriebene Hybrid-Toiletten aus Fiberglas am Wegrand. Hier wird der Abraum dezent unterirdisch in einen vergrabenen Tank weitergeleitet. Steht die Toilette nicht sowieso in einer Gegend, wo starker Wind weht, ist sie außerdem oft mit einer Art Abluftkamin ausgestattet, sodass es im Inneren der Kabine erstaunlich geruchlos zugeht.

Alle zwei bis vier Jahre kommt ein Hubschrauber oder auch ein Boot und übernimmt das Abpumpen; ein teurer Luxus. Auf dem Abel Tasman Track lässt man sich die Installation der Toiletten eine halbe Million NZ$ kosten – pro Hütte. Und dann braucht man ja noch fleißige Ranger, die regelmäßig vorbeikommen, neues Toilettenpapier hinlegen und putzen. An den Great Walks, den Vorzeige-Wanderwegen Neuseelands, passiert das täglich.

Diesem Aufwand ist es zu verdanken, dass man zum Beispiel bei einer Wanderung auf dem Rob Roy Glacier, nachdem man sich über Hunderte Höhenmeter nach oben gearbeitet hat und rechtschaffen erschöpft oben angekommen ist, den Blick auf den Gletscher aus einer (geöffneten) Toilettentür genießen kann. Um den Rang der Toilette mit der spektakulärsten Aussicht muss sich dieses Klohäuschen streiten – wir haben ähnlich grandiose Ausblicke durch das Herzchen in der Tür auf dem Key Summit hoch über der Milford Road genossen oder auch mitten auf dem Plateau zwischen den Sandsteinfelsen am Castle Hill bei Christchurch.

8.000 (und sehr wahrscheinlich noch mehr) öffentliche Toiletten in einem Land mit gerade einmal vier Millionen Einwohnern sind wirklich viel. Kommen aber über 3,4 Millionen Touristen dazu (das sind die Zahlen von 2016), wird es eng auf der Toilette. Gemeinden in ganz Neuseeland klagen inzwischen darüber, dass die öffentlichen Toiletten für den Besucheransturm in der Hauptsaison nicht mehr ausreichen, dass sie gar überlaufen und die umliegenden Gewässer verschmutzen. Erleichtern sich die Menschen mangels sauberer Toiletten in die Natur oder gar in die Gärten der Anwohner, wird die Situation unerträglich. Tragbare Notfalltoiletten werden aufgestellt, Picknickplätze müssen geschlossen werden – alles Mist oder, passender: Scheiße. Ist das das Ende des neuseeländischen Toiletten-Traums?

33. Grund

Weil Briefkästen hier Kunstwerke sind

Schon nach wenigen Kilometern Fahrt über Neuseelands Nordinsel, wo außer grünen Hügeln und kurvigen Straßen nur hin und wieder ein Schaf zu sehen war, grübelten wir über ein Rätsel nach: Was waren das für Ansammlungen von bunten Kästen, die in unregelmäßigen Abständen am Straßenrand standen?

Ihr gemeinsames Merkmal: Sie standen auf etwa 1,50 Meter hohen Pfählen, trugen Nummern und säumten teilweise über mehrere Meter den Rand von geschotterten, schlammigen oder fast gar nicht erkennbaren Nebenstraßen, die vom Highway abzweigten. Ansonsten gab es kaum verbindende Elemente, die uns auf eine Spur gebracht hätten.

Waren es Sicherungskästen? Müllboxen? Tierfallen? Insektenhotels? Weit gefehlt. Wir fanden die Lösung, als wir ein Postauto entdeckten, das vor einer solchen Reihe einen Boxenstopp machte – der Briefträger verteilte Umschläge in die Kästen und klappte anschließend einen Hebel nach oben, an dem die Briefkasten-Besitzer schon von Weitem erkennen konnten, dass sich der Befüllungsstand ihrer Box geändert hatte.

Wenn der Briefträger jeder der entlegenen Farmen auf dem flachen Land einen Extrabesuch abstatten müsste, würde er wahrscheinlich so viele Überstunden anhäufen, dass die Gewerkschaften Alarm schlügen. Deshalb stellen die Farmbesitzer den Briefkasten nicht direkt vor ihrem Haus auf, sondern dort, wo ihre Zufahrtsstraße in den Highway mündet. Und das können eben auch mal fünf oder zehn Zufahrten sein.

So weit, so bekannt eigentlich – warum hatten wir das Rätsel nicht sofort durchschaut? Weil die meisten neuseeländischen Farmer offenbar verhinderte Künstler sind. Oder wie kommt man sonst auf die Idee, statt eines im Baumarkt zu kaufenden Standard-Briefkastens für wenige Dollar eine alte Mikrowelle zum Briefkasten umzufunktionieren? Oder einen Schwimmkörper von einem Boot als Delfin anzumalen und mit einem Briefschlitz zu versehen? Eine Milchkanne zum Briefkasten zu deklarieren, oder extra eine schöne Holzbox zu zimmern, die man mit geschnitzten Blumen verziert?

Vielleicht sind die Farmer ja auch nur nett und wollen dem Postboten eine Freude machen. Für den ist es sicherlich anstrengend, zwischen zehn gleich aussehenden Briefkästen die richtige Öffnung zu finden. Da bastelt man doch lieber einen Kasten, den er sofort erkennt! Oder bei dem er schmunzeln muss, sodass er einen schöneren Tag hat.

Der neuseeländische Staat hat offenbar nichts gegen die Alltagskunst: Nur die Aufhängungshöhe der Briefkästen ist bei 1,50 Meter festgelegt. Form, Material und Farbe des Briefkastens stehen hingegen jedem frei. Lediglich praktische Erwägungen leiten die Konstruktion: Die Post sollte trocken bleiben, und die Box muss Platz für mehr als ein paar schmale Briefe bieten.

Ob in Traktorform, als Biene oder Wal, ob aus einem alten Außenbordmotor, mit Muscheln beklebt oder mit Motorradlenker und -reifen versehen – fantasievolles Briefkästengestalten scheint ein nationales Hobby in Neuseeland zu sein. Vielleicht gibt es Wettbewerbe um den schönsten, seltsamsten oder größten Briefkasten? Die Juroren wären ob der Konkurrenz nicht zu beneiden.

In den sozialen Medien erscheinen Neuseelands verrückte Briefkästen erstaunlich selten. Dabei verdienen sie den Status einer Attraktion für Touristen zweifellos genauso wie der BH-Zaun bei Cardrona, der Stiefelpfosten am Heaphy Track oder die »Giant Kiwi« von Te Puke, denen man auf Facebook und Instagram begegnet. Wir jedenfalls kamen mit einer eindrucksvollen Sammlung an Briefkastenfotos von unseren Neuseelandreisen zurück. Und wir sind nicht die einzigen Fans: Dass es auch einen Briefkastenführer (»Kia Ora Postie«) gibt, in dem Chrissie Ward über 50 ungewöhnliche Briefkästen fotografiert und mit launigen Anekdoten über die neuseeländische Post versehen hat, wundert mich nicht.

34. Grund

Weil Rugby Religion ist

Zugegeben: Mit Mannschaftssport habe ich es nicht so. Der gute deutsche Fußball geht mir genauso am A… vorbei wie die Handball-Manie meiner Kinder oder die Basketball-Begeisterung meines Mannes. Beim Völkerball in der Schule war ich eine der Besten – weil ich mich so gut vor dem Ball wegducken konnte.

Die wilde Begeisterung, die man in Neuseeland dem Rugby entgegenbringt, kann ich daher nicht so recht teilen. Schwitzende Hünen, die sich auf der Jagd nach einem Leder-Ei gegenseitig über den Haufen rennen und dabei scheinbar mühelos noch eine Menge komplizierter Regeln beachten, die mir auch nach der zehnten Erklärung sofort wieder entfallen – das ist Rugby natürlich auch, aber nicht nur.

Die Neuseeländer haben es tatsächlich geschafft, mir Sportmuffel und Pazifist sogar diese brutale Sportart zu verkaufen. Einmal natürlich mithilfe des Haka, den die beeindruckend maskulinen Teammitglieder der Nationalmannschaft All Blacks vor jedem Spiel zum Besten geben. Es war ein echter Glücksfall für die eingewanderten Briten, dass sie in ihrer neuen Heimat ein Volk von kriegerischen Hünen antrafen; die großen, muskulösen Māori passen so wunderbar in Rugby-Kleidung, als hätten sie die Sportart selbst erfunden. Und anders als in den USA oder Australien wurden die kräftigen Māori recht schnell und auch gern in die Rugby-Spielerei aufgenommen; als solche spielten sie zuerst (und bis heute) separat als »Māori All Blacks« bzw. »New Zealand Māori«, führten die Tradition des Haka vor dem Spielbeginn und das Silberfarn-Emblem auf den schwarzen Trikots ein und legten eine beachtliche Serie an Siegen hin – darunter ein spektakuläres 111:3 gegen British Columbia im Jahr 2004.

Auch wenn man also gar keine Ahnung vom Spiel und null Interesse an dessen Verlauf hat – zumindest der Anfang ist schlichtweg eine Augenweide und verleitet mich immer wieder zum Einschalten des Fernsehers, wenn eine Meisterschaft ansteht. Zum Glück für uns Europäer umspannt die Rugby-Liebe der ehemaligen Commonwealth-Staaten den gesamten Globus. Wenn also die Spiele nicht direkt in Neuseeland ausgetragen werden, kann man sie hier zur familienfreundlichen Prime Time anschauen – und dabei mitleidig an die Kiwis denken, die sich mitten in der Nacht in den Pub quälen müssen. Und das tun sie: Rugby hat als Sportart die höchsten Einschaltquoten in Neuseeland, und bis vor einigen Jahren war es (neben Cricket) überhaupt die einzige Sportart, die man im Fernsehen anschauen konnte.

Die Begeisterung der Neuseeländer für diese sportlichen Austragungen ist mir persönlich zwar ein wenig unheimlich, aber sie wirkt trotzdem ungemein ansteckend. Jeder Neuseeländer spielt in einer Rugby-Mannschaft oder hat Kinder, die in der Schule Rugby spielen (die sogenannten »Small Blacks«). Und nicht viel anders als bei uns in Deutschland verbringen viele neuseeländische Eltern die Samstage auf dem Feld, während die Kleinen das Tackling üben. »Feld« ist hier übrigens wörtlich zu nehmen: In kleineren Orten treffen sich die Mannschaften zum Match häufig auf ganz normalen Feldern, die vorher von Schafen und Kühen benutzt wurden. Für einen neuseeländischen Bauern ist es selbstverständlich, sein Land für dieses nationale Kulturgut zur Verfügung zu stellen. Das Weltklasse-Stadion in Hamilton spielt mit diesem Image und lässt während der Matches ein Kuh-Maskottchen auf dem Spielfeld grasen, während die Fans dort oft Kuhglocken läuten.

Bodenständig ist Rugby in Neuseeland schon von Anfang an gewesen. Charles Monro, ein Schuljunge aus Nelson, hatte die Sportart 1870 von einem Auslandsaufenthalt an einer englischen Schule mitgebracht und überzeugte die örtlichen Football-Spieler, es mal mit den neuen Regeln zu versuchen. Und trotz ihrer beachtlichen Erfolge spielen die Nationalspieler erst seit den 1990er-Jahren als Profis. Selbst die größten Stars der Szene spielen oft weiterhin in den Mannschaften ihrer Gemeinden mit und diese Kreisliga-Spiele wurden bis vor wenigen Jahren auch treu im Fernsehen gezeigt.

Vor allem bei den jährlichen Rugby-Meisterschaften, den Weltcups und der »Lions Series« herrscht eine Stimmung im Land, als stünde jeder Neuseeländer und jede Neuseeländerin unter Strom. Klar ist es aufregend, wenn die Weltöffentlichkeit endlich mal hinschaut auf das eigene kleine Land; noch besser, wenn man sich hier immer wieder als Champion hervortut. Und Neuseelands Nationalmannschaft ist seit Anbeginn der Rugby-Ära ungeschlagener Favorit, mit so vielen Siegen wie keine andere Mannschaft der Welt. Ich wiederhole das noch einmal, weil es so unglaublich ist: Die All Blacks sind die erfolgreichste Mannschaft aller Sportarten, weltweit, aller Zeiten. Im Rugby-Sport gilt es schon als Erfolg, wenn man gegen die Neuseeländer mal nur knapp verliert.

Eine einzige Ausnahme gab es: Im Jahr 2007 flogen die All Blacks völlig überraschend im Viertelfinale aus dem Weltcup. Das Land versank daraufhin in einer nie da gewesenen Trauer. Ein Tipp: Sprechen Sie dieses nationale Trauma lieber nicht an, wenn Sie mit Neuseeländern reden. Zur großen Erleichterung aller hat sich eine solche Tragödie seither nicht wiederholt – und daher redet man lieber gar nicht mehr davon, um das Schicksal nicht herauszufordern. Inzwischen ist die Rugby-Stimmung im Land wieder ungetrübt, wenn die nächsten Meisterschaften anstehen.

Im Jahr 2011 war der Rugby-Weltcup in Neuseeland arg am Kippeln, weil die Erdbeben in Canterbury das eigens frisch vergrößerte AMI Park Stadium von Christchurch zerstört hatten. Auch Unterkünfte waren deshalb knapp. Zehntausende Rugby-Fans aus Großbritannien und Irland, Südafrika und Australien fielen wie Heuschreckenschwärme über das kleine Neuseeland her und sorgten für restlos ausgebuchte Unterkünfte. Nur für die Fans wurde damals das »Freedom Camping Bylaw« geschaffen, das kostenfreies Camping im Wohnmobil prinzipiell überall erlaubte (was heute für zunehmenden Missmut in den von Touristen überrannten Gemeinden sorgt). Die Neuseeländer haben den Weltcup natürlich gewonnen; wie auch seinen Nachfolger im Jahr 2015 gegen den australischen Hass-Gegner, die »Wallabies«. Wie der nächste World Cup im Jahr 2019 in Japan ausgehen wird, steht für mich außer Frage.

Neben der Siegesgewissheit, die einen als zuschauenden Fan natürlich immer freut, mag ich am neuseeländischen Rugby aber vor allem seine – Freundlichkeit. Das mag verwunderlich erscheinen, wenn man sich die blutigen Zweikämpfe der muskelbepackten, kaum durch Schutzkleidung gewappneten Spieler (und Spielerinnen!) ansieht. Da wird geschwitzt, gebrüllt und geschubst, da fließt Blut, brechen Knochen, und mitunter verletzen sich Spieler so schwer, dass sie nie wieder aufs Feld können. Buck Shelford erlangte Weltruhm, als er in einem Match gegen Frankreich so hart in die Eier getreten wurde, dass – empfindliche Leser jetzt bitte zum nächsten Absatz weitergehen! – sein Hodensack riss. Ungerührt ließ er sich am Feldrand vom Mannschaftsarzt nähen und ging danach zurück ins Spiel (wo er kurz darauf einen Schädelbruch erlitt).

Aber die Stimmung der Zuschauer in einem neuseeländischen Rugby-Stadion ist unvergleichlich. Es wird gesungen, gefeiert, gejubelt und Spaß gemacht. Statt gewaltbereiter Hooligans und bierseliger Simpel mit Fan-Schals versammeln sich beim Rugby Familien mit Kindern, und viele Fans nehmen die Gelegenheit wahr, sich in fantasievolle Kostüme zu werfen. Beim Rugby-Spiel in Wellingtons Westpac Stadium oder im gigantischen Eden Park Stadium in Auckland johlenden Gruppen verkleideter Wikinger, Damen mit Schnauzbärten oder Krümelmonstern zu begegnen, ist nichts Ungewöhnliches.

Die Australier haben die Demütigung von 2015 übrigens schlucken müssen; aber das haben sie nur deshalb in einiger Würde tun können, weil ihnen wenige Monate zuvor ein großer Sieg geglückt war. Im März 2015 schlugen die australischen Spieler ihre neuseeländischen Gegner im Cricket vernichtend – »by seven wickets«, wie die Medien nicht müde wurden zu jubeln. Aber das ist eine andere Geschichte.

35. Grund

Weil Cricket die verrückteste Sportart der Welt ist

Da hat man sich gerade daran gewöhnt, dass in Neuseeland jeder Mensch Rugby spielt, Rugby schaut und Rugby liebt. Und dann stolpert man, wahrscheinlich bei einem Sonntagsspaziergang am Strand oder im Stadtpark, über ein ganz anderes Spiel, das ebenfalls Tausende von Zuschauern anzieht. Die sitzen gemütlich auf Picknickdecken und

Klappstühlen im Gras, trinken Tee, essen Würstchen vom Barbecue und unterhalten sich.

Dabei begutachten sie fachmännisch die Bemühungen der 22 Spieler, die auf dem Rasen um ein mit Strick abgespanntes Feld herumstehen, Baseballschläger schwingen und einem kleinen Ball hinterherlaufen. Nach einiger Zeit entdeckt man auch zwei kleine Tore, oder sind das vielleicht nur die stehen gebliebenen Bauwerke von Kindern? Die lose aufeinandergelegten Holzscheite können doch keinen Treffer aushalten?!

Man bleibt eine Weile stehen und schaut zu. Irgendwann setzt man sich hin, weil nicht viel zu passieren scheint und die Zuschauer einem Tee und Sandwiches anbieten. Ihre weitschweifigen Erklärungen zum Spielstand und der angewendeten Taktik sind komplett unverständlich, ihre Begeisterung bleibt es auch. Nach anderthalb Stunden läuft das Spiel immer noch – ist denn hier irgendwann mal Halbzeit? Oder Spielende?

Willkommen beim Cricket, der verrücktesten Sportart der Welt. Klar wurde die von den Engländern mit der »stiff upper lip« erfunden, und genauso wirkt ein Cricket-Match auch heute noch auf mich: Noble Herren in feinem weißen Sportdress stehen in der Gegend herum, zählen Punkte und diskutieren jahrhundertealte Spielregeln, wahrscheinlich nur um mich als rätselnde Außenstehende zu demütigen.

Als ahnungsloser Outsider fühlt man sich beim Cricket in Neuseeland fast zwangsläufig. In einer Sportart, die im Rest der Welt nahezu unbekannt ist, engagieren sich hier mehr als 100.000 Spieler. Cricket ist damit wesentlich weiter verbreitet als Golf, Fußball oder auch das medienwirksamere Rugby. Wobei wir mal nicht arrogant sein wollen: Ein gutes Viertel der Weltbevölkerung ist Cricket-begeistert. Nur spielen Pakistan, Bangladesch oder Afghanistan für die fußballbegeisterten Europäer halt keine große Rolle.

Zum Glück sind die Spielregeln im »backyard cricket«, das die normalen Neuseeländer mit ihren Kindern in der Freizeit spielen, stark vereinfacht. Und eigentlich sieht das Werfen und Schlagen doch ganz ähnlich aus wie beim Baseball, das wir aus amerikanischen Fernsehserien zur Genüge zu kennen glauben. So haben auch wir testweise mal den Schläger geschwungen – gaben aber schnell auf, als wir merkten, dass uns sogar die jüngeren Kids überflügelten. Kein Wunder: Cricket gehört in fast jeder Grundschule Neuseelands zum Lehrplan.

Es ist aber auch unheimlich praktisch und passt damit hervorragend zur neuseeländischen Mentalität: Große, ovale Wiesenflächen, die genug Platz für die Partien bieten, finden sich in Neuseeland an jeder Ecke. Der rechteckige, 20 Meter lange »pitch« zum Abschlagen in der Spielfeldmitte sollte zwar mit Sand bedeckt sein, muss er aber nicht. Spezielle Ausrüstung und Schutzkleidung (vor allem für die Schienbeine und die empfindlichen Teile der Herren) ist nett, aber notfalls tut es jeder kleine, feste Ball und ein schlichter Holzschläger. Die dreibeinigen Tore, die »wickets« heißen, baut man tatsächlich gern aus Holzlatten, die gerade herumliegen.

Jetzt muss nur noch das Wetter mitspielen; und hier wird es manchmal heikel. Zwar scheint in Neuseeland das ganze Jahr über gern die Sonne, aber nur selten tut sie das ausdauernd über den gesamten Tag. So lange dauert aber eine klassische Cricket-Partie – mindestens!

Die beiden Mannschaften können nämlich nur dann Punkte erzielen, wenn sie selbst dran sind. Und eine Runde endet erst dann, wenn jeder der elf Spieler einmal den Ball geschlagen hat und vom Werfer der anderen Mannschaft ausgetrickst wurde, sodass er ausscheiden muss und vom nächsten Spieler abgelöst wird. Gelingt es dem »batsman« dagegen, den Ball mit seinem Schläger zu treffen und mit dem anderen »batsman« seiner Mannschaft den Platz auf dem Inning zu tauschen, ist das ein »run« – und ein Punkt. Bis in die Abenddämmerung zieht sich ein Cricket-Spiel fast immer, deshalb sind Mittags- und Teepausen für die Spieler offiziell Teil des Regelwerks. Und wenn Meisterschaften sind, die mehrere Wochen dauern, nehmen sich echte Fans eben Urlaub, um alle »bowls« sehen zu können.

Schaut man Cricket im Fernsehen, muss man arg aufpassen, dass man nicht einschläft. Dabei sind diese Partien bereits stark gekürzt und folgen modernen Regeln, damit eine TV-Übertragung überhaupt Sinn macht (in Cricket-Kreisen wurde die Einführung dieses »one day cricket« in den 1960er-Jahren sehr kontrovers diskutiert!). Selbst diese beschleunigten Spiele enden oft nicht mit einem eindeutigen Sieg,

Es gibt viel mehr als 111 Gründe für meine Neuseelandliebe – dieser Blick von der Cardrona Range Road ist nur einer.

Von Neuseeland ist es nur ein Katzensprung (oben) in die Antarktis – verlockend! Gut, manche Neuseeländer sind vielleicht ein wenig raubeinig (unten), aber geschossen wird hier ganz bestimmt nicht.

Verrückte Briefkästen sind nicht alles, worüber man sich in Neuseeland wundert.

Was gibt es Besseres, als einfach links ranzufahren und die Füße baumeln zu lassen? (oben) Zum Wandern eignet sich Neuseeland hervorragend (unten), auch wenn die Kleinsten noch nicht alles auf eigenen Beinen schaffen.

Adrenalin haben die Neuseeländer im Blut, das merkt man an jeder Ecke. Durch die Kawarau Gorge schießt der knallrote Shotover Jet, zwei Ecken weiter stürzt man sich von der Brücke per Bungee-Seil in den (gefühlten) Tod.

Für uns schon aufregend genug: schwankende Hängebrücken (oben) oder die Möglichkeit einer Naturkatastrophe (unten) – die in Neuseeland ganz real ist.

Beim Klettern auf der Meads Wall geraten bestimmt auch die Mutigsten ins Schwitzen!

Dichte Urwälder, wie hier am Milford Sound, bedeckten einst den Großteil des neuseeländischen Festlands.

Heute prägen Weidelandschaften das »typische« Erscheinungsbild Neuseelands. Solche Ausblicke wie in Otago auf der Südinsel (oben) oder im Zentrum der Nordinsel Waikato (unten) sind herrlich idyllisch.

Vier Jahreszeiten an einem Tag sind in Neuseeland nichts Ungewöhnliches. Auf eitel Sonnenschein und Badewetter (oben) folgen nicht selten binnen weniger Minuten Hagel und Sturm (unten).

Es dampft, blubbert und zischt nicht nur im Stadtpark von Rotorua (oben), sondern im gesamten Zentrum der Nordinsel. An Orten wie dem Wai-o-Tapu Thermal Wonderland (unten) ist die Erdkruste besorgniserregend dünn!

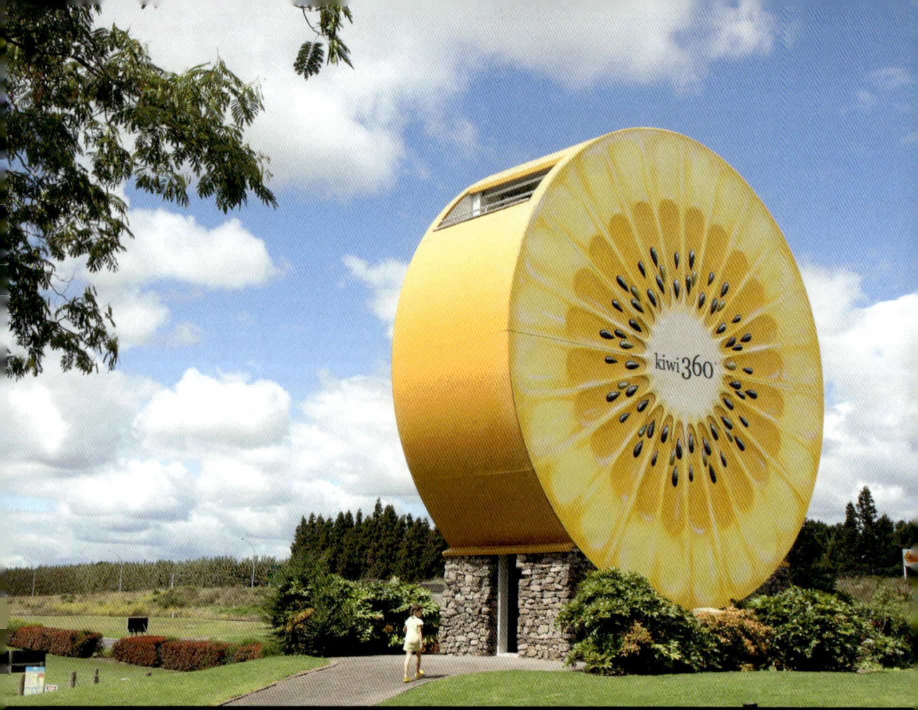

Die Riesen-Kiwi (oben) ist das Wahrzeichen von Te Puke. Damit ist das Städtchen noch lange nicht Spitzenreiter der Seltsamkeiten, wie das nicht weit entfernte Tirau (unten) zeigt: Hier hat man Wellblech als Baumaterial in eine neue Dimension gehoben.

Cromwell in Otago ist derweil berühmt-berüchtigt für sein Obst-Potpourri (oben) ... und das winzige Kawakawa im Northland (unten) wird von durchfahrenden Touristen belagert – wegen seiner von Friedensreich Hundertwasser gestalteten öffentlichen Toilette.

Rund um Rotorua und Taupo stinkt es mitunter gewaltig, und wer hier versehentlich ins Wasser fasst, verbrennt sich die Finger.

An den Hängen des Vulkans Mount Ruapehu (oben) kann man ganz hervorragend Ski fahren!
Das Whakapapa Skifield (unten) haben wir leider noch nicht selbst testen können ...

Was jahrein, jahraus einen guten Kletterbaum abgibt (oben), explodiert im Hochsommer (unten), also zur Weihnachtszeit, in einem Meer roter Blüten: der Pohutukawa.

sondern mit Remis – wenn die Spielzeit abgelaufen ist und immer noch nicht jeder Spieler einmal dran war. Gähn!

Cricket ist aber nicht nur langweilig, sondern auch enttäuschend! Jedenfalls in Neuseeland; dort haben die »Black Caps« seit den goldenen 1980er-Jahren keinen großen Triumph mehr feiern können. Richard Hadlee, der als bester Cricket-Allrounder der Welt gilt und dessen Bronzebüste man schon zu seinen Lebzeiten vor dem Arts Centre in Christchurch bewundern kann, hat sich wahrscheinlich weinend hinter dem Fernsehsessel versteckt, als seine ehemalige Mannschaft im Frühjahr 2015 gegen Hass-Feind Australien verlor – oder auch nicht. Immerhin waren die Neuseeländer dort überhaupt zum ersten Mal ins Finale gelangt.

In Neuseelands Nationalbewusstsein brennt die Niederlage doppelt schlimm, war sie doch die Zementierung einer Ungerechtigkeit, die sie 1981 einstecken mussten. Damals verlor Neuseeland das Spiel gegen Australien superknapp, weil der australische Werfer den Ball so unfair abspielte, dass er vom »batsman« nicht zu schlagen war. Dieser »underarm incident« ging in die Sportgeschichte ein, wurde von allen Seiten scharf kritisiert – war aber nach den Cricket-Regeln von 1744 erlaubt und brachte Australien deshalb den Sieg. Wir Deutschen können nach dem Wembley-Tor vom WM-Finale 1966 nachfühlen, wie bitter das gewesen sein muss.

Auf das angespannte Verhältnis der Neuseeländer zu den Australiern hat dieser Vorfall wenig ausgleichend gewirkt. Trotzdem ist Cricket allgemein eine Sportart, in der man sich nicht lange böse ist. Fans kommen zwar in den Farben ihrer Mannschaft ins Stadion und jubeln begeistert über jeden gelungenen Wurf. Aber Respekt und Fairness spielen im Cricket – typisch englisch eben – eine große Rolle. Es ist völlig normal, dass ein gelungener Schlag Applaus von allen Stadionbesuchern bekommt, egal welcher Mannschaft sie den Sieg wünschen. Und statt in Fanblocks sitzen die Gäste bunt durcheinander.

Hauptsache ist doch, man hat einen schönen – langen – Tag an der frischen Luft!

In Zukunft könnten auch wir Deutschen übrigens mehr von Cricket mitbekommen, als uns lieb ist. Von den Nazis als »undeutsch«

verboten, etabliert sich das einstmals recht verbreitete Spiel bei uns langsam wieder. Und da viele gute Cricket-Spieler aus Afghanistan vor den Taliban nach Deutschland geflohen sind, hat das die Qualität der hiesigen Teams auf ein ganz neues Niveau gehoben. Die deutsche Nationalmannschaft hat sich kürzlich für die Teilnahme an der Weltliga qualifiziert und ist die beste Mannschaft Europas. Da geht noch was!

Kapitel 3

Große Kiwis

36. Grund

Weil Māui ein echt cooler Halbgott ist

»Was soll ich dir sagen? Hey, voll gerne!
Diese Inseln zog ich aus dem Meer.
Davon abgesehen, gern geschehen, voll gerne!
So bin ich eben und noch vieles mehr …«

Singen Sie mit! Der Groove, den Halbgott Māui im Disney-Film *Vaiana* (auf Deutsch gesungen von Andreas Bourani) aufs Parkett bzw. auf die Planken des Ausleger-Kanus von Häuptlingstochter Vaiana (im Original heißt sie Moana) legt, ist so mitreißend, dass die Hüften von selbst zu schwingen beginnen. Und der Text seines Liedes ist so frech und arrogant, dass man dem stattlich gebauten Halbgott am liebsten eine scheuern würde. Was bildet der sich ein auf seine Heldentaten? Und stimmt das alles überhaupt?

Ich hatte das gar nicht gewollt: den Kindern per Kinobesuch die spirituelle Vorgeschichte Neuseelands beibringen. Die Disney-Macher haben aber ein tolles Stück Arbeit geleistet. Wer etwas über Māui, den Vorfahren der Māori, lernen will, für den ist *Vaiana – das Paradies hat einen Haken* sehr lehrreich.

Mit vollem Namen heißt Māui, der für die Ureinwohner Neuseelands als Halbgott gilt, Māui-tikitiki. Und wie im Animationsfilm gilt er bei den Māori als gerissener, schlauer Typ, der sich gern für seine waghalsigen Heldentaten bewundern lässt. Die größte Anerkennung für ihn ist die Benennung einer ganzen Insel nach ihm – nämlich Maui, das zum Archipel von Hawaii gehört. Auch der flinke Māui-Delfin, die kleinste Delfin-Art der Welt, trägt den Namen des frechen Halbgottes; zusammen mit zahlreichen weiteren Orten in Neuseeland.

Schon von Anfang an war Māui etwas ganz Besonderes: geboren aus dem Haarknoten (»tikitiki«) seiner Mutter, die ihn noch als Fötus ins Meer warf; aufgezogen von Meergeistern und schließlich aufgenommen von Himmelsgott Rangi. Die Anerkennung seiner Brüder und seiner Mutter bekam Māui nur, wenn er durch außergewöhnliche Taten hervorstach; so zwang er die Sonne unter Androhung von Prügeln, langsamer über den Himmel zu ziehen, damit die Menschen mehr Zeit für ihr Tagwerk hatten.

Seine nächste Heldentat war für die Māori besonders wichtig: Mit dem Kieferknochen seiner Großmutter, den er als Angelhaken nutzte, fing er einen riesigen Fisch – »Te Ika-a-Māui«, die Nordinsel Neuseelands. Hätten seine Brüder nicht über den Fang gestritten und ihn zerrissen, wobei die Berge und Schluchten der Insel aufbrachen, könnten wir heute viel bequemer auf der Nordinsel Fahrrad fahren. Die Form des Fisches ist noch gut zu erkennen (was mich verwundert: Woher wussten die Māori ohne die Hilfe von Flugzeugen und Satelliten oder auch nur Vermessungsinstrumenten, welche Form die Nordinsel hatte?).

Die Flossen bilden die beiden großen Ausbuchtungen der Taranaki-Region im Westen und des Eastcape im Osten, welche beide die Namen »Te Pakau-o-te-Ika-a-Māui« tragen. Die Südspitze der Nordinsel, auf der Wellington liegt, ist der Kopf des Fisches, der riesige Lake Taupō im Zentrum der Insel sein Nabel, und das langgezogene Northland stellt den Schwanz dar (»Te Hiku-o-te-Ika-a-Māui«). Auch für die Südinsel sorgte der Halbgott: Die entstand einfach aus seinem Kanu, dem »waka«, das er beim Angeln benutzte. Ein anderer Name für »Te Waipounamu« (der Ort der Jade) ist deshalb »Te Waka-a-Māui«.

Die Banks Peninsula vor Christchurch als einziger Landvorsprung, der aus der relativ gerade verlaufenden Küstenlinie der Südinsel herausragt, war der Platz, wo Māui beim Aussteigen aus dem Kanu seinen Fuß aufsetzte. Die ganz im Süden liegende dritte Insel Neuseelands, für die Europäer Stewart Island, heißt schließlich »Te Punga-a-Māui«: Māuis Ankerstein.

Extra für die Bewohner seiner beiden neuen Inseln, die alle von ihm und seinen Brüdern abstammen, besorgte der Halbgott danach das Feuer; ein gefährliches Unterfangen, bei dem er fast von der Feuergöttin Mahuika getötet worden wäre. Ohne die Unterstützung seiner göttlichen Verwandten, die rettenden Regen schickten, hätte diese in ihrer Wut über Māuis Tricks beinahe das gesamte Land und die See ringsherum niedergebrannt.

Nach all diesen guten Taten für andere wurde Māui selbst belohnt: Er lernte endlich seinen Vater kennen, den die Mutter immer nur heimlich aufsuchte. Leider erwies sich das Kennenlernen fatal für den Sohn, denn Makea Tutara machte einen Fehler bei der zeremoniellen Begrüßung, der Māui seiner Unsterblichkeit beraubte.

Aber Māui wäre nicht Māui, wenn er deswegen den Kopf in den Sand gesteckt hätte. Trotz der Warnungen seines besorgten Vaters begab sich der clevere Kerl zu Hine-Nui-Te-Pō, der Göttin der Unterwelt, die bekanntlich am westlichen Rand des Himmels wohnt. Der Trick, mit dem er seine Unsterblichkeit zurückgewinnen wollte, scheint mir zumindest arg ungewöhnlich (und ich würde gern mal dabei sein, wenn Māori-Großeltern die Geschichte ihren kleinen Enkeln erzählen): Er wollte zwischen den Beinen (jaha) der Göttin in sie hineinschlüpfen (ganz recht) und aus ihrem Mund wieder hervorkommen – dann würde sie sterben, und er selbst wäre wieder unsterblich.

Bezeichnenderweise wurde aus der mythischen Vergewaltigung nichts. Die Vögelchen, die Māui als Begleiter mitgebracht hatte, mussten beim Anblick des halb in der Göttin steckenden Halbgotts so lachen, dass sie Hine-Nui-Te-Pō aufweckten und diese den armen in ihr steckenden Māui zerquetschte. Das war quasi der Anfang vom Ende für alle Menschen: Seitdem sind wir alle sterblich und müssen nach unserem Tod in die Unterwelt einziehen, deren Eingang immer noch von Hine-Nui-Te-Pō bewacht wird. Wenn also jemand hier sein Glück mit der Unsterblichkeit versuchen will – jetzt wissen Sie zumindest theoretisch, wie man es anfangen muss!

Der clevere, aus dem Schmutz geborene und von seiner Familie ignorierte Māui, der sein Leben lang um Beachtung kämpfte und am Ende scheiterte, ist der Held der Māori und vieler anderer Völker Polynesiens. Neben den vielen Heldentaten, die man ihm zuschreibt, hat er auch ziemlich viel Mist gebaut und Schaden angerichtet; die Versionen der Geschichten sind genauso vielfältig wie die Völker, die den Halbgott kennen und verehren. Und obwohl er am Ende auf ziemlich peinliche Weise dafür sorgte, dass wir alle sterben müssen, trägt ihm das offenbar keiner nach.

Wie könnte man – bei einem Typen, der so cool ist, dass jeder junge Mensch ihm nacheifern will? Auch im Disney-Film gewinnt Māui trotz seiner Arroganz schnell die Herzen von Vaiana und dem Publikum. Aus dem antiquierten Halbgott hat Disney eher eine Art Superheld gemacht – und genauso hätte sich Māui sicherlich auch selbst gesehen. Mein Sohn jedenfalls kam mit leuchtenden Augen aus dem Kino und begann umgehend, Māuis großspurige Gesten und seinen coolen Umgang mit dem mythischen Angelhaken nachzuspielen. Ich kann mir definitiv schlechtere Vorbilder für einen Jungen vorstellen!

37. Grund

Weil Neuseeland eine eigene Königin hat

Sie ist die oberste Neuseeländerin, obwohl sie gar keine Neuseeländerin ist: Königin Elisabeth II. von England. Als »Kuini o Aotearoa« hat Elisabeth II. ein eigenes Wappen, auf dem sich ein Māori-Krieger und eine hellhäutige, blonde Frau im Engelsgewand, »Zealandia«, offenbar eine Tochter der Nationalfigur »Britannia«, gegenüberstehen.

Nachdem James Cook als Forschungsreisender im Auftrag der Englischen Krone Neuseeland »entdeckt« hatte, wurde es zunächst unter die Rechtsverwaltung von New South Wales in Australien gestellt. Aber die gesetzlosen Zustände unter den ersten, vorwiegend jungen und männlichen Siedlern sowie die zunehmenden Landkonflikte mit den kriegerischen und sehr selbstbewussten Māori bewogen die Briten dann doch dazu, das junge Land unter ihre Fittiche zu nehmen. (Dass die Franzosen auf der Banks Peninsula auf der Südinsel eine eigene Kolonie gründen wollten, spielte sicherlich ebenfalls eine Rolle.)

So wurde Generalgouverneur William Hobson eilends nach Neuseeland gesandt, um dort ein Abkommen mit den Māori über die Abtretung ihres Landes an Großbritannien zu schließen – Neuseeland sollte offiziell eine Kolonie werden. James Busby sorgte bereits als Vertreter Englands in der Bay of Islands (nördlich des heutigen

Auckland) für Ruhe und Frieden. Auf sein Betreiben hatten sich die etwa 50 Māori-Stämme des Northland bereits zur »Confederation of United Tribes« unter einer Nationalflagge zusammengeschlossen und im Jahr 1835 eine neuseeländische Unabhängigkeitserklärung unterzeichnet.

Gegen die Annexionsbestrebungen der Franzosen musste jedoch etwas Belastbareres her – und so wurde ein (nach heutigem Dafürhalten recht schlampig formulierter) Vertrag aufgesetzt, den der Missionar Henry Williams und sein Sohn Edward quasi über Nacht in die Māori-Sprache übersetzten. Ihrer teilweise äußerst freien Übertragung der Vertragsinhalte hat England viel zu verdanken – denn die Version in Māori garantierte diesen die Ausübung der Herrschaft über ihr Land und ihre Stämme, während die Originalversion aussagte, die Ureinwohner würden sämtliche Macht und Rechte an ihrem Land an die englische Königin abtreten.

Bereitwillig unterschrieben mehr als 500 Māori-Häuptlinge den Vertrag von Waitangi, der als Gründungsdokument Neuseelands gilt. Als sie erkannten, was sie da getan hatten, war es zu spät; England beharrte auf seinem neu erworbenen Recht und lieferte sich in den folgenden Jahrzehnten blutige Schlachten mit den Māori, bis diese gründlich unterworfen waren und Neuseeland fest in britischer Hand war.

Königin Victoria hat sich nie dafür entschuldigt, den Māori auf so freche Weise ihr angestammtes Land weggenommen zu haben. Zu ihrer Ehrenrettung muss man allerdings sagen, dass sie den Vertrag von Waitangi nicht selbst unterzeichnet hat. Während man sich am anderen Ende der Welt in ihrem Namen stritt, bereitete sich die frisch gekrönte, gerade 20 Jahre alte Queen auf ihre Hochzeit vor. Victorias Ururenkelin, die heute noch regierende Königin Elisabeth II., richtete 1995 sehr wohl eine Entschuldigung an die betrogenen Māori – oder jedenfalls an den Stamm der Tainui, den die Briten damals als Rebellen bezeichnet und enteignet hatten, was dem gerade unterzeichneten Vertrag von Waitangi widersprochen hatte. Bei genauerem Nachdenken ist das eigentlich nicht die Entschuldigung, die ich meinte …

Zwar entschied sich Neuseeland 1901 gegen den Beitritt zum frisch gegründeten Commonwealth und legte 1907 auch den Kolonie-Status ab. Als »Dominion« der Englischen Krone war das Land nahezu unabhängig, blieb Königin und »Mutterland« jedoch treu ergeben. Die große Zahl gefallener neuseeländischer Soldaten im Ersten und Zweiten Weltkrieg oder dem Burenkrieg in Südafrika ist ein deutlicher Beweis dafür.

1986 gab sich Neuseeland endlich eine eigene Verfassung und ist seitdem nicht mehr an die Entscheidungen des britischen Parlaments gebunden. Trotzdem erkennt das Land Elisabeth II. nach wie vor als Staatsoberhaupt an – allerdings nicht als Königin von England, sondern als »Queen of New Zealand«. (So besonders ist das übrigens gar nicht: Elisabeth II. ist aktuell Königin von 16 souveränen Staaten. Zum »Commonwealth Realm« gehören unter anderem Australien und Kanada, Belize und Jamaika, die Salomonen und Tuvalu.)

Folgerichtig ist der Geburtstag der Queen ein nationaler Feiertag in Neuseeland, und ihr Bild findet man auf der 20-Dollar-Note, wo sie neben dem neuseeländischen Parlamentsgebäude zu sehen ist. Das Porträt Ihrer Majestät stammt übrigens von 1986 – da war sie bereits 60 Jahre alt. 30 Jahre später ist sie immer noch quicklebendig und hat sowohl den Rekord der längsten Regierungszeit eines britischen Monarchen als auch den des überhaupt am längsten regierenden Monarchen weltweit gebrochen.

Da die Königin nur selten vor Ort in Neuseeland ist und außerdem ja noch 15 weiteren Königreichen vorsteht, wird ihre Funktion in der Regel vom »Vizekönig« bzw. dem Generalgouverneur Neuseelands übernommen: derzeit in der Person von Dame Patsy Reddy. Seit 1986 wird der Vizekönig nicht mehr von der Queen selbst, sondern vom neuseeländischen Premierminister ernannt, der auch dessen Gehalt festlegt – etwa 350.000 NZ$ im Jahr sind es.

Die Königin hält sich zwar am anderen Ende der Welt auf, aber sie gehört nach wie vor fest zu Neuseeland. Wirklich? Nach einer Umfrage aus dem Jahr 2013 ist etwa die Hälfte der Neuseeländer der vorsichtigen Meinung, man könne nach dem Tod der aktuellen Regentin vielleicht darüber nachdenken, die Monarchie in Neuseeland abzuschaffen. Auch die Entfernung des »Union Jack« aus der neuseeländischen Flagge stand 2015 zur Diskussion – und wurde um Haaresbreite abgewählt. Ein Brexit steht wohl über kurz oder lang auch im südlichen Pazifik an …

38. Grund

Weil Neuseeland einen eigenen König hat

Te Ātairangikaahu, »der Vogel, der kurz vor Sonnenuntergang am Himmel fliegt«: Was für ein königlicher Name! Er gehörte zu Piki Mahuta, der sechsten Königin Neuseelands, die von 1966 bis 2006 das Land regierte – Thronfolgerin ihres Vaters, König Korokī V., und ihrerseits gefolgt von ihrem Sohn Tūheitia Paki.

Te Ātairangikaahu, die in Neuseeland meist nur Dame Te genannt wurde, genoss hohes Ansehen als Repräsentantin der Māori, und das nicht nur in der Gemeinde der Māori. Sie war die erste Frau in ihrem Amt und setzte sich in vielerlei Hinsicht gegen ihr männliches Umfeld durch; etwa indem sie sich einer Zwangsehe verweigerte, ihre Geschlechtsgenossinnen stärkte und die Māori insgesamt dazu motivierte, sich ihrer eigenen Kultur und Identität wieder mehr bewusst zu werden. War sie aber eine echte Königin, mit Hermelinmantel, Zepter und blauem Blut?

Um das zu diskutieren, müsste man erst einmal definieren, was denn einen König oder eine Königin ausmacht. Geht man nach den üblichen Anzeichen (oben aufgeführt), schneiden die Māori-Könige Neuseelands schlecht ab. Sie verfügen weder über eigenes Land noch Schätze oder Märchenschlösser. Und auch das Kriterium, dass Regenten qua Gewohnheitsrecht und Verfassung vom Volk anerkannt sein sollten, macht den Thronanspruch der neuseeländischen Regenten streitbar – immerhin waren die Māori vor Ankunft der Europäer kein geschlossenes Volk mit gemeinsamer Identität.

Im Gegenteil: Die zahlreichen auf Nord- und Südinsel lebenden Stämme grenzten sich deutlich voneinander ab, pflegten verschiedene

Kulturen und Lebensweisen und fielen immer wieder lustvoll übereinander her. Es war nicht ungewöhnlich, dass man seine besiegten Gegner vertrieb, versklavte oder gar aufaß (ein Zeichen des Respekts). Einen gemeinsamen König zu küren – nicht im Traum wäre den Māori-Stämmen dies eingefallen!

Anfang der 1850er-Jahre, als der Kampf gegen die weißen Eindringlinge immer aussichtsloser zu werden schien, fiel es ihnen aber doch ein. Angeblich war es sogar die englische Königin Victoria selbst, die den Māori vorschlug, statt zu jeder Verhandlung mit bis zu 2.000 Häuptlingen zu erscheinen und alle Vorschläge endlos zu diskutieren, doch wie die Engländer einen einzigen Repräsentanten zu ernennen. Der könnte dann für die Māori, die vom neu gewählten Parlament zunächst ausgeschlossen waren, auch politisch eintreten.

Wie es nun mal so ist, stieß der Vorschlag zwar auf offene Ohren, allerdings wollte jeder Häuptling natürlich selbst gern der König der Māori sein. Schließlich fiel die Wahl auf Te Wherowhero, den Anführer der Ngāti Maniapoto und erfahrenen Kriegshelden, der zuerst gegen die ganze Unternehmung gewesen war und auch den Vertrag von Waitangi nie unterzeichnete.

Im April 1857 krönten ihn die Māori-Häuptlinge der zentralen Nordinsel (und damit längst nicht aller Stämme Neuseelands!) am Lake Taupō zu ihrem König oder »kīngi«. Ngāruawāhia, ein kleiner Flecken nahe Hamilton, gilt seitdem als Sitz und Regierungszentrum der Māori-Könige.

Dem Kampf der Māori gegen die Engländer half der neue König wenig. Im Ersten Taranaki-Krieg konnte keine Seite gewinnen, auch weil der neue König seine neuen Untertanen nicht zu einer Zusammenarbeit mit dem Feind bringen konnte. Nicht lange nach seiner Inthronisierung starb Te Wherowhero, und sein Sohn und Nachfolger Tāwhiao sah sich einer Meuterei gegenüber. Auch in den Verhandlungen mit Königin Victoria und dem neuseeländischen Parlament hatte er kein Glück. Das »King Country«, eine auch heute noch dünn besiedelte und kaum erschlossene Region im Zentrum der Nordinsel, war das letzte Rückzugsgebiet des bedrängten Königs und seiner letzten Getreuen. Etwa zehn Jahre lang hielten sie durch, dann legte

Tāwhiao die Waffen nieder (mehr über diese schöne Gegend erzähle ich im Kapitel »Unterwegs in Neuseeland«).

Seinen Nachfolgern erging es nicht viel besser; keinem gelang es, den Māori ihr Land zurückzubringen. Offerten von einflussreichen Pākehā wie Premierminister Richard Seddon, der dem Māori-König einen Ministerposten anbot, entpuppten sich als Versuche, das restliche Land der Māori in Staatsbesitz zu bringen.

Die neuseeländische Verfassung spricht den Māori-Königen keine Macht oder Entscheidungsbefugnis zu. Auch die meisten Māori-Stämme erkennen den »kīngi« nicht als Oberhaupt, geschweige denn als Interessenvertreter an. Immerhin gilt er (oder sie) als Träger von sehr großem »mana«. Trotzdem waren die gewählten Monarchen fleißig: Unermüdlich verhandelten sie mit den weißen Neuseeländern, hielten die Kultur der Māori aufrecht und wehrten sich gegen die Vereinnahmung ihrer Angehörigen, etwa als es um Neuseelands Einsatz im Ersten Weltkrieg ging.

Erst Te Ātairangikaahu, der ersten Königin der Māori, die als Erfüllung einer Prophezeiung von König Tāwhiao angesehen wurde, gelang die Versöhnung mit den Europäern. 1970 wurde sie von der englischen Queen zur »Dame« (also einer Art Ritterin) gekürt, erhielt 1987 den Neuseeländischen Verdienstorden und 1999 die Ehrendoktorwürde der Universität von Wellington. Außerdem wurden durch ihre Vermittlung endlich die Streitigkeiten um die Land-Konfiszierung beigelegt; der Staat entschädigte den Stamm der Tainui mit 170 Millionen NZ$ und gab einige Landstücke zurück. Dame Te war schwerreich, verkehrte mit Bill Clinton und traf Nelson Mandela; gleichzeitig war sie eine ganz normale Māori-Frau, die sieben Kinder hatte und auf dem Feld arbeitete.

»Kīngitanga« oder »the Māori King Movement« ist eine rein politische Bewegung, die ihre Monarchen prinzipiell frei wählt. Und doch fiel bisher jeder Königstitel beim Tod eines Regenten an einen direkten Nachkommen. Der Sohn von Dame Te wurde noch am Tag ihrer feierlichen Beisetzung auf dem Gipfel des heiligen Berges Taupiri, zu der Tausende Trauergäste erschienen, als neuer Māori-König Te Arikinui Kīngi Tūheitia ausgerufen.

Wenn Sie sich beim Stichwort Māori-König jetzt einen langhaarigen, in einen Federmantel gehüllten, gesichtstätowierten Häuptling vorstellen – selber schuld. König Tūheitia ist ein gesetzter, modisch gekleideter älterer Herr mit streng gescheitelten, kurz geschnittenen grauen Haaren. Beim Fototermin neben Prince Charles sieht er aus wie ein entfernter Cousin des britischen Monarchen.

Gerade weil der König der Māori nicht mehr als eine Symbolfigur ist, muss er stark und selbstbewusst auftreten – mehr noch als die meisten anderen Monarchen, denen wir Klatschzeitungsleser ganz automatisch Respekt zollen. König Tūheitia muss sich dagegen von denselben Skandalblättchen Bezeichnungen wie »Ureinwohnerkönig« mit »leicht bekleideten Untertanen« gefallen lassen. Sie spötteln darüber, dass er auf einem Holzthron sitzt, und mokieren sich, weil er einen zu kurz angesetzten Termin mit Prinz William ablehnte. Er sei keine Faschingsattraktion, ließ der Herrscher würdevoll ausrichten.

Die Frage bleibt, was er dann ist. Braucht Neuseeland überhaupt einen König? So wenig, wie Königin Elisabeth II. aus dem fernen Großbritannien im modernen Aotearoa noch eine Rolle spielt, so wenig Bedeutung hat der Māori-König für die meisten Neuseeländer – ja, nicht einmal für die Māori selbst. Die Ureinwohner Neuseelands vertreten ihre Rechte und Positionen selbstbewusst im Parlament. In der ganzen Welt ernten sie Bewunderung und Respekt für ihre künstlerischen Leistungen und ihre Traditionen. Sie haben sich Entschädigungen für erlittenes Unrecht erstritten und einen prominenten Platz in der Gesellschaft zurückerobert. Einige Stämme wie Ngāi Tahu, der größte Stamm der Südinsel, besitzen inzwischen ansehnliche Mengen an Land und Immobilien und nehmen mit Unternehmen wie Whale Watch Kaikōura oder dem Shotover Jet in Queenstown jährlich Millionen von Dollars ein.

Ob sie ihren König weiterhin behalten und als spirituellen Repräsentanten – mehr ist er nie gewesen – anerkennen wollen, wird in der Māori-Gemeinschaft seit Jahren diskutiert. Auch die Herrscher der Ureinwohner sind nicht unfehlbar. Zu großer Entrüstung führte der Freispruch des Sohnes von König Tūheitia im Jahr 2014 mit der richterlichen Begründung, er müsse als späterer König einen unbefleckten

Ruf behalten. (Der junge Mann war des Diebstahls, Einbruchs und der Trunkenheit am Steuer angeklagt worden.) Auch die Einmischung des amtierenden Königs in die Politik, als er sich offen an die Seite der Māori Party stellte und seine Unterstützung für Labour aufkündigte, war bis dato unerhört und wurde sehr kritisch gesehen.

Vor 170 Jahren haben sich die Māori einen Regenten gewählt, um im Kampf gegen die Kolonialmacht einer anderen Regentin zu bestehen. In gewisser Weise haben sie den Kampf gewonnen, oder doch wenigstens nicht verloren. Wird es nicht mehr gebraucht, könnte sich das Amt ganz von selbst wieder abschaffen; das fände ich höchst effizient (und vorbildhaft für die Überbleibsel der europäischen Königsverehrung – räusper).

39. Grund

Weil Kate Sheppard ein Vorbild für alle Frauen ist

Eine Tatsache, die ich an Neuseeland gar nicht lobend genug hervorheben kann, ist seine vorbildliche Einstellung zu den Rechten der Frau. In einer Gesellschaft, die sich aus einem Volk von Kriegern und den Nachkommen von Walfängern und Farmern zusammengerauft hat, erwartet man in Sachen Frauenrechten und Gleichberechtigung nicht viel – aber tatsächlich bekamen die Damen bereits das aktive Wahlrecht, bevor sich Neuseeland noch als eigenständiger Staat proklamiert hatte.

Was ihre Teilhabe an der politischen und wirtschaftlichen Macht betrifft, stehen Neuseelands Frauen im Weltvergleich hervorragend da. Zwar ist auch im Land der »mates« und »bros« vorrangig die Frau für Kinder und Küche zuständig, auf europäische Errungenschaften wie Elternzeit können neuseeländische Mütter nur neidisch sein, und auch der »pay gap« zieht sich hier durch die Gesellschaft (wenn auch bei Weitem nicht so stark ausgeprägt wie etwa in Deutschland).

Aber Neuseelands Frauen reden ganz selbstverständlich mit, wenn es um die großen Entscheidungen geht – und das schon seit über

100 Jahren. Nach kurzem Intermezzo in Form von John Key und seinem Nachfolger Bill English steht seit 2017 bereits zum dritten Mal eine Frau an der Spitze des neuseeländischen Staates: Jacinda Ardern ist mit ihren 37 Jahren die jüngste Regierungschefin, die jemals Neuseeland regierte (weiter hinten schwärme ich noch detaillierter von ihr).

Anders als Angela Merkel, die auch nach zwölf Jahren auf dem Kanzlersessel noch mit Spott und Abwertung zurechtkommen muss, kann sich Miss Ardern in einem großen Kreis von Kolleginnen akzeptiert fühlen: Zusammen mit ihr wurden neun weitere Frauen als Ministerinnen eingeschworen. Frauen stellen in Neuseeland immer wieder und ganz selbstverständlich Regierungs-, Partei- und Gewerkschaftsvorsitzende, besetzen das Amt des Bundesrichters und des Generalstaatsanwalts, des Generalgouverneurs und damit des Stellvertreters der Königin. Seit der Wahl 2017 sind die drei höchsten Regierungspositionen von Frauen besetzt – und das schon zum zweiten Mal seit elf Jahren.

Auch in den Vorständen der größten neuseeländischen Konzerne gibt es mehr Frauen als international üblich. Theresa Gattung etwa, langjährige Chefin von Telecom New Zealand, gilt als eine der wirtschaftlich einflussreichsten Personen Neuseelands. In den Medien sind so viele Frauen tätig, dass man eine »Verweiblichung« von Funk und Fernsehen befürchtet; insgesamt sind fast die Hälfte aller Arbeitsstellen in Neuseeland von Frauen besetzt.

Die »große Schwester« und Vorreiterin all dieser erfolgreichen Neuseeländerinnen wird seit 1992 auf der 10-Dollar-Note geehrt. Der etwas bieder anmutenden Dame mit der Hochsteckfrisur haben die Frauen Neuseelands das Wahlrecht zu verdanken, das ihnen im Jahr 1893 zugesprochen wurde.

Kate Sheppard war mit 22 Jahren nach dem Tod ihres Vaters mit ihrer schottischen Mutter und drei Geschwistern aus Liverpool nach Christchurch gekommen, wo ihre Schwester bereits lebte. Dort heiratete sie und bekam einen Sohn, engagierte sich für Kirche und Wohlfahrt und war eine ganz normale Frau ihrer Zeit. Erst im reifen Alter von fast 40 Jahren begann sie sich politisch zu engagieren; zunächst für die Abschaffung des Alkohols, danach auch für die Einführung des Frauenwahlrechts. Letzteres wurde anfangs vor allem deshalb propagiert, weil man es als bestes Mittel ansah, um Erstere zu befördern: Wenn nämlich die vernünftigeren Frauen das Wahlrecht hätten, dann würden sie mehrheitlich für ein Verbot von öffentlichem Alkoholausschank stimmen. Der »Teufel Alkohol« trug also einen wichtigen Teil zur politischen Ermächtigung der Neuseeländerinnen bei. Es müssen schlimme Zustände in Neuseeland geherrscht haben: Betrunkene Männer, die zu Hause gewalttätig wurden, sich verschuldeten oder unwissentlich ihr Land verkauften, brachten nicht nur europäische, sondern auch viele Māori-Frauen in die Frauenbewegung.

Die erste Petition für die Einführung eines Frauenwahlrechts an das neuseeländische Parlament enthielt 9.000 Unterschriften von Frauen über 21 Jahre, die zweite im folgenden Jahr bereits mehr als 19.000. Ein Jahr später, nach der dritten Petition mit nunmehr fast 32.000 Befürworterinnen, gab die neuseeländische Regierung nach – eine Bewegung von nur 600 aktiven Frauen hatte einen wahren Coup gelandet. Es waren zehn Wochen bis zur nächsten Wahl und zu dieser gaben 65 Prozent der Frauen ihre Stimme ab. 26 Jahre später konnten Frauen auch ins Parlament gewählt werden und 1933 nahm die erste Abgeordnete, Elizabeth McCombs, dort ihren Platz ein.

Die berühmteste Suffragette der Antipoden (»women's suffrage« heißt nichts anderes als Frauenwahlrecht) kehrte gleich im folgenden Jahr nach England zurück, um die dortige Frauenbewegung zu unterstützen und war in den folgenden Jahren quasi ständig auf Reisen im Dienste der Sache. In Neuseeland wurde sie die erste Präsidentin des National Council of Women und gab die Frauenzeitschrift *The White Ribbon* mit heraus. Privat musste sie nicht nur den viel zu frühen Tod ihres Sohnes im Jahr 1910 ertragen, sondern kurz darauf auch den ihres Mannes.

Als sich die Frauen in ihrer alten Heimat England 1928 endlich das Wahlrecht erkämpft hatten – mit weitaus rabiateren Methoden, als sie in Neuseeland nötig gewesen waren –, war Kate Sheppard schon 81 Jahre alt. Die resolute, aber bedächtige Dame lebte zu dieser Zeit seit drei Jahren mit ihrem frisch angetrauten zweiten Ehemann in

Riccarton, das heute ein Vorort von Christchurch ist. Auch diesen Ehemann sollte sie überleben, genau wie ihre einzige Enkelin.

Auf dem Friedhof von Addington liegt Kate Sheppard neben ihrer Mutter und zwei Geschwistern begraben. Die Neuseeländer sind stolz auf ihre berühmteste Frau und haben zahlreiche Straßen, Schulen und Initiativen nach Kate Sheppard benannt. Wer in Wellington die Straßen nahe dem Parlamentsgebäude überquert, der kann grüne »Ampelfrauen« entdecken, die die Sufragette darstellen sollen.

Was allerdings weder Kate Sheppard noch ihren Nachfolgerinnen gelungen ist: Alkohol ist nach wie vor in Neuseeland überall erhältlich. Bis zum Jahr 1989 stimmten die Wähler bei fast jeder Parlamentswahl mehrheitlich gegen ein öffentliches Alkoholverbot. Angesichts des vorzüglichen Angebots an neuseeländischem Wein und Bier sollten die Damen deswegen nicht allzu sauer sein.

40. Grund

Weil Margaret Mahy die neuseeländische Astrid Lindgren ist

Margaret Mahys Bronzebüste war eines der ersten Dinge, das wir in Neuseeland zusammen mit unseren Kindern entdeckten; sie steht vor dem historischen Arts Centre in Christchurch im Schatten eines knorrigen Baumes. Als eine von zwölf »local heroes« der Stadt befindet sie sich in der illustren Gesellschaft elf anderer Künstler, Wissenschaftler und Geschäftsleute aus Christchurch. Warum Mahy die Einzige ist, die etwas griesgrämig dreinschaut, wunderten sich die Kinder, nachdem wir herausgefunden hatten, wer die alte Bronze-Dame ist.

Das verstanden wir auch nicht; denn nach allem, was wir wussten, war Margaret Mahy (die zu dem Zeitpunkt, als wir ihre Büste begutachteten, noch lebte) eine überaus nette und herzliche Frau. Die alte Dame war bis zum Ende ihres Lebens rüstig und immer gut gelaunt; sie wohnte mit ihren Katzen in einem Haus am Meer, ging viel spazieren und redete dabei mit sich selbst – über ihre Geschichten.

Man preist ihre Großzügigkeit und das Pflichtbewusstsein, mit dem sie jeden Leserbrief beantwortete.

Zu ihren vielen Lesungen vor Schulklassen und Kindergruppen tauchte Mahy gelegentlich mit verrückten bunten Perücken und seltsamen Kleidern auf. Das Outfit sollte zu ihren Geschichten passen, meinte sie. Das Kindergedicht *Down the back of the chair* über den traurigen Vater, der in der Sesselritze zwar nicht den dringend gesuchten Autoschlüssel, aber einen viel größeren Schatz findet und daraufhin mit dem Taxi zur Arbeit fahren kann, ist wirklich großartig, besonders wenn man es laut vorliest.

Wie schade, dass es von diesem Gedicht keine deutsche Übersetzung gibt; wie überhaupt nur wenige der über 100 Bücher und Geschichten von Margaret Mahy ins Deutsche übersetzt sind. In den Stadtbibliotheken und Buchhandlungen meiner Heimat habe ich lange vergeblich nach ihren Büchern gesucht. In Neuseeland ist das anders, da kennt sie jeder – und zwar, wie das so typisch ist, persönlich. Mahy, die 1936 auf der Nordinsel in Whakatāne geboren wurde und in Auckland studiert hatte, zog 1976 nach Christchurch, um hier die Abteilung der Kinderbibliothek zu leiten. Damals hatte sie bereits zwei Kinder; ihre Geschichten schrieb sie nachts. Ab 1981 widmete sie sich ausschließlich dem Schreiben ihrer Bücher, sagte aber in Interviews, sie würde gern wieder als Bibliothekarin arbeiten.

Das Einzige, was man ihr in Neuseeland immer vorwarf, war das Fehlen von Neuseeland in ihren Geschichten. Das gab sie offen zu und bedauerte es sogar; einige ihrer Geschichten siedelte sie später bewusst vor einem neuseeländischen Hintergrund an. Margaret Mahys Beliebtheit in Neuseeland tat das allerdings keinen Abbruch. Sie wurde mit Literaturpreisen überhäuft und genoss auch international mehr und mehr Anerkennung. Gleich zweimal erhielt sie die UK-Carnegie-Medaille und wurde für ihr Lebenswerk mit dem Hans-Christian-Andersen-Preis ausgezeichnet. 1993 bekam sie sogar den neuseeländischen Verdienstorden und die Ehrendoktorwürde der Universität von Canterbury.

Nur einen begehrten Preis bekam sie nicht, obwohl sie zweimal dafür nominiert war: den Astrid-Lindgren-Gedenkpreis, der als begehrteste Auszeichnung für Kinderbuchautoren gilt. Dabei kann man Margaret Mahys Verdienste für die neuseeländische Kinderliteratur durchaus mit denen von Astrid Lindgren messen. Und ihre Bücher selbst!

Die Welt in Mahys Geschichten ist immer spannend, fantasievoll und oft ein wenig verrückt; ganz ähnlich den Büchern von Astrid Lindgren. Und Mahy war eine fleißige Schreiberin: Angefangen von den über 100 Bilderbüchern über lustige Abenteuergeschichten für Schulkinder bis hin zu mystisch-ernsteren Romanen für Teenager hat sie für Kinder jeden Alters etwas zu bieten.

Kann das wirklich sein?, fragen mich meine Kinder oft beim abendlichen Vorlesen. Mahys Abenteuergeschichten von den »Tollkühnen Piraten« oder von Sophie, die in der Antarktis ein verzaubertes Amulett jagt, sind wild und aufregend, und die Grenzen zwischen Fantasie und Realität verschwimmen oft. Noch etwas erinnert mich an Astrid Lindgren: Mahy hat keine Angst, Kindern auch »ernste« Themen zuzumuten. Es gibt Eltern, die ihre Kinder verlassen, sich trennen oder bei Unglücken sterben, Lügen und Neid; aber immer gelingt es den Heldinnen oder Helden, sich zu behaupten und sich ein »Happy End« zu verdienen.

Am 23. Juli 2012 starb Margaret Mahy an Krebs; viel zu früh für ihre eigenen Pläne, sie schrieb gerade an einem weiteren Buch. Neuseelands Kinder werden sie noch lange Zeit nicht vergessen. Selbst diejenigen, die nicht so viel lesen oder von Margaret Mahy noch gar nichts gehört haben. Dafür hat die Stadt Christchurch gesorgt.

Nur drei Jahre nach dem Tod der Autorin wurde in der vom Erdbeben gezeichneten Innenstadt der »Margaret Mahy playground« eröffnet – ein riesiges Gelände voller ungewöhnlicher Spielideen für Kinder jeden Alters.

Ganz im Sinne der Abenteuergeschichten von Margaret Mahy folgt der Spielplatz dem Konzept des »kalkulierbaren Risikos«, Nervenkitzel ist also inklusive. Sogar nach Einbruch der Dunkelheit ist der Spielplatz ein beliebter Treffpunkt für Erwachsene, die hier ebenfalls die Spielgeräte nutzen. Der größte Spielplatz der Südhalbkugel hat 40 Millionen NZ$ gekostet, aber wer sich hier einmal ausgetobt hat und die vielen glücklichen Kinder gesehen hat, der weiß: Es war jeden Dollar wert.

41. Grund

Weil Sir Peter Jackson Neuseeland ein zweites Mal erfunden hat

In England, dem Geburtsland seiner Eltern, war der junge Peter Jackson noch nie gewesen. Aber als der 17-Jährige auf einer langen (und wahrscheinlich, bedenkt man sein Alter, langweiligen) Zugfahrt von Wellington nach Auckland aus dem Fenster schaute und die grünen, von Schafen bevölkerten Hügel der Region Waikato erblickte, da kam ihm eine Idee: So ähnlich musste es im Auenland ausgesehen haben, von dem Fantasy-Autor J.R.R. Tolkien in seinem Klassiker *Der Herr der Ringe* so ausführlich erzählte.

Die Sage geht, dass Peter Jackson just vor Antritt dieser Zugfahrt das Buch am Bahnhof von Wellington gekauft hatte. Er kannte bereits die (ziemlich langatmige) Trickfilm-Verfilmung, die etwa in der Hälfte der Geschichte abrupt endet. Dass man so einen Film besser machen könnte, daran muss Peter Jackson schon früh gedacht haben, denn sein ganzes Leben drehte sich um das Drehen von Filmen. Ohne finanzielle Unterstützung versuchte er sich bereits als Teenager im Drehbuchschreiben, Filmen und Schneiden, stellte Freunde als Darsteller an und verwandelte den Hinterhof seiner Eltern in ein Filmset voller Miniatur-Schützengräben. Auch Make-up und Special Effects machten Peter Jackson Spaß, wie man unschwer in seinen äußerst blutigen, aber humorvollen Frühwerken erkennen kann.

Während »Bad Taste« und »Braindead« wohl gerade wegen ihres schlechten Geschmacks auf internationalen Filmfestivals recht beliebt waren, wagte sich der junge Peter Jackson mit *Heavenly Creatures*, der Verfilmung eines realen neuseeländischen Kriminalfalls, auf ein seriöseres Terrain und bekam dafür viel Anerkennung, die allerdings nachfolgende Flops wie *The Frighteners* nicht verhinderte. Peter Jackson kümmerte das nicht; er wollte, begeistert von den neuen technischen Möglichkeiten, die er in *Jurassic Park* bewunderte, einen ernst zu nehmenden Fantasyfilm drehen und erinnerte sich an den *Herrn der Ringe*. Zu seiner Verwunderung hatte immer noch niemand daran gedacht, dieses Buch zu verfilmen – also würde er es wohl selbst tun müssen.

Nicht nur mich verblüfft es nach wie vor, dass Peter Jackson mit seinem überschaubaren Portfolio an Filmen die Produzenten Saul Zaentz und Harvey Weinstein damals überzeugt hat, ihn mit der Regie von *Der Herr der Ringe* zu betrauen und fast 300 Millionen Dollar in das Projekt zu investieren. Ganz offensichtlich hat der rundliche Neuseeländer mit den notorisch ungekämmten Haaren das Vertrauen verdient: Was er zusammen mit seiner Frau Fran Walsh und einem riesigen Team in nur vier Jahren geschafft und geschaffen hat, beeindruckte nicht nur Fantasy-Fans auf aller Welt.

Ich will mich hier gar nicht ausbreiten über die wunderbar realistisch wirkende, originelle und fantasievolle Adaption, die Peter Jackson mit seinem *Herrn der Ringe* geschaffen hat. Auch nicht darüber, mit wie viel Liebe zum Detail die Kostüme, Waffen und Masken gemacht wurden, wie wundervoll der Soundtrack zum Film passt oder wie technisch anspruchsvoll die Computertricks sind, die von den Weta Studios eigens für den Film entwickelt wurden.

Mit dem *Herrn der Ringe* und seiner Nachfolger- bzw. Vorgänger-Trilogie, dem zwölf Jahre später gedrehten *Hobbit*, hat sich Peter Jackson zweifellos eine goldene Nase verdient und Tausenden Neuseeländern über Jahre ein Einkommen gesichert. Die Filme haben insgesamt 18 Oscars und zahlreiche weitere Auszeichnungen erhalten und dürften damit zu den erfolgreichsten Filmen aller Zeiten zählen. Was Peter Jackson aber außerdem gelungen ist, lässt sich gar nicht in Geld ermessen – oder doch? Einer der wichtigsten Punkte, der immer wieder erwähnt wird, wenn die Geschichte vom Dreh der *Herr der Ringe*-Filme erzählt wird, ist Peter Jacksons Beharren darauf, dass der Film komplett in Neuseeland hergestellt werden musste. Schnitt, Produktion, Tricks, Herstellung der Masken und Requisiten und vor allem die Aufnahmen selbst: Alles passierte in Neuseeland.

Unterhält man sich mit Neuseeländern, hat irgendwie jeder beim Dreh eines der Filme mitgewirkt oder kennt zumindest jemanden, der einen Ork gespielt oder einen Bus am Set gefahren hat. Sogar die neuseeländische Armee half beim Vorbereiten des Geländes für den Drehort Hobbingen mit, und die Regierung assistierte mit millionenschweren Steuernachlässen und einer (sehr umstrittenen) Änderung des Arbeitsrechts, um die Schauspielergewerkschaft umgehen zu können.

Neuseeland zum Schauplatz von Mittelerde zu machen, der fiktiven Welt des *Herrn der Ringe*, war nicht nur eine clevere ökonomische Entscheidung. Es brachte den Filmen einen ganz neuen Look, denn die fantastisch vielfältigen Landschaften Neuseelands, die Peter Jackson ausgiebig als Hintergründe der verschiedenen Regionen von Mittelerde nutzte, waren international damals erst wenigen Reiselustigen bekannt.

Was wir da sahen, als wir im Dezember 2001 im Kino saßen und den ersten Teil der Trilogie *Die Gefährten* sahen, ließ uns die Münder offen stehen: Das war Neuseeland? Da wollten wir hin! Nur wenige Wochen später buchten wir unsere erste Reise nach Neuseeland, das bis dahin in unseren Urlaubsplänen nie aufgetaucht war. Und wir waren nicht die Einzigen.

Der Tourismus wuchs im Zuge der *Herr der Ringe*- und der *Hobbit*-Filme zu Neuseelands zweitwichtigster Industrie heran, die Besucherzahlen sind seit dem Start des ersten Films um 50 Prozent gestiegen. Zwar nennen nur etwa 14 Prozent der Besucher die Fantasy-Verfilmungen als Grund für ihre Reise – aber allein diese brachten schon um die 400 Millionen NZ$ ins Land. Jedes Jahr. Ganze 80 Prozent der Neuseelandreisenden wissen heute, dass sie nach Mittelerde reisen – auch wenn sie die Filme nie gesehen haben und keine konkreten, noch als solche erkennbaren Drehorte besuchen wollen (von denen es nach wie vor überraschend wenige gibt).

Der Coup, der Peter Jackson gemeinsam mit Tourism New Zealand gelungen ist: Sie »verkauften« das Land nicht als Drehort eines Films, sondern sie schafften es, die Magie eines fantastischen Films auf Neuseeland zu übertragen. In der Realität mag es in Neuseeland nur an wenigen Orten so »clean and pristine« aussehen wie auf der Leinwand; verschmutzte Flüsse, Ölbohrungen vor den Küsten und vom Aussterben bedrohte Tierarten bestimmen die täglichen Schlagzeilen. Touristen bekommen davon kaum etwas mit. Sie sehen die gigantischen Figuren von Gollum und Gandalf, die sie bereits am Flughafen begrüßen, freuen sich über den Einwanderungsstempel von »Middle Earth« in ihren Pässen und genießen auf Schritt und Tritt fantastische Landschaften, die ihnen aus dem Kino vage bekannt vorkommen.

Nach Angaben von Tourism New Zealand, der staatlichen neuseeländischen Tourismusbehörde, setzt die neuseeländische Filmbranche jährlich etwa drei Milliarden NZ$ um und bietet Arbeit für 2.700 kleinere Unternehmen. Das ist ein Betrag, den das Land direkt dem Genie von Peter Jackson zuschreiben kann. Der neuseeländische Verdienstorden, den er im Jahr 2010 verliehen bekam, ist der symbolische Gegenwert dafür. »100 % Middle Earth«, die Imagekampagne von Tourism New Zealand, die Neuseeland als Mittelerde vermarktet, war die erfolgreichste aller Zeiten und genießt in der PR-Branche große Anerkennung.

Und auch heute, nachdem der letzte *Hobbit*-Film abgedreht ist und weitere Tolkien-Verfilmungen unwahrscheinlich sind, reisen nach wie vor Touristen mit dem erklärten Ziel nach Neuseeland, die Drehorte zu besuchen. Sie sind gern gesehen, denn sie lassen mehr Geld da und bleiben länger als der Durchschnittsreisende. Mount Ngauruhoe, einer der Vulkane im Tongariro-Nationalpark, wird wohl für immer seinen Zweitnamen »Mount Doom« tragen und die sanften Hügel des Waikato werden immer für das Auenland stehen.

Tatsächlich gibt es Stimmen, die Sir Peter Jackson für das, was er getan hat, verdammen. Er hat Neuseeland auf der ganzen Welt bekannt gemacht – als Hintergrund eines Fantasy-Films. Er ist dafür verantwortlich, dass heute jeder beim Stichwort Neuseeland Elben und Hobbits vor sich sieht, dass Neuseeländer sich Scherze über ihre haarigen Füße anhören müssen. Soweit wir es einschätzen können, ist das für die meisten Neuseeländer aber kein Problem. Sie freuen sich, dass man ihr Land endlich kennt und auf der Weltkarte einordnen kann. Auch wenn es manchmal versehentlich »Mittelerde« genannt wird.

42. Grund

Weil Edmund Hillary der netteste Bergsteiger der Welt war

Wer ist der berühmteste Neuseeländer aller Zeiten? Diese Ehre gebührt zweifellos Sir Edmund Hillary, dem Erstbesteiger des Mount Everest. Wobei dieser immer darauf bestand, den höchsten Berg der Welt gemeinsam mit seinem Sherpa Tenzing Norgay bezwungen zu haben. Eigentlich war er als einfaches Expeditionsmitglied gar nicht für die letzte Etappe zum Gipfel vorgesehen gewesen und er dachte auch nicht daran, ein Foto von sich auf dem Gipfel zu machen. Erst 1986, nachdem Tenzing schon gestorben war, gab er entnervt zu, den Gipfel etwa zwei Schritte vor dem Sherpa erreicht zu haben. »We knocked the bastard off«, soll der burschikose Neuseeländer zu seinen Kameraden im Basislager gesagt haben.

Der zufällige Held kam für das ewig unbeachtete Neuseeland gerade recht: Am 29. Mai 1953 hat Sir Ed, wie er liebevoll genannt wurde, sein Heimatland endlich weltweit auf die Landkarten gesetzt. Für die Eroberung des höchsten Gipfels der Welt für das britische Empire wurde Hillary umgehend von der frisch gekrönten Königin Elisabeth II. zum Ritter geschlagen. Die Ehrung erreichte ihn per Brief, noch auf dem Rückweg vom Gipfel. Sie war nicht die letzte; Hillary erhielt im Laufe seines Lebens noch viele weitere Auszeichnungen. Sechs Jahre zuvor hatte er im Alter von 29 Jahren bereits den höchsten Berg Neuseelands bestiegen, und zwar erstmals über die schwierige Südroute.

Hillary war Botschafter Neuseelands in Indien, Nepal und Bangladesch, er wurde in den Hosenbandorden aufgenommen, bekam die Ehrendoktorwürde der Victoria-Universität von Wellington und wurde 2003 Ehrenbürger von Nepal. Nach ihm war das letzte schwierige Stück des Gipfelgrats am Mount Everest benannt; die »Hillary Step«, die in den letzten Jahren für regelrechte Staus kurz vor dem Gipfel gesorgt hatte, ist durch das Erdbeben in Nepal von 2015 allerdings zusammengebrochen. Außerdem gibt es eine Hillary-Küste in der Antarktis und einen Hillary-Asteroiden; in Vergessenheit wird Sir Ed also vorerst nicht geraten.

Der fast zwei Meter große, schlaksige und immer unrasierte Naturbursche, der nach einem abgebrochenen Studium in die Fußstapfen seines Vaters treten und Imker werden wollte, blieb trotzdem stets ein bodenständiger Mensch. Sein Ausspruch »Man muss kein fantastischer Held sein, um erfolgreich zu sein. Man kann ein normaler Kerl sein, der schwierige Ziele meistern will« bringt das Lebensmotto der bescheidenen, aber tatkräftigen Neuseeländer auf den Punkt.

Den Bergsteigertourismus, der aus einer Besteigung des höchsten Bergs der Welt eine bezahlte Abenteuertour mit Erfolgsgarantie gemacht hat und für zahlreiche Todesopfer sorgt, kritisierte Hillary scharf und forderte sogar, den Gipfel des Mount Everest für mehrere Jahre zu sperren, damit sich die Natur dort erholen könne.

Er selbst sah sein Lebenswerk nicht im Besteigen eines Berges, sondern in seiner Hilfe für die Menschen in der nepalesischen Khumbu-Region. In der bitterarmen Heimat der Sherpas, ohne die keine Bergexpedition im Himalaya Erfolg haben kann, baute Hillary Schulen und Krankenhäuser, Wasserleitungen und Brücken. Seine Expeditionen und die Bücher, die er darüber schrieb, waren Mittel zum Zweck, um für dieses Herzensprojekt Gelder zu beschaffen.

Es gibt in Neuseeland und in Nepal unzählige Geschichten über Begegnungen mit Edmund Hillary. Wer auch immer sie erzählt: Jeder ist begeistert von der Freundlichkeit und Wärme, die der Neuseeländer immer auszustrahlen schien. Der weltweit bekannteste und gleichzeitig in Neuseeland ungemein beliebte Bergsteiger kombiniert alle Eigenschaften eines Bilderbuch-Kiwis. Ein echter Abenteurer, hart im Nehmen, immer zu einem Lächeln und einem freundlichen Gespräch aufgelegt, dabei moralisch integer und bis ins hohe Alter unternehmungslustig – wer wäre nicht gern wie Sir Ed oder würde einen wie ihn gern zum Freund haben?

Seit 1992 ziert sein Konterfei den neuseeländischen 5-Dollar-Schein. Das macht Sir Hillary zum einzigen Neuseeländer, der bereits zu Lebzeiten auf einer Banknote abgebildet war – eine auch in anderen Ländern seltene Ehre. Außerdem ist er wohl der einzige Mensch, der unrasiert und in knittriger Kleidung auf einer Banknote erscheint. Eben genauso unprätentiös, wie er im echten Leben auch war.

Was ihn so sympathisch machte, war sein unerschütterlicher Optimismus. Es kann ihm nicht immer leichtgefallen sein, den zu behalten; seine erste Frau und seine 16-jährige Tochter starben 1975 bei einem Flugzeugabsturz, als sie ihn in Nepal besuchen wollten. Sein bester Freund Peter Mulgrew stürzte mit der Air-New-Zealand-Maschine 901 auf einem Antarktis-Rundflug in den Tod, den eigentlich Sir Ed als Guide hätte begleiten sollen.

Seine erste Heldentat konnte eigentlich gar nicht mehr gesteigert werden. Aber auch danach ging Hillary auf immer neue Entdeckungsreisen. Er führte zum Beispiel 1958 nach Amundsen und Scott die dritte Expedition zum Südpol an, und zwar auf einem Motorschlitten (der ist ebenfalls auf der 5-Dollar-Banknote zu sehen). Mit einem Motorboot fuhr er den Ganges bis zur Quelle hinauf, flog mit Neil Armstrong in einem Kleinflugzeug zum Nordpol und wurde damit zum ersten Menschen, der am Nord- und Südpol sowie auf dem höchsten Berg der Welt gestanden hatte – dem sogenannten »dritten Pol«. Noch im stattlichen Alter von 88 Jahren flog Hillary zum 50. Jubiläum der Scott Base in die Antarktis und nach Nepal, um nach seinen Schützlingen zu sehen. Kurz darauf starb er im Jahr 2008 an einem Herzinfarkt.

Die Beerdigung von Sir Edmund Hillary war ein Staatsakt mit Hunderten Gästen. Ein Grab kann man nicht besuchen, die Asche des Verstorbenen wurde wunschgemäß verstreut. Aber nicht auf dem Gipfel eines Achttausenders, sondern im Hafen von Auckland. Bodenständig und heimatverbunden bis zum Schluss – eben ein echter Neuseeländer.

43. Grund

Weil Neuseeland einen eigenen Zauberer hat

Als wir zum ersten Mal auf den belebten Platz vor der überraschend altehrwürdigen Christchurch Cathedral traten, in der Hand den ersten Coffee to go seit Wochen und überwältigt von den – für unser Empfinden – furchtbar vielen Menschen, die hier flanierten, da fiel er uns erst gar nicht auf.

Ganz selbstverständlich hockte der alte Mann mit dem spitzen Hut, gehüllt in einen langen, dunklen Umhang und einen fast ebenso langen, etwas ungepflegten grauen Vollbart, auf einer kleinen Stehleiter und ereiferte sich so effektiv über etwas, dass viele der vorbeieilenden Passanten neugierig stehen blieben und zuhörten (viele lachten auch). Wir beobachteten den Kauz aus sicherer Entfernung und kicherten über seine Aufmachung – der sah ja aus wie Gandalf der Graue aus dem *Herrn der Ringe*, auf dessen magischen Spuren wir in den letzten Wochen durch Neuseeland gefahren waren!

Erst bei unserem nächsten Besuch in Neuseeland erfuhren wir, was es mit dem Pseudo-Zauberer aus Christchurch auf sich hat; da stand er nämlich immer noch auf dem Platz vor der neugotischen Kathedrale, immer noch im Zauberer-Ornat und immer noch eifrig Vorträge haltend für alle, die an einem Vortrag (oder einem gemeinsamen Foto mit Pseudo-Gandalf) interessiert waren.

Ian Brackenbury Channell, der lieber Jack oder »The Wizard« genannt werden möchte, ist schon über 80 Jahre alt und trägt Umhang, Hut und geschnitzten Stock als Berufskleidung – er ist nämlich tatsächlich seit 1990 offiziell anerkannter »Wizard of New Zealand«, mit Autorisierung durch den damaligen neuseeländischen Premierminister Mike Moore (mit dem er gut befreundet war und der damit typisch neuseeländischen Humor bewies). Anders als Gandalf der Graue aus Mittelerde ist der Wizard ein echter Neuseeländer, der mit beiden Beinen in der Realität steht.

Seit 1974 kommt er fast jeden Tag um die Mittagszeit auf den Cathedral Square und prangert Bürokratie, Fundamentalismus oder auch Verirrungen der Moderne an; oder er doziert über die Spaß-Revolution, die er bereits 1968 als Dozent an der Universität von New South Wales in Australien einführen wollte. Für sein sozialwissenschaftliches Experiment, bürokratische Strukturen durch bunt gekleidete Dozenten mit Luftballons freundlicher und kooperativer zu gestalten, wurde Jack damals leider umgehend gekündigt. Man unterstellte ihm sogar geistige Umnachtung. Die Menschen in Christchurch mögen und schätzen den verrückten Typen. Okay, anfangs wollte ihn die Polizei verhaften, aber die toleranten Neuseeländer ließen den beharrlich auf seiner Identität als lebendes Kunstwerk bestehenden Channell dann doch gewähren und stellten ihm den Cathedral Square als öffentliche Redefläche zur Verfügung. Immerhin erzählte er ja interessante Dinge, engagierte sich für die historische Bausubstanz der Stadt und überraschte mit Kunstwerken wie einer umgekehrten Weltkarte, auf der Neuseeland und Australien im Zentrum stehen.

Wie gern wären wir 1995 in Christchurch gewesen, als der Wizard eine internationale Zaubererkonferenz organisierte; unter den Beschwörungen seiner Kollegen schlüpfte er dabei aus einem Ei und zauberte später, in einem Helikopter schwebend, den Sieg für das Rugby-Team von Canterbury herbei. Bei der Eröffnung des Flughafens von Ōamaru vertrieb der Wizard mit einem Zauberspruch den aufkommenden Nebel, der den ersten Start zu verhindern drohte, und sorgte auf Bestellung in einer australischen Kleinstadt für Regen – das alles ist wirklich wahr!

Für seine Verdienste um Neuseeland bedachte ihn die englische Königin 2009 mit dem Verdienstorden, von der Stadtverwaltung bekommt er neuerdings ein kleines Gehalt. Sein Job ist schließlich sehr verantwortungsvoll: Werbung für die Stadt machen und sie vor bösen Geistern schützen. Zu seinen sonstigen Dienstleistungen als Zauberer gehören zum Beispiel Zaubersprüche, Regentänze oder Segnungen für Firmeneröffnungen. Der Wizard bezeichnet sich selbst wahlweise als Propheten oder als metaphysischen Ingenieur; die Bezeichnung Lebenskünstler ist für den studierten Soziologen wohl die zutreffendste. Auf seinem Führerschein, den er interessierten Passanten gern zeigt, steht sein Name: Wizard, The.

Der gebürtige Londoner, der lange in Australien lebte, gehört seit Jahrzehnten zum Inventar der größten Stadt auf Neuseelands Südinsel und hat vor Kurzem die neuseeländische Staatsbürgerschaft angenommen. Er will hier nicht weg, obwohl ihn die Zerstörung der historischen Kathedrale und anderer Gebäude durch das Erdbeben vom Februar 2011 schwer getroffen hat. Mit der Sperrung der Innenstadt verlor der Wizard nicht nur seinen Arbeitsplatz.

Von der modernen Regent Street aus, wo er seitdem ersatzweise sein Quartier aufgeschlagen hat, wettert der Wizard unermüdlich gegen die zögerliche Stadtverwaltung und die modernen Architekten, die das historische Stadtzentrum von Christchurch nicht beherzt genug wieder aufbauen und es nach seiner Auffassung ruinieren. Auch die Kirche bekommt von ihm regelmäßig ihr Fett weg.

Dass der Wizard inzwischen ein stattliches, einem Zauberer würdiges Alter erreicht hat, gibt indes Anlass zur Sorge. Er selbst scheint nicht an seine Unsterblichkeit zu glauben; darauf deutet der Assistent hin, der ihn seit einigen Jahren begleitet und ebenfalls mit Bart, Spitzhut und Umhang ausgerüstet ist. Soll Ari Freeman, ausgebildeter Jazzmusiker und Anhänger der Bahai-Religion, der Nachfolger des Wizard werden, quasi ein Zauberlehrling?

Für die meisten ist der Wizard nur eine witzige Touristenattraktion, aber das beschreibt wohl weder sein Selbstverständnis noch seine Verdienste für Christchurch. Lange Zeit wurde der Wizard als Repräsentant für die traditionelle englische Seele der Stadt anerkannt. Wer weiß, ob die Stadt, die sich nach ihrer Zerstörung gerade ein komplett neues, modernes Image erarbeitet, für ihn noch Heimat sein kann – und will? Wir wären jedenfalls sehr traurig, wenn wir Neuseelands offiziellen Zauberer bei unserem nächsten Besuch nicht mehr antreffen würden.

44. Grund

Weil alle Jacindamaniacs sind

Neuseeland ist mir nicht nur wegen seiner wunderschönen Landschaften schnell ans Herz gewachsen, sondern auch und vor allem wegen der Menschen. Die unkomplizierte, offene und freundliche Einstellung, mit der sich die Neuseeländer gegenseitig begegnen und mit der sie auch sich selbst betrachten, hat etwas ungemein Einnehmendes.

So weit, so wenig ungewöhnlich? Sicherlich ist es nichts Besonderes, wenn der Campingplatzbesitzer die Gäste mit selbst gebackenen Muffins empfängt, wenn die Kunden an der Supermarktkasse anderen mit fehlendem Kleingeld aushelfen oder der Postbote die Briefe einfach auf den Küchentisch legt, weil die Tür bei vielen Leuten nicht abgeschlossen ist. Aber diese Attitüde haben auch die wichtigeren und berühmteren Neuseeländer. Und das finde ich dann schon bemerkenswert.

Bestes, neuestes und sympathischstes Beispiel überhaupt ist Jacinda Ardern – eine junge, sehr nette und engagierte Frau mit einem strahlenden Lächeln, die zufällig neuerdings auch Premierministerin Neuseelands ist. Und zwar die jüngste, die jemals in Neuseeland oder überhaupt irgendwo auf der Welt eine Regierung geführt hat.

»Ich wollte nie Premierministerin werden, damit hatte ich gar nicht gerechnet«, wird Jacinda Ardern in typisch neuseeländischer Bescheidenheit zitiert. »Aber es gibt immer einen Moment, wenn dich jemand bittet, etwas zu tun, was außerhalb deiner Komfortzone liegt. Und dann musst du Ja sagen. Ich bin da nichts Besonderes.«

In einer Folge von Ereignissen, die so unwahrscheinlich wie überraschend waren, wurde die 37-Jährige im August 2017 zuerst Nachfolgerin des abrupt zurückgetretenen Parteichefs Andrew Little und führte die Labour Party dann nur sieben Wochen später in einer Koalition mit der Zwergpartei New Zealand First und den Grünen zum Sieg.

Ohne Jacinda Ardern hätte Labour niemals die Wahl gewonnen (was sie strenggenommen auch nicht geschafft hat – aber sie überzeugte Winston Peters von New Zealand First, der sich gegen eine Koalition mit der etablierten National Party entschied und dafür sogar mit den Grünen zusammenarbeiten will). Nach fast zehn Jahren in der Opposition schaffte es diese überzeugende junge Frau, ihre Partei in wenigen Wochen zu einer wählbaren Alternative zu machen – vor allem für junge Wähler, die (nicht anders als bei uns in Deutschland) von der herrschenden politischen Klasse enttäuscht sind.

Nicht nur ich wurde im September 2017 von Begeisterung erfasst – die »Jacindamania«-Welle rollte erst über Neuseeland und dann über die gesamte Welt. Für Neuseeland ist Jacinda Ardern nicht die erste Frau am Ruder; vor ihr regierten schon zwei weitere Damen mit Erfolg das Land. Auch dass Miss Ardern mit ihren 37 Jahren die jüngste Regierungschefin aller Zeiten ist, macht allein noch nicht viel aus.

Aber das ist ja noch lange nicht alles. Angefangen damit, dass die neue Premierministerin zwar einen Partner hat, mit diesem aber nicht verheiratet ist – und Hochzeitspläne mit Clarke Gayford, der als Moderator seiner eigenen Angelsendung in Neuseeland eine kleine Berühmtheit ist, gibt es derzeit nicht. Das repräsentative Premierminister-Anwesen in Wellington haben die beiden auch Monate nach der Vereidigung noch nicht bezogen; sie finden ihr kleines Häuschen am Rand von Auckland viel gemütlicher. Auf Empfängen und Veranstaltungen trägt die schlanke Frau mit den fast immer offenen langen Haaren schicke, aber vernünftige Kleider – die oft von neuseeländischen Designern stammen, zwischendurch aber auch mal aus dem »Savemart«.

Jacinda Ardern ist in vielerlei Hinsicht eine ganz normale Frau: Sie stammt aus einer Kleinstadt in der Waikato-Region, ihre Eltern arbeiteten als Polizist und in der Schulkantine und züchteten nebenbei Äpfel. Jacinda half nachmittags bei der Ernte, mochte am liebsten das Schulfach Werken und war die Zweite aus ihrer großen Familie, die eine Universität besuchte. Als sie mit 17 Jahren in die Labour-Partei eintrat, wurde sie von ihren Freunden ausgelacht. Nach ihrem Studium an der Universität von Waikato wurde Jacinda Ardern 2008 als jüngstes Mitglied ins Parlament gewählt und galt schon damals als Hoffnung der Labour Party. Eine politische Karriere hatte sie aber eigentlich noch gar nicht geplant; ursprünglich stand zuerst die Familienplanung für sie und Clarke Gayford auf der Agenda.

Das hat besser geklappt als gedacht – nur fünf Tage vor ihrer Vereidigung als Premierministerin bemerkte Jacinda Ardern, dass sie schwanger war. Drei Monate nach der Amtseinführung verkündeten sie und Clarke die Neuigkeit auf Instagram – und beruhigten gleichzeitig die Bevölkerung, sie hätten alles im Griff. Nach dem sechswöchigen Mutterschutz will die Premierministerin ihre Arbeit ganz normal weiterführen, Gayford wird das kleine Mädchen als Vollzeit-Papa zu Hause betreuen. So weit ganz normal – und gleichzeitig nicht. Außer Benazir Bhutto hat es noch nie eine Regierungschefin gegeben, die während ihrer Amtszeit ein Kind bekommt.

Jetzt spielten die Medien erst richtig verrückt. Auf der ganzen Welt machte »Jacinda-Babymania« Schlagzeilen, Glückwünsche kamen von überall. Die ebenso zahlreichen, meist von Männern vorgetragenen Bedenken wischte Jacinda Ardern freundlich, aber resolut zur Seite: Sie sei doch nur schwanger, nicht enthauptet – und teile damit das Schicksal Tausender Frauen, die Arbeit und Mutterschaft verbinden müssen und wollen. Des Weiteren verbat sie sich jegliche Einmischung in ihr Privatleben.

Allein für diesen Pragmatismus und die Verweigerung, sich von frauenfeindlichen Bedenkenträgern die Butter vom Brot nehmen zu lassen, liebe ich Jacinda Ardern. Und ich bin in guter Gesellschaft. Nur Stunden nach der Verkündung ihrer Schwangerschaft meldeten Frauen auf Twitter, Kleider und Schühchen für das »royal baby« stricken zu wollen. Da die Premierministerin für ihre Tochter gebrauchte Sachen nutzen will (sie hat schon einige entzückende Neffen und Nichten), werden die gestrickten Kleider Müttern und Babys zugutekommen, die sie wirklich brauchen können. So einfach kann Helfen sein!

Zwischen Morgenübelkeit und Heißhungerattacken macht die neue Premierministerin derweil ihren Job. Da gibt es viel zu tun: In den ersten einhundert Tagen hat Jacinda Ardern eine Untersuchung des unterfinanzierten psychosozialen Gesundheitsdienstes angekündigt, das Arbeitsrecht für Angestellte verbessert und die von den USA aufgekündigte Trans-Pazifische Partnerschaft mit Staaten wie Kanada, Chile und Japan wieder aufgenommen. Angekündigt hat Miss Ardern außerdem, umgehend die grassierende Kinderarmut bekämpfen zu wollen, indem sie Familien mit kleinen Kindern finanziell unterstützen, Mieten subventionieren und die bezahlte Elternzeit auf 26 Wochen ausdehnen will. Und dann ist da noch der Klimaschutz; ein Bereich, in dem sie allein wegen der Partnerschaft mit den Grünen viel erreichen muss.

Ob Jacinda Ardern die Hoffnungen, die auf sie gesetzt werden, erfüllen können wird, das steht derzeit noch in den Sternen. Aber die Anzeichen für eine politische Zeitenwende sind klar erkennbar.

Als erste Premierministerin Neuseelands besuchte Ardern die »Gay Parade« in Auckland, die vergleichbar mit dem Christopher Street Day ist. Zusammen mit einigen homosexuellen Parteikollegen und ihrem ebenfalls homosexuellen Finanzminister Grant Robertson machte die Regierungschefin eine gute Figur bei der Parade – sie tanzte ausgelassen mit und stand wie gewohnt jedem, der wollte, für Selfies und Umarmungen zur Verfügung.

Auch sensible politische Themen wie die Beziehungen zu den Māori handelt Ardern mit einem Gespür für den richtigen Tonfall und ehrlicher Offenheit. Ihr Kabinett enthält mehrere Māori-Minister und sowohl der Vizepremier Winston Peters als auch der Vizeparteichef der Labour Party stammen aus dem Northland.

Am Waitangi Day, der in den vergangenen Jahren Anlass für viel Streit war und den Regierungschefs zuletzt aus Sicherheitsbedenken gar nicht mehr offiziell besuchten, wurde die neue Premierministerin von den Führern der größten Stämme freundlich empfangen und blieb gleich für mehrere Tage vor Ort in der Bay of Islands. Sie traf sich mit Stammesführern in deren Mārae (als erste Premierministerin überhaupt), besuchte Picknicks mit Schulkindern und machte zusammen mit ihren Ministern Frühstück für mehr als tausend Besucher der Feierlichkeiten am wichtigsten Feiertag Neuseelands.

Die Māori sind von Jacinda Ardern offenbar genauso begeistert wie wir alle. »Sie ist eine sehr junge Frau – das ergibt mit unserem sehr jungen Land eine Kombination, die wie Dynamit wirken wird«, sagte

Sonny Tau, der Führer der Ngā Puhi. Ich bin voller Hoffnung, dass das stimmt – und dass Neuseeland der Welt wieder einmal zeigen wird, wie die Zukunft aussehen kann.

Kapitel 4

Neuseeland kulinarisch

45. Grund

Weil Wein und Bier in Strömen fließen

Was neuseeländischer Humor ist, lernten wir bei unserer ersten Reise durch das Land quasi im Vorbeifahren – von den großen Werbepostern am Straßenrand nämlich. Neben dem schlichten roten Logo mit dem schwarz-weißen Tui-Vogel prangten dort immer wieder Sprüche, die von zotig bis zynisch rangierten und uns mehrmals die Münder vor Staunen offenstehen ließen: So frech darf Werbung sein?!

Mit Wohlwollen registrierten wir, dass die Marke mit dem einheimischen Vogel (der zur Abwechslung mal nicht vom Aussterben bedroht ist) auch wohlschmeckende Biere fabrizierte. Und auch ihre Mitbewerber machten, wenngleich lange nicht so gute Werbung, so doch gute Biere. Mindestens ein Bier oder Wein am Tag musste sein – nicht etwa, weil wir abends den Rausch gesucht hätten, sondern aus rein kulinarischem Interesse!

In den Supermärkten war das Aussuchen von Wein und Bier ein ganz neues Erlebnis: Hier gab es keine Billigplörre oder gar Tetrapaks für Backpacker, stattdessen reihten sich Flaschen mit den buntesten Bezeichnungen und überraschend hohen Preisen Meter um Meter auf den Regalen. Neben dem uns vertrauten Pilsner, Lager und Dunkelbier bot das Sortiment auch Porter, Stout, Bitter und zahllose weitere Sorten, von denen einige so exotisch klangen, dass wir eine Weile brauchten, um sie zu probieren. Und da hatten wir dem Weinangebot noch gar keine Aufmerksamkeit gewidmet!

Dass härtere Sachen wie Wodka oder Gin fehlten, fiel uns bei all dem Reichtum erst später auf. Dann erkannten wir, wozu die »liquor stores« dienten, die am Stadtrand verschämt die Straßenränder säumten. Mit unseren Kindern durften wir hier gar nicht hinein; und auf meiner ersten Neuseelandreise musste ich meine Volljährigkeit noch mit dem Vorzeigen des Reisepasses belegen (erst regt man sich darüber auf, dass man für so jung gehalten wird; aber wenn man dann ungefragt den Laden betreten darf und offenbar schon von Weitem alt genug aussieht, ist es auch wieder nicht recht …).

Dass Supermärkte in Neuseeland keine hochprozentigen Getränke verkaufen dürfen, ist genauso ein Anachronismus der Geschichte wie die zahlreichen »liquor bans« auf öffentlichen Plätzen und die rigoros geregelten Ausschanklizenzen für Gastrobetriebe. So kann es durchaus passieren, dass man die schöne Flasche Weißwein nicht wie geplant beim Sonnenuntergang am Strand genießen darf; auch nicht versteckt in einer Papiertüte und auch nicht, wenn man ein ganz normaler, nicht alkoholsüchtiger und weit über 18-jähriger Erwachsener ist. Die Neuseeländer sind da mitunter sehr kreativ: So haben einige junge Leute am Silvestertag 2017 am Strand von Hahei auf Coromandel eine Insel im Wasser aufgeschaufelt und sich dort zum Trinken niedergelassen; das Alkoholverbot galt ja nur für den Strandbereich!

Es passiert auch immer wieder, dass man in kleinen Restaurants keinen Wein zum Essen bestellen kann, weil der Besitzer gerade nicht im Haus ist, aber als einziger Betriebsangehöriger die Ausschanklizenz hat. Die Abkürzung »BYO« ist ein typisch neuseeländisches »workaround« für dieses Problem: Wenn das Restaurant keinen Alkohol ausschenken darf, kann es trotzdem seinen Gästen gestatten, welchen mitzubringen (»bring your own«), und darf auch Gläser dafür zur Verfügung stellen. Dass man überhaupt nach 18 Uhr noch Alkohol in einer Kneipe bestellen kann, ist in Neuseeland eine relativ neue Errungenschaft. Erst 1967 beschlossen die Neuseeländer per Volksentscheid, die Schließzeit der Pubs auf 22 Uhr hochzusetzen; seit 1999 dürfen Bars selbst entscheiden, wann sie schließen.

Die Entscheidung hatte auf den Alkoholkonsum eine interessante Wirkung: Er stieg zwar zunächst an, sank dann aber wieder. Vielleicht, weil die Leute ohne Zeitdruck das Bier und den Wein mehr genießen konnten? Seit den 1980er-Jahren haben kleinere Brauereien den beiden großen (Dominion Breweries und Lion Nathan) jedenfalls viel Land abgenommen. Die coolen Craft-Biere sind zwar deutlich teurer, werden aber offenbar lieber getrunken als die günstigeren »Hausmarken« wie »Speight's«, »Steinlager« oder auch »Tui«. Genuss ist König!

Das erste Bier wurde übrigens schon 1773 in Neuseeland gebraut; von Captain James Cook höchstpersönlich. Weil er sich um die Gesundheit seiner Mannschaft sorgte, braute er ein Bier aus den bitteren

Blättern des Rimu-Baums, geschmacklich abgemildert mit Trieben des Mānuka-Strauchs; eine Rezeptur, die heute noch in der Golden Bay verwendet wird (und »Captain Cooker« heißt).

Von der billigen, süßlich und dünn schmeckenden Massenware zu den ungewöhnlichen, hippen Getränken der heutigen Zeit ist es ein weiter Weg; und der wurde von den Neuseeländern in sehr beachtlich kurzer Zeit bewältigt. Heute sind Bier und Wein von einer Neuseelandreise nicht mehr wegzudenken – was wäre ein Roadtrip ohne die Ausblicke auf die sanft geschwungenen Hügel des Waipara Valley nördlich von Christchurch, der Hawke's Bay an der Ostküste der Nordinsel oder der Wairarapa-Region im Hinterland von Wellington, wo sich die schnurgeraden Reihen der Weinsträucher und die Hopfenfelder bis zum Horizont erstrecken?

Selbst im rauen Otago oder in den abgeschiedenen Marlborough Sounds stolpert man immer wieder über kleine, exklusive Weingüter, die preisgekrönte Sauvignon Blancs, Chardonnays oder auch Gewürztraminer keltern. Nach einer gemütlichen Radtour durch die Weinberge, unterbrochen von vier bis sieben Verkostungen an verschiedenen Winzerstuben, fühlt man sich so »in love« mit Neuseeland wie selten sonst. Und ja, das geht auch mit Kindern.

Weniger erwachsen, dafür ziemlich cool fanden wir unsere Verkostungstour in der Tui-Brauerei bei Palmerston North (»Wieso habt ihr denn kein Verkostungsglas geklaut?«, fragte man uns augenzwinkernd am Ausgang). Im Örtchen Mangatainoka wird das Kiwi-Kultbier schon seit 1889 gebraut, weil Firmengründer Henry Wagstaff das Wasser des gleichnamigen Flusses für extrem wohlschmeckend erachtete. Heute trifft der Großkonzern DB, seinerseits schon längst aufgekauft von der japanischen Kirin-Brauerei, die Entscheidungen, und der findet die Wasserqualität nicht so superwichtig. Im Jahr 2016 wurde die Produktion von Tui Beer daher nach Timaru und Auckland verlagert, am Heimatstandort gibt es nur noch Schau-Brauen für Touristen.

Es hilft ja nichts: Die Neuseeländer haben immer mehr Durst auf Bier und der muss gestillt werden. 80 Liter Bier pro Jahr trinkt der Durchschnitts-Neuseeländer und steht uns Durchschnitts-Deutschen damit kaum nach (wir schütten gut 100 Liter in uns hinein – aber wir haben ja auch das Oktoberfest, das den Durchschnitt nach oben treibt …). Die nicht allzu starken Lagers und Pale Ales, die in Neuseeland am liebsten getrunken werden, sind aber auch süffig! Es dauerte übrigens Jahre, bis wir bemerkten, dass ein »East India Pale Ale« in Neuseeland ganz anders schmeckt als etwa in England – und tatsächlich auch gar keines ist.

Apropos sauber: Ein strenges Reinheitsgebot wie in Deutschland gibt es in Neuseeland nicht, deshalb sind wir Deutschen beim Bierkosten oft überrascht von ungewöhnlichen Geschmackserlebnissen: von Farn über Mānuka-Honig oder Feijoa bis hin zu Champagner-Aromen. Neben Hopfen, Malz und Wasser dürfen Kiwi-Brauer alles Mögliche in ihre Kessel schütten und sie experimentieren ausnehmend gern. Jedenfalls tut das die neue Generation der Bierbrauer – und von denen gibt es inzwischen eine Menge, wie wir bei unserem zweiten Besuch in Neuseeland überrascht und erfreut feststellten.

Gefühlt an jeder Ecke hat eine Klein- oder Mikrobrauerei eröffnet. Sogar Pubs verkaufen ihr eigenes, selbst gebrautes Bier. Verließen wir einen Ort wie Nelson oder Wellington, bedeutete das oft auch, dass wir unser neu erkorenes Lieblingsbier fortan nicht mehr bekommen würden – wie traurig! Zum Glück wartete in der nächsten Stadt oft schon das nächste Lieblingsbier. Und einige Marken haben sogar den Weg nach Europa gefunden, weshalb ein Besuch im »Kiwi Pub« in Berlin-Steglitz für uns ein regelmäßiger Pflichttermin ist.

46. Grund

Weil man »Fish and Chips« immer essen kann

Beim Schüleraustausch in England waren »chips« eine meiner ersten kulinarischen Offenbarungen – allerdings im negativen Sinne. Wir hatten in der Schule gelernt, dass es sich bei »chips« eigentlich um Pommes frites handelt. Und dann die Enttäuschung: Dünne Kartoffelchips, mit Essig gewürzt und in winzigen Portionen gelten für die

Engländer als Grundnahrungsmittel. Sie scheinen das sogar lecker zu finden!

Entsprechend vorsichtig war ich, als ich am ersten Schnellimbiss in Neuseeland »Fish and Chips« auf der handgeschriebenen Menü-Tafel las. Ein Blick auf das riesige, in Zeitungspapier gewickelte Paket, das der gewichtige Māori vor uns in der Schlange über den Tresen gereicht bekam, machte mich dann aber doch neugierig. Schließlich wollte ich auch gern wissen, um was für Fisch es sich bei »Hoki«, »Kahawai« und »Tarakihi« handelte – Fisch ist in Neuseeland nämlich auch im Imbiss nicht einfach nur Fisch!

Unsere an Fischstäbchen mit undefinierbarem Inneren gewohnten Kinder staunten denn auch im Laufe der Reise nicht schlecht, wenn das »Fish and Chips«-Mittagessen immer anders schmeckte. Wenn wir mutig waren, experimentierten wir mit »pāua fritters« oder frittierten Austern, tauschten die Kartoffel-Chips gegen Kūmara oder dickere Kartoffelecken ein; zwischendurch tat es auch immer wieder gern der vertraute »Hoki« mit den goldgelben Pommes frites.

Sie merken was? »Fish and Chips« avancierte auf unseren Neuseelandreisen blitzschnell zum Lieblings- und Standardessen. Kein Wunder: Von den riesigen Portionen an dick geschnittenen, genau richtig knusprigen Pommes frites – darum handelt es sich bei neuseeländischen »chips« nämlich, anders als im Küchengruselkabinett England –, die bedeckt waren von großzügigen Fischstücken, garniert mit mehreren saftigen Zitronenvierteln, wurden wir zu viert problemlos pappsatt. Und angesichts der Preise, die wir ansonsten als Familie in einem kleinen Restaurant bezahlten, freute sich über so ein nahrhaftes Mittagessen auch die Reisekasse.

Die Neuseeländer scheinen das ähnlich zu sehen. »Fish and Chips« gehört zum erlesenen Reigen der neuseeländischen Nationalgerichte und sogar in den exklusiven Club der »Kiwiana«-Dinge, also dem Kern des Kiwi-Lifestyle. »Fish and Chips« (ordentlich ausgesprochen: »fush and chups«) isst so ziemlich jeder Neuseeländer mindestens einmal im Monat, selbst McDonald's zieht davor den Kürzeren. Es ist das Essen, das perfekt zum unprätentiösen Selbstverständnis der Neuseeländer passt: einfach zuzubereiten, aus frischen, regionalen Produkten des Landes und des Meeres. Macht satt, braucht kein Besteck und übersteht auch den Transport in der Strandtasche.

»Fish and Chips« haben schon die ersten Einwanderer aus Großbritannien und Irland mitgebracht, wo sich das ursprünglich jüdische Gericht ab 1860 schnell verbreitete. Spätestens nach dem Zweiten Weltkrieg verbreitete sich der Imbiss auch in ganz Neuseeland. »Fish and Chips«-Buden und Restaurants gibt es im kleinsten Ort, und freitagabends treffen sich hier die Familien. Zwischendurch kann man durchaus mal Pech haben und vor einem »Back in 5 minutes«-Schild stehen; wenn der Besitzer kurz entschlossen das Surfbrett genommen hat und zum Strand gelaufen ist.

Auch wenn zum Frittieren von Fisch und Kartoffeln nicht viel zu gehören scheint: Es gibt gewaltige Unterschiede in der Qualität! Meistens liegt es an der richtigen Mischung für die Panade (die als »batter« bezeichnet wird) und der Investition in ein gutes Frittieröl. Wenn dann noch exklusive Fischsorten wie »blue cod« auf dem Menü stehen, wird aus einem alltäglichen Imbiss ein richtig gutes Dinner. Auch wenn das bescheidene Mahl oft nur aus einem umgebauten Wohnwagen heraus verkauft wird, den sein Besitzer von Strand zu Strand fährt – Geheimtipps und Empfehlungen verbreiten sich schnell, und dann wartet man schon mal eine Stunde vor so einem Wägelchen.

Wenn das Meer immer in greifbarer Nähe ist, gibt es auch frischen, leckeren Fisch für wenig Geld. Selbst Meeres-Delikatessen wie Abalone-Seeschnecken, Austern, Langusten (!!) oder fette Grünlippmuscheln sind so erschwinglich, dass man sie mit Pommes am Schnellimbiss auf einem Pappteller bekommt. Wer nicht direkt vor der Tür essen will, der bekommt seinen Imbiss in mehrere Lagen Zeitungspapier eingeschlagen und muss kein schlechtes Gewissen wegen allfälliger Plastikverpackungen haben.

Zugegeben: Allzu gesund ist es vielleicht nicht, täglich frittierte Speisen zu sich zu nehmen. Die ständige Bewegung an der frischen Luft, das viele Surfen, Baden und Wandern verhinderten zum Glück allzu große Gewichtszunahmen bei uns. Bei vielen Neuseeländern sieht das anders aus; nach aktuellen Zahlen der Regierung sind

32 Prozent der erwachsenen Bevölkerung stark übergewichtig, ein weiteres Drittel ist »nur« übergewichtig. Bei den Māori und den Pazifik-Insulanern liegt der Anteil bei 50 bzw. 69 Prozent. Die Statistik zeigt auch: Wenn Fastfood – so lecker und frisch zubereitet es auch sein mag – wesentlich billiger zu haben ist als Obst und Gemüse, dann haben es gerade Familien mit niedrigen Einkommen schwer.

Für uns ist das Nationalgericht der Neuseeländer für immer mit herrlichen Erinnerungen verbunden: Sonne, Sand und eine Picknickbank, sanfter grüner Rasen und das Kreischen der Möwen. Nach einem anstrengenden Tag auf dem Surfbrett oder einer herausfordernden Wanderung voller grandioser Eindrücke gemeinsam vor dem Campervan zu sitzen und die Finger in einen Haufen warmer, knuspriger Kartoffelstäbchen zu stecken – wenn ich daran denke, läuft mir direkt das Wasser im Mund zusammen!

47. Grund

Weil man unmöglich »Marmite« lieben kann

Preisfrage: Was ist das? Es ist vegetarisch, schmeckt malzig-bitter und besteht hauptsächlich aus Hefeextrakt, kann als Brotaufstrich, aufgelöst als Suppenbasis und angeblich sogar zur Abwehr gegen die berüchtigten neuseeländischen Sandflies benutzt werden.

Zusatztipp: Engländer, Australier und Neuseeländer kennen und lieben dieses Grundnahrungsmittel – während der Rest der Welt in der Regel angewidert den Mund verzieht, sobald er ein wenig von der zähen, schwarzbraunen Paste gekostet hat.

Die Antwort kennt natürlich jeder, der schon einmal durch Neuseeland oder Australien gereist ist, zumindest wenn er (oder sie) dabei einmal einen Supermarkt aufgesucht oder das Frühstück gemeinsam mit den Einheimischen eingenommen hat. Das »Marmite«, das 1902 im Mutterland Großbritannien erfunden wurde und dort auch noch heute mit großem Erfolg verkauft wird, hat eine leicht abgeänderte Rezeptur und einen weniger süßen Geschmack.

Für die Originalrezeptur zeichnet – Überraschung! – ein Deutscher verantwortlich. Justus Freiherr von Liebig, weltbekannt als Begründer der organischen Chemie, entwickelte für die Bedürfnisse armer, schlecht genährter Kinder einen »Fleischextrakt«, der später als Maggi-Würze die Welt eroberte. Tatsächlich vergleichen viele Deutsche den malzigen Geschmack von »Marmite« mit dem vertrauten Maggi-Aroma. Etwas, was eindeutig in die Suppe gehört und nicht aufs Frühstücksbrot!

Nach nur fünf Jahren war das britische »Marmite« so erfolgreich geworden, dass eine zweite Produktionsanlage in London gebaut wurde. Die findigen Neuseeländer schauten sich die Rezeptur ab und stellten seit 1908 ihren Brotaufstrich selbst her. Während »Marmite« seit dem Jahr 2000 in Europa und Amerika vom Großkonzern Unilever produziert und vertrieben wird, hat »down under« das Unternehmen »Sanitarium« die Namensrechte an »Marmite«. Die Würzpaste wurde hier mit Zusätzen von Zucker und Karamell geschmacklich abgemildert und weist unter anderem einen höheren Kaliumgehalt auf.

Wer ein anständiges Reiseandenken an Neuseeland besorgen will, der sorgt also dafür, dass das »Marmite« aus deren Produktionshallen in Christchurch stammt. Dafür muss man nicht unbedingt eine Direktlieferung aus Neuseeland anfordern: Echtes Kiwi-»Marmite« ist in einschlägigen Spezialitätengeschäften auf der Nordhalbkugel unter dem Produktnamen »NZ-Mite« erhältlich.

Die Exklusivität des neuseeländischen »Marmite« wurde Liebhabern der bitteren Paste in den Jahren 2012 und 2013 beinahe zum Verhängnis: Das Erdbeben vom Februar 2011 hatte einen Kühlturm der einzigen Produktionsstätte in Christchurch beschädigt, die Reparaturarbeiten machten angrenzende Produktionshallen unbenutzbar. Die Hefepamp-Herstellung fiel über mehr als ein Jahr aus, der Versuch, Ersatz-»Marmite« aus Südafrika zu importieren, scheiterte.

Schockierte Kiwis mussten im März 2012 in der Presse und auch direkt an den Supermarkt-Regalen lesen, dass es »Marmite« in den nächsten Monaten nur noch begrenzt oder gar nicht mehr geben würde – die Lagervorräte waren erschöpft. Es folgten landesweite Aufrufe zum sparsamen Gebrauch des Brotaufstrichs, denen sich sogar Premierminister John Key anschloss. Ja, auch er würde nun den Gürtel enger schnallen – oder jedenfalls seinen Frühstückstoast etwas dünner bestreichen. Auf einschlägigen Internetseiten wurden einzelne Gläser »Marmite« für bis zu 800 NZ$ angeboten (jedoch hoffentlich nicht gekauft).

Nach einer angstvollen Wartezeit kam dann im März 2013 endlich wieder frisches »Marmite« in die Geschäfte. Inzwischen ist die normale Produktionsmenge von jährlich 640.000 Kilogramm wieder erreicht.

Schätzungsweise 99 Prozent der Neuseelandreisenden konnten die Tragweite des damaligen »Marmageddon« wohl nur schwer nachvollziehen, und auch heute wird »Marmite« vorrangig an Einheimische und Touristen aus Großbritannien verkauft. Der unnachahmliche Geschmack des Hefeextraktes, der eigentlich ein Abfallprodukt des Bierbrauens ist, reiht sich ohne Schwierigkeiten in die neuseeländische Kuriositäten-Küche ein: Wer Spaghetti auf Toast oder Pies mit zweifelhafter Füllung lecker findet, der mag auch »Marmite«, hetzen die Hasser.

Die Hersteller des Hefeextraktes nehmen es mit Humor: Auf der Website von Unilever ist ein eigener Bereich für Menschen vorgesehen, denen »Marmite« nicht schmeckt, und es sind zehn Arten aufgelistet, um ein Sandwich mit »Marmite« zu ruinieren. Die Krönung der Selbstironie ist der unnachahmliche Werbe-Slogan »Love it or hate it«, unter dem das britische »Marmite« vermarktet wird.

Dabei ist »Marmite« im Gegensatz zu vielen anderen neuseeländischen »Spezialitäten« sogar gesund. Die Hefepaste ist fettarm und reich an vielen wertvollen Nährstoffen: von B-Vitaminen über Riboflavin bis zu Eisen und Folsäure. Soldaten des britischen Commonwealth, die während des Ersten Weltkriegs in den Tropen stationiert waren, erhielten regelmäßige Sonderrationen an »Marmite«, weil das enthaltene Thiamin sie vor der gefürchteten Beriberi-Krankheit schützen sollte.

»Marmite« essen richtige Kiwis zum Frühstück auf Toast (dünn auf eine Lage Butter gestrichen und dann eventuell noch in ein weich gekochtes Ei getunkt), zwischendurch auf Keksen, Crackern und

Käse-Sandwiches, ganz speziell auch ergänzt mit einer Lage Chips zum »Marmite and Chippie Sandwich«, aufgelöst in heißem Wasser als Getränk oder als Zutat im »Marmite Cocktail«.

Wen es jetzt noch nicht gruselt, sondern wem im Gegenteil wehmütig das Wasser im Mund zusammenläuft, der hat den »kulinarischen Einbürgerungstest« bestanden!

48. Grund

Weil Brot nicht gleich Brot ist

Neuseeland, du Traumland! Wie viele Deutsche würden sofort alles hinwerfen, wenn man ihnen die Gelegenheit böte, nach Neuseeland auszuwandern. Dort sind die Menschen freundlicher, die Steuererklärung ist unkomplizierter, das Gras ist (wirklich!) grüner, und das Essen … ähäm. Spätestens hier muss selbst der glühendste Neuseelandfan innehalten.

Es gibt nämlich eine Sache, mit der wir Deutschen uns in Neuseeland leider so gar nicht anfreunden können. Da hilft auch die rosaroteste Brille nichts: Das Brot geht gar nicht!!

Diese Enttäuschung findet man in wirklich jedem Auswandererbericht (und natürlich in jedem Reisebericht) mehr oder weniger ausführlich ausformuliert. Das Klagen über den Mangel an Brot resultiert aber nicht etwa daraus, dass es in Neuseelands Nationalküche kein Brot gäbe. Ist man in Südostasien, akzeptiert man, dass es dort vor allem Reis gibt. Brot ist dort eine exotische Spezialität. Wer hierhin reist, der weiß, worauf er sich einstellt.

In Neuseeland aber gibt es Brot, sogar viele verschiedene Sorten. Es gibt eine lange Backtradition, leidenschaftliche Bäcker, leckere Brotaufstriche und einige wirklich seltsame Nationalrezepte wie »fairy bread« (Toastbrot mit bunten Zuckerstreuseln) oder »spaghetti on toast« (genau das, und zwar Dosen-Spaghetti in Tomatensauce!). Die großen Supermärkte haben mitunter eigene Bäckereien, Regale voller bunt verpackter Brote ziehen sich hier Meter um Meter um Meter.

In der Auslage liegt Focaccia-Brot, Pita-Brot, Fladenbrot, Früchtebrot und natürlich Toastbrot: mit Sesam, mit Leinsamen, mit Kräutern der Provence, dunkler Toast, riesiger Toast, süßer Toast … Erwartungsvoll ließen wir hier unseren Einkaufswagen entlangrollen und drückten hin und wieder versuchsweise unseren Finger in die Kruste. Wir suchten »ganz normales Brot«, das wir mit Butter und Käse belegen wollten. Bis wir irgendwann ernüchtert feststellten, dass es einfach kein vernünftiges dunkles Brot mit fester Rinde in Neuseeland gibt.

Das hat einen Grund: Neuseeländische Bäcker sehen ihren beruflichen Stolz darin, möglichst fluffig-weiches Brot zu backen. Es darf gern ein wenig süß schmecken und enthält daher oft Milchpulver. Auch wenn es sich um Roggenbrot handelt, und selbst wenn es den verlockenden Namen »German rye« trägt, wartet in der Verpackung ein überraschend leichtes Gebäckstück, das sich wie ein Schwamm zusammendrücken lässt und ebenso wieder in die Ursprungsform zurückpufft. Die dunkle Farbe resultiert meistens aus Färbemitteln wie Röstmalz.

Wenn Deutsche, die ihr Leben lang Sauerteigbrot mit fester Kruste gegessen haben, auf Toast-Ersatz umsteigen müssen, hat das nicht nur psychische Folgen. Die einen stellen sich gern auf eine andere Küche um, die anderen vermissen ihre Brotzeit (und die Brötchen zum Frühstück!) schmerzlich. Viel schlimmer ist aber, dass der Verdauungstrakt wirklich Probleme bekommt. Fragen Sie mal unter vier Augen einen Neuseelandrückkehrer, wie es denn mit dem täglichen Stuhlgang so bestellt war auf der Reise. Dramatisches Augenrollen oder schmerzhaftes Stöhnen ist fast sicher die Antwort.

Vollkornbrot – oder wenigstens das dunkle Sauerteigbrot aus wenig ausgemahlenem Mehl, das die meisten Deutschen täglich essen – enthält viele Kohlehydrate, aber auch reichlich Mineral- und Ballaststoffe und macht damit viel länger satt als Weizen-Toastbrot. Das besteht aus »totem Mehl«, dem die guten Inhaltsstoffe der Körnerhülsen fast komplett fehlen. Das enthaltene Gluten verursacht bei empfindlichen Menschen außerdem Bauchgrummeln und Schlimmeres. Bei Otto Normalverbraucher führt zu viel helles Brot auf jeden Fall zu Verstopfung. Und zu viel isst man ganz automatisch, weil man von dem luftigen Zeug ja nicht satt wird.

Die Strategie der meisten Auswanderer: einen deutschen Bäcker suchen. Davon gibt es überraschend viele, und es eröffnen immer weitere. Zwar kaufen in den Backstuben wie »Olaf's« in Auckland oder »Antonius European Bakery« in Motueka, wo es himmlisch nach Heimat – äh, nach Brot und Brötchen – duftet, kaum Neuseeländer ein. Aber wo immer mehr Deutsche leben, da entsteht eben mit der Zeit eine Brot-Parallelwelt. Oder man macht sich die Mühe und züchtet sich einen Sauerteig heran, der fortan für immer neues, köstlich dunkles und festes Brot sorgt.

Wir hatten keine Lust darauf, in jedem Ort nach einer »German style bakery« zu suchen oder unterwegs Hefe-Brotteige anzusetzen. Wir wählten also die bequemere Strategie: Anstatt über das Fehlen von »echtem« Brot zu jammern und die Toastbrot-Verstopfung zu durchleiden, stellten wir unseren gesamten Speisezettel auf Neuseeländisch um. Zum Frühstück aßen wir »oats«, also Haferflocken, die es in zig Mahlgraden und Darreichungsformen zu kaufen gibt. Obendrauf und zwischendurch gab es Joghurt und reichlich frisches Obst und Gemüse; wir waren im Hochsommer unterwegs und genossen es, die Stände am Straßenrand nach Schnäppchen und Entdeckungen zu durchstöbern. (Feijoa oder Tamarillo hatten wir vorher noch nie gegessen.)

Eine Reispfanne mit Gemüse oder eine Tomatensuppe war im Campervan jederzeit schnell gekocht und das leckere neuseeländische Lammfleisch lag abends häufig auf dem BBQ-Grill. Mit reichlich Faserstoffen aus all diesen Lebensmitteln und viel Wasser mussten wir keine Verstopfung fürchten. Da war dann auch das Toastbrot-Sandwich mit Hummus und Alfalfa-Sprossen, das wir zum Wandern einpackten, kein Problem.

»When in Rome, do as the Romans do«, mahnte bereits der heilige Ambrosius von Mailand. Unsere Kinder haben sich jedenfalls kein einziges Mal beschwert, wenn sie morgens Haferflocken und nachmittags »fairy bread« auf dem Teller hatten; und der gehasst-geliebte »Marmite«-Aufstrich schmeckt halt nur auf frischem Toastbrot gut.

49. Grund

Weil man auf das »pie« pusten muss

Vergessen Sie Hamburger und Pizza, wenn Sie in Neuseeland unterwegs sind. Probieren Sie stattdessen das heimliche Nationalgericht Neuseelands: »pie«. Anders als hierzulande, gibt es dieses traditionelle, aus »good old England« mitgebrachte Gericht in Neuseeland fast nur in der herzhaften Variante. Als solches ist es den uns bekannten Fastfood-Arten ziemlich ähnlich: lecker, ungesund und überall erhältlich (auch bei McDonald's!).

Die in ganz Neuseeland und Australien verbreiteten »pies« sind zwar fettig, aber unbestritten recht praktisch für Reisende: klein und handlich, geschmacklich abwechslungsreich, sättigend und günstig. Die praktisch portionierten Pasteten aus Blätterteig und (meist) einer Rindfleischfüllung mit einer sämigen Soße findet man auf einem Roadtrip durch Neuseeland bei jedem Tankstellenstopp. Auch in Bäckereien, »Fish and Chips«-Shops und Cafés gehören sie zum Standard-Angebot und wer bei Neuseeländern zum Essen eingeladen ist, bekommt tiefgefrorene (und aufgewärmte) »pies« regelmäßig serviert.

Mehr oder weniger appetitlich angerichtet, liegen die fertig gebackenen »pies« für hungrige Gäste in mehr oder weniger sauberen Vitrinen zur Ansicht aus und werden dort entweder dauerhaft warmgehalten oder auf Bestellung in der Mikrowelle erhitzt – denn dieses Gericht muss heiß verzehrt werden.

Das ist nicht nur deshalb erforderlich, wie böse Zungen behaupten, weil ein neuseeländisches »pie« ansonsten noch schlechter schmecken würde. Unbestreitbar ist: Der Teigdeckel auf der Pastete, der die Füllung vor den kritischen Blicken des Kunden verbirgt, wird von so einigen Köchen und Billigfraß-Herstellern tatsächlich als willkommene Methode genutzt, so ziemlich alles an Verwertbarem unterzuschmuggeln.

Erlaubt und üblich ist neben Rind- und Hühnerfleisch auch Ziege, Kamel, Hase oder Schaf – und wenn man an der Westcoast im berühmt-berüchtigten »Bushman's Centre« in Pukekura einkehrt, bekommt man auch ein »possum pie«, das allerdings spektakulärer klingt, als es angeblich schmeckt. Nein, ich konnte den Verzehr ei.. puscheligen Possums nicht über mich bringen, selbst nicht gnädig zugedeckt unter einer Blätterteigdecke.

Die kulinarische Qualität eines »take-away pie« ist jedenfalls zumindest mit Vorsicht zu bewerten – und für Vegetarier fällt der ziemlich rustikale Kiwi-Snack ohnehin fast immer flach. Immerhin ist seit 2007 gesetzlich festgelegt, dass ein »meat pie« mindestens 25 Prozent Muskelfleisch enthalten muss (mich gruselt ein wenig, wenn ich daran denke, was vor Einführung dieser Vorschrift wohl üblich war).

Trotzdem muss ich zugeben, dass ich in Neuseeland auch einige extrem leckere »pies« gegessen habe. Gefüllt mit Wild, Rinderhack oder Räucherlachs, umhüllt von dampfendem, leicht krossem und buttrigem Blätterteig, musste man bei diesen Exemplaren wirklich zugestehen, dass der Werbespruch »highly addictive« stimmt. So ein Mundvoll warmer Teig mit nahrhafter Fleischfüllung passt irgendwie immer gut in den Tag.

Vor allem, wenn der von Eindrücken und kurvigen Straßen überwältigte Neuseelandreisende sich mal wieder mit der Zeitplanung vertan hat und mit knurrendem Magen (und jammernden Kindern) irgendwo mitten im Nirgendwo steht – ein »pie« wird sich auch im kleinsten Kaff finden. Und wenn es dort den ganzen Tag in der Warmhaltetruhe gelegen hat, was seiner geschmacklichen Entwicklung sicher nicht gutgetan hat?

Guy Baldwin, ein Polizist aus Auckland, verteilte Anfang der 2000er-Jahre bei einer nächtlichen Verhaftung, die für die Reality Show *Police Ten 7* gefilmt wurde, den thematisch völlig unpassenden, aber wichtigen Ratschlag, den jedes neuseeländische Kind beherzigt: »You must always blow on the pie!«

Recht hatte er; zu meinen unangenehmsten »pie«-Erinnerungen aus Neuseeland gehört nämlich nicht (nur) das Entsetzen über so einige eklige Füllungen, sondern vor allem das schmerzhafte Aufkeuchen und die Suche nach einer dezenten Möglichkeit des Ausspuckens, nachdem man arglos in ein frisch aufgewärmtes »pie« mit kochend heißem Innenleben gebissen hatte – der Ausdruck »thermonuclear«, den der berühmt gewordene Polizist benutzt hatte, trifft da exakt zu.

Ein echtes neuseeländisches »pie« zu probieren, ist immer ein Risiko: Man läuft Gefahr, sich den Mundraum zu verbrennen oder etwas schlucken zu müssen, was man eigentlich lieber ausspucken möchte. Insofern sind die »pies« zum Mitnehmen an den vielen kleinen Theken im Land ein Relikt aus der guten alten Zeit, in der die neuseeländische Cuisine weltweit berühmt war dafür, nicht zu existieren. Aber weil sich zwischen all den faulen Birnen eben doch der eine oder andere Leckerbissen verbirgt, weil auch die mittelguten »pies« in Zeiten der Not willkommene Retter vor dem Heißhunger sind und weil die neuen Köche es geschafft haben, sogar das olle »pie« zu einem hippen Gourmet-Gericht zu verwandeln, sollte man dieses Gericht in Neuseeland zumindest ein paarmal probieren. Aber: immer vorher draufpusten!!!

50. Grund

Weil hier die Kiwi herkommt – oder nicht?

An meinen ersten Kontakt mit Kiwis kann ich mich noch gut erinnern: Es war 1990, und mein Vater hatte aus dem nach der Wende so überwältigend angereicherten Obstsortiment unseres Supermarkts (der zuvor »Kaufhalle« geheißen hatte) eine mitgebracht. Die ganze Familie beschaute misstrauisch die hühnereigroße, schon etwas schrumpelige Frucht – sie sah so gar nicht appetitanregend aus.

Meine kleine Schwester weigerte sich prophylaktisch gleich mal, dieses haarige, braune Ding zu probieren. Unsere Überraschung nach dem beherzten Anschneiden war groß, als im Inneren ein leuchtendes Grün zum Vorschein kam, und das Geschmacksurteil fiel denn auch recht versöhnlich aus – das war ja viel besser, als es von außen den Anschein gemacht hatte!

Trotzdem: Die Kiwi und ich wurden nie richtige Freunde. Das grüne Fruchtfleisch hinterlässt auf meiner Zunge nach wenigen Happen ein Brennen, und ich finde es nervig, dass meine Finger nach dem Auslöffeln der Frucht voller brauner Härchen sind. Noch nerviger finde ich es, eine Kiwi schälen zu müssen – was aber unumgänglich ist, denn die dünne, aber behaarte Schale ist nicht gut mitessbar. (Was allerdings nicht alle Neuseeländer so sehen; bei mehreren Gelegenheiten wurden uns vor Ort in Scheiben geschnittene grüne Kiwis mit Schale serviert.)

Meine Beziehung zur Kiwi änderte sich Ende der 1990er-Jahre, als im Supermarkt eine neue Variante angeboten wurde: Die »goldenen« Kiwis haben eine glatte Schale ohne nervige Härchen und schmecken unvergleichlich besser – richtig schön süß und tropisch. Und, wie der Großhersteller Zespri besonders betont, mit besonders viel gutem Vitamin C! Was die goldene Kiwi außerdem zu meiner Favoritin macht: Sie verträgt sich wegen ihres niedrigeren Actinidin-Gehalts besser mit Milchprodukten und beißt mich weniger auf der Zunge (offenbar Zeichen einer milden Unverträglichkeit).

Meine Vorfreude auf Neuseeland wuchs: Bekanntlich war das schließlich das Land, aus dem die Kiwis kommen. Und als wir auf der Nordinsel in Richtung Bay of Plenty fuhren und eine gigantische Kiwi am Wegrand auftauchte (die eine grüne und eine gelbe Seite hat und außerdem begehbar ist!), waren wir überzeugt, den Ursprung der Kiwi gefunden zu haben.

Das hübsche Besucherzentrum von Te Puke, dem selbst erklärten Kiwi-Zentrum Neuseelands, klärte uns aber sehr ehrlich über unseren verzeihlichen Irrtum auf. So richtig aus Neuseeland kommt die Kiwi nämlich mitnichten – nur ihr Name ist eine neuseeländische Erfindung.

Tatsächlich kennt man die Chinesische Stachelbeere unter dem Namen Yang Tao seit dem 12. Jahrhundert in China, wo sie wild wächst und vor allem als Heilpflanze gesammelt wurde. Von dort brachte die Direktorin des Mädchen-Colleges von Whanganui, die in China ihre Schwester besucht hatte, im Jahr 1904 einige Samen mit, die im Obstgarten neben der Schule überraschend gut gediehen.

Die ursprüngliche Chinesische Stachelbeere war noch ziemlich klein, eben stachelbeergroß. Schon 14 Jahre später war die viel größere, etwas bittere grüne Kiwi-Variante, die wir heute kennen, in ganz Neuseeland bekannt. Seit 1953 wird die Frucht aus Te Puke in die ganze Welt exportiert – zuerst noch unter dem Namen »Melonette«. Weil die vitaminhaltige Beere wesentlich länger frisch bleibt als andere Obstsorten (bei richtiger Lagerung bis zu neun Monate!), war Neuseelands abgelegene Lage hier endlich mal kein Export-Hindernis.

Die Neuseeländer mochten ihre Variante der Chinesischen Stachelbeere sicher auch deshalb so gern, weil sie von außen ihrem nationalen Wappentier so verblüffend ähnelt – es kursieren zahlreiche Cartoons, die Kiwi-Früchte mit Kiwi-Vögeln vergleichen. Entsprechend geschickt war der Marketing-Trick, die Stachelbeere vor der Welt als »kiwi fruit« zu vermarkten (die Chinesen haben sich offenbar nie darüber beschwert).

Der Erfolg gibt den Neuseeländern recht: Auch wenn die Kiwi aus China kommt und zwei Drittel der Kiwis weltweit in anderen Ländern gezüchtet werden, »weiß« doch jedermann, dass sie aus Neuseeland kommt – dem Land der Kiwis eben.

Ach ja: Wenn Sie in Neuseeland unterwegs sind und eine Kiwi essen wollen, bitten Sie bloß nicht um eine schlichte »kiwi« – dieses Wort ist für den Vogel oder die Neuseeländer selbst vorgesehen (siehe Kapitel »Typisch Kiwis«) und Sie selbst gelten dann wohl als trampeliger Europäer, der wirklich alles essen will.

51. Grund

Weil alle verrückt nach Mini-Fischchen sind

Spätestens Anfang September, wenn das fiese, feuchte Winterwetter in einen (hoffentlich) sonnigen Frühling übergeht und die Natur überall erwacht, dann erwachen auch die Neuseeländer. Gekleidet in Wathosen und Regenmäntel (denn das Wetter im Frühling ist alles andere als zuverlässig), stehen dann jedes Jahr erneut Tausende Männer (und einige Frauen) mit stoischem Blick an den Flussufern der rauen Westküste, der Küste von Canterbury oder der Golden Bay und schwenken behutsam große Netze an langen Stangen durch das Wasser.

Wer hier im Vorbeifahren neugierig nach dem üblichen Fang Ausschau hält, der wird enttäuscht. Keine Forellen, keine Barsche, ja nicht einmal Grünlippmuscheln oder Austern sind zu sehen. Im Wasser ist auch nichts zu erkennen. Was fangen die Leute denn da eigentlich?

Ein Blick in den Eimer, der neben den eifrigen Fischern steht, zeigt: Im kalten Wasser schwimmen winzige durchsichtige Fischlein, kaum länger als ein Kinderfinger. Nicht mal ein Happen für den hohlen Zahn ist das!, denkt man bei sich verwundert. So kleine Fischchen taugen doch allenfalls als Köder für größere Fische?

Weit gefehlt, auch wenn der Name es nahelegt. Bei Whitebait handelt es sich weder um Arme-Leute-Essen noch um Köder für »richtige« Angler, sondern vielmehr um ein Herzstück der neuseeländischen Kultur. Der Name ist ein Sammelbegriff für den Nachwuchs fünf endemischer neuseeländischer Fischarten: die Galaxiiden. Die meisten Fischlein gehören zum Īnanga, einem auf der ganzen Südhalbkugel verbreiteten, etwa 10 Zentimeter langen silbrigen Fisch. Außerdem werden auch Kōaro-Fischkinder und der Nachwuchs von drei Kōkopu-Unterarten als Whitebait zusammengefasst.

Allen Fischarten gemeinsam ist, dass sie nicht allzu groß und nicht allzu auffällig sind. Sie leben in den Flüssen der Südinsel und ziehen jedes Jahr stromabwärts an die Flussmündungen, wo sie in Grasbüscheln am Ufer ihre Eier ablegen. Etwa im April schlüpfen die Larven und lassen sich von der abziehenden Flut hinaus in die flachen Küstengewässer tragen. Im Meer wachsen die Kleinen heran, bis sie im nächsten Frühjahr, etwa fünf Zentimeter lang geworden, zurück in die Flüsse schwimmen. Hier geht es ihnen dann jeden September an den Kragen.

»Whitebaiting« ist aber nicht nur Angeln nach Essen und nicht nur alte Tradition, sondern auch Sport und Nervenkitzel. Bis man das Netz aus dem Wasser zieht, weiß man nicht, ob man Glück hatte – und oft schwenkt man sich den ganzen Tag die Arme müde, um am Ende gerade eine Handvoll der transparenten Fischlein eingesammelt zu haben. Der Antrieb für alle »whitebaiter« ist die Hoffnung auf den »big catch«: Wenn sich der Kescher aus dem Wasser hebt und klar wird, man hat einen ganzen Schwarm gefangen.

Whitebait zu fangen, gehört zum »Kiwi way of life« dazu, solange sich Neuseeländer erinnern können (also seit etwa 150 Jahren). Familien geben ihre besten Angelstellen über Generationen weiter, Väter stehen mit Söhnen stundenlang schweigend im Wasser. Ernsthafte »whitebaiter« nehmen zu Beginn der Fangsaison Urlaub und investieren in große, fest installierte Netze, für die man eine teure Lizenz braucht. Die Campingplatzbesitzer an der Westcoast freut es; sie bekommen so ihre ersten Gäste der Saison.

Wie so vieles, war auch das »whitebaiting« in den guten alten Zeiten besser. Glaubt man den Wathosen-Veteranen am Flussufer, fingen die Großväter vor einhundert Jahren noch so viele Minifischchen, dass sie damit die Hühner fütterten und die Felder düngten. Manchmal blieben die Netze allerdings auch früher schon leer, und niemand konnte erklären, warum. Wie viele Fische aus den abgelegten Eiern schlüpfen, hängt von so vielen Faktoren ab, dass sich kaum eine Prognose machen lässt.

Erfahrene »whitebaiter« kennen geheime Stellen, an denen immer Erfolg winkt, und haben ein Gespür für die richtige Tageszeit und das beste Wetter. Und sie haben Recht mit ihrer Beobachtung, dass der Whitebait-Bestand abnimmt; kein Wunder, wenn immer mehr Menschen mit Keschern bereitstehen. Kein Wunder aber auch, weil die Flüsse in Neuseeland längst nicht mehr so unberührt und sauber sind wie noch vor zwei Jahrzehnten. Wissenschaftler haben bereits gewarnt, dass vier der fünf Fischarten, deren Jungtiere als Whitebait gegessen werden, in den nächsten 30 Jahren aussterben werden.

Trotzdem: Für die meisten Neuseeländer wäre es undenkbar, das »whitebaiting« für einige Jahre komplett einzustellen. Die Regierung legte also als Kompromiss Fangquoten und Schonzeiten für die »whitebaiter« fest und rief nach jahrelangem Drängen von Umweltschützern einen Aktionsplan für den Gewässerschutz ins Leben (der bisher allerdings nur auf dem Papier existiert).

Die Folge: Der Bestand von Īnanga, Kōkopu & Co. nimmt stetig weiter ab. Und das einstige Nationalgericht der einfachen Farmer wird zu einer teuren Delikatesse. Heute muss man für ein Kilogramm Whitebait bis zu 80 Euro hinlegen.

Ich frage mich ernsthaft: Was rechtfertigt diesen Preis? Aus Whitebait werden ja keine komplizierten Soufflés oder raffinierten Schichtspeisen gekocht. Im Gegenteil: Das einzige Gericht, das man während der Whitebait-Saison auf der gesamten Südinsel (und auch in vielen Restaurants auf der Nordinsel) auf den Speisekarten findet, sind »whitebait fritters«. Genau wie bei einem Kartoffelpuffer wird dafür eine Kelle voller Glibberfischchen mit etwas Ei und Mehl verquirlt und dann in heißem Öl zu einem »pattie« ausgebraten. Dazu gibt es – Toast. Fertig.

Ich für meinen Teil habe gar kein Problem damit, die bedrohten Bestände des Īnanga zu retten, indem ich auf »whitebait fritters« verzichte. Für die verrückten Neuseeländer, die so etwas lecker finden, mache ich das gern!

52. Grund

Weil der Flat White richtig guter Kaffee ist

Kaffee interessierte uns auf unserer ersten Neuseelandreise, kurz nach Beginn des neuen Jahrtausends, nur wenig. Zum Glück, dachten wir uns; der Reiseführer warnte vor schlechtem Filterkaffee, und unsere wenigen Erfahrungen deckten sich mit dieser Wahrnehmung. Ich hatte den ausgesucht schlechten Kaffee, der uns zum Frühstück auf einer Bootstour in der Bay of Plenty angeboten wurde, sogar in Verdacht, den furchtbaren Anfall von Seekrankheit ausgelöst zu haben, der mich für drei Stunden über die Reling gebeugt hielt.

Man stelle sich unsere Überraschung vor, als wir zum zweiten Mal in Neuseeland ankamen. Jeder schäbige Take-away und jede Imbissbude bot auf einmal Kaffee-Kreationen aus »fresh roasted beans« an, bedeckt mit dicken Hauben geschäumter Milch, die zu erstaunlichen Milch-Kaffee-Ornamenten gestaltet waren. Selbst in den abgeschiedenen Catlins stand am Straßenrand ein Imbisswagen mit Espressomaschine. Einen einfachen Filterkaffee bekommt man heutzutage nur noch in den ältesten, schäbigsten Kaschemmen (oder zu Hause bei

Granny). Espresso rules! Selbst wenn man eigentlich nur Fish and Chips oder Eis verkaufen will – eine Espressomaschine, und zwar ein Vollautomat, gehört zur Standardausstattung der kleinsten Bude. Wir haben solche Maschinen sogar in den Stationen der Campervan-Vermieter, an Tankstellen und in kleinen Galerien gesehen. Ob es die in Neuseeland günstiger gibt als bei uns?

Einen ganz normalen Kaffee oder jedenfalls etwas Ähnliches bekommt man trotzdem, wenn man weiß, wonach man fragen muss: Ein »Americano« ist ein einfacher Espresso, der mit Wasser verdünnt wurde. Aber wer will denn so etwas Normales trinken, wenn es eine wahre Armada an spannenderen Bohnen-Kreationen gibt? Von »short black« und »long black«, »short macchiato« und »long macchiato«, »affogato«, »cappuccino«, »mocacchino« und »piccolo« reicht die Liste, vervielfacht durch die Zugabe von mehr oder weniger Milch, Sojamilch, laktosefreier Milch, Karamell-Sirup, Kakao-Topping usw. Uff!

Die Krönung aus dem Barista-Reigen in Neuseeland ist jedoch ungeschlagen der »flat white«. Auf einen Shot Espresso wird hier etwa die doppelte Menge an Milchschaum gegeben, der aber nicht sehr erhitzt wird und daher sein Fett und den süßlichen Geschmack der Milch behält. Außerdem wird er so eher cremig als schaumig. Die glattere, festere Milchoberfläche lässt sich mit dem darunterliegenden Espresso zu wahren Kunstwerken verbinden; in der Regel bekommt man einen Silberfarn-Trieb, aber der Fantasie sind keine Grenzen gesetzt. Und: Anders als einen Latte macchiato bekommt man den »flat white« in einer normalen, recht kleinen Cappuccino-Tasse serviert.

Ob der »flat white« nun wirklich von den Neuseeländern erfunden wurde oder doch von den Australiern, ist wohl nur eine Platzhalter-Diskussion, weil man den Streit über Russell Crowe oder die Pavlova-Torte satt hatte. Jedenfalls soll die erste Tasse im Jahr 1989 in einem Café in Wellington ausgeschenkt worden sein – es handelte sich dabei nach Angaben des ehrlichen Erschaffers um einen misslungenen Cappuccino. Der verbreitete sich aber schnell in den wenigen Cafés, die damals eine Espressomaschine besaßen.

Was ich ganz besonders mag: Die Kiwis genießen ihren Kaffee – Verzeihung, ihren »flat white« – gebührend. Anders als im Rest der Welt wird das Heißgetränk hier nicht in Thermobecher gekippt und auf der Straße hetzend genippt. Es wird auch nicht in Litermengen serviert und gar zum »free refill« angeboten, bis die Zähne gelb werden und das Blut vor Koffein kocht.

Ganz in der britischen Tradition treffen sich auch heute noch viele Neuseeländer zur »social time« am späten Vormittag und am Nachmittag. Und wenn es dann keinen »English tea« gibt, dann trinkt man Kaffee. Die riesige Auswahl an kleinen und großen Cafés hat uns vor allem in Wellington von den Socken gehauen. Hier müsste man ein Jahr verbringen, um alle Cafés zu besuchen und deren Kreationen zu probieren. Angeblich gibt es in Wellington mehr Cafés pro Einwohner als in New York!

Damit einher geht eine überraschende Zahl an lokalen Röstereien – Tchibo und Eduscho haben in Neuseeland einen schweren Stand. Und der Beruf des Barista, den es bei uns in Deutschland gar nicht gibt, ist hier sehr angesehen.

Heute genieße ich einen »flat white« in Erinnerung an Neuseeland, wo immer ich ihn finden kann, und das reicht von Berlin bis nach Tokio. Seit 2010 gibt es den »flat white« sogar bei Starbucks! Ich gestehe, dass ich diese Entwicklung mit Skepsis betrachte; einen richtigen »flat white«, der mit breitem Lächeln, einem freundlichen Kommentar und auf einer sonnigen Terrasse mit Blick auf die Oriental Bay serviert wird, den kann und darf es nur in Neuseeland geben!

Kapitel 5

Unterwegs in Neuseeland

53. Grund

Weil man sich nicht entscheiden kann zwischen Nordinsel und Südinsel

Neuseeland ist ein Inselstaat und besteht aus zwei Hauptinseln – die so groß sind, dass man nicht »auf Neuseeland«, sondern »in Neuseeland« unterwegs ist. (Die einfachste Möglichkeit, um total ahnungslose Touristen zu entlarven.) Die Meerenge der Cook Strait zwischen den beiden Inseln misst zwar nur 23 Kilometer, ist aber trotzdem nur per Flugzeug oder mit der Fähre zu überqueren.

Da sowohl die Nordinsel als auch die Südinsel recht lang gestreckt sind und mit ihren schmalen Enden zueinander zeigen, bringt das jeden Reisenden, der mit weniger als drei Wochen Zeit herkommt, bei der Routenplanung in arge Bedrängnis: Wie soll man in diesen knappen Tagen die Attraktionen beider Inseln in den Reiseplan quetschen?

Das Verdikt eines Großteils der Neuseelandliebhaber ist eindeutig: Die Südinsel soll die landschaftlich schönere von beiden sein. Sie überzeugt im Schlagabtausch in jeder Hinsicht – mit mehr Natur, weniger Menschen, einfach mehr Wow-Faktor. Ich vermute außerdem, dass die Südinsel für die frischgebackenen Wohnmobil-Fahrer weniger stressig ist, denn durch »Großstädte« wie Auckland und Wellington muss man sich hier nicht navigieren. Staus? Fehlanzeige.

Stattdessen bietet die Südinsel Roadtrips, an die man sich sein Lebtag zurückerinnern wird. Grandiose Ausblicke warten alle paar Meter, wunderschöne Stellplätze zum Pausieren oder gleich über Nacht Stehenbleiben liegen direkt an der Straße. Wer ein Reiseziel gern auf den eigenen vier Rädern erkundet, der ist in Neuseeland ohnehin am perfekten Ort. Aber die Südinsel bietet für solche Fahr-Gourmets noch einen Tacken mehr fürs Geld.

Traum-Roadtrips wie die 120 Kilometer lange Straße zum Milford Sound schaffen es regelmäßig in weltweite Top-Ten-Listen. Eine ebenso lohnenswerte Sackgasse ist die Straße zum Aoraki/Mount Cook im gebirgigen, kargen Zentrum der Südinsel. Den höchsten Berg Neuseelands kann man direkt vom Straßenrand aus sehen! Auch auf der Strecke von Queenstown nach Glenorchy, am Ufer des quietschblauen Lake Wakatipu entlang, oder auf der Crown Range Road von Queenstown nach Wanaka klappt jedem Reisenden zuverlässig der Kiefer herunter.

»Te Waipounamu« nannten die Māori die Insel, die etwa ein Drittel größer als die Nordinsel ist und deshalb von ihren Bewohnern gern »the mainland« genannt wird. Auch wenn sie heute eher zum Natur- und Abenteuerpark Neuseelands geworden ist, während das große Geld und die Politik auf der Nordinsel gemacht werden – hier begann vor weniger als 200 Jahren die Geschichte des modernen Staates, den wir heute kennen.

Verschlafene oder gleich komplett verlassene Dörfer in Otago, die heute nur noch als Freiluftmuseen fungieren, erinnern an den Goldrausch, der in den 1870er-Jahren Zehntausende Menschen an die abgelegensten Gestade der Welt lockte. Viele von ihnen gingen wieder, als die Goldlager an der Westcoast und in Central Otago ausgeschöpft waren. Aber viele blieben auch, siedelten sich dauerhaft an und wurden die Vorfahren der heutigen Neuseeländer – die von Engländern und Schotten, aber auch von Deutschen und Norwegern, Kroaten und Franzosen, Chinesen und Indern abstammen.

Im frühen 20. Jahrhundert kippte die Waagschale der Bevölkerungszahlen, seitdem ist es auf der Nordinsel deutlich belebter. Trotzdem finden Kulturliebhaber auf der Südinsel viel zu sehen. Nur hier gibt es Innenstädte im perfekt erhaltenen (bzw. liebevoll restaurierten) viktorianischen Stil – in Ōamaru, südlich von Christchurch, auch noch ergänzt durch einen augenzwinkernden Steampunk-Dreh. In Akaroa auf der Banks Peninsula vor Christchurch wähnt man sich wiederum in eine französische Kleinstadt versetzt, wenn man unter französischer Beflaggung über die Rue Brittan flaniert und sich in echt französischen Bistros und Brasserien kulinarisch verwöhnen lässt.

Die Landschaft ist allerdings unbestritten der Star der Südinsel. Sie wird bestimmt vom Gebirgszug der Southern Alps, die der Länge nach von Süden nach Norden, parallel zur Westküste verlaufen. Sie beeindrucken mit dem 3.754 Meter hohen Aoraki/Mount Cook, dem 3.498 Meter hohen Mount Tasman und 15 weiteren Dreitausendern und bieten ein Mekka für Berg- und Gletscherwanderungen, Heliskiing und überhaupt alpines Skifahren. Weil die Insel nicht allzu breit ist – kein Punkt ist mehr als 120 Kilometer vom Meer entfernt –, genießt man von den Pisten des Mount Lyford über Kaikōura oder vom höchsten Punkt des Skigebiets am Mount Hutt sogar Meerblick.

Auch im hohen Norden und im tiefen Süden ist die Südinsel schroff und gebirgig. Wo es keine Berge gibt, ist entweder alles von dichtem Regenwald überzogen und es regnet nahezu immer, oder die kargen Ebenen des Mackenzie County oder der Catlins ziehen sich bis zum Horizont.

Wirklich menschenleer ist auch die dünn besiedelte Südinsel inzwischen nur noch an einigen wenigen Flecken. Trotzdem: Die stürmische, raue Küstenlandschaft der Catlins ist für uns genauso ein gewaltiger Grund pro Südinsel wie die kargen, von knallblauen Seen durchzogenen Berge des Mackenzie County oder das mystische, permanent verregnete Fiordland rund um den Milford Sound. Nirgendwo sonst gibt es Regenwälder mit so vielen verschiedenen Grüntönen, so viel Wasser von oben und unten, so viele Vogelstimmen von anderswo längst ausgestorbenen Arten.

Wilde Tiere sind einer der Hauptgründe für Neuseelandreisen – und auf der Südinsel gibt es eine Menge davon. Während sich der scheue Kiwi eher auf der Nordinsel beobachten lässt, ist die Südinsel eindeutig »the place to be«, wenn man Meeressäuger sehen möchte. Vor der tief ins Meer abfallenden Küste von Kaikōura tummeln sich so viele Pottwale, Seebären und Albatrosse, dass eine Sichtung nahezu 100-prozentig garantiert wird. Pinguine sind rund um Ōamaru so häufig, dass Verkehrsschilder vor ihnen warnen. Die neugierigen Kea-Papageien rupfen und zupfen frech an Autos, Rucksäcken und abgestellten Wanderschuhen herum und schrecken auch vor Kostproben an Türdichtungen nicht zurück (Füttern streng verboten!). Und wer in den Catlins campt, der sollte sich darauf gefasst machen, dass ein neugieriger Seelöwe im Zelt nach Essbarem sucht.

Ein weiteres entscheidendes Argument für die Südinsel: Weltweit gibt es kaum andere Orte, wo so große Gletscher bis fast hinab auf Meeresniveau reichen. In Neuseeland liegen der Fox und der Franz

Josef Glacier in bequemer Lage am Straßenrand. Zugegeben, in den letzten Jahren haben sich beide Gletscher besorgniserregend weit zurückgezogen. Aber die Zahl der Besichtigungsmöglichkeiten ist immer noch schwindelerregend: Wer einen Spaziergang (inzwischen leider nicht mehr bis auf den Gletscher, sondern nur noch zu einem Aussichtspunkt) zu langweilig findet, der kann einen »scenic flight« mit dem Kleinflugzeug machen, sich vom Helikopter auf dem Eis absetzen lassen oder eine geführte Gletschertour durch Eisspalten und -tunnel machen.

Zwischen all den Attraktionen hat man kaum Zeit zum Luftholen. Auf grandiose Gipfel folgen stille Seeufer und dichte Regenwälder, einsame Strände und schroffe Steilküsten. Und weil man die ständig neu bestaunen und fotografieren muss, dauert ein Roadtrip auf der Südinsel immer länger als gedacht. Viele Reisende mit straffem Routenplan fluchen dann, weil sie nirgends Zeit zum Bleiben und Genießen finden.

Auf der Südinsel ist der Weg das Ziel. Hier muss man sich Zeit nehmen, um die gewaltige Schönheit der Gegend wirklich aufnehmen zu können. Sonst läuft man Gefahr, nur die wichtigsten Attraktionen »abzufotografieren«, die man ohnehin schon aus zig Bildbänden und Fotokalendern kennt. Wer keine Zeit hat, der entdeckt weder die versteckten Schönheiten der Natur noch die sympathischen kleinen Ortschaften der Südinsel.

Allen voran das von Erdbeben gebeutelte Christchurch, die Studentenstadt Dunedin und das unterschätzte Invercargill, das einfach zu weit im Süden liegt. Auch das hübsche, sonnenscheinverwöhnte Nelson am Abel-Tasman-Nationalpark, Wanaka im Schatten der Adrenalin-Schleuder Queenstown oder das bereits erwähnte Ōamaru an der Ostküste sollte man nicht nur durchfahren, sondern wirklich mal erleben. Hier leben nämlich sehr nette Menschen, und die gehören zu den nachdrücklichsten Reiseerinnerungen, die wir aus Neuseeland mitgebracht haben.

Wer auf der Südinsel unterwegs ist, der findet viel Ruhe, unberührte Natur und Tierleben. Wer hier reist, sollte aber auch ein raueres Klima vertragen. Regen gehört dazu und ist in manchen Regionen der

Normalzustand. Kälteeinbrüche und Schnee können auch im Hochsommer für Straßensperrungen sorgen, weshalb die Pudelmütze (das »beanie«) auch ins Sommer-Reisegepäck der Neuseeländer gehört (dazu trägt man dann Flipflops und Shorts – ist schließlich Sommer). Surfen und baden tun hier eigentlich nur die Einheimischen, und selbst die tragen meistens wärmende Wetsuits.

Auf der Südinsel, die nur noch ein paar Tausend Kilometer nördlich von der Antarktis liegt, ist es im Durchschnitt immer ein paar Grad kühler als auf der Nordinsel. Außerdem ist das Wetter deutlich wechselhafter: Die heftigen »Southwesterlies« bringen eiskalte Luft direkt aus der Antarktis und lassen die Temperaturen binnen Stunden unter 10° Celsius fallen. An der Westcoast stauen sich Massen von Regenwolken, die aus der Tasman Sea herüberdrängen, und sorgen für tage- und wochenlangen Regen.

Eine Extratasche mit warmer Kleidung ist da auch im Sommer sehr empfehlenswert. Wir haben Mitte Januar (vergleichbar mit dem europäischen Juli) in den Catlins bei 13° Celsius gebibbert, nachts fiel das Thermometer manchmal fast bis auf den Gefrierpunkt. Die Westcoast gehört zu den regenreichsten Gebieten der Welt und als wir am Milford Sound einen ganzen Tag Sonnenschein erlebten, wurden wir von allen Seiten beglückwünscht.

Dies gesagt, bietet die Südinsel aber ein weiteres Highlight, das ganz anders ist: Im Norden wartet der Abel-Tasman-Nationalpark mit Tropenfeeling und Sonne satt. Gegen die jährlich mehr als 2.300 Sonnenstunden im Jahr kann Deutschland mit nur 1.400 Stunden einpacken. Auch im Winter scheint die Sonne zwischen Nelson und Takaka zuverlässig – zusammen mit den weißsandigen Stränden und dem türkisfarbenen Meer in den vielen kleinen Buchten ist die Tasman-Region ein tropisches Paradies. Kein Wunder eigentlich, dass man in Motueka und Collingwood auf zahlreiche ausgewanderte Ökobauern und Hippies trifft, die hier Bio-Obst und Wein anbauen, T-Shirts batiken und einfach das Leben genießen.

Ich will allerdings nicht verschweigen, dass all diese Schönheit und Spektakularität ihren Preis hat – wohl ein Phänomen des kosmisch ausgewogenen Karmas, oder (nach dem Glauben der Māori) der freche Scherz der Göttin Hine-Nui-te-Pō. Diese wollte die Menschen, die vor lauter Bewunderung der Schönheiten der Südinsel nicht mehr zum Arbeiten kamen, effektiv in Bewegung bringen und erschuf dazu die Sandfly – eine winzige Fliege, die in riesigen Schwärmen auftritt und mit ihren extrem juckenden Bissen schon so manchen Wanderer auf der Südinsel in den Wahnsinn getrieben hat. Das einzige wirksame Gegenmittel, wenn man sich nicht mit DEET eindieseln will, heißt nämlich: in Bewegung bleiben (mehr zu den possierlichen Tierchen im Kapitel »Was kreucht und fleucht«)!

Von dieser »Nemesis« der Naturfreunde bleibt die Nordinsel komplett verschont. Aber meiner Meinung nach sprechen durchaus noch mehr Gründe dafür, die kleinere, dichter besiedelte Insel bei einer Neuseelandreise nicht wegzulassen. Genau das tun leider viel zu viele Besucher; sie verbringen mehrere Wochen auf der Südinsel und meinen, den »Rest« Neuseelands in ein paar Tagen auf der Durchfahrt von Wellington nach Auckland mitnehmen zu können. Weit gefehlt!

Auf der »zivilisierteren« Insel Neuseelands leben drei Millionen Menschen, was etwa drei Vierteln aller Neuseeländer entspricht. Der Großteil von diesen lebt wiederum in Auckland. Die größte Stadt des Landes ist gleichzeitig die größte des gesamten Pazifikraums – und entsprechend auch Heimat für viele Pazifik-Insulaner. Neben diesen gibt es hier große chinesische, japanische und indische Communities.

Auckland ist wirklich sehr multikulti und für den Rest Neuseelands überhaupt nicht repräsentativ. Dieser »Rest« revanchiert sich oft mit beißendem Sarkasmus und hat den angeblich so arroganten Aucklandern, die über das rückständige, ländliche Neuseeland die Nase rümpfen, den Beinamen »jafa« gegeben (»just another f...ing Auckländer«). Total übertrieben, wie jeder sofort feststellt, der schon mal eine echte Großstadt gesehen hat – ja, da genügt auch schon Berlin! Die Wirtschaftsmetropole des Pazifiks gibt zwar mit einigen schicken Wolkenkratzern und dem Sky Tower an, der als höchstes Gebäude Ozeaniens gilt, ist aber im Herzen eine nette Kleinstadt geblieben.

Das ist einerseits schön, weil man es in Auckland nie weit zu einem Park oder zum Wasser hat. Andererseits führt die Überforderung der Stadtplaner mit den zunehmenden Einwohnerzahlen zu so nervigen

Dingen wie Dauerstaus auf den Hauptverkehrsrouten, explodierenden Grundstückspreisen und Mieten. Für uns Touristen erst einmal egal – aber der mangelhafte öffentliche Nahverkehr, der inzwischen viel zu kleine Flughafen oder die konstant ausgebuchten Hotels nerven uns dann doch.

Viel netter ist es doch da in Wellington! Die Hauptstadt Neuseelands liegt wunderschön in einer kleinen, nach Süden auf die Cook Strait geöffneten Bucht und ist das politische und auch kulturelle Zentrum des Landes. Hier finden Reisende, die mehr als Natur suchen, eine echte Kunstszene, immer mehr ausgezeichnete Restaurants und kleine Brauereien sowie ein Nachtleben, das den Namen verdient (habe ich mir sagen lassen – mit Kindern fällt das auf Reisen leider immer aus). Die Apotheose der Kultur ist das neuseeländische Nationalmuseum, das in Wellington gleich am Hafen steht: Te Papa Tongarewa ist quasi die Mutter aller Museen und übertrifft alles, was wir bisher gesehen haben.

Dann gibt es noch die Māori. Obwohl es mindestens genauso viele »iwi«, also Stämme von Māori, auf der Südinsel gibt und die ersten Bewohner Neuseelands auch dort viele Spuren hinterlassen haben, rücken sie doch erst auf der Nordinsel wirklich prominent ins Bild. In Rotorua, im Northland oder am East Cape fährt man nicht nur viel öfter an den aufwendig geschnitzten und verzierten, blutrot gestrichenen »marae« vorbei, in denen sich die Māori-Gemeinde trifft und die für Außenstehende »tapu« sind. Neugierige Touristen können in zahlreichen kulturellen Begegnungsstätten die traditionellen Tänze und Gesänge bewundern, sich im Flax-Weben oder Schnitzen versuchen und ein echtes »hangi«-Abendessen genießen.

Viele Māori-Gemeinden auf der Nordinsel, die unter Armut, hoher Arbeitslosigkeit und Perspektivlosigkeit leiden, haben den Tourismus als Einnahmequelle entdeckt. Frauen und Männer mit und ohne traditionelle Tattoos und mehr oder weniger traditionell gekleidet, bieten Führungen und Touren durch das Land ihrer Vorväter an, bei denen man einen kleinen Einblick in die spirituelle Welt der Māori bekommt. Ihre Perspektive auf die jüngere Geschichte Neuseelands, aber auch ihre Deutung von Naturphänomenen und die vielen Sagen und

Mythen, die sich um die Entstehung von markanten Orten drehen, sind ziemlich spannend – und bestenfalls öffnen sie einem die Augen für ein ganz anderes Neuseeland: »Aotearoa« eben.

Auf der Fahrt über die Nordinsel, wenn man von Auckland aus startet, wird man zuerst mäßig überrascht sein. Die sanften grünen Hügel und die lichten Wälder des Waikato und des Northland sind idyllisch und eine Freude fürs Auge, aber Hand aufs Herz: nicht so richtig spektakulär. Wer Hobbits mag, muss natürlich trotzdem den Abstecher ins ländliche Matamata machen, denn hier liegt das Set mit den Kulissen für die *Herr der Ringe*- und *Hobbit*-Filme. Und das ist wirklich sehenswert – wenn auch vielleicht nicht für jemanden, der von Mittelerde noch nie gehört hat.

Nur echte Fans können über die Besuchermassen hinwegsehen und den happigen Eintrittspreis wertschätzen. Ja, auch die Südinsel bietet eine Menge von spektakulären Film-Locations, die teilweise direkt am Straßenrand liegen. Aber wer sich wirklich auf die Spuren von Bilbo und seinen pelzfüßigen Freunden machen will, der kommt um einen Besuch in »Hobbingen« nicht herum; und wenn man schon mal auf der Nordinsel ist, steht auch ein Besuch der Weta-Filmstudios in Wellington auf dem Pflichtprogramm für Fantasy-Freunde.

Wie kann man sich nicht von der Nordinsel verzaubern lassen? Allein die unglaublich vielfältige Küstenlinie mit ihren weißen und schwarzen Stränden, den sanft geschwungenen Buchten und zerklüfteten Klippen ist ein Paradies, das man nie vollständig erkunden kann. Anders als auf der Südinsel kann man hier auch als zimperlicher Europäer frostfrei wind- und wellensurfen, schnorcheln, tauchen oder einfach baden. Besonders im Norden kommt man sich dabei teilweise wie in den Tropen vor.

Auch bei der Schönwetterverteilung kommt die Nordinsel in der Regel besser weg: Hier kann man mit schönen warmen (allerdings auch feuchten) Sommern rechnen, selbst im Winter wird man bei milden 10 bis 20° Celsius nicht allzu sehr frieren müssen.

Abgeschiedenere Ecken der Nordinsel wie das Northland, das East Cape, der äußerste Süden am Cape Palliser oder der westliche Zipfel rund um den Mount Taranaki sind sehr dünn besiedelt und sehen (noch) kaum Touristen. Es gibt aber auch, das will ich nicht verschweigen, ziemlich hässliche urbane Landstriche wie etwa die endlose Aneinanderreihung von Orten nördlich von Wellington, wo man nicht nur Staus und lieblose Bauten sieht, sondern auch regelrechte architektonische Verbrechen. Und wer in der Hauptsaison auf der Hauptroute unterwegs ist, der wird sich an den Attraktionen in Rotorua, auf der Tageswanderung im Tongariro-Nationalpark oder in den Höhlen von Waitomo den Platz mit Hunderten Touristen teilen müssen. Viele davon sind in geführten Gruppen in Reisebussen unterwegs und immer mehr kommen aus China – was nicht nur bei den leicht überforderten Neuseeländern leider immer mehr zu Ressentiments führt.

Wer kann es den Asiaten verdenken? Neuseelands Nordinsel ist mit ihren gut ausgebauten Highways und den kurzen Distanzen, auf denen sich ein Naturwunder ans nächste reiht, einfach und bequem zu bereisen. Wer sich von der grünen Wiesenpracht, den lauschigen Wäldern mit ihren Kalksteinfelsen und kleinen Wasserfällen nicht überzeugen lassen hat, wen die jahrtausendealten, riesigen Kauri-Bäume im Northland und selbst die bildschönen Strände an der Westküste und auf der Coromandel-Halbinsel nicht beeindrucken konnten, der wird spätestens im Zentrum der Nordinsel Ehrfurcht empfinden.

Hier erhebt sich das Tongariro-Massiv, ein schroffes Vulkangebirge mit Bergregenwäldern und (!) einer echten Wüste an seinen Flanken. Im Westen ragt der perfekte Vulkankegel des Taranaki über dem Wasser der Tasman Sea empor und im Norden blickt man auf die geothermale Zone von Taupō und Rotorua, wo es allerorten dampft und nach Schwefel duftet.

Diese Region ist überhaupt eines der wichtigsten Alleinstellungsmerkmale der Nordinsel. Weder auf der Südinsel noch sonstwo auf der Welt leben Menschen inmitten von Schwefelgestank und kochen ihr Essen in heißen Quellen im Garten und nirgendwo sonst spürt man bei jedem Schritt ein dumpfes Beben unter den Füßen, das daran erinnert, wie dünn hier die Erdkruste ist.

Und die kann jederzeit aufbrechen, wie zuletzt die gewaltige Eruption des Mount Tarawera im Jahr 1886 gezeigt hat. In letzter Zeit sind die derzeit aktiven Vulkane in Neuseeland verdächtig ruhig; ein erneuter schwerer Ausbruch ist erst einmal nicht zu erwarten (aber die Erde ist in dieser Beziehung ja immer für Überraschungen gut, wie die Erdbeben von 2011 und 2016 gezeigt haben). Wer mag, kann auf der Nordinsel trotzdem einen ordentlichen Mund voll Schwefeldampf nehmen: Per Helikopter fliegt man hinüber nach Whakaari/White Island vor der Küste von Whakatāne. Dieses schwefelgelbe Inselchen ist ein einziger großer Vulkan, der 321 Meter aus dem Meeresboden aufragt und ständig neues Land schafft. Er ist äußerst aktiv, stetig am Dampfen und kann jederzeit ausbrechen.

Besondere Bedeutung hat schließlich das nördlichste Ende von Neuseeland: Cape Reinga zieht jedes Jahr mehr Touristen an, die wahrscheinlich nur vorhatten, einmal am nördlichsten Punkt des Landes zu stehen. Wenn sie dann aber da oben vor dem dicken kleinen Leuchtturm stehen, Hunderte Meter unter ihnen ein gigantischer Strudel, wo die Wassermassen des Pazifiks und der Tasman Sea zusammenprallen, dann spüren sie die besondere Magie dieses Ortes. Die kommt nicht von ungefähr: Ganz weit vorn, an der letzten Spitze der Felsen, die sich ins tosende Meer verkrümeln, steht ein kleiner, verkrüppelter Pohutukawa-Baum. Die Māori glauben, dass die Seelen ihrer Verstorbenen genau dort unten an seinen Wurzeln in das Reich der Toten eintreten. Spätestens hier oben, am »Ende aller Dinge«, wird man sehr froh sein, dass man sich genug Zeit für die Nordinsel genommen hat.

Wofür würden wir uns entscheiden, wenn wir eine der beiden Inseln wählen müssten? Diese Frage wird mir oft gestellt. Ich habe darauf keine Antwort. Oder vielleicht doch: Ich bin froh, dass ich mich nicht entscheiden muss!

54. Grund

Weil die Highways eingebautes Kino haben

Neuseeland ist ein Land für Roadtrips! Die grandiosen Straßen, auf denen man hier täglich unterwegs ist, lassen einem ständig den Mund offen stehen. Dabei muss man noch nicht einmal großartig Routenplanung betreiben; nahezu jeder Highway bietet auf nahezu jedem Kilometer wunderschöne An- und Ausblicke. Das ist bei einer Reise in diesem Land gleichzeitig das Wundervollste und das Schlimmste: Man genießt jede Kurve und jedes neue Panorama, will an jeder Ecke aussteigen und staunen.

Fast könnte man meinen, die Neuseeländer hätten ihre Highways bewusst so gebaut, dass sie sich perfekt für Roadtrips eignen: Sie sind (großteils) ordentlich asphaltiert und ausgebaut, aber trotzdem höchstens zweispurig und schön kurvig, sodass man automatisch langsamer fährt und jederzeit anhalten kann. Idyllische Rastplätze mit Picknickbänken und sauberen Toiletten, gern auch einem kleinen Naturschutzgebiet mit Lehrpfad, laden zur Rast ein. Ganz anders als in Europa, wo man entweder auf seelenlosen Autobahnparkplätzen steht oder sich verschämt in vermüllte Ausfahrbuchten quetscht.

Wohnmobilreisen scheinen bei der Ausstattung der Infrastruktur oberste Priorität zu haben: Allerorts ist das Betanken und Entsorgen mit Frisch- und von Brauchwasser möglich, darf geparkt und übernachtet werden, wird freundlich auf die Besonderheiten des neuseeländischen Verkehrs hingewiesen. So kommen auch Unerfahrene schnell mit dem ungewohnten Wohnmobil zurecht.

Roadtrips sind außerdem nahezu alternativlos, will man Neuseeland wirklich entdecken. Außerhalb der großen Städte (und oft nicht einmal innerhalb derselben) kommt man ohne eigenes Fahrzeug fast gar nicht vom Fleck. Zugreisen in Neuseeland sind enorm schön, aber man gelangt auf der Schiene nur in wenige Teile des Landes, und das für vergleichsweise viel Geld. Und in den privaten Reisebuslinien wie »Stray Bus«, »Naked Bus« oder »Kiwi Experience« trifft man diejenigen, die noch gar keinen Führerschein haben (was angesichts ihres Alkoholkonsums auch nicht bedauerlich ist).

Nur ein Wohnmobil oder ein Auto gibt einem hier die Flexibilität und die Freiheit, jeden Winkel nach eigenem Belieben zu erkunden. Und darauf bekommt jeder Lust, der nur ein paar Kilometer auf Neuseelands Highways gefahren ist. Von diesem Land will man jeden Quadratzentimeter ganz in Ruhe anschauen! Da das aber selbst für diejenigen unter uns unmöglich ist, die wirklich viel Zeit mitgebracht haben, steht man an jeder neuen Kreuzung und an jedem neuen Morgen vor der Qual der Wahl: Was soll man anschauen und wo soll man hinfahren – wenn es gleichzeitig bedeutet, dass man Orte und Strecken weglassen muss, die man eben nicht sehen wird?

Zwar ist Neuseeland nicht viel größer als Italien; von Norden nach Süden misst es nur 1.600 Kilometer. Aber dass die Küstenlinie auf enorme 15.000 Kilometer kommt, lässt schon erahnen, wie viel Zeit man wirklich bräuchte, um »alles« zu sehen. Mit einem behäbigen Wohnmobil, das auf den engen Straßen beim besten Willen nicht mehr als 50 km/h im Tagesdurchschnitt schaffen wird, schrumpft die Reichweite auf maximal 400 Kilometer am Tag – da sind wir autobahnverwöhnten Europäer anderes gewohnt.

Auswählen muss sein, auch wenn es schmerzt. Zu den häufigsten Fragen angehender Neuseelandreisender gehört daher: »Wo müssen wir unbedingt hin, was dürfen wir nicht verpassen?« Einfach fahren und die Fahrt genießen, das ist inzwischen mein Tipp. Denn je nach Jahreszeit, Wetter und tagesaktueller Stimmung kann in Neuseeland fast jedes Stück Straße zum schönsten Roadtrip der ganzen Reise werden.

Die schönsten Roadtrips Neuseelands zu küren, fällt mir schwer. Einen Anhaltspunkt gibt die freundliche Hilfestellung der »touring routes«, die über beide Inseln verteilt an den schönsten Aussichten vorbeiführen sollen. Vom Twin Coast Discovery Highway im Northland über den Forgotten World Highway durch den Urwald von Taranaki bis zur Southern Scenic Route ganz im Süden der Südinsel zeigen die zwölf Prachtstraßen die schönsten Aussichten, die man in Neuseeland kriegen kann. Informationen zum Streckenverlauf und zu interessanten Abstechern am Wegrand geben die i-Sites, Neuseelands Tourist-Informationen.

Dann gibt es noch die Roadtrips, die sich als Favoriten auf nahezu jeder Reiseroute herauskristallisiert haben, sodass man sie gar nicht mehr gesondert empfehlen muss: die 120 Kilometer lange Sackgasse von Te Anau zum Milford Sound etwa, der Queen Charlotte Drive von Picton in die Marlborough Sounds oder die einfach grandiose Strecke von Queenstown nach Glenorchy, am Ufer des quietschblauen Lake Wakatipu entlang.

Etwas exklusivere Tipps sind die schmaleren, kurvigen Highways, auf denen man nicht in Kolonne mit zahlreichen anderen weißen Miet-Wohnmobilen fahren wird. Nicht nur, weil sie abseits der Haupt-Touristenrouten liegen: Auf der gewundenen Whanganui River Road etwa trafen wir keinen einzigen Menschen, obwohl uns die Fahrt von der belebten Kleinstadt Whanganui in den ebenso belebten Tongariro-Nationalpark führte. Auch die Te Anga Road, gar nicht weit von den Touristen-Hotspots Waitomo und Raglan auf der Nordinsel, ist ein Roadtrip durch verwunschenes Farmland, tiefen Wald und entlang einsamer, rauer Küsten.

Die besten Roadtrips sind natürlich diejenigen mit ordentlich Adrenalin. Mitunter erfordern Neuseelands Straßen enormes fahrerisches Können und mit Pech merkt man das erst, wenn man nicht mehr wenden kann. Die Remarkables Road hinauf in das gleichnamige Skigebiet bei Wanaka oder die Skipper's Canyon Road bei Queenstown sind so eng, voller Haarnadelkurven und von steil abbrechenden Straßenrändern ohne Leitplanken gerahmt, dass wir uns geradezu wunderten, keine verrosteten Campervan-Wracks auf den tief unten liegenden Abhängen zu erspähen (vor meinem inneren Auge sah ich uns dort bereits – noch nicht verrostet – liegen und stöhnte leise in das Polster des Beifahrersitzes).

Auch auf der Matukituki Valley Road, die durch mehrere Flüsse in den Mount-Aspiring-Nationalpark führt, passierten wir einige stecken gebliebene Wohnmobile, deren Fahrer die zahlreichen ausführlichen Warnschilder wohl nicht ernst genug genommen hatten: Nach Regenfällen schwellen die unschuldigen kleinen Wasserläufe

Neuseelands in Minuten zu reißenden Flüssen an und machen Furten unpassierbar. Mit Pech dauert ein Roadtrip in abgelegene Täler dann ein paar Tage länger, denn mehr als abwarten, bis die Pegel sinken, kann man in solchen Fällen nicht.

Nicht ohne Grund schließen viele Wohnmobilvermieter im Kleingedruckten ihrer Verträge explizit den Versicherungsschutz für ihre Kunden aus, sollten diese auf einer geschotterten Straße das Fahrzeug beschädigen. Wie schnell das gehen kann, erlebten wir mehrmals mit eigenen Augen: Da fuhr sich ein kleiner Campingbus in einem harmlos aussehenden Haufen Splitt fest, der sich am Wegrand aufgeschoben hatte, und musste von uns mit vereinten Kräften frei geschoben werden; und ein ganz normales Mietauto, das sich dem Rand der Schotterpiste zum Tasman Glacier zu sehr genähert hatte, legte nur wenige Meter vor uns einen filmreifen Überschlag hin. Den Insassen, zwei verwirrten Asiaten, war wie durch ein Wunder nichts passiert – aber ihre Selbstbeteiligung war definitiv fällig!

Viele der weniger befahrenen Straßen in Neuseeland sind nicht asphaltiert; diese »gravel roads« oder »metal roads« bedeckt eine Schicht Rollsplitt, der bei den schnell wechselnden neuseeländischen Wetterbedingungen besser zu pflegen ist als empfindlicher Asphalt. Rollsplitt hat allerdings den gravierenden Nachteil, dass er die maximale Geschwindigkeit bei zähneknirschenden 30 km/h setzt. Hat man das Pech, hinter einem anderen Fahrzeug herzufahren (was zum Glück eher selten vorkommt), dann ist man gefangen in einer blickdichten Staubwolke – und nüscht war's mit der tollen Aussicht.

Wie tückisch so eine »gravel road« nach Regenfällen werden kann, erlebten wir am eigenen Leib, als wir ahnungslos den Abzweig zu den »Waiau Waterworks« nahmen, die mitten im »bush« auf der Coromandel Peninsula liegen. Holterdipolter ging es durch eine Aneinanderreihung von Schlaglöchern und Schlammpfützen, aus denen unser weißer Campervan komplett andersfarbig auftauchte. Dass wir diesen wirklich witzigen Freizeitpark nur über eine uns verbotene Straße, nämlich die berüchtigte 309 Road, erreichen konnten, hatte der Reiseführer verschwiegen – und dass sie überhaupt verboten war, stellten wir zum Glück erst nachher fest.

Die Aussichten von diesen abgelegenen Straßen sind zuverlässig so spektakulär, dass sich jeder Tropfen Angstschweiß und jeder Kratzer am Fahrgestell lohnt. Unser Neid gilt all jenen, die sich für ihre Neuseelandreise einen eigenen Campervan kaufen können. Die gewundenen, einspurigen Straßen im nördlichen Teil der Coromandel Peninsula, die steile Ball Hut Road, die am senkrechten Felsen entlangführende Skipper's Canyon Road und auch der Ninety Mile Beach im Northland, auf dessen festem Sand Autos fahren können, stehen diesen glücklichen Menschen für einen Roadtrip offen, ohne dass sie eine saftige Strafe riskieren (das Risiko, sich im Sand festzufahren oder von der Klippe zu stürzen, bleibt natürlich dasselbe).

Nun aber genug des Jammerns. Selbst mit einem ungelenken Schulbus (und von denen fahren in Neuseeland einige herum, umgebaut zu Wohnbussen) kann man in Neuseeland direkt vom Fahrersitz aus Szenerien sehen, die einem den Mund offen stehen lassen. Dass man sich diese Aussichten zumindest in der Hauptsaison mit immer mehr anderen teilen muss – geschenkt. Wer erwartet schon, allein im Kino zu sitzen, wenn ein so umwerfender Film gezeigt wird?

55. Grund

Weil man nirgends besser wandern kann

Neuseeland ist berühmt für seine freie, vielfältige und vor allem gut zugängliche Natur. Seinen verdienten Ruf als Outdoor-Mekka haben dem Land vor allem die zahllosen Wanderwege für jeden Geschmack und jede Schwierigkeitsstufe verschafft – noch bevor man sich in Queenstown an Gummiseilen von Brücken stürzte.

In den guten alten Zeiten sah Wandern – oder »tramping«, wie man in Neuseeland sagt – so aus: Man schlug sich auf eigene Verantwortung in die Wildnis, wobei man Trampelpfaden folgte oder einfach der eigenen Nase nach querfeldein stapfte. Man wanderte unbeirrt von nervigen Sandflies und ständigen Regenschauern durch dichten Wald, balancierte über Geröllfelder, durchquerte reißende Bergbäche und unwirtliches Bergland. Schlafen unterm Sternenhimmel oder allenfalls in einer schäbigen Goldgräber- oder Hirtenhütte mit Lehmboden und ein paar Strohsäcken gehörte dazu. Von teurer Spezialausrüstung konnten Pioniere wie Edmund Hillary nur träumen; gewandert wurde in robusten Arbeitsschuhen oder Gummistiefeln und war die Woll-jacke durchnässt, musste man eben nass weiterlaufen. Das war abenteuerlich, anstrengend und durchaus gefährlich – aber echte Kiwis konnten so etwas ab.

Diese urtümlichen Bedingungen waren in Neuseeland bis weit ins 20. Jahrhundert hinein ganz normal. Dass es im Rest der Welt inzwischen anders zuging, wurde erst deutlich, als ausländische Besucher sich befremdet über die gefährlichen Wanderwege und die rudimentären Übernachtungsmöglichkeiten zeigten. Der Staat reagierte: Er übergab die Verantwortung für das große, aber kaum katalogisierte und noch weniger gepflegte Wanderwegenetz an das frisch gegründete Umweltschutzministerium (»Department of Conversation«, DOC). Noch in den 1980er-Jahren wurden viele Wege binnen weniger Jahre auf ein international anerkanntes Niveau gehoben.

Heute ist die Organisation der Nationalparks und Wanderrouten nahezu perfekt. Die enorm involvierten DOC-Mitarbeiter, unterstützt von überaus engagierten freiwilligen Helfern, halten die ausgezeichnet beschilderten Wege unermüdlich instand und legen auch fleißig neue an, was in sensiblen Regionen mit großer Rücksicht auf die Natur geschieht. Oft läuft man in Waldgebieten oder im Bergland zum Beispiel kilometerweit auf erhöhten »boardwalks«, damit die empfindliche Vegetation am Boden unbehelligt bleibt. Dazu kommt eine umfassende, ansprechend gestaltete Dokumentation aller Routen – Broschüren, die jeden Weg mit Karte, detaillierter Beschreibung und Informationen zu Aussichtspunkten erfassen, liegen oft kostenlos in den DOC-Büros und i-Sites aus, für die längeren Wege kosten sie wenige Neuseelanddollar.

Das ist besonders hervorzuheben, weil die Arbeit des DOC nicht nur schwierig, sondern auch kostenintensiv ist. Hütten müssen gebaut, instand gehalten und regelmäßig saniert werden, Brücken sind über wilde Flüsse zu legen und brauchen aufwendige Pflege; ganz zu schweigen von den zig Kilometern an Wegen, die von den Mitarbeitern immer wieder neu angelegt, umgeleitet, gesäumt und entwässert werden. Für den unermüdlichen Kampf gegen die Erosion und gegen Schäden durch Starkregen und Erdrutsche sind schweres Gerät und teure Maschinen nötig; viele Arbeiten in der unzugänglichen Wildnis werden über Helikopter erledigt.

Natürlich kann nicht jeder der Tausenden Wanderwege so aufwendig gepflegt werden. Um den wachsenden Zahlen wanderlustiger Touristen und ihren hohen Ansprüchen zu entsprechen, verfolgt das DOC in Zusammenarbeit mit der Tourismus-Agentur »Tourism New Zealand« eine clevere Strategie: Man lenkt den Großteil der Besucher mittels intensiven Marketings auf eine beschränkte Zahl von Wanderwegen, die sich vergleichsweise einfach laufen lassen. Diese werden unter hohem finanziellen Einsatz gepflegt, um ihre Massentauglichkeit zu erhalten.

Insgesamt neun Tracks werden im Zuge dieser Strategie als »Great Walks« beworben und gefördert, demnächst kommen zwei weitere hinzu. Die gut ausgebauten und sicheren Great Walks eignen sich ideal für Gelegenheitswanderer, Familien mit Kindern oder auch Reisende, die beim Wandern gern Gesellschaft haben, und geben garantiert wunderschöne Ein- und Ausblicke über die vielfältigen Landschaften Neuseelands. Einer der Great Walks ist gar kein »walk«, sondern eine mehrtägige Kanu-Route über den Whanganui River.

Die Kehrseite für uns Touristen: Wir werden zwar an die Hand genommen, müssen uns aber im Gegenzug anmelden, um diese Vorzeige-Wanderwege nutzen zu dürfen – einige von ihnen sind sogar kostenpflichtig. Für den Milford Track oder den Routeburn Track muss man sich bis zu sechs Monate im Voraus anmelden, um während der Hochsaison dort wandern und vor allem auf der Strecke übernachten zu können. Damit es nicht zu regelrechten Warteschlangen und Überbelegungen der Hütten kommt, herrschen teilweise strikte Zeitvorgaben, wie schnell die Tagesetappen zu laufen sind.

In der Hauptsaison werden organisierte Gruppenwanderungen für bis zu 40 Personen angeboten, Wege und Hütten sind mitunter brechend voll. Um möglichst viele Wanderer aufnehmen zu können, baut das DOC immer größere Hütten für bis zu 60 Personen, in denen die »hut wardens« inzwischen hauptberuflich arbeiten. Auf dem Abel Tasman Coast Track wandern jedes Jahr fast 300.000 Menschen!

Wer keinen Great Walk laufen kann oder will, muss nicht traurig sein. Neben den enorm stark vermarkteten Wegen, die immer neue Besucherrekorde verzeichnen, gibt es viele Wanderwege in Neuseeland, die kaum bekannt und wenig erschlossen sind. Hier trifft man den ganzen Tag keinen Menschen und hört nur die Vögel singen; nachts ist man auf den Hütten fast allein.

Einige dieser »tracks« sind sowohl sehr abgelegen (und nur mit Boot oder Helikopter zu erreichen) als auch sehr anspruchsvoll. Die raue Natur zeigt sich mit schnell anschwellenden Flussläufen, Wetterstürzen oder plötzlichen Erdrutschen oft von ihrer gefährlichen Seite und reißt immer wieder Wanderer in den Tod. Ein ortskundiger Guide und viel Wandererfahrung sind hier unbedingt zu empfehlen. Und: In den einfachen Holzhütten schläft man in Etagenbetten und hat weder Strom noch fließendes Wasser.

Daneben gibt es sehr viele weniger anspruchsvolle Routen, die sich mit normaler Kondition und Ausrüstung laufen lassen (einige sind sogar rollstuhl- oder kinderwagengeeignet). Das DOC stellt für fast jeden Wanderweg detaillierte Informationen bereit, die sich oft als kostenlose Faltblätter oder kleine Broschüren in den i-Sites und in den Büros der Nationalparks mitnehmen lassen. Wenn man sich dann noch vor dem Start nach dem Wetterbericht erkundigt, kann eigentlich nichts schiefgehen.

56. Grund

Weil es hier die schönsten Campingplätze der Welt gibt

Im Wohnmobil durch ein Land zu reisen und jede Nacht auf einem anderen Campingplatz zu übernachten, das kannten wir vor unserer ersten Neuseelandreise gar nicht. Aber schon nach wenigen Tagen wussten wir: Es kann keine bessere Art des Reisens in diesem Land geben. Immerhin ist Camping offenbar auch bei den Neuseeländern die beliebteste Art, Urlaub zu machen. Und »do what the locals do« ist beim Reisen ja immer eine gute Devise.

Neuseeländer lieben Camping, das bekommt man schnell mit. Nicht nur weil es bequem ist, einfach alles, was man braucht, in den Kofferraum zu werfen und loszufahren, sobald die Sonne scheint. Nicht nur, weil man beim Camping auf jeden Fall Gleichgesinnte treffen wird: nette Nachbarn, mit denen man ein Bierchen trinken und den ganzen Tag grillen kann, ganz wie daheim. Und sicher auch nicht nur deshalb, weil es für Familien mit mehreren Kindern – und davon gibt es in Neuseeland zahlreiche – die preiswerteste Form des Urlaubens ist.

Hotelzimmer und Ferienwohnungen sind nicht nur teurer, sondern gerade in der Hochsaison schlicht ausgebucht. Hotelburgen oder Apartmentanlagen wie an der Mittelmeerküste, die Platz für Tausende finanzbewusste Gäste bieten, sucht man in Neuseeland – zum Glück! – vergebens. (Wer am Camping so gar nichts finden kann oder (begründete) Angst vor allzu schlechtem Wetter hat, für den bietet fast jeder neuseeländische Campingplatz auch feste Unterkünfte: Von einfachen Cabins mit blanken Matratzen oder kleinen Wohnwagen bis hin zu stylishen Beach-Bungalows ist für jeden Geschmack und Geldbeutel etwas dabei.)

Hightech-Campingausrüstung und Zelte nach dem neuesten Globetrotter-Trend sieht man auf Neuseelands Campingplätzen nicht; es muss das alte Steilwandzelt herhalten, das schon Onkel James und Tante Jane in den Siebzigern aus England mitgebracht hatten, oder man hat sich ein Billig-Iglu im Ramschkaufhaus »The Warehouse« gekauft.

Der Spaß steht im Vordergrund, und die Familie. Wir staunten immer darüber, wie viele Personen aus einem klapprigen Kleinbus klettern konnten, in welcher Windeseile diese Großfamilien ihre Siebensachen auf dem Rasen verteilten, wie viele Freunde und Bekannte aus dem Nichts neben dem Kleinbus erschienen und wie klein das Zelt war, in das alle passen sollten.

Unser strahlend weißer Miet-Campervan war zwar keiner der großen Alkoven-Kästen, die behäbig durch die Gegend schaukeln und von der Finanzkraft ihrer Insassen zeugen. Aber auch in unserem Sprinter mit Hochdach, der weder Dusche noch eingebaute Toilette bot, kamen wir uns neben campenden Kiwi-Familien immer ein wenig ... abgehoben vor. Bleibt für die Einheimischen schlicht kein Mietfahrzeug übrig, wenn immer mehr Touristen in ihrem Land campen wollen? Fühlen sich die Neuseeländer im Zelt wohler?

Was auch immer der Grund ist: Auf den schickeren, teuren Campingplätzen an touristischen Hotspots wie Russell in der Bay of Islands, Queenstown oder Te Anau trafen wir nur selten urlaubende Neuseeländer; dort reihte sich ein strahlend weißes Mietfahrzeug ans nächste, eines größer und luxuriöser als das andere. Viel Kontakt zu anderen Reisenden bekamen wir dort nicht: Man blieb für sich auf seiner zugewiesenen Stellplatzparzelle, gegessen wurde in den geräumigen Wohnkabinen, und abends leuchteten die Monitore der Onboard-Fernseher und Laptops auf.

Kein Vergleich zu den privaten »holiday parks« und »motorhome parks«, die sich unterhalb dieser Preis- und Komfortstufe im ganzen Land finden: Hier, wo man von den oft schon ziemlich alten Besitzer-Ehepaaren wie ein Familienmitglied empfangen und freundlich eingewiesen wurde, wo die Sanitäranlagen sauber, aber abgenutzt aussahen und wo der Spielplatz für die Kinder aus einem löcherigen Trampolin und einem mit Sand gefüllten Traktorreifen bestand, fühlten wir uns wohler. Hier trafen wir auch andere Reisende mit Kindern, die offen für einen Plausch oder ein gemeinsames Abendessen in der Gemeinschaftsküche waren, hier wurden wir von campenden Kiwis zum BBQ eingeladen, und unsere Kinder hatten plötzlich neue Freunde.

Ich denke ja, es ist vor allem die Liebe zur Natur, die echte Neuseeländer an jedem freien Wochenende hinaus ins Grüne treibt und sie dort ihr Zelt aufschlagen lässt. Die Touristen lassen sie gern in ihren Luxus-Enklaven mit Spa und überdachten Wohnmobil-Parzellen unter sich. Der klassische neuseeländische Campingurlaub führt dorthin, wo die Familie schon immer Urlaub gemacht hat, mindestens aber seit den 1960er-Jahren (und es gibt so einige Campsites, in denen sich seither nicht allzu viel verändert hat).

(Zugegeben: Teilhabe an der Kultur der Neuseeländer, das bedeutete hin und wieder auch, dass unsere Kinder sich gar nicht wie angekündigt auf dem Spielplatz vergnügten, sondern sich in den Aufenthaltsraum des Campingplatzes schlichen. Gab es so einen mit Fernseher, wurden dort ab dem späten Nachmittag nämlich gern die herrlichsten Trash-TV-Shows in Dauerschleife geschaut. Dass sie kein Wort Englisch verstanden, machte unseren Kids da plötzlich gar nichts aus ...)

Wie eng es werden kann, wenn ein ganzes Land gleichzeitig Ferien hat, das kennen wir noch aus der DDR – ein FDGB-Platz an der Ostsee war damals gleichbedeutend mit einer Villa am Starnberger See. Ähnlich begehrt sind offenbar auch in Neuseeland die Campingplätze mit der schönsten Lage oder der geringsten Entfernung zu Auckland. Touristen, die spontan vorbeikommen wollen, haben dann keine Chance.

Campingplätze wie der Totaranui Bay Campground im Abel-Tasman-Nationalpark müssen bis zu einem Jahr im Voraus reserviert werden. Einen der über 800 Plätze bekommt man hier nach einem komplizierten Quotensystem zugeteilt, das unter anderem berücksichtigt, wie viele Jahre man schon hintereinander hier war. In der Region rund um Auckland, wo Hunderttausende die Sommerwochenenden genießen wollen, ist zwischen November und Ende Februar kein einziger freier Stellplatz mehr zu bekommen, wenn man nicht Wochen im Voraus reserviert hat.

Und wenn ein seit Generationen beliebter Campingplatz von Schließung bedroht ist wie zum Beispiel der Takapuna Beach Holiday Park in Auckland, dann kann er sich auf seine treuen Gäste verlassen. Die kämpften im angesprochenen Fall mehrere Jahre lang verbissen gegen ein Konsortium, das den Campingplatz in exklusiver Strandlage mit Traumblick auf Rangitoto Island räumen und in einen Segelclub verwandeln wollte; willfährig unterstützt vom Stadtrat. Takapuna Beach wurde nach 15 Jahren zäher Verhandlungen und Unterschriftenaktionen gerettet – wenigstens für die nächsten 30 Jahre.

Eine Camping-Klasse für sich sind die mehr als 250 staatlich verwalteten Campingplätze des Umweltschutzministeriums DOC. Hier trifft man an oft sehr abgeschiedenen Plätzen, die vergleichsweise wenig kosten und noch weniger Annehmlichkeiten bieten, eine andere

Spezies von Reisenden an. In der Hauptsaison sind es oft preisbewusste Reisende aus dem Ausland, denen es nichts ausmacht, auf Strom und fließendes Wasser (das schließt auch ein WC ein!) zu verzichten. Statt der großen Wohnmobile mit den Schlafbeulen über der busbreiten Fahrerkabine stehen hier die kleineren Kastenwagen, oft schon etwas abgeranzte Budget-Mietfahrzeuge oder gleich Marke Eigenbau, gebraucht gekauft aus fünfter Hand und seitdem mit Mucke, Spucke und ganz viel Klebeband am Laufen gehalten.

Abschätzige Blicke erntet man hier nicht, im Gegenteil: Da wird über die besten Tracks in der Gegend gefachsimpelt, man haut sich gegenseitig mit krassen Reisegeschichten die Taschen voll und lauscht abends andächtig dem Gitarrenspiel des coolen Typen mit den Dreadlocks (der hoffentlich mehr als die drei Backpacker-Akkorde beherrscht). Die unterste »Basic«-Kategorie der DOC-Campsites bietet nur ein Plumpsklo und Wasser aus einem Fluss, kostet dafür aber: nichts. Im Gegenzug bekommen die Gäste hier eine geballte Ladung neuseeländischer Natur. Es gibt DOC-Campsites auf einsamen Inseln, in verlassenen Goldgräberstädtchen, an stillen Bergseen oder an weißen Traumstränden.

Wirklich allein ist man heutzutage auch auf den einsameren dieser Plätze nur noch selten; zu stark ist der Druck des Massentourismus. Nur in der tiefsten Nebensaison oder auf sehr schwer zugänglichen Orten erlebt man noch das Original-Neuseeland-Gefühl, einen Platz ganz für sich allein zu haben. Abends ein Feuer zu schüren, nachts die Augen nicht schließen zu können ob der Abermillionen Sterne, morgens ein Nacktbad im eiskalten Fluss – diese Idylle ist selten geworden.

Die DOC-Campsites liegen oft inmitten von Nationalparks oder »scenic reserves«, einige sind nur zu Fuß oder per Kajak erreichbar, und mehr als 20 Stellplätze bieten sie nur in Ausnahmefällen. Für Naturfreunde sind sie die ideale Ausgangsbasis für Wandertouren und auch wir nutzten diese abgeschiedenen Plätze gern, um auszuprobieren, wie das Campen in der komplett freien Wildnis sich wohl anfühlt. Das geht nämlich auch.

»Freedom Camping« heißt es in Neuseeland, wenn man sein Wohnmobil irgendwo parkt, wo es niemanden stört – am Straßenrand, an einem Strand oder auf einer Bergwiese. Kostenlos, solange man niemanden stört und sich rücksichtsvoll verhält. In einem Land, das prinzipiell allen Bürgern gehört und von ihnen frei genutzt werden kann, hat das Tradition.

Und es funktionierte auch lange Zeit sehr gut: Die Camper nahmen Rücksicht auf Anwohner und hielten Abstand zu Wohngebieten, sie hinterließen keinen Müll und nutzten entweder die Toilette in ihrem Wohnmobil oder halt die überall zugänglichen öffentlichen Toiletten. Am nächsten Morgen packte man zusammen und fuhr weiter – im Gepäck die Erinnerung an einen ganz persönlichen Geheimtipp, den man für sich allein genossen hatte.

Dann kamen immer mehr Touristen, die diese Geheimtipps auch sehen wollten und es klasse fanden, dass sie so Geld sparen konnten. Gut situierte Reisende in den mittleren Jahren können und wollen es sich leisten, täglich einen Campingplatz aufzusuchen, der sie das Äquivalent eines günstigen Motelzimmers kostet. Seit einigen Jahren kommen aber immer mehr junge Leute nach Neuseeland, die nach dem Abitur erst mal herumreisen und gern länger im Land bleiben wollen. Im Rucksack haben sie das »Working Holiday Visa«, mit dem sie unterwegs arbeiten und sich so die Reisekosten verdienen wollen – ein Traum, der oft schnell platzt, wenn sie keinen Job finden und das Geld zur Neige geht.

»Freedom Camping« kommt solchen Budget-Travellern sehr entgegen, denn es kostet ja nichts. Anstatt einen zufällig gefundenen Platz mitten im Nirgendwo wegen seiner Schönheit zu genießen und ihn dann wieder sich selbst zu überlassen, sieht »Freedom Camping« heute so aus: Mithilfe von Apps, die kostenfreie Stellplätze im ganzen Land verzeichnen, sucht man sich den nächsten heraus und richtet sich dort wohnlich ein. Da werden auf öffentlichen Parkplätzen die Campingmöbel aufgebaut und die Wäsche aufgehängt, da wird in Hörweite von Wohnhäusern abends Party gemacht.

Das kann man wohlwollend tolerieren; junge Leute halt … Aber wenn dann noch der Müll liegen gelassen wird, Feuerstellen nicht gelöscht werden und die örtliche Toilette bis zum Überlaufen benutzt wird oder sich gleich alle in den Büschen erleichtern, dann habe ich vollstes Verständnis für die Anwohner von Städten wie Nelson oder Christchurch, die gegen solche »Freedom Camper« auf die Barrikaden gehen.

Muss es denn immer nach dem Schema ablaufen, das der großartige Roman *The Beach* am Beispiel eines thailändischen Strandes beschreibt? Einige Glückliche entdecken einen Geheimtipp und geben ihn weiter, bis ihn alle sehen wollen und ihn genau dadurch zerstören. Dass dieses Schicksal auch genau den Strand ereilte, an dem der Film zum Buch gedreht wurde, ist eine zusätzliche bittere Ironie.

Die Freiheit, überall im Land sein Zelt aufschlagen zu können, wird in Neuseeland immer weiter eingeschränkt – obwohl den Neuseeländern selbst dabei das Herz blutet, das liest man zwischen den Zeilen der jährlich wiederkehrenden Debatten deutlich heraus. Heute darf man eigentlich nur noch dort frei stehen, wo ein Schild dies ausdrücklich erlaubt; oft mit weiteren Einschränkungen wie maximal einer Nacht oder dem Verlassen des Platzes spätestens um 8 Uhr morgens. Überhaupt ist das »Freedom Camping« nur noch mit Fahrzeugen gestattet, die mittels Zertifikat nachweisen können, dass sie ihre Insassen für mindestens drei Tage autark versorgen können.

Es scheint nichts zu bringen – in der Hochsaison streiten sich Urlauber um die begehrten freien Stellplätze, tägliche Kontrollen auf Einhaltung der Regeln kosten die Gemeinden viel Aufwand. Und immer wieder werden schwarze Schafe durch die Medien getrieben, wenn »Freedom Camper« sich besonders rücksichtslos verhalten haben.

Der Trend scheint klar: Wenn bald so viele Touristen nach Neuseeland kommen, dass das »Freedom Camping« komplett verboten wird und die Campingplätze jeden Wucherpreis verlangen können, dann wird irgendwann ein Umdenken einsetzen. So schön kann Neuseeland gar nicht sein, dass man sich diese Preise antut, wird es dann heißen. Die notorisch klammen Backpacker und die Touristenmassen werden sich einem neuen Traumreiseziel zuwenden – und dann können wir Neuseelandfans endlich wieder die Ruhe auf den herrlichen Campingplätzen genießen.

57. Grund

Weil man am Cape Reinga den Seelen beim Wandern zusehen kann

Sie sieht ein bisschen aus wie ein Wurm, und das passt ja auch ganz gut zu der Legende, die sich die Māori von ihrem Vorfahren, dem Halbgott Māui, erzählen: Der zog mithilfe seines magischen Angelhakens die Nordinsel Neuseelands in Gestalt eines Fisches aus dem Meer. Ihr Name lautet entsprechend »Te Ika-a-Māui«, der »Fisch von Māui«. Der eingebildete Wurm, der vorn aus dem Fischmaul herausschaut, ist in Wirklichkeit eine sehr lange, sehr schmale und immer schmaler werdende Halbinsel. Über knapp 100 Kilometer erstreckt sich die Aupōuri Peninsula vom Flecken Kaitaia nach Norden, wobei Ost- und Westküste teilweise weniger als zehn Kilometer voneinander entfernt sind.

Ganz vorn an der Spitze, wo die Wellen des Pazifiks spektakulär diagonal mit den Wellen der Tasman Sea kollidieren und auf der flachen Columbia Bank einen regelrechten Strudel erzeugen, ragt trutzig und bescheiden ein über 70 Jahre alter, weiß gestrichener Leuchtturm auf. Er macht Cape Reinga/Te Rerenga Wairua zu einer Touristenattraktion. Hier, am vermeintlich nördlichsten Punkt Neuseelands, machen sie beeindruckt Fotos vom Leuchtturm und von dem knallgelben Wegweiser des neuseeländischen Automobilclubs, der die beachtlichen Entfernungen nach Tokio, Los Angeles oder London vermeldet.

Im stolzen Glauben, nun an der nördlichsten Spitze Neuseelands gestanden zu haben, kehren die meisten Besucher dann wieder um – denn hier endet der State Highway 1, auf dem man Neuseeland vom äußersten Norden bis in den tiefsten Süden durchfahren kann. Mehr als 120.000 Menschen kommen jedes Jahr her, in der Hauptsaison parken täglich an die 1.300 Autos hier. Und was suchen sie? Den nördlichsten Punkt Neuseelands.

Was die wenigsten wissen: Sie sind hier zwar an einem spirituell sehr bedeutsamen, aber mitnichten am nördlichsten Punkt des Landes. Den würden sie erst erreichen, wenn sie noch ein paar Kilometer in Richtung Nordwesten zum Cape Maria van Diemen weiterlaufen würden. Aber so viel Zeit bringen die meisten nicht mit, oder es erscheint ihnen zu anstrengend. Dabei ist der Te Paki Coastal Walk, der dort hinführt, ganz einfach zu laufen.

Würde man vom Cape weiterwandern, gelangte man entlang der Westküste zur Mündung des Te Paki Stream, der den Beginn des sagenumwobenen 90 Mile Beach markiert – eines nicht ganz 90 Kilometer langen Strandes, der mit dem Auto befahren werden kann und ein beliebtes Ausflugsziel für Anwohner und mutige Touristen ist. (Da die meisten Campervan-Anbieter den Fahrkünsten ihrer Mieter nicht bis zur Nasenspitze vertrauen, ist das Befahren des Strandes für die meisten Mietfahrzeuge untersagt; auch wir begaben uns hier lieber in die Obhut eines geübten Shuttlebus-Fahrers.)

Die wie ein Pult nach vorn ragende Felsenspitze am Cape Maria van Diemen, von der man weit über den breiten Halbmond des goldenen, menschenleeren Twilight Beach blickt, ist also der nördlichste Punkt des neuseeländischen Festlandes – dachte zumindest der Niederländer Abel Tasman, der anno 1642 hier als erster Europäer vorbeisegelte und Landvermessungen vornahm. Wie erst seit einigen Jahren bekannt ist, hat sich der wackere Entdecker damals ein wenig vertan.

Der eigentlich nördlichste Punkt des neuseeländischen Festlands liegt nach neuesten Messungen an den Surville Cliffs, die etwa 30 Kilometer nordöstlich vom Cape Reinga zu verorten sind. Am Fuß dieser steinigen, unzugänglichen Klippen ankerte im Dezember 1769 der französische Kapitän Jean-François-Marie de Surville und kam dem berühmten James Cook damit knapp zuvor – die beiden Schiffe könnten sich theoretisch sogar von Weitem erblickt haben, wenn die Wetterbedingungen das zuließen. In die Geschichtsbücher schaffte es der Franzose trotzdem nicht, obwohl einige seiner Landsleute ein paar Jahre später eine französische Kolonie auf der Banks Peninsula bei Christchurch gründeten, deren kulturelle und sprachliche Spuren dort noch heute deutlich zu bemerken sind.

So gründlich informiert waren wir damals nicht, als wir unsere Stirnen in den ewig blasenden kalten Wind am Cape Reinga hielten –

uns war es aber auch nicht so wichtig, wo wir uns exakt befanden. Viel spannender schienen uns die Hinweisschilder auf dem akkurat gemähten Rasen, die uns freundlich baten, das »tapu« der heiligen Māori-Stätte zu beachten und hier am Cape Reinga weder Speise noch Trank zu uns zu nehmen.

Das nicht ganz nördlichste Kap Neuseelands hat für die Māori aller Stämme (und das will bei den ziemlich kriegerischen und sich stetig bekämpfenden Ureinwohnern Neuseelands etwas heißen!) eine enorm wichtige Bedeutung, die weit über die Geografie hinausgeht: Nach ihrem Glauben zieht es die Seelen aller Verstorbenen hierher in den Norden, wo sie am Fuß eines kleinen, knorrigen Pohutukawa-Baums in die Unterwelt einfahren. Von da aus wandern sie dann zurück nach Hawaiki, in die halb mythische Heimat der Vorfahren, wo vor etwa 1.000 Jahren die ersten Menschen in hochseetüchtigen Kanus nach Neuseeland aufbrachen. So ganz angekommen sind die Māori eben immer noch nicht in ihrer neuen Heimat, könnte man scherzen.

In der Sprache der Ureinwohner Neuseelands hat das Kap im hohen Norden Neuseelands seinen Namen genau dafür erhalten: »Reinga« heißt Unterwelt, »Te Rerenga Wairua« bedeutet so viel wie »der Absprungplatz der Geister«. Dass eine gewisse Magie diesen Ort umgibt, fühlten sogar wir ahnungslosen Pākehā, die mit Geistern und Ahnen nichts am Hut haben. Denn der Pohutukawa-Baum steht ja tatsächlich dort unten am Fuß der Felsenklippen, davon konnten wir uns selbst überzeugen. Und wer sagt denn, dass der beständige Wind hier oben nicht von den vielen Seelen verursacht wird, die in Windeseile ins Jenseits unterwegs sind?

Die Macht ist stark am nördlichsten Ende Neuseelands. Das spürten wir nicht nur oben am Leuchtturm, sondern noch viel deutlicher am Fuß der Klippen, wo sich ein kleiner, staatlich verwalteter Campingplatz in die goldene Bucht der Tapotupotu Bay schmiegt. Nur eine Handvoll Urlauber nahm sich die Zeit, wie wir die Nacht hier zu verbringen. In kleiner Runde hockten wir vor unseren Campervans, grillten die eben aus der Brandung gefischten Barsche und schauten andächtig zu, wie der Mond unterging und am Nachthimmel der unglaublich hell leuchtenden Milchstraße Platz machte. Und nahmen uns im Stillen vor, unsere Seelen später einmal auch hierher zu schicken, ans nördlichste und magischste Ende Neuseelands.

58. Grund

Weil die Strände schwarz sind

Von der Millionenmetropole Auckland durch die Waitākere Ranges nach Muriwai zu fahren, an die weite Biegung des unendlich breit scheinenden Strandes, der vom Gischtnebel verhangen unter dem weiten Himmel liegt, das dauert nur eine knappe Stunde. Aber es fühlt sich an wie ein echter Zeitsprung, hinein in eine ganz andere Welt.

Hier ist Ruhe. Hier ist Platz. Und irgendwie stimmt etwas nicht; aber was diesen Strand so fremdartig wirken lässt, fällt erst nach einer Weile auf: Der Sand ist, je nach Lichteinfall, aschgrau bis tiefschwarz. Bis hinauf zum Kaipara Harbour, wo das noch abgeschiedenere Northland beginnt, zieht sich ein endlos scheinender Streifen aus schwarz glitzerndem Vulkansand.

Am südlichen Ende des Strandes erheben sich schroff die Felsen des Otakamiro Point über die brettflache Küstenebene und trennen Muriwai Beach von der Māori Bay. Hier geht die schwarzsandige Schönheit weiter, und zwischen schroffen Steilküstenstücken warten weitere Traumstrände wie Te Henga/Bethells Beach, Piha oder Karekare. Dessen unwirkliche, abweisende Schönheit beeindruckte mich bereits 1993, als ich den Strand als Hintergrund im Film *Das Piano* von Jane Campion bewunderte. Was für ein erhebendes Gefühl, wenn man dann wirklich hier steht: an einer Küste, die noch vor 150 Jahren den englischen Siedlern (und vor allem ihren Frauen und Kindern) wie das Ende der Welt erschienen sein muss und die für die meisten auch das Ziel einer Reise ohne Rückkehr war.

Die Strände der wilden Westküste sind nicht im klassischen Sinne paradiesisch und laden auch nicht unbedingt zum Baden ein – ihre starken und schnell wechselnden »rip tides« ziehen immer wieder Schwimmer und Surfer weit aufs Meer hinaus und sorgen trotz engagierter freiwilliger Rettungsschwimmer jedes Jahr für Todesfälle (ein weiterer Filmtipp aus dem Jahr 1993 ist die neuseeländische TV-Serie *Piha Rescue*, die im Stil von *Baywatch* die lokalen Rettungsschwimmer bei ihren Einsätzen begleitete).

Hier am Strand kann man vor allem: schauen. Durchatmen. Zurückkommen zu sich selbst, nach einer harten Arbeitswoche in Auckland – stelle ich mir vor. Viele Bewohner der größten Stadt Neuseelands scheinen das jedenfalls so zu machen, denn an den Wochenenden werden die sonst so einsamen schwarzen Strände ganz plötzlich aus ihrem Traumschlaf gerissen. Wenn sich dann Hunderte und Aberhunderte Sommerfrischler mit Sonnenschirmen, Kühlboxen und Campingstühlen an den Stränden tummeln, ihre Surfboards und Motorboote auf den Wellen tanzen und die gelb-roten Fahnen der »life guards« den weiten Strand abstecken, erkennt man die abgeschiedene Idylle kaum wieder.

Wer auch an Wochenenden Ruhe sucht, der orientiert sich weiter südlich: Bis hinunter zum majestätisch aufragenden Kegel des Taranaki (früher Mount Egmont) bezaubert die fast schnurgerade verlaufende Küstenlinie mit kilometerlangen, breiten Stränden aus schwarz glitzerndem Sand. Der Vulkan ist auch die Lösung des Rätsels, warum die Strände an Neuseelands Westküste alle schwarz sind: Körnchen für Körnchen spült die Strömung die Überbleibsel der untermeerischen und sehr eisenhaltigen Lavaströme des einst ziemlich aktiven Vulkans nach Norden und nach Süden.

Je näher man der Taranaki-Halbinsel kommt, desto schwärzer sind die Strände. Schwarzer oder dunkelgrauer Sand findet sich sogar noch an den Stränden der Westcoast auf der Südinsel. Der Sand glitzert nicht nur, er ist auch ein wenig magnetisch – und haben sich die superfeinen Körnchen einmal im Stoff des Kinderhosenbodens festgesetzt, sind sie auch durch fleißiges Waschen nicht mehr herauszubekommen. Selbst unsere Füße nahmen nach einigen Tagen Surfurlaub in Muriwai Beach eine seltsam dunkelgraue Tönung an, die sich nicht mehr wegschrubben ließ. Ganz abgesehen davon, dass sich der schwarze Sand in der Sonne natürlich viel stärker aufheizt als normaler heller Sand – wer hier ohne Flipflops, Verzeihung: »jandals«, unterwegs ist, bereut es schnell. Vielleicht ist das der Grund, warum viele Neuseeländer lieber an den »normalen«, also den weißen Stränden an der Ostküste Urlaub machen? Fast die gesamte Westseite der Nordinsel ist ziemlich unerschlossen, es gibt nur wenige Ortschaften und noch weniger Campingplätze. Auch ausländische Touristen sieht man an der Westküste der Nordinsel kaum. Die wenigsten machen den Abstecher von den thermalen Attraktionen bei Rotorua hierher, und die Reiseführer schweigen sich freundlicherweise darüber aus, was es hier zwischen Port Waikato und New Plymouth zu entdecken gibt: das echte, unberührte Neuseeland nämlich.

Am wilden Ruapuke Beach, am Tongaporutu Beach, am versteckten Waikawau Tunnel Beach oder am Kāwhia Beach, unter dem sich als Bonus heiße Thermalquellen verstecken, haben wir auch an Wochenenden bis auf einige verrückte Langleinen-Angler (die angeblich Haie fangen wollten) keine Menschenseele getroffen. Es gibt keine Rettungsschwimmer, keine Spielplätze oder Toiletten, keine Imbissbuden und keine Surfbrett-Verleihe. Baden konnten wir hier nicht. Dafür haben wir uns durch dunkle Felsentunnel gewagt, sind über Klippen gekraxelt, unter Wasserfällen hindurchgerannt und haben unsere Füße kreischend aus dem herantobenden Wasser gezogen.

Die Eindrücke, die man von hier mit nach Hause nimmt, sind so einzigartig wie sonst fast nichts in Neuseeland. Weiße Traumstrände mit Planschgelegenheiten für die Kinder findet man schließlich überall (und in Neuseeland fehlen dann auch noch die Schirmchen und die Kokospalmen). Wir bleiben lieber an den schwarzen Stränden und bestaunen die Vielfalt der Natur, die hier mittels Wasser- und Windkraft täglich neue Kunstwerke aus dem Zusammenspiel von türkisgrünen Wellen, weiß schäumender Brandung, orange leuchtenden Lehmklippen und schwarzem Sand erschafft.

59. Grund

Weil die Strände endlos sind

Habe ich gerade von den wunderschönen schwarzen Stränden an Neuseelands Westseite geschwärmt? Damit wollte ich mitnichten sagen, dass die Strände an Neuseelands Ostseite weniger sehenswert wären! Unberührt von vulkanischer Verschmutzung, liegen sie in normal gelblich bis weißer Färbung da und können – Hand aufs Herz – mit den karibischen Paradiesen, wie man sie aus der Batida-de-Coco-Werbung kennt, nicht mithalten.

Keine Kokospalmen, keine Strandliegen und vor allem kein badewannenwarmes Wasser; das ist dann aber schon alles an Kritik. Neuseelands weiße Strände sind nämlich trotzdem wunderschön. Ihr großer Vorteil: Gerade weil es hier eklatant an Schirmbars und Resorts mangelt, hat man diese Paradiese oft ganz für sich allein. Und paradiesisch sieht es schon aus, wenn man zum Beispiel den Rarawa Beach ganz im Norden der Aupōuri Peninsula entdeckt hat.

Etwa in der Mitte des 90 Mile Beach, nur auf der gegenüberliegenden Seite der schmalen Landzunge, erstreckt sich am nördlichen Ende der Great Exhibition Bay ein Streifen aus purem Weiß. Fotoapparate ohne ISO-Regler kommen hier an ihre Grenzen. Der Sand am Rarawa Beach ist ungelogen so weiß wie Mehl. Er besteht aus fast reinem Quarz und ist fein wie Puder.

Einen weißeren Strand findet man auf der ganzen Welt nicht, und vor dem Hintergrund des türkisblau schimmernden Meeres kann man sich fast in der Karibik wähnen (nur die Palmen fehlen, wie gesagt). Weil der Pazifik selbst im Hochsommer empfindlich kühl und die Brandung heftig ist, badet man hier lieber in einem geschützten Gezeitenpool. Klettert man vom nördlichen Ende des Strandes noch ein paar Minuten weiter über die Felsen, erreicht man mehrere Felsenbecken, die so tief sind, dass sich das hier angesammelte Wasser auf sehr angenehme Temperaturen erwärmt. Solche »mermaid pools« werden an den rauen Stränden der Ostküste oft zum Baden genutzt, und das nicht nur von Meerjungfrauen.

So richtig kitschige karibische Strände gibt es in Neuseeland allerdings auch. Vor allem an den unberührten, dicht bewaldeten Küsten des Abel-Tasman-Nationalparks reiht sich einer an den anderen, und das Beste: Viele sind gar nicht mit dem Auto zugänglich, sondern nur zu Fuß, per Kajak oder Wassertaxi. Während der Hauptsaison sind die traumhaften, ruhigen Buchten mit goldenem Sand zwar nicht mehr wirklich einsam, dafür tummeln sich im kleinsten Nationalpark Neuseelands inzwischen einfach zu viele Besucher. Aber trotzdem: Mal schnell ins Aquataxi steigen und sich über das türkisblaue, von Delfinen und Seebären wimmelnde Meer zu einem idyllischen Strand schippern lassen, wo man dann wahlweise eine Etappe auf dem Abel Tasman Coastal Walk bis zur nächsten Bucht wandert oder einfach sitzen bleibt und die Füße baumeln lässt, bis das Aquataxi nach ein paar Stunden wiederkommt – das hat schon einen Hauch von Paradies.

Und im Gegensatz zu den wirklich einsamen, noch weißsandigeren Stränden der Westcoast, die immerhin von Nikau-Palmen beschattet werden, sind die goldenen Strände weiter nördlich herrlich frei von Sandflies – der winzigen, in Schwärmen auftretenden Kriebelmücke, deren Bisse so manchen Neuseelandreisenden in den Wahnsinn getrieben haben.

Ein richtig typisch neuseeländischer Strand ist aber eher nicht golden, kinderfreundlich flach und mild. Die Mehrheit ist vielmehr wild, rau und breit. So wie Pakiri Beach, der wie so viele tolle neuseeländische Strände am Ende einer langen, furchtbar schlechten Schotterstraße liegt. Mit schmerzendem Rücken stiegen wir nach zehn Kilometern aus unserem Campervan und rissen dann Augen und Münder auf: Der Strand, der sich vor uns auftat, war unglaublich.

Auf dem Hunderte Meter breiten, von endlos langen Wellen beleckten Sand sahen wir niemanden außer zwei Männern, die in der Brandung standen und Haie angelten. Nach und nach entdeckten wir dann immer mehr kleine Gestalten zwischen den Wellen tanzen, die sich hin und wieder aufrichteten – wagemutige Surfer, die den guten »swell« nutzten. Jede Verlockung, die wir zum Mitmachen gespürt hätten, verflog schnell, als wir sahen, dass die Jungs auf ihren Brettern Sturzhelme trugen.

Kiwis sind hart im Nehmen. Wir haben immer wieder gestaunt, mit welch heroischer Missachtung von Gefahren und Kälte sich Kinder und Senioren ins Wasser stürzten, wo wir selbst warm eingepackt und bibbernd im eisigen Wind niemals einen Gedanken ans Baden verschwendet hätten. Und sollte das Wetter auch mal für europäische Frostnasen badetauglich sein, bin ich als Mutter immer etwas besorgt: Wenn nicht die krasse UV-Strahlung meine Kinder mit Sonnenbrand und Hautkrebs bedroht, dann lauern bestimmt gefährliche Strömungen hinter der Brandung oder giftige Quallen. Ganz zu schweigen von Haien, die sich ab und zu an neuseeländischen Stränden blicken lassen – die werden in der Regel von beherzten Badenden vertrieben, aber alle Jubeljahre endet eine Hai-Attacke tödlich.

Ein richtiger neuseeländischer Strand bietet zweifellos einen großartigen Anblick, aber zu spaßen ist mit ihm nicht. Genau dieser Respekt, den die neuseeländische Natur mir abnötigt, der macht die Strände in Neuseeland für mich zu den schönsten der Welt. Hier gibt es weder Strandliegen noch Drinks mit Schirmchen, aber dafür die pure Wucht der Elemente. Nur her damit, immer wieder!

60. Grund

Weil Neuseeland Mittelerde ist – nicht nur in Matamata

Bevor wir zum ersten Mal über die grünen Inseln am anderen Ende der Welt gereist waren, hatte Neuseeland eigentlich nicht auf unserem Radar gestanden – wir wussten, dass es das Land gibt, aber dorthin reisen? Warum?

Dann kam der erste Teil von *Der Herr der Ringe* in die Kinos. Und einige Monate später sahen wir ein Poster im Schaufenster unseres Reisebüros hängen, das Rundreisen per Campervan in Neuseeland anpries – und schauten ein zweites Mal hin. Das ist doch dort, wo *Der Herr der Ringe* gedreht wurde?! Könnten wir uns doch mal anschauen!

Das milde Interesse, das wir damals im Jahr 2002 verspürten, nach einigen wunderschönen Eindrücken aus den saftigen grünen Wiesen von Waikato, dem waldigen Hinterland von Wellington, den unwegsamen Bergen im Nelson-Lakes-Nationalpark und natürlich dem Bilderbuchdorf »Hobbingen« in Matamata, loderte in den folgenden Jahren zu einer heißen Flamme auf. Teil 2 und 3 der Fantasy-Trilogie, die von ihrem Autor J.R.R. Tolkien eigentlich in England angesiedelt worden war, brachen sämtliche Besucherrekorde in den Kinos, heimsten Oscars ohnegleichen ein und lockten mehr und mehr Reisende nach Neuseeland. Dessen klassischer Werbeslogan »100 % pure« wurde in einem geschickten Schachzug flugs zu »100 % middle earth« umgetauft (Mittelerde ist die fiktive Welt des *Herrn der Ringe*).

Nach Mittelerde wollten so viele Menschen, dass die Neuseeländer von dem Boom ordentlich überrascht wurden. Eine Umfrage des Bezahlsenders HBO aus dem Jahr 2015 rückte Neuseeland als Drehort-Reiseziel auf Platz eins, nach New York (für die Kult-Serie *Sex and the City*) und Nordirland (für eine weitere Fantasy-Buchverfilmung, die wahnsinnig erfolgreiche HBO-Serie *Game of Thrones*). Im selben Jahr erreichte Neuseeland Platz drei in einer Umfrage von *USA Today* zur »Best Cinematic Location«.

Warum das so ist? Für jeden, der schon einmal mit dem *Location Guidebook* von Ian Brodie durch Neuseeland gereist ist, das jeden Drehort der *Herr der Ringe*-Trilogie minutiös vermerkt, liegt die Antwort auf der Hand. Die offenbar extrem landeskundigen Location Scouts haben Neuseeland von Nord nach Süd durchkämmt und die Vielfalt des Landes weidlich genutzt. Nahezu für jeden Ort, von dem in den Tolkien-Büchern die Rede ist, haben sie einen vollwertigen Repräsentanten gefunden – sei es das sanfte Auenland, die weiten Steppen von Rohan oder die vom bösen Herrscher Sauron vergiftete Vulkanlandschaft von Mordor. Auch die Set-Designer haben meisterhafte Arbeit geleistet: Die diversen Burgen, Dörfer und Elbenpaläste wurden so behutsam und geschickt in die umgebenden Landschaften eingebettet, dass man sich immer noch in die Welt von Bruchtal, Edoras oder Mordor versetzt fühlt, selbst wenn die Pavillons, Türme und Aufbauten nach dem Dreh wieder vollständig abgebaut wurden.

Nur ein einziger Ort in Neuseeland wurde tatsächlich als »Mittelerde« belassen: das beschauliche Dorf »Hobbingen« (englisch: »Hobbiton«). Es wurde auf dem Gelände einer privaten Schaffarm errichtet und wie der Rest der Drehorte zunächst wieder abgebaut – nicht vollständig allerdings. Die schmucklosen Überreste einiger Hobbit-Höhleneingänge standen noch ziemlich traurig in der Landschaft herum, als wir im Frühjahr 2002 Matamata erreichten. Das Farmgelände war für Besucher nicht zugänglich, also stiefelten wir ziemlich orientierungslos in der Gegend herum, folgten den vagen Hinweisen einiger Anwohner und wähnten uns schließlich an einer Stelle, die ganz genauso aussah wie im Film – oder nicht?

Was hätten wir dafür gegeben, nur einige Monate später da gewesen zu sein, als sich die Familie Alexander dann doch entschloss, die Überreste des Filmsets für Filmfans zu öffnen. Wir kamen wieder: 2011, nur wenige Wochen vor dem Beginn der Dreharbeiten für den *Hobbit*, die monumentale Fortsetzung des *Herr der Ringe*-Epos (die zeitlich allerdings etwa 50 Jahre früher angesiedelt ist). Und waren begeistert: Hier war tatsächlich das echte Hobbit-Dorf, das wir aus den Filmen kannten, wiederauferstanden! Belegt mit einem strengen Geheimhaltungsvertrag, der uns vor der Ausstrahlung der Filme zu Schweigen verpflichtete, streiften wir mit unserem fachkundigen Guide verzückt über die Pfade von »Hobbingen«.

Für die Familie Alexander war es wohl die beste Entscheidung ihres Lebens, das Hobbit-Dorf wieder aufzubauen, schaut man sich an, was nach 15 Jahren aus dem abgelegenen Flecken in der Nähe einer Pferdezüchter-Kleinstadt geworden ist: Ein riesiger Besucherparkplatz empfängt täglich Tausende Gäste, die zuerst ins »Shire's Rest«-Café mit großem Shop gebeten werden, dann einer (durchaus amüsanten) Schafschur-Vorführung beiwohnen dürfen und schließlich mit Bussen auf das größte Freiluft-Filmset der Welt gebracht werden.

An die 80 Reisegruppen werden täglich über die Pfade von »Hobbingen« geführt, dürfen an Bilbos Tür klopfen (wo das Schild »No admittance except on party business« mahnt) und zum Abschluss ein Bier im Dorfpub »Green Dragon Inn« trinken. Im Hobbit-Dorf sind ganzjährig an die zehn Gärtner beschäftigt, um die reich blühenden

Beete und wuchernden Sträucher rund um die Häuschen zu pflegen. Das Bier, der Apfelwein und das Ginger Beer, die im »Green Dragon Inn« serviert werden, stammen aus einer eigenen Brauerei. Aus den Schornsteinen der 44 Höhlen steigt Rauch auf, nachts dringt Licht aus den Fenstern, und es ertönt leise Flötenmusik. Das Einzige, was fehlt, sind echte Hobbits.

Das mag jetzt nach billigem Disneyworld-Nepp für Hardcore-Fans klingen. Tatsächlich ist es aber ein zauberhaftes Erlebnis, durch die Kulissen des Hobbit-Dorfes zu spazieren. Die unglaubliche Detailverliebtheit der Nachbauten, die Spuren von Humor und die überall versteckten Bezüge zur Welt von Mittelerde und nicht zuletzt die vielen Anekdoten der Guides machen den Besuch von »Hobbingen« selbstverständlich zum Pflichtprogramm für jeden Fan. Aber auch Menschen, die (noch) keine Berührung mit dem *Herr der Ringe*-Universum hatten (wie damals unsere ahnungslosen Kinder, die sich heute einen erneuten Besuch sehnlich wünschen), können sich der Magie des Ortes nur schwer entziehen. Das hier ist wirklich ein aus Zeit und Raum gefallener Ort, der direkt in der Fantasiewelt »Mittelerde« liegt.

Ein »Hobbingen«-Besuch schlägt eine ordentliche Kerbe in die Reisekasse. Das ist aber auch das einzige Mal, dass man als *Herr der Ringe*-Fan in Neuseeland Eintritt für den Zugang zu einem der Drehorte bezahlen muss. Wer nicht darauf beharrt, mittels Allrad-Truck oder Helikopter die unzugänglicheren Locations besuchen zu wollen oder mit einem ehemaligen Mitglied der Filmcrew und Zauberhut, Schwert und Zauberstab ausstaffiert lustige Selfies zu schießen, der kann auf eigene Faust im ganzen Land Drehorte entdecken.

Nur selten sind diese mit Schildern offiziell markiert, wie das Flusstal im Kaitoke-Regionalpark bei Wellington, das als Hintergrund für das Elbendorf Bruchtal diente. An den meisten Locations hat der Dreh äußerlich keine Spuren hinterlassen; bei den Filmarbeiten wurde peinlich darauf geachtet, die Natur nicht zu verändern.

Diese über 200 Berggipfel, Hochtäler, Wälder, Seen und Parks sind so beeindruckend, dass sie auch für Nicht-Fans wunderschön aussehen. Oft würde man als Nicht-Eingeweihter gar nicht vermuten, dass man gerade an einem ehemaligen Drehort steht. Selbst wenn man nicht mehr exakt sagen kann, wo genau in den weiten Hochebenen rund um Twizel, in den grünen Hügeln von Waikato, im Stadtpark von Wellington oder in der abweisenden Vulkanlandschaft des Tongariro-Massivs eine Szene gedreht worden sein mag; immer wieder überkam uns das untrügliche Gefühl, wir hätten diese oder jene Szenerie schon einmal irgendwo gesehen.

Obwohl es durchaus Kritik an der Mittelerde-Vermarktung (oder gar dem »Ausverkauf« Neuseelands als Fantasy-Location) gibt, muss man zugeben: Mittelerde, oder zumindest das, was sich Regisseur Sir Peter Jackson darunter vorgestellt hat, findet sich wirklich überall in Neuseeland. Dass der Kiwi-Nationalheld neun Jahre später die Verfilmung des *Hobbit* in weiteren drei Monumentalteilen hinterherwarf, hat den Hype noch mehr angekurbelt. Auch nach dem Kinostart des letzten Teils im Jahr 2014 sieht es nicht danach aus, als würden die Besucherzahlen in »Hobbiton« nachlassen, im Gegenteil – sie stiegen noch einmal um 50 Prozent an.

Fast ein Fünftel der Touristen gaben im Jahr 2015 an, ein Hauptgrund für ihre Neuseelandreise sei die Neugier auf Mittelerde gewesen. Es gibt inzwischen über 30 Unternehmen in Neuseeland, die Mittelerde-Location-Touren anbieten, man kann komplette Rundreisen unter diesem Fokus buchen.

Dabei gibt es in Neuseeland noch viel mehr »andere Welten« zu entdecken: In Castle Hill bei Christchurch wurde der Fantasy-Film *Narnia* gedreht, die Wälder von Rotorua bildeten den Hintergrund für den zauberhaften amerikanischen Familienfilm *Elliott, der Drache* und das abgelegene Bergland um Glenorchy und Paradise diente als Setting für die Krimiserie *Top of the Lake.*

Auch andere Regisseure schauen inzwischen verstärkt nach Neuseeland, wenn sie nach Drehorten für ihre Filme suchen. Die Filmindustrie in Wellington ist vor allem dank Sir Peter Jackson, der jeden Arbeitsschritt in seiner Heimat erledigt wissen möchte, zu einer veritablen Wirtschaftsgröße geworden – der Spitzname »Wellywood« ist wohl verdient. »Mittelerde« war ein Ticket für Neuseeland, mit dem es auf einen Schlag in den Mittelpunkt der Welt gelangte. Ob man sich von diesem Etikett wieder freimachen kann?

Weil Auckland die größte Stadt Polynesiens ist

Die größte Stadt Neuseelands, am 18. September 1840 offiziell gegründet und direkt zur Hauptstadt Neuseelands ernannt, empfing uns nicht allzu freundlich, als wir am Ende unserer zweimonatigen Familienauszeit hier ankamen. Unter wolkenverhangenem Himmel fuhren wir weiter und weiter ins Zentrum hinein und fühlten uns dabei zunehmend eingeengt von immer mehr Fahrzeugen, die auf immer mehr Fahrspuren vor, hinter und neben uns sausten – und bald im schon fast vergessenen Stop-and-go-Tempo einer ganz normalen Großstadt dahinzuckelten.

Drei und mehr Fahrspuren nebeneinander, fahrbahnbreite Verkehrsschilder über der Straße, mit Ampeln geregelte Auffahrten und überhaupt: so viele Autos! Wir waren überwältigt, und das nicht im positiven Sinne.

Mag sein, dass wir unsere ersten Eindrücke von Auckland auf unfaire Weise mit der Trauer über die baldige Abreise vermischten – aber wir hatten erst einmal gar keine Lust auf die Stadt. Blicken wir heute auf unsere Fotos, müssen wir lächeln. Allzu großstädtisch überwältigend sieht das überschaubare Stadtzentrum hinter der Waterfront rückblickend gar nicht aus. Allenfalls die gläsernen Fronten des Britomart-Bahnhofs und das aufgemotzte Wynyard Quarter am Hafen machen einen auf modern. Weder die sehr überschaubare »Einkaufsmeile« auf der Karangahape Road (von Kennern lässig abgekürzt mit »K' Road«) noch die wenigen Hochhäuser, die sich im CBD rund um den 328 Meter hohen Sky Tower – immerhin den höchsten Fernsehturm der Südhalbkugel! – zusammendrängen, schaffen es, echte Metropolen-Atmosphäre zu verbreiten.

Entsprechend wenig verwundert es, dass Auckland eben keine Hauptstadt ist; diesen Rang musste es bereits 1862 wieder an Port Nicholson abtreten, das heutige Wellington. (Zur Ehrenrettung Aucklands sei gesagt, dass Wellington nicht etwa mit mehr Großstadt-Flair glänzte, sondern mit einer strategisch günstigeren Lage – die Südinsel

Neuseelands war damals weit dichter besiedelt und wegen der Gold- und Kohlefunde wesentlich bedeutsamer.)

Das Einzige, was Auckland wirklich zur Großstadt qualifiziert, ist sein horrender Verkehr. Dank jahrelanger Fehlplanung und Versäumnisse ist der öffentliche Nahverkehr keine echte Alternative, sodass jeder mit dem eigenen Auto zur Arbeit, zum Einkaufen und zum Picknicken pendelt. Das Ergebnis: stundenlange Staus auf den Motorways, die sich kreuz und quer durchs Stadtgebiet ziehen. Aber wenigstens genießt man dabei Traumblicke auf den Auckland Harbour und den Hauraki Gulf.

Dass ein Drittel der Einwohner Neuseelands in Auckland lebt, macht die Stadt noch lange nicht zur Metropole. Nach wie vor leben die meisten in kleinen, einstöckigen Häusern, die sich über eine große, ziemlich zersiedelte Fläche erstrecken. Auch wenn die Māori die Stadt »Tāmaki Makaurau«, »eine junge Schönheit mit einhundert Liebhabern«, nennen – so richtig haut Auckland keinen Touristen aus Übersee vom Hocker. Für die einen ist es nur Start- oder Endpunkt ihrer Neuseelandreise, die ganz im Zeichen der Natur steht – und der Schönheit der grünen Hügel und der weißen Strände kann Aucklands überschaubare Skyline wenig entgegensetzen. Für die anderen schneidet Auckland im Vergleich mit anderen Großstädten der Welt zwangsläufig eher enttäuschend ab. Sogar viele Alteingesessene schämen sich ein wenig für ihre Heimatstadt und verbringen ihre Freizeit am liebsten in der näheren Umgebung, die zugegebenermaßen eine Menge an Abwechslung und Natur zu bieten hat.

Schade! Was Auckland nämlich wirklich zu einer besonderen Stadt macht, ist nicht die Zahl seiner Einwohner, sondern deren Herkunft: Auckland ist die mit Abstand multikulturellste Stadt Neuseelands. Einen großen Anteil an den vielen verschiedenen Bevölkerungsgruppen haben die Polynesier, die 14 Prozent der 1,4 Millionen Einwohner Aucklands stellen. In keiner anderen Stadt der Welt sieht man so viele Pazifik-Insulaner.

Neuseeland wurde ja ohnehin ursprünglich von Pazifik-Völkern entdeckt und besiedelt. Inselstaaten wie Samoa, Fidschi oder die Cook-Inseln sind, obgleich Tausende Kilometer entfernt, doch die nächsten Nachbarn des Landes. Und auch in der Neuzeit kommen Menschen aus Tonga, Tuvalu oder von den Fidschi-Inseln nach Neuseeland, um hier zu leben. Während Samoa seit 1962 nicht mehr von Neuseeland verwaltet wird, gibt es noch mehrere kleinere Atolle, die von hier aus regiert werden. Das war praktisch, als man in den 1960er-Jahren in Neuseeland billige Arbeitskräfte brauchte. Viele Einwanderer blieben auch nach Ablauf ihrer Visa und bildeten im Laufe der Zeit eine »Unterschicht«, die in prekären Verhältnissen unter ständiger Angst vor Abschiebung lebte.

Wie sehr sich die abwertende, manchmal feindliche Einstellung der Aucklander zu ihren Pazifik-stämmigen Mitbürgern in den letzten Jahren gewandelt hat, erlebt man am eindrücklichsten beim »Pasifika Festival«. Das größte kulturelle Ereignis der polynesischen Gemeinde findet seit 25 Jahren im Western Springs Park statt, der auch den Zoo von Auckland beherbergt. Der Stadtpark scheint an diesen zwei Tagen regelrecht verwandelt – als hätte man die sonnenverbrannten Wiesen und den großen Teich geradewegs auf ein Pazifik-Atoll gebeamt. Von eher privaten Schul- und Gemeindeaufführungen hat sich dieses pazifische Tanzfestival in ein Mega-Event verwandelt, zu dem Hunderttausende Besucher und Teilnehmer aus dem gesamten Pazifikraum anreisen.

In elf »Dörfern«, die rund um den Parkteich die verschiedenen Pazifikstaaten repräsentieren, tanzen dann zwei Tage lang Hunderte Ensembles den samoanischen »Siva«, den »Lakalaka« aus Tonga oder den »Tamure« von den Cook Islands. Mit Blumenketten behangene Hünen schlagen auf Trommeln ein und zupfen die Ukulele, Frauen in Baströckchen und Kokosnuss-Bikinis bieten Spezialitäten wie Schokolade aus Vanuatu oder »Palusami« aus Samoa an. Der ganze Spaß bei herrlichstem neuseeländischen Spätsommerwetter, mit Tausenden von entspannten Kiwi-Familien auf Picknickdecken, das klingt doch verlockend!

Leider haben wir das »Pasifika Festival« bei unseren Besuchen in Auckland bisher immer knapp verpasst. Aber pazifisches Lebensgefühl konnten wir trotzdem schnuppern, als wir durch Aucklands Stadtteil Ōtara fuhren. Der wurde kurzzeitig berühmt durch den Hit

How Bizarre der Band OMC – eine Abkürzung für »Ōtara Millionaire's Club«, was ein böser Scherz ist, denn der Großteil der Einwohner von Ōtara, von denen zwei Drittel Pazifik-Insulaner sind, ist alles andere als reich. Auf dem Samstagsflohmarkt herrschte trotzdem fröhliche Stimmung, und wir gaben für Fake-Blumenketten, gebatikte Kindershirts und pazifisches Street Food viel mehr Geld aus als geplant.

Das Einzige, was wir dort nicht gesehen haben: Touristen aus Europa. Die hatten sich schon naserümpfend wieder in ihre Campervans gesetzt und waren in die Bay of Islands weitergefahren.

62. Grund

Weil hier der Sternenhimmel unter der Erde wartet

Auf unserer ersten Neuseelandreise starteten wir ohne große Pläne in unserem kleinen Campervan von Auckland aus nach Norden – mal schauen, was es hier so gab? Es gab reichlich Landschaft: grüne Hügel, hinter denen links oder rechts vom Straßenrand das türkisblaue Meer aufblitzte, und immer wieder idyllische breite Strände und kleine Buchten, umrahmt von dicht wachsendem, unbekannten, Gesträuch. Dass die zotteligen Pohutukawa-Bäume in wenigen Wochen in einer Explosion von Rot aufblühen und die gesamte Küste bunt färben würden, was ihnen den neuseeländischen Beinamen »Christmas Tree« eingebracht hat, wussten wir damals nicht.

Wir wussten auch nicht, was uns erwartete, als wir spontan dem Wegweiser zu den Waipu Caves folgten. Höhlen besichtigen macht ja meistens Spaß – und diese hier sah aus, als würde sie ein besonderes Abenteuer bieten, denn auf der kurvigen, geschotterten Straße waren wir ganz allein unterwegs und mussten den Weg vom Parkplatz am Straßenrand über eine Wiese bis zu einer weißgelben Kalkstein-Felswand ohne Ausschilderung suchen. Wir wollten die Suche nach dem Höhleneingang schon aufgeben, das Fehlen von Hinweisschildern oder Ticket-Bude schien uns seltsam.

Aber doch – hier war eine Höhle, oder jedenfalls ein niedriges Loch in der zerklüfteten Felswand, kaum zu sehen zwischen Farnen und Bäumen. Das musste der Eingang zu den Waipu Caves sein! Die vorsorglich mitgebrachten Taschenlampen wurden angeschaltet (damals hatte noch keiner von uns ein Smartphone mit dieser eingebauten Funktion dabei), und hinein ging es ins Dunkel!

Keine touristische Vermarktung bedeutete auch, dass es in den Waipu Caves, sobald wir ein paar Meter hineingetapst waren, stockfinster war. Vorsichtig stolperten und tasteten wir uns im Schein der Lampen über einen schmalen Bach, vorbei an kleinen und großen Stalagmiten, die von unten nach oben wuchsen, und Stalaktiten (die von oben nach unten hängen). Dann erlebten wir unser neuseeländisches Höhlenwunder.

Im ersten größeren Höhlenraum öffnete sich über unseren Köpfen nicht nur eine hoch aufgewölbte Decke, sondern ein veritabler Sternenhimmel. Unzählige weiß-blau leuchtende Pünktchen blinkten und flimmerten still über uns, neben uns und teilweise auch mitten zwischen uns. Was war das??

Dass es sich bei den Sternen unter der Erde um Lebewesen handelte, bemerkten wir schnell; sobald wir nämlich in begeisterte Ausrufe ausbrachen und uns schneller bewegten, erstarb das Leuchten um uns herum. Ganz vorsichtig erkundeten wir die Leuchtpunkte: Sie saßen am Ende von langen, klebrigen Fäden, die aus Nestern von der Höhlendecke baumelten – gar nicht mehr so mystisch, sondern eher igitt.

Auf Neuseeländisch heißen die räuberischen Tiere, die auf diese Weise andere Insekten anlocken, »glow-worms« – aber mit den Käfern, die mit sanft gelbgrün pulsierenden Hinterteilen durch europäische Sommernächte fliegen und nach Partnern suchen, haben sie nichts zu tun. Die neuseeländischen »Glühwürmchen« sind die Larven einer endemischen Pilzmückenart, die an dunklen Orten mittels leuchtender Fangfäden auf die Jagd gehen. Je hungriger sie sind, desto heller leuchten sie – und erschreckt man sie als vorbeitrampelnder Tourist, dann erlöschen sie.

Das Schauspiel des lebenden Sternenhimmels genossen wir in Neuseeland später an den verschiedensten Stellen; die »glow-worms«

leben nämlich nicht nur in Höhlen im ganzen Land, sondern sind auch in dichten Wäldern zu finden. Eine Nachtwanderung durch den »bush«, vorzugsweise dort, wo kleine Bachläufe und Steilwände zu finden sind, empfiehlt sich auf Nord- und Südinsel.

Das Massentourismus-Getümmel an den weltberühmten Waitomo Caves, wo man eine zugegebenermaßen spektakuläre Höhlentour mit einem gigantischen Würmchen-Sternenhimmel erlebt, lässt sich also ohne Weiteres vermeiden. Zum Glück für uns, denn mit Kleinkindern im Schlepptau, denen ein »Psst!« herzlich egal ist, wird man auf den Rundgängen durch die Waitomo Caves nicht allzu gern gesehen.

Unser persönlicher Geheimtipp ist der Campingplatz »Smiths Family Farm« in den Marlborough Sounds bei Linkwater. Wer dort die freundlichen Besitzer nach der Schatzkarte für die Nachtwanderung fragt und der Route über die Weiden und in den dichten Wald am Fuß des Mount Oliver folgt, der erlebt eine wunderschöne Überraschung (auch wenn an dieser Stelle klar sein dürfte, was am Ende der Wanderung wartet ...).

63. Grund

Weil das King Country im Dornröschenschlaf liegt

Grün, grün, grün reihten sie sich aneinander, säumten den zweispurigen, kurvigen Highway, lenkten den Blick vom Mittelstreifen weg, weit weg, bis zum Horizont, wo das Grün der Schafweiden (denn nichts anderes sind sie) an das Knallblau des unendlich hohen Himmels stieß. Hier verschwamm nichts, kein Körnchen Staub lag in der sauberen Luft – die Kontraste zwischen den Farben waren messerscharf gezogen.

Sattes Grasgrün und dunkleres Waldgrün kleiner Baumgruppen wechselten sich mit noch satterem Blau ab, Kilometer um Kilometer. Wo der Himmel nicht blau genug war, übernahm das Meer – mal sahen wir es rechts von der gewundenen Te Anga Road aufblitzen, dann wieder links. Und manchmal grätschte ein Streifen leuchtenden

Gelbs dazwischen; der von Wind und Regen zu weichen Kurven gewaschene Kalkstein von Felsengruppen, die in bizarren Formen aus dem Grün aufragten.

Sie führten uns, nur wenige Meter vom Parkplatz am Straßenrand entfernt, in eine Landschaft, die man nur als »otherworldly« beschreiben kann: nicht von dieser Welt. Als hätte man zwischen die grasbewachsenen, von geduldig weidenden Schafen kurz gehaltenen Hügel ein Überraschungspaket gesetzt, in dem die Regeln der offenen Ebene nicht mehr gelten. Ohne etwas zu sagen, liefen wir ehrfürchtig über den Plankenweg, der sich durch ein Dickicht aus knorrigen Baumstämmen, herabhängenden Luftwurzeln und dichten Farnwedeln wand, entlang eines leise murmelnden Baches – des Mangapōhue River.

Eine Hängebrücke führte in einen saalhoch aufragenden Felsentunnel, in dem unsere leise bewundernden Rufe widerhallten. Wäre es dunkel gewesen, hätten wir an den Wänden einen blau-weißen Sternenhimmel aus »glow-worms« aufleuchten sehen; die Larven der nur in Neuseeland heimischen Langhornmücke sitzen gern an feuchten Felsüberhängen und warten auf Nahrung. Draußen schien aber die Sonne – die holte uns am Ausgang des 17 Meter hohen Tunnels mit ihren warmen Strahlen ab und geleitete uns zurück unter den offenen, blauen Himmel hinter der Felswand.

Wir waren, wenn das überhaupt möglich ist, noch sprachloser als zuvor: Durch sonnengewärmte, wie weichgezeichnete Hügel wand sich ein Flüsschen, dessen Ufer von Baumfarnen beschattet wurden; hin und wieder spitzte ein seltsam glatter, schwarzer Felsen aus dem Gras, auf dem ohne Weiteres ein Zauberer mit Bart und Hut hätte sitzen und ausruhen können. Schafköttel unter unseren Füßen erinnerten uns daran, dass wir uns nicht in Mittelerde, sondern nach wie vor in Neuseeland befanden – einem Land, wo selbst die Schafe jeden Tag Panoramafernsehen genießen.

Wenn selbst kleine Kinder mit offenen Mündern dastehen und ehrfürchtig schweigen, wenn ich selbst Jahre später allein beim Gedanken an das King Country feuchte Augen bekomme, dann muss hier etwas Magisches in der Luft liegen. Zum Glück hat sich das noch nicht allzu sehr herumgesprochen; die meisten Besucher brausen auf ihrer Fahrt von Auckland nach Rotorua in einem Ritt durch das King Country hindurch. Ein kurzer Stopp im »Hobbit«-Dorf in Matamata und an den Waitomo Caves (deren riesigen Besucherparkplatz man besser links liegen lässt und weiterfährt zu den nahe gelegenen Ruakuri Caves!), dann muss es auch schon weitergehen.

Zu schade für sie. Das dünn besiedelte King Country war einst das letzte Rückzugsgebiet der Māori in der Waikato-Region in den Neuseelandkriegen Mitte des 19. Jahrhunderts. Hier liegt nicht nur viel (blutige) Geschichte, sondern auch das eigentliche Neuseeland. Im King Country warten keine dampfenden Thermalfelder, keine schneebedeckten Vulkangipfel oder andere Spektakularitäten; dafür gibt es viele unentdeckte kleine Paradiese am Wegrand. Wir erinnern uns nicht nur gern an das oben beschriebene Mangapōhue Scenic Reserve, sondern auch an verschrobene Kleinstädte wie die selbst ernannte »Kiwiana Capital« Ōtorohanga, die »Schafscher-Hauptstadt« Te Kūiti oder das verschlafene Küstenstädtchen Kāwhia (dessen breiter, schwarzer Strand auch ohne die darunterliegenden heißen Schwefelquellen eine Attraktion wäre).

Es passiert nicht (mehr) viel im King Country, das für Europäer lange Zeit offiziell unzugänglich war: Māori-König Tāwhiao hatte 1863 nach seinem Rückzug aus Waikato gedroht, jeden Pākehā zu töten, der die Grenzlinie des Pūniu River überschritt. Seinem Aufenthalt hier, im Exil bei seinen Verwandten der Ngāti Maniapoto, verdankt das King Country seinen Namen.

Erst ab 1886, als die Rebellen um den Māori-König ihre Waffen niederlegten und die Ngāti Maniapoto der Landvermessung des King Country für den Bau einer Eisenbahnstrecke zustimmten, wagten sich mutige Forschungsreisende in das »verbotene Land« vor. Im Te Nehenehenui, dem »großen Wald«, entdeckten sie das Höhlensystem von Waitomo und erkundeten die Berglandschaft rund um den Mount Ruapehu, der die Grenze des King Country markiert.

Im King Country leben harte Kerle; wer keine Schafe hält, der ist wahrscheinlich Holzfäller oder (inzwischen arbeitsloser) Bahnarbeiter. Wer raus will, der versucht es im Rugby; mit Colin Meads, der für die »All Blacks« spielte, hat die Region ihren berühmtesten Star hervorgebracht. Auch als Schafscherer kann man es zu Ruhm bringen: David Fagan aus Te Kūiti erhielt für seine Verdienste im Jahr 1999 sogar den neuseeländischen Ritterorden verliehen.

Die goldenen Zeiten von Taumarunui sind längst wieder vorbei; die Züge der »Northern Trunk Line« halten hier nicht mehr an. Auf stillgelegten Schienen zuckeln heute nur noch Touristen auf Draisinen durch die sanften grünen Hügel mit den abgerundeten Kuppen und den schmalen Terrassen, die von unzähligen kleinen Hufen in die Hänge getreten wurden. Eine öffentliche Infrastruktur sucht man in der relativ armen Region oft vergebens. Nur wer ein Auto hat, kann es den Neuseeländern gleichtun und den Sommer am Meer in Awakino oder Mōkau genießen; hier findet man auch heute noch ein Neuseeland, das in den guten alten 1960er-Jahren stehen geblieben zu sein scheint.

Genau das macht das King Country so wunderbar; weitab von den weißen Miet-Wohnmobilen, den Reisebussen und den knallbunten Broschüren, die »the adventure of your lifetime!«, »the ultimate thrill!« und »fun, fun, fun!« versprechen. Um die halbe Welt reisen kann heutzutage jeder; in der Zeit rückwärts reisen kann nur, wer sich genug Zeit dafür nimmt.

64. Grund

Weil die Bäume Namen haben

»Tāne Mahuta« nennen die Māori den 45 Meter großen Kauri, der im Waipoua Forest nördlich von Auckland wächst. Kein Name könnte passender sein: Der nach dem Gott des Waldes benannte immergrüne Araukarienbaum ist der größte seiner Art in Neuseeland – und ziemlich sicher auch der älteste. Wie alt genau Tāne Mahuta ist, weiß niemand, geschätzt wird er auf 1.200 bis 2.500 Jahre.

Noch älter könnte Te Matua Ngahere, der »Vater des Waldes«, sein, der ganz in der Nähe wächst. Er ist zwar nicht ganz so groß, aber dafür der dickste Baum Neuseelands: Sein Stamm hat einen Umfang von 16 Metern. Früher soll es Kauri mit Stämmen von mehr als 26 Metern Umfang gegeben haben – die hätten 15 Menschen zusammen nicht umarmen können! Im Winter 2007 erlitt dieser Gigant einen dramatischen Unfall: Bei einem Sturm verlor er einen zentralen Teil seiner Krone, was seine Lebensspanne wahrscheinlich um Hunderte Jahre verkürzen wird.

Wieder mal ein neuseeländischer Superlativ: Kauri sind die größten Regenwald-Bäume der Welt, und es gibt sie nur in Neuseeland. Und leider auch typisch neuseeländisch: Auch der Kauri ist vom Aussterben bedroht, denn die subtropischen Regenwälder der Nordinsel sind inzwischen so gut wie verschwunden. Nur noch einige wenige Baumgruppen und Einzelexemplare ragen heute aus dem Kronenmeer der Wälder auf der Coromandel Peninsula und des Northland heraus. Ihre helle Rinde und der schier unglaubliche Umfang der Stämme machen es einfach, sie im dichten Grün des neuseeländischen Waldes zu finden. Dass sie oft allein stehen, macht ihnen nichts aus: Kauri sind zweigeschlechtlich und können sich selbst befruchten.

Schon die Māori kannten natürlich die Kauri-Riesen und verehrten sie. Das hinderte sie nicht daran, die kleineren Kauri-Brüder zu fällen, um aus ihrem harten Holz Festungsanlagen und Kanus zu bauen. Das bernsteinähnliche Harz verwendeten sie für ihre Tattoos und kauten es als Kaugummi. Die Engländer, auf der Suche nach Baumaterial für ihre Schiffe, wurden in den tiefen Wäldern der Nordinsel ebenfalls schnell fündig.

Die dicken Kauri-Stämme wachsen fast perfekt gleichmäßig nach oben und weisen erst an der Spitze Verzweigungen auf. Nimmt man den gewaltigen Umfang der Stämme hinzu, ergibt sich ein ideales Produkt. Das honigfarbene Kauri-Holz ist hart, aber leicht zu bearbeiten und schön gemasert: perfekt für den Hausbau und für Schiffsmasten, für Möbel, Eisenbahnschwellen und Kunsthandwerk.

Ab 1820 wurden Kauri auf der ganzen Nordinsel gefällt und über Flüsse an die Küsten geflößt, wo Sägemühlen wie Pilze aus dem Boden wuchsen und Siedlungen entstanden. Die Überreste von Kauri-Dämmen, Sägewerken, Schienen und Holzfällersiedlungen findet man auf der Nordinsel überall. Selbst aus dem Harz, dessen Klumpen man im sumpfigen Boden abgeholzter Gebiete fand, konnte man noch etwas machen: »Copal« diente als Basis für die Farbenherstellung und wurde bis in die 1920er-Jahre massenweise nach Europa exportiert. So entstand der einzigartige Beruf des »gum digger«, der viele Einwanderer vor allem aus Osteuropa nach Neuseeland lockte. Über die äußerst harten Arbeitsbedingungen kann man sich heute im Gumdiggers Park in Waiharara bei Kaitaia informieren – tagein, tagaus hüfttief im kalten Sumpfwasser zu stehen klingt wahrlich nicht erstrebenswert!

Die Schattenseite dieser wirtschaftlichen Erfolgsstory sieht man heute: Innerhalb von nur 150 Jahren sind 80 Prozent der Waldfläche Neuseelands verschwunden. Das Ergebnis sind die sanften grünen Hügel, die heute ikonisch für Neuseelands Natur stehen – eine der makabersten Fehlwahrnehmungen, denn die arten- und nährstoffarmen Weideflächen stehen eher für die Ausrottung der einheimischen Tier- und Pflanzenwelt.

Gerade noch rechtzeitig – oder viel zu spät, die Zukunft wird es zeigen – erkannte man, dass der einheimische Wald nicht schnell genug nachwuchs, und stellte die letzten zusammenhängenden Gebiete unter Naturschutz. Eines der ersten, das 1952 unter massivem Druck von Umweltschützern eingerichtet wurde, ist der Waipoua Forest im Northland. Mit seinen 25 verbliebenen Quadratkilometern ist er nicht allzu groß, aber eines der wichtigsten Schutzgebiete für die Kauri. Hier wachsen drei Viertel der noch existierenden Kauri-Bäume der Welt, außerdem ist der Wald Heimat für den Nordinsel-Streifenkiwi, den Kōkako und andere seltene Tiere. Eine Stiftung unterstützt das chronisch unterfinanzierte Umweltschutzministerium beim Schutz des Waldes, und die hier lebenden Māori verstehen sich als Wächter der Bäume.

Wo früher emsige Holzfäller die Sägen zückten, stehen h
risten mit offenen Mündern und in den N
und staunen. Auch in uns weckte der A
stamms, der sich wie eine Wand aus de
erhebt, eine fast religiöse Ehrfurcht. Er w
oben, kein Ast und keine Delle im Stamm w

erleichtern. Erst ganz weit oben spannt sich die gigantische Krone von Tāne Mahuta: Sie ist mehr als 35 Meter breit, einzelne Äste sind dicker als zwei Meter. Und auf jedem Ast wachsen wiederum andere Pflanzen: Buschige Epiphyten haben ihren Lebensraum in luftiger Höhe, Moose und Flechten begrünen die silbergraue Rinde, Baumpilze wuchern dazwischen, ganze Bäume lassen ihre Luftwurzeln hinabhängen und nutzen das Sprungbrett zum Licht von dort oben. Er ist wirklich ein Gott des Waldes!

Erstaunlich, wie verletzlich diese Baumriesen dagegen an ihrem Fuß sind: Die Wurzeln des Kauri sind flach und verlaufen nah unter der Oberfläche. Wer achtlos mit schwerem Schuhwerk durch den Wald tappt, kann das Wurzelgeflecht nachhaltig schädigen. Zu nahezu jedem der noch erhaltenen großen Kauri führen daher inzwischen erhöhte Bohlenwege, die Wanderer vom Waldboden fernhalten. Diese Schutzmaßnahme erwies sich allerdings als unzureichend gegen einen neuen Feind: Phytophthora taxon agathis, abgekürzt PTA oder auch anschaulich »Kauri dieback« genannt, ist ein mikroskopisch kleiner, pilzartiger Keim, der nur die Kauri bzw. deren Wurzeln befällt und zum Faulen bringt. Befallene Bäume sterben innerhalb weniger Jahre ab.

Seit PTA im Jahr 2008 als Erreger des »Kauri dieback« identifiziert wurde, ist erstaunlich wenig passiert: Weder weiß man Genaueres über die Herkunft des Krankheitserregers (vermutet wird, dass er aus Ostasien eingeschleppt wurde), noch hat man wirkungsvolle Gegenmaßnahmen entwickeln können. Befallen sind fast alle Kauri-Bestände auf der Nordinsel. Am schlimmsten hat es die Bäume in den Waitākere Ranges westlich von Auckland erwischt; hier ist inzwischen fast ein Fünftel der Bäume infiziert. Erkennbar ist das allerdings erst, wenn ein Baum bereits welkt; höchstwahrscheinlich sind bereits viel mehr Kauri von PTA befallen.

Das Einzige, was man inzwischen sicher weiß: Der Erreger des »Kauri dieback« verbreitet sich entlang von Wanderwegen. Allein das Wegenetz in den Waitākere Ranges ist über 270 Kilometer lang; diese Tracks auf erhöhte Holzbohlenwege zu verlegen wäre extrem [illegible] und aufwendig und würde den PTA-Keim während der Bauarbeiten wohl noch weiter verbreiten. In den letzten Jahren wurden Wanderer daher gebeten, sich strikt auf den Wegen zu halten und ihre Schuhe und Fahrradreifen zu reinigen. Dafür hat der Stadtrat von Auckland extra über 100 Säuberungsstationen im Wald errichtet. Dreimal dürfen wir raten, wie gut das funktioniert hat. Inzwischen haben die Māori ein »rahui«, eine Art abgeschwächtes Tabu, über das Gebiet verhängt; die nächste Stufe, vor der sich der Stadtrat noch scheut, ist eine komplette Sperrung aller Wanderwege.

Tāne Mahuta, der Gott des Waldes, ragt derweil schweigend und unbeeindruckt zwischen seinen Baum-Untertanen auf. Er ist der Größte und fast der Älteste seiner Art – und wenn nicht noch ein Wunder geschieht, wird er wohl auch der Letzte sein. Steht man vor dem silbergrauen Baumriesen, kann man sich des Eindrucks nicht erwehren, dass er das weiß.

65. Grund

Weil die Coromandel Peninsula gut für die Seele ist

»Good for your soul«, das ist der offizielle Werbe-Slogan der Coromandel Peninsula. Die wahrscheinlich entspanntesten Menschen in ganz Neuseeland müssen es wissen: Auf der kleinen Halbinsel östlich von Auckland ticken die Uhren langsamer, scheint die Sonne heller und fühlt sich selbst der hektischste Besucher automatisch ruhiger.

Runterkommen, einen Gang zurückschalten, einfach mal die Füße in den goldenen Sand der zahlreichen Strände stecken – das tut man auf Coromandel ganz automatisch. Fanden wir jedenfalls nach fast zwei Monaten Campervan-Roadtrip, der uns von Christchurch über die gesamte Südinsel und von Wellington bis hierher geführt hatte. Uns blieben zwei Wochen in Neuseeland, und wir wollten noch so viel von der Nordinsel sehen!

Aber dann das: In der flirrenden Nachmittagshi
dem Ocean Drive im kleinen Ferienort Tairua, öff
tür unseres kleinen Kastenwagens und atmeten tie

Ozean und Freiheit duftende Luft ein. Die Kinder sprangen jubelnd heraus, rannten über den perfekt manikürten Rasen und die Dünen zum breiten, flachen Sandstrand und warfen sich kreischend in die Brandung. Wir liefen (langsamer) hinterher – und merkten bereits, wie unsere mit Flipflops besohlten Füße auf ein gemütliches Schlurfen abbremsten.

Ein kurzer Abstecher zum »Fish and Chips«-Shop im Ort war alles, was wir an diesem Tag noch unternahmen. Und auch am nächsten Tag passierte nicht viel, außer dass wir ausgiebig badeten, »Radio Tairua« hörten, noch mehr »Fish and Chips« aßen, die Aussicht von der Kuppe des nahe gelegenen Mount Paku bewunderten und die freundliche Einladung von Pete und Suzie zum Eisessen annahmen.

In ihrem Strandhaus verbringen die beiden freundlichen Auckländer mit ihren Töchtern fast jedes Wochenende mit Surfen, Grillen, abendlichem Feuerwerk (!) und Nichtstun. Offenbar sind die meisten Einwohner von Tairua und anderen Orten auf Coromandel eigentlich Erholung suchende Großstädter, denn sobald der Kalender auf Montag klappte, waren wir hier fast ganz allein.

Wir hätten gerne noch im Ferienhaus von Pete und Suzie bleiben können – vielen Dank für das Angebot!, aber wir rissen uns unter innigen Seufzern dann doch los von Tairua. Wenn wir schon die Coromandel Peninsula nicht verlassen konnten, dann wollten wir sie doch immerhin noch ein wenig erkunden. Und zu entdecken gibt es hier eine Menge!

Die Coromandel Peninsula, nur 85 Kilometer lang und an ihrer breitesten Stelle 40 Kilometer breit, liegt an der Ostküste der Nordinsel. Im Westen trennen sie der Firth of Thames und der Hauraki Gulf vom Festland, im Osten schwappt der Pazifik an ihre Strände. Über den Pacific Coast Highway ist die beschauliche Halbinsel ziemlich bequem an die größten Städte Neuseelands angeschlossen. Nach Auckland, Hamilton und Rotorua sind es etwa 1,5 Stunden mit dem Auto, je nach Verkehrslage. Wer es eilig hat, kann auch per Flugzeug oder Fähre von Auckland herkommen.

Die Temperaturen auf der Halbinsel sinken auch im Winter selten unter 10° Celsius. Im Sommer werden Höchsttemperaturen über

31° Celsius erreicht. Alles in allem der perfekte Tagestrip für sonnenhungrige Städter; und die schlagen hier massenhaft ihre Sommerquartiere auf. Zusammen mit den zahlreichen Touristen, die für kurze Trips und Halbtagsausflüge nach Coromandel kommen.

An Sommerwochenenden wird es daher nicht nur am Hot Water Beach sehr voll. Wenn es einen Ort in Neuseeland gibt, an dem man sich beim Baden wie im italienischen Rimini fühlen kann, dann hier. Darauf hatten wir wenig Lust, zumal uns die tropischen Temperaturen wenig passend zu einem bis zu 64° Celsius heißen Thermalbad im Sand schienen.

Die wunderschöne Küste mit ihren vulkanischen Klippen, den Riffen und versteckten Meereshöhlen entdeckt man sowieso besser vom Wasser aus – fanden wir und bestiegen ein Glasbodenboot. Von Whitianga aus fuhren wir an der Küste der Cooks Bay entlang, staunten über Blow-holes in den Klippen und bekamen sogar den begehrten Blick auf den Felsenbogen der Cathedral Cove inklusive. Die in Aussicht gestellten Orcas und Zwergpinguine blieben zwar aus, aber mit einem beim Schnorchel-Stopp in der Gemstone Bay selbst gefangenen Seeigel war unsere Tochter sehr zufrieden.

400 Kilometer lang ist die Nordwestküste von Coromandel, und ein weißsandiges, von knorrigen Pohutukawa-Bäumen beschattetes Idyll reiht sich hier ans andere. Man könnte Wochen damit verbringen, jeden Strand auf Coromandel einmal zu besuchen. Es gibt wirklich für jeden Geschmack den perfekten Strand: strahlend weiß und breit mit ordentlicher Brandung zum Surfen, abgeschiedene, nur per Kajak zu erreichende Bucht oder ruhiger und schattiger Badestrand für planschende Babys mit Rettungsschwimmer, Wassersportangebot und Eisbude.

Die schönsten Strände sind gleichzeitig die am schwersten zu erreichenden – ob es da einen Zusammenhang gibt? New Chums Beach nördlich von Whangapoua etwa, der in vielen Rankings als schönster Strand der Welt abschneidet, muss mühsam in einem 40-minütigen Marsch durch dichten »bush«, Durchwaten einer Lagune und schließlich Kraxeln über Felsen erwandert werden. Auch zur bildschönen Fletcher Bay ganz im Norden der Halbinsel führt nur eine einspurige, geschotterte, Fahrwerk und Insassen stark beanspruchende Straße, auf der die Miet-Wohnmobile der Touristen keine Chance haben.

Wir hatten zwar nur einen kleinen, schnittigen Campervan, aber mit zwei kleinen Kindern waren wir doch, sagen wir mal, abenteuermäßig ein wenig eingeschränkt. Da lobten wir uns doch den gut erreichbaren, mit Picknickbänken, Toilettenhäuschen und kindersicheren »tide pools« ausgestatteten Ocean Beach in Tairua. Und kehrten am Abend unseres dritten Tages auf Coromandel prompt dorthin zurück. Hilfe, wir hingen fest!

Wir waren wohl nicht die Einzigen, die der Verlockung des Dolce Vita auf Coromandel erlagen. Schon in den 1970er-Jahren siedelten sich Hunderte Hippies auf der abgelegenen und damals noch weitgehend naturbelassenen Halbinsel an, weil sie in der traditionellen Gesellschaft anderer neuseeländischer Städte ihrem alternativen Lebensentwurf nicht folgen konnten (und in Christchurch oder Dunedin ist es fürs Barfußlaufen in schwingenden Gewändern meist wohl auch einfach zu kalt).

Obwohl die Zahl der wohlhabenden Wochenendurlauber aus Auckland inzwischen weit höher liegen dürfte als die der Ökoträumer, haben ein paar von diesen auf Coromandel in bewundernswerter Weise ihren Traum von einer besseren, anderen, kreativeren Welt verwirklicht. Der berühmteste dürfte Barry Brickell sein, der bis zu seinem Tod im Januar 2016 die »Driving Creek Railway« nur wenige Kilometer nördlich von Coromandel Town betrieb.

Neuseelands einzige Schmalspureisenbahn, die ursprünglich nur Tonerde aus den Bergen in die nahe gelegene Ziegelei bringen sollte, ist heute eine der größten Touristenattraktionen der Gegend. Barry machte aus der Versorgungsbahn ein touristisches Schmuckstück und verzierte den Bahnhof und die gesamte Strecke durch den Wald mit eigenen Töpfer-Kunstwerken. In den letzten 25 Jahren hat sein Projekt mehr als eine Million Besucher zum Staunen gebracht; was seine Schmalspurbahn nämlich so besonders macht, sind die Tausenden einheimischen Bäume, die er auf der Strecke angepflanzt hat.

Die uralten Kauri-Riesen bedeckten ursprünglich weite Teile der Halbinsel. Im vergangenen Jahrhundert sind sie fast vollständig dem

Holzabbau und den Goldsuchern zum Opfer gefallen. Auf der Fahrt mit der Schmalspurbahn kann man die Bemühungen um die Renaturierung des Landes eindrucksvoll beobachten und die Bahn selbst wird ebenfalls für die Wiederaufforstung eingesetzt.

Als Botanik-Laien fanden wir den dichten Wald auf Coromandel eigentlich recht beachtlich, aber Naturkundler verzeichnen hier fast keine einheimischen Tier- und Pflanzenarten mehr; es gibt einfach zu viele eingeschleppte Fressfeinde. Die »Kauri Grove«, eine Gruppe von über 600 Jahre alten Baumriesen, deren größter einen Umfang von mehr als sechs Metern hat, gehört zu den letzten Vertretern der Kauris auf Coromandel.

Nicht weit von diesem traurigen Mahnmal entfernt, gibt es an der 309 Road eine weitere Gelegenheit, den Geist kreativer Naturverbundenheit zu bewundern: die »Waterworks«, einen kleinen, mit viel Liebe betriebenen und in typischer Kiwi-Manier handgemachten Freizeitpark. Obwohl das Land von Chris und Kay Ogilvie mitten im dichten (und offenbar artenarmen) Bergregenwald liegt, empfangen sie während der Hauptsaison täglich Hunderte Besucher. In ihrem Abenteuerland spielt das Wasser die Hauptrolle und mit allerlei Maschinchen und Gerätschaften kann man hier nach Herzenslust experimentieren. Bei sommerlichen Temperaturen machte es selbst uns Erwachsenen nichts aus, uns mit Wasserkanonen gegenseitig vollzuspritzen, und auch die anderen selbst gebauten Spielgeräte probierten wir gründlich aus, bis die Dämmerung hereinbrach und mit ihr eine biblische Moskitoplage.

Der dichte Dschungel im Inneren der Halbinsel bietet eine Menge toller Wanderwege, die von den sonnenhungrigen Strandgästen meist großzügig ignoriert werden. Auch wir hätten gern den berühmten Pinnacles Walk, einen der schönsten 2-Tages-Tracks Neuseelands, erkundet: Vom 759 Meter hohen »Pinnacles Summit« soll sich eine wahrhaft spektakuläre Aussicht über die Ostküste von Coromandel bieten. Aber zwei Tage lang mit kleinen Kindern auf steilen Pfaden und Leitern durch den »bush« wandern, und das bei tropischen Temperaturen?

Da hielten wir lieber noch ein wenig die Füße ins Wasser, schleckten ein Eis und fragten uns, ob wir nicht einfach unser Besuchervisum verlängern und auf Coromandel bleiben sollten. Vielleicht sogar für immer. Es wäre definitiv gut für unsere Seele!

66. Grund

Weil man in Rotorua auf heißem Fuß lebt

»Was soll hier schon besonders sein?«, maulten die Kinder, als sie vom Rücksitz des Campervans auf die – zugegebenermaßen nicht allzu besonders wirkenden – Straßen und einstöckigen Häuser in der Innenstadt von Rotorua schauten. Pick-ups parkten ordentlich am Straßenrand, Backpacker hockten vor Internetcafés und Passanten eilten zielstrebig von A nach B. Was die Stadt im Zentrum der Nordinsel so verlockend für jährlich Zehntausende Besucher aus aller Welt macht, erkannten wir erst beim Aussteigen.

Die Kids schauten zuerst ungläubig den Papa an: »Hast du gepupst??« Hatte er nicht. Oder vielleicht hatte er doch – aber das würde niemand bemerken, hihi. Denn in Rotorua, und das ist tatsächlich das berühmteste Merkmal dieser Stadt, stinkt es tagein, tagaus nach Pups und faulen Eiern.

Das liegt an den Schwefelgasen, die ununterbrochen aus Tausenden Rissen in der Erdkruste aufsteigen. Ein Spaziergang durch die Straßen führt vorbei an dampfenden Gullydeckeln, an vor sich hin blubbernden Schlammteichen in Vorgärten und auch durch einen Stadtpark, in dem man eindringlich davor gewarnt wird, die Wege zu verlassen. Ein Picknick am leise zischelnden, kochend heißen Teich des Kuirau Park ist nur bei ablandigem Wind eine gute Idee.

Rotorua blickt auf eine für neuseeländische Verhältnisse lange und ungewöhnliche Geschichte zurück. Dort, wo heute der Stadtteil Ohinemutu mit seinen vielen schönen alten Holzhäusern liegt, siedelten schon vor Jahrhunderten die Māori vom Stamm der Ngāti Whakaue. Die Siedlung direkt am Seeufer mit Zugang zu heißen Quellen war praktisch und gut zu verteidigen.

Auch die Europäer erkannten den Wert des Ortes – und zwar als Wellness-Oase. Die heutige Stadt Rotorua wurde in den 1870er-Jahren vom neuseeländischen Staat gezielt als Touristenort angelegt. Besucher aus aller Welt bestaunten die »heißen Seen« im Umkreis der Stadt und badeten in den Thermalquellen am Lake Tarawera. Sogar königlicher Besuch aus England wurde mehrmals stolz empfangen. Das stattliche viktorianische Badehaus in den herrschaftlichen »Government Gardens« ist immer noch eine Augenweide, auch wenn es kein Spa-Tempel mehr ist.

Der Thermalbadetrend schwappte damals über die ganze Welt, und hier konnte Neuseeland punkten. Endlich kamen Touristen ans andere Ende der Welt, und sie waren begeistert, nicht nur von den angeblich heilenden Kräften des schwefligen Wassers, sondern von den exotischen thermalen Attraktionen rund um Rotorua: Māori-Männer und -Frauen in traditionellem Gewand führten die Besucher zu den Geysiren, den dampfenden Seen und den »Pink and White Terraces« am Fuß des Mount Tarawera, die als Achtes Weltwunder galten. Nicht einmal der Ausbruch des Vulkans, der dieses Weltwunder zerstörte und viele Todesopfer forderte, konnte den Tourismusboom dämpfen.

Heute ist Rotorua umgeben von mehreren munter blubbernden Thermalgebieten, die nur für zahlendes Publikum zugänglich sind – und der Eintritt ist nicht günstig. Ein Blick auf die vielen bunten Broschüren in der Auslage der Tourist Information zeigte uns, dass wir hier unseren Geldbeutel festhalten mussten. Wer kein Interesse (mehr) an den thermalen Spektakeln des »Whakarewarewa Thermal Village«, des »Wai-o-Tapu Thermal Wonderland«, des »Hell's Gate« oder des »Waimangu Volcanic Valley« hat, der will vielleicht über dem Lake Rotorua Fallschirm springen, im Gokart einen Berg hinunterrasen oder in einem Plastik-Wasserball eine Wiese herunterrollen?

Wir winkten dankend ab. Wozu die Reisekasse auf den Kopf h
en, wenn man in einer Stadt ist, wo der ganz normale All
Attraktion genug ist? Beim Laufen hatten wir ständig
einem Hohlraum zu stehen, unsere Schritte hal
nach und der Boden im Park vibrierte l
spüren kann, dass die Erdkruste in Rotorua

ist als im Rest der Welt? An den nur halbherzig abgesperrten Straßenbaustellen, aus deren Gruben gelblicher, müffelnder Qualm waberte, führten wir unsere Kinder jedenfalls sehr vorsichtig vorbei. Wer weiß, wie tief man hier fallen würde?

Durch Lattenzäune schmulten wir in Hinterhöfe, wo das Abendessen in kleinen Drahtkörbchen in dampfenden Löchern hing und langsam garte; der »hot pool« für die Familie lag mit einem Holzdeckel abgedeckt direkt daneben. Das Nationalgericht der Māori, das im Erdofen gegarte Gemüse-Fleisch-Potpourri »hangi«, ist bestimmt in Rotorua entstanden; andernorts müssen dafür erst stundenlang Steine erhitzt und dann in der Erde vergraben werden. In Rotorua legt man die Zutaten einfach auf den Boden und deckt sie zu.

Ein Spaziergang am Seeufer entlang brachte uns unversehens in die Sulphur Flats, eine außerirdisch anmutende, von weißgrauem Schlamm überzogene Landschaft, wo die Kinder aufgeregt tote Vögel entdeckten – die armen Piepmätze, die angeblich wegen des hohen CO_2-Gehalts in der Luft ersticken, sind eindrucksvoller Beweis für die thermalen Gefahren. Unvorstellbar, dass in dieser gruseligen Schlammwüste früher Badegäste an Stricken in heiße Schlammpools hinabgelassen wurden und danach im »Cameron's Laughing Pool« Spaß mit austretendem Lachgas hatten!

Unser eigenes Thermalvergnügen beschafften wir uns an einem etwas ungefährlicheren Ort – und völlig kostenlos. Der schmale Kerosene Creek, der sich munter durch ein Wäldchen vor der Stadt zieht, dampft zwar ebenfalls ordentliche Hitze aus und verbreitet erbärmlich stinkende Schwefelschwaden. Und das Wasser des Baches, darauf weisen große Warnschilder hin, sollte man tunlichst nicht in Mund und Nase gelangen lassen – Infektionen mit gehirnzerfressenden Amöben drohen!

Aber als wir uns langsam ins knietiefe Wasser des obersten Beckens gesetzt und uns an die abgerundeten Steine der Uferböschung gelehnt hatten, das Rauschen der kleinen Wasserfälle genossen, die von Felsenbecken zu Felsenbecken sprangen, und unsere Glieder in r wohligen Wärme rekelten, da fühlten wir uns so entspannt und vöhnt wie weiland König George V.

67. Grund

Weil man überall ein heißes Bad nehmen kann

Zugegeben: So richtig schönes Sommerwetter hat es in Neuseeland eher selten. Genau wie zu Hause in Europa ist man eher überrascht, wenn es im Sommer mal wirklich wochenlang warm und trocken ist. Nur in einigen Schönwetterhochburgen wie der Bay of Plenty, der Hawke's Bay oder der Region um Nelson im Norden der Südinsel kann man sich auf schönes Wetter zwischen Dezember und März einigermaßen verlassen.

Worüber Australien- und Karibik-Fans die Nase rümpfen, hat aber (abgesehen von der niedrigeren Sonnenbrandgefahr und dem Vermeiden der unästhetischen Anblicke übergewichtiger Menschen in Hotpants und Tanktops) einen unbestreitbaren Vorteil: Je kälter die Luft ist, desto besser lässt sich ein Bad in einer heißen Quelle genießen.

Dieser Punkt ist entscheidender, als man zunächst denken mag: Denn heiße Quellen, von den Neuseeländern »hot pools« oder »thermal pools« genannt, gibt es an jeder Ecke und darüber hinaus in mannigfaltigen Formen. Anders als in Japan, wo man das aus Erdspalten heraufsprudelnde schweflige Wasser fast nur in der keusch umbauten Form von nach Geschlechtern getrennten Badehäusern, den »Onsen«, genießen kann, tritt es in Neuseeland an vielen Orten unverbaut ans Licht des Tages.

Das kann dann wirklich so aussehen, dass man sich bei einem Spaziergang am Flussufer wundert, warum das Wasser zu dampfen scheint – und dann, nachdem man testweise die Zehe hineingehalten hat, feststellt, dass es tatsächlich die perfekte Badetemperatur hat. Wer vorsichtshalber immer einen Bikini unter den Klamotten trägt, ist klar im Vorteil; wobei man in Neuseeland vielerorts gute Chancen hat, das heiße Bad ganz ungestört und daher prinzipiell auch splitternackt genießen zu können. (Das tut auch dem Bikini gut, der verträgt das schweflige Wasser nämlich auf Dauer nicht.)

Der Kerosene Creek etwa fließt als unscheinbares
Stadtrand von Rotorua entlang durch einen Wald und

kürzlich angebrachten Hinweisschild deutet nichts darauf hin, dass man hier ein Wellness-Erlebnis der Luxusklasse mitten in der Natur genießen kann. Wenn wir nicht einen Tipp bekommen hätten, dann wären wir an diesem Freiluft-Spa einfach vorbeigefahren. Außerhalb der Hauptsaison gibt es auch keine verdächtigen Ansammlungen von geparkten Autos oder zum Fluss spazierenden Bademantelträgern, die einen auf den Gedanken bringen könnten, dass es dort etwas zu sehen gibt. Anfang Oktober saßen wir ganz allein in den knietiefen Becken, die Mutter Natur aus dem Bachlauf geformt hatte, und ließen uns von wohlig heißem Wasser aus einem kleinen Wasserfall die Schultern massieren – ahhh …

Solche Erlebnisse warten in Neuseeland an vielen Stellen, wenn man bereit ist, einen kleinen Umweg oder einen längeren Fußmarsch auf sich zu nehmen; etwa an den Sylvia Flats am Lewis Pass, die leider kürzlich durch einen Erdrutsch verschüttet wurden, oder an den abgeschiedenen Amethyst Hot Springs im Whanganui River an der Westcoast, wo man nach dem heißen Wasser im kiesigen Flussbett graben muss. Eine echte Belohnung für die stundenlange Schinderei auf dem 18 Kilometer langen Copland Track, einem der ältesten Wanderwege auf der Südinsel, sind die heißen Quellen am Ende des Weges, wo sich müde Wanderer im heißen Wasser aalen (und dann sehr schnell sein müssen, um zurück in die Welcome Flat Hut zu hüpfen, ohne von den hungrigen Sandflies zerbissen zu werden). Aber auch gar nicht weit entfernt von der Großstadt Auckland, im dichten Dschungel von Great Barrier Island, kann man sich im Schoß der Natur vom natürlich dahinfließenden heißen Thermalwasser des Kaitoke Stream verwöhnen lassen.

So weit, so gut – die Vielfalt der thermalen Erlebnisse in Neuseeland habe ich damit aber noch gar nicht angekratzt. Schon die Māori kannten, nutzten und liebten die heißen Quellen; sie badeten darin, um Krankheiten zu heilen und sich zu entspannen, und verwendeten die heißeren ganz pragmatisch zum Essenkochen. So ist es nicht verwunderlich, dass das heilende Wasser vielerorts in feste Becken und durch Rohre geleitet wurde, sodass man es in zivilisierterer Form genießen konnte. Neben den wirklich schicken und entsprechend teuren Badeanlagen wie Hanmer Springs und Lake Tekapo auf der Südinsel, den »Waikite Hot Pools« und dem altehrwürdigen »Polynesian Spa«-Badehaus in Rotorua gibt es in Neuseeland auch viele kleine, privatere Thermalbäder zu entdecken, die teilweise schon seit dem 19. Jahrhundert bei den Einheimischen bekannt und beliebt sind.

In den schlichten (manche würden sie vielleicht eher als heruntergekommen bezeichnen) Betonbecken der »Tarawera Hot Springs« bei Taupō mussten wir zwar erst einmal eine Schicht dicker, grüner Algen von der Wasseroberfläche schieben, aber dann hatten wir das heiße Wasser und den Blick auf die dicht bewaldeten Hänge der Kaweka Ranges und den tief im Tal fließenden Waipunga River ganz für uns allein. In den etwas besser instand gehaltenen »Waitangi Soda Hot Springs« bei Rotorua ist man zwar selten so allein und seit einigen Jahren zahlt man hier auch Eintritt. Dafür badet man wahrscheinlich als einziger Tourist zwischen beleibten Māori-Müttern und ihren Kindern, die sich lebhaft schwatzend zwischen den verschieden temperierten Wasserbecken hin und her treiben lassen – auch eine interessante Erfahrung. Ähnlich auserwählt kann man sich als Besucher der »hot pools« am Ufer des Lake Rotoiti fühlen, der ebenfalls nahe dem Thermalzentrum Rotorua liegt: Diese heißen Quellen erreicht man nur per Boot, bis vor wenigen Jahren galten sie als absoluter Geheimtipp unter der lokalen Bevölkerung.

Auch mit der Beschreibung dieser Art von heißen Quellen habe ich Neuseelands Heißwasserreichtum noch nicht erschöpft. Ein weiterer Höhepunkt für Spa-Liebhaber wartet nämlich unter dem Sand einiger Strände; hier muss man nur an den richtigen Stellen die Zehen in den Boden bohren und schon hat man sie sich verbrannt. Am passend, wenn auch wenig originell benannten Hot Water Beach auf der Coromandel Peninsula nahe Auckland haben in den Sommermonaten Tausende von Besuchern großen Spaß bei dieser Sucherei und verwandeln den schönen, gelbsandigen Strand dabei in einen traurigen Tagebau voller Maulwurfshügel und gebuddelter Sitzbadewannen.

Wir hatten das Glück, den Strand vor dem kleinen Küstenort Kāwhia an einem kühlen Oktoberabend ganz für uns allein zu haben; im Licht der untergehenden Sonne steckten wir unsere S (wer hat schon eine Sandschaufel im Gepäck, wenn er ohne Kinder reist?) wieder und wieder in den mehlfeinen, von vulkanischem Eisen schwarz glitzernden Sand und arbeiteten uns so an die Flutlinie vor. Dort bemerkten wir zuerst ahnungsvoll einen zunehmenden Duft nach faulen Eiern, bevor wir jubelnd auf heißes Wasser von unten stießen. Eiskaltes Meerwasser von oben und ziemlich heißes Thermalwasser von unten ergab die perfekte Spa-Mischung – leider immer nur für wenige Momente, was das Wellness-Vergnügen zu einem aufregenden, allerdings auch sehr kurzen machte.

Sollte das Wetter bei einer Neuseelandreise also mal nicht mitspielen, muss man nicht verzagen. Bei mehr als 100 heißen Quellen im ganzen Land wartet auch an den kältesten Tagen immer ein herrlich entspanntes Vergnügen gleich um die Ecke.

68. Grund

Weil man im Tongariro-Nationalpark auf dem Vulkan tanzen kann

Das Tongariro Alpine Crossing gilt als schönste Tageswanderung Neuseelands. Über 19 Kilometer geht es vorbei an zwei aktiven Vulkanen, heißen Schwefelseen und durch endlose Geröllfelder. Das Ganze in einer Höhe von bis zu 1.800 Metern und mit entsprechend rasch wechselndem Wetter.

An klaren Tagen sieht man von hier oben den fast perfekten Kegel des Mount Ngauruhoe (bekannt als »Mount Doom« aus den *Herr der Ringe*-Filmen) und blickt nach Westen bis zum einsam aufragenden Mount Taranaki und zu den Kaimanawa Ranges im Osten. Von den spektakulären Ausblicken auf Berggipfel, Vulkankrater, dampfende Schlote und vielfarbige Ablagerungen in einer kargen Mondlandschaft schwärmen sogar jene, die auf der Devil's Staircase oder beim kilometerlangen Abstieg an ihre körperlichen Grenzen geraten.

Uns war klar: Wir hatten keine Chance, diese Wanderung mit unseren zwei kleinen Kindern zu machen, auch wenn (!) beide bereitwillig und fleißig laufen würden. Aber den Tongariro-Nationalpark wollten wir trotzdem gern erkunden.

Wir steuerten unseren Campervan also frohgemut in Richtung Ohakune. Im Licht der untergehenden Sonne erreichten wir das verschlafene Bergdorf und konnten direkt den von rosafarbenen Wölkchen umkränzten Gipfel des Mount Ruapehu bestaunen – es gilt als gutes Omen, wenn der höchste Vulkan Neuseelands sein Haupt zeigt. Der scheue Vulkan ließ sich am nächsten Morgen trotz blauen Himmels nicht mehr blicken, er trug eine Wolkenkappe. Schade, denn wir hatten in der Hektik der Abendroutine ganz vergessen, ihn barhäuptig zu fotografieren.

Zum Glück bot sich die Gelegenheit später am Tag noch einmal. Auf dem Weg zu den Waitonga Falls, den höchsten und gleichzeitig am höchsten gelegenen Wasserfällen des Tongariro-Nationalparks, erblickten wir den fast 3.000 Meter hohen Gipfel gleich zweimal: Er spiegelte sich nämlich in kitschverdächtiger Romantik in den Rotokawa Pools, einem alpinen Hochmoor.

Auf dem nur vier Kilometer langen Track, der über Hängebrücken, durch dichten Wald, Hunderte Treppenstufen hinauf und hinab und schließlich über einen sehr schmalen Bohlenweg über den Sumpf führt, trafen wir insgesamt nur drei Menschen (nicht, dass wir etwas gegen Menschen hätten, aber beim Aneinander-Vorbeiwursteln auf dem Holzweg wären wir fast ins Moor gestürzt!).

Das eisige Wasser der fast 40 Meter hohen Waitonga Falls ergießt sich in freiem Fall und über mehrere Stufen, bis es sich in einem kleinen Pool sammelt. Es kommt direkt von den schneebedeckten Hängen des Mount Ruapehu und wir füllten unsere Trinkflaschen randvoll damit. Nach ausgiebiger Mittagspause stiegen wir mit ächzenden Knien die 200 Stufen zum Hochmoor wieder hinauf; die ausgiebig gelobten Kinder liefen ohne Murren mit. Hätten wir die 19 Kilometer des Tongariro Crossing vielleicht doch geschafft …?

Unsere nächste Station war das Whakapapa Village, ein vom Umweltschutzministerium verwalteter Campingplatz, der gleich gegenüber dem berühmten »Le Chateau Tongariro« liegt, ei[illegible] (für neuseeländische Verhältnisse) sehr feinen Berghotel. Direk[illegible] beginnen mehrere kurze und längere Wanderwege, mit denen wir uns den Spätnachmittag vertrieben. Für den Weg zu den Tawhai Falls brauchten wir nur etwa eine halbe Stunde. Die Wasserfälle sind zwar klein, aber wie sie über den Strom aus verhärteter Lava fallen, sieht schon beeindruckend aus – und erinnerte uns daran, dass wir uns hier in der Lahar-Zone eines recht aktiven Vulkans aufhielten.

Unsere Nachtruhe war daher nicht ganz ungetrübt: Wie viel Zeit würden wir eigentlich haben, um vor der heranströmenden Lava des Mount Ruapehu zu fliehen? Die allerorts aushängenden Evakuierungspläne erläuterten zwar, wohin man gehen sollte, aber nicht, wie schnell. Zwar ist eine derartige Katastrophe noch nie vorgekommen, bisher haben die Ausbrüche des Mount Ruapehu immer recht glimpflich geendet bzw. hat der Berg seine Lahars immer auf anderen Pfaden zu Tal geschickt. Trotzdem: Die letzte größere Eruption lag bei unserem Besuch nur wenige Jahre zurück und die aktuellen Messungen zeigten, dass sich ein neuer Ausbruch anbahnte (der dann im folgenden Jahr auch passierte).

Auf unserer ersten Neuseelandreise waren wir Anfang Oktober in Whakapapa gewesen und hätten beinahe noch Ski fahren können. Das war jetzt mitten im Hochsommer, Anfang Februar, nicht möglich. Trotzdem wollten wir erneut ins nahe gelegene Skigebiet vorstoßen und versuchen, so hoch wie möglich zum Gipfel des Mount Ruapehu zu gelangen. Zwar versteckte sich die Sonne hinter grauen Wolken, aber der Wetterbericht versprach einige Schönwetterphasen. Von Whakapapa ging es stetig bergan auf der Bruce Road zum Whakapapa Skifield, dem größten Skigebiet der Nordinsel, das direkt am Nordhang des Mount Ruapehu liegt.

Von dieser Seite präsentierte sich uns der Vulkan ganz anders: viel schroffer und gewaltiger. Statt dichtem Regenwald gab es hier nur braunes, von Eisenerz ins Rötliche gefärbtes Geröll und schwarz glänzende Felsen, so weit das Auge reichte; und wesentlich mehr Touristen! Sollten die nicht alle schon morgens um 6 Uhr zum Tongariro Alpine Crossing aufgebrochen sein?

An der Talstation wurde erst einmal erleichtert aufgeseufzt: Der Skilift war in Betrieb! Auch wenn kein Schnee lag, brachte uns der recht betagte Zweiersessel (der inzwischen durch einen modernen Vierersessel ersetzt wurde) in zwei Etappen hinauf auf über 2.000 Meter – und mittenmang hinein in die Wolkensuppe, die den oberen Teil der Skihänge umhüllte.

An der Bergstation lockte das beeindruckend schicke »Knoll Ridge Café«, Neuseelands höchstgelegenes Café, mit Kaffee, Gebäck und einer Aussichtsterrasse. Aber wir machten uns erst einmal an den weiteren Aufstieg zum Skyline Ridge Walk. Vielleicht würden wir Glück haben und eine Wolkenlücke erwischen, um die angepriesenen Traumblicke auf die Zwillingsvulkane Mount Ngauruhoe und Mount Tongariro zu genießen? Und vielleicht würden wir dort sogar die ameisenkleinen Wanderer sehen, die sich im Gänsemarsch über das Tongariro Crossing schoben?

Der Skyline Ridge Walk hätte uns in etwa 1,5 Stunden bis auf 2.300 Meter geführt und an seiner höchsten Stelle einen tollen Rundumblick auf die Vulkane und den nördlich liegenden Lake Taupō geboten – in der Theorie. Wir kraxelten zuerst optimistisch, dann immer vorsichtiger durch das hochalpine Gelände und kamen uns zeitweise wie die Hobbits auf ihrem letzten Stück Weg zum Mount Doom vor. Wasser floss über schwarze Felsen mit messerscharfen Kanten, dichter Nebel umwölkte uns, und es war plötzlich ordentlich kalt. Brr! Die Sicht wurde mit jedem Schritt schlechter. Wobei von Schritten eigentlich nicht zu reden war; wir stiegen und kletterten mal nach links, mal nach rechts und orientierten uns mehr schlecht als recht an den kleinen bunten Pfählen, die hin und wieder zwischen den Felsen steckten.

Der Skyline Ridge Walk soll zu den schönsten Kurzwanderungen im Tongariro-Nationalpark gehören, aber wir mussten schweren Herzens zum Abbruch der Aktion rufen. Hätten beim Tongariro Alpine Crossing ebensolche Wetterbedingungen auf uns gewartet? Wir waren auf einmal gar nicht mehr traurig, dass wir es nicht versucht hatten. Das »Knoll Ridge Café« entschädigte uns mit echt französischem Pain Chocolat – und einer bestimmt fast genauso tollen Aussicht von der Terrasse.

Auf der Talfahrt mit dem klapprigen Skilift fiel uns dann noch eine seltsame Felsenformation ins Auge: Eine regelrechte Mauer erhob sich am Rand der Lifttrasse, als hätte sie jemand dort mit Absicht hingebaut. Mead's Wall ist, wie wir vom Liftwart erfuhren, nach einem echten Bergpionier benannt – wenn auch nicht von ihm erbaut: William Mead hat das Tongariro-Gebiet als erster Mensch auf Skiern erkundet (die er sich aus der Schweiz mitgebracht hatte) und Neuseelands ersten Skiverein ins Leben gerufen. Er legte Wanderwege im Nationalpark an, zeichnete Landkarten und schrieb Reiseführer. Auch den Standort des »Chateau Tongariro Hotel«, das wir am Vorabend bewundert hatten, hatte er vorgeschlagen.

Ein Blick in den *Lord of the Rings Location Guide* bestätigte außerdem unsere Ahnung: Hier wurden zahlreiche Szenen aus dem *Herr der Ringe*-Epos gedreht. Die Felsenlandschaft am Knoll Ridge diente als Kulisse für Schlachten zwischen Elben und Orks, für die Wanderung der Hobbits durch das Gebirge Emyn Muir und als Hintergrund für das (computeranimierte) Bergtal von Mordor.

Ob wir an die »Mauer« herankommen könnten? Na klar, wir sind ja hier in Neuseeland. Nichts war abgesperrt, einzig ein freundliches Hinweisschild warnte vor dem Absturz. Und der schien mir mehr als wahrscheinlich, als ich mich Steinstufe für Steinstufe auf die Mead's Wall hinaufgearbeitet hatte und mich umdrehte, um das Panorama zu genießen. Mit schweißnassen Händen und zitternden Knien arbeitete ich mich gaaanz vorsichtig wieder hinab und atmete dann sehr erleichtert auf. Als Ringträger wäre ich wohl ungeeignet …

Auch vom Fuß der Mauer war der Blick hinüber zum Gipfel des Mount Ngauruhoe gigantisch. Kann es auf dem Tongariro Crossing noch bessere Ausblicke geben? Zugegeben: Ja, ziemlich sicher. Aber wir waren ja nicht zum ersten und sicher auch nicht zum letzten Mal in Neuseeland. Mit größeren Kindern wird es dann einfach einen neuen Anlauf geben. Und bis dahin müssen wir wirklich nicht traurig sein, etwas verpasst zu haben.

69. Grund

Weil es mehr Wasserfälle gibt, als man zählen kann

Es gehörte zu den ernüchterndsten Erkenntnissen unserer ersten Neuseelandreise: Ein Wasserfall kann noch so bildschön über gestufte Felsen rauschen, idyllisch im Wald über Steine plätschern oder von spektakulären Klippen zu Tal donnern – spätestens beim zehnten Exemplar lässt die Begeisterung deutlich nach. Beim elften wird noch pflichtschuldig dem Wegweiser zu den XY-Falls gefolgt, beim zwölften weiß man dann zu Hause schon gar nicht mehr, welcher das jetzt auf dem Foto noch gleich war …

Mit Wasserfällen ist Neuseeland, ein sehr regen- und gebirgsreiches Land, mehr als gesegnet. Nach offiziellen Angaben gibt es 249 namentlich registrierte Wasserfälle und 31 benannte Stromschnellen – letztere werden oft ebenfalls als Wasserfälle bezeichnet, sind aber eigentlich keine. Das Verhältnis zwischen Nord- und Südinsel ist mit 130 zu 150 erstaunlich ausgeglichen, wobei die Südinsel und dort vor allem das Fiordland in Sachen Höhe eindeutig die Nase vorn haben.

Man mag es den Touristikern angesichts dieser Fülle verzeihen, wenn sie auch noch den kleinsten Wasserfall hernehmen, um die abgelegensten Winkel des Landes zu promoten: Da gibt es dann den breitesten, den höchsten, den am tiefsten fallenden, den wasserreichsten oder auch den am schwersten zu erreichenden Wasserfall Neuseelands – was in uns Touristen unweigerlich das Bedürfnis weckt, den aber unbedingt unserem Fotoalbum hinzufügen zu müssen. Nach einigen Wochen hat man dann einfach eine Wasserfall-Überdosis und will keinen mehr sehen.

Zudem: Falls man nicht gerade ein begnadeter Naturfotograf ist, sehen Wasserfälle auf Urlaubsfotos irgendwie immer viel weniger beeindruckend aus, als sie »in echt« gewirkt haben. Das tiefe, grummelnde Donnern, das man schon von Weitem hört, das endlose hypnotische Rauschen, den Respekt, den man vor der Kraft der Wassermassen empfindet, und das irre Gefühl, von Kopf bis Fuß nass gespritzt zu werden, kann man auf Bildern eben nur schlecht einfangen.

Wenigstens zehn Wasserfallbilder bringt trotzdem jeder Neuseelandreisende mit nach Hause – garantiert. An den wichtigsten Wasserfällen ist halt einfach kein Vorbeikommen. Einen Platz in nahezu jedem Neuseeland-Fotoalbum haben zum Beispiel die von Touristen überschwemmten, weiß schäumenden Huka Falls bei Taupō. Hier donnern die Wassermassen des Waikato River, der zuvor 100 Meter breit ist, durch eine nur 15 Meter schmale Felsenenge und erzeugen dabei mächtig viel Krach und Schaum – was dem Wasserfall auch seinen Namen gegeben hat (»huka« heißt auf Māori »Schaum«). Obwohl das Wasser am Ende dieses Canyons nur etwa elf Meter über eine Kante aus vulkanischem Fels hinabstürzt, haben die schäumenden, hellblauen Massen doch unbestreitbare Kraft, die zahlreiche Touristen zum Pflichtfoto herbeilockt (unterstützt von der bequemen Erreichbarkeit dieses Wasserfalls, der die meistbesuchte natürliche Attraktion in ganz Neuseeland sein soll).

Ebenso häufig abgebildet, wenn auch eher von stilbewussten Reisefotografen, sind die (meines Erachtens ein wenig überschätzten) Purakaunui Falls in den völlig unterschätzten Catlins. Ja, sie ergießen sich über mehrere Felsenterrassen mitten im dichten Urwald, und wenn man eine lange Belichtungszeit wählt, sieht das elfenhaft schön aus. Aber die Terrassen sind mit 20 Metern auch nicht allzu hoch, und es gibt doch recht viele ähnlich aussehende Wasserfälle in nächster Nachbarschaft.

Unbestritten eindrucksvoll sind diejenigen Wasserfälle, die in einem schmalen Band aus großer Höhe hinabstürzen – wie etwa die 78 Meter hohen Mount Damper Falls, die man auf einem Trip über den Forgotten World Highway in Taranaki entdeckt, oder die Bridal Veil Falls bei Raglan, die von einer eindrucksvollen Felswand aus Basaltsäulen 55 Meter in die Tiefe stürzen.

Noch eindrucksvoller wird es, wenn das Wasser über mehrere Kaskaden springt, bevor es unten auftrifft – wie etwa die Kitekite Falls bei Auckland nahe dem Piha Beach, die sich in drei Stufen von Felsenpool zu Felsenpool ergießen und dabei fast 80 Meter tief stürzen. Mein Geheimtipp sind die Kaiate Falls bei Tauranga: Gleich um die Ecke von der belebten Bay of Plenty findet man hier in einer kleinen Schlucht einen einsamen Wasserfall, der sich über neun Felsenstufen nach unten ergießt. Auf einem netten Pfad kann man dem Wasser folgen und dabei immer wieder Badepausen einlegen; über dem größten Schwimmloch hängt sogar eine Strickschaukel für die wagemutigsten Wasserfallschwimmer.

Weniger zum Baden einladend sind viele der Wasserfälle auf der Südinsel. Die 131 Meter hohen, in einem freien Strahl fallenden Devil's Punchbowl Falls am Arthur's Pass oder die breit dahinschießenden Routeburn Falls sind trotzdem wahre Wasserfall-Schönheiten – hin und wieder sogar ohne die ubiquitäre hölzerne Besucherplattform.

Wer es auf dem halbstündigen Abzweig vom anstrengenden, aber von Wanderern aus aller Welt hochgelobten Milford Track zu den 580 Meter hohen Sutherland Falls am Milford Track schafft, der kann stolz sein, den schönsten Wasserfall Neuseelands erblickt zu haben – er gilt sogar als einer der zehn schönsten Wasserfälle weltweit. Für manche zählt dieser Wasserfall, der sich in einem schmalen Strahl aus dem kreisrunden Lake Quill ergießt, auch als höchster Wasserfall Neuseelands; andere sprechen diesen Titel den Browne Falls am Doubtful Sound zu, die sich zwar über mehrere Kaskaden, aber insgesamt über mehr als 800 Meter aus einem Bergsee hinab ins Meer stürzen.

Daneben plätschern in Neuseeland noch zahllose kleinere, aber durchaus hübsche Wasserfälle an jedem beliebigen Wanderweg, im Stadtwald oder auf Zeltplätzen hernieder. Wer einen Nachmittag lang dem Rauschen der breiten Haruru Falls in Paihia in der Bay of Islands gelauscht hat, sich in einem Kajak die Okere Falls bei Rotorua hinabgestürzt hat oder die endlosen Treppen neben den Wairere Falls bei Matamata hinaufgestiegen ist, der versteht: Ein Wasserfall ist wie der andere, aber jeder ist auf seine Weise schön.

Weil die Natur der schönste Spielplatz ist

Müssen Eltern mit kleinen Kindern ihre Reisegewohnheiten wirklich radikal umstellen? Irgendwie drängte sich dieser Eindruck bei uns auf, als wir unsere erste Tochter bekommen hatten. Plötzlich zeigte man uns im Reisebüro Kataloge mit Familienhotels, und zu den wichtigsten Merkmalen eines erholsamen Urlaubs gehörte auf einmal ein Spielplatz.

Welches Kind tobt nicht gern auf Spielplätzen herum, lässt sich auf Karussells schwindlig drehen, kreischt sich von aufregenden Rutschen hinab und erklimmt höchste Klettergerüste? Unsere tun das natürlich auch. Und in Neuseeland fanden wir reichlich tolle und sehr kreative Spielplätze, auf denen wir mitunter viel länger als geplant blieben.

Trotzdem: Wir wären nie auf die Idee gekommen, das Vorhandensein eines Spielplatzes als entscheidendes Kriterium zum Beispiel für die Wahl eines Campingplatzes heranzuziehen. Denn auch wenn wir auf einem abgeschiedenen DOC-Campingplatz mitten im Wald oder auf einem kostenfreien »Freedom Camping«-Stellplatz irgendwo am Straßenrand übernachteten: Unsere Kinder fanden immer eine Möglichkeit, sich zu beschäftigen. Ob das nun Bäume zum Draufklettern, ein Strand zum Buddeln oder ein Bachufer zum »Wir kochen Suppe«-Spielen waren – die Natur ist nicht nur in Neuseeland Spielplatz genug, finden wir.

Aber halt, es geht noch besser: In Neuseeland gibt es sogar richtige Spielplätze, die komplett natürlich sind. So wie die »Rere Rockslide«, eine von der Natur geschaffene Wasserrutsche, die sich vor den teuren Mega-Aquaparks nicht verstecken muss. Versteckt liegt sie allerdings schon, und wer hier seinen Mut testen will, der muss einen ordentlichen Abstecher von der Touristenroute in Kauf nehmen.

Das Örtchen Rere, eine kleine Gemeinde am Ufer des Wharekopae River, liegt etwa 50 Kilometer landeinwärts von Gisborne. Der Fluss, der in der Huiarau Range entspringt und in die Hawke's Bay mündet, führt auf der Höhe von Rere schon genug Wasser, um die etwa fünf

Meter hohen und 20 Meter breiten Rere Falls zu einem beachtlichen Anblick zu machen.

Im Sommer wird das Wasserbecken am Fuß des Wasserfalls von einheimischen Familien gern zum Baden genutzt. Direkt neben, unter oder hinter einem Wasserfall zu baden, macht schon Spaß. Aber die eigentliche Attraktion wartet etwa zehn Kilometer weiter flussabwärts.

Hier ist das Flussbett des Wharekopae River so flach geworden, dass der felsige Untergrund mit seinen abgerundeten Steinen eine breite natürliche Rutschbahn bildet. Auf der um etwa 30° geneigten, spiegelglatten Felsenfläche erreicht man auf dem Bauch liegend gerade so viel Geschwindigkeit, dass das Rutschen ein wahrer Nervenkitzel wird. Noch besser und vor allem wesentlich schneller geht es, wenn man sich auf ein Boogie Board, einen großen Schwimmreifen oder eine Luftmatratze legt – dann tut es auch nicht so weh am Bauch, denn der Felsen ist natürlich nicht überall picobello glatt.

Nach etwa 60 Metern endet die Rutschbahn mit einem großen Platsch in einem Felsenpool. Der ist gerade tief genug, damit man sich nicht verletzt – wobei es bei solchen Aktivitäten natürlich trotzdem immer mal wieder zu Blessuren kommt.

Dank Selfie-Stick und Go-Pro sind die Felsenrutsche und der Spaß, den sie bietet, in den letzten Jahren zu ziemlicher Bekanntheit gelangt; an schönen Sommertagen ist man hier also nicht mehr allein. Noch mehr Spaß, als selbst den Felsen hinabzurutschen, macht es aber, den mutigen und weniger mutigen Menschen zuzuschauen, die sich in fantasievollen Formationen auf die Rockslide wagen und in allen Tonlagen quietschen, kreischen und brüllen.

Spielplätze braucht man in Neuseeland wahrlich nicht!

71. Grund

Weil das Eastcape so schön unspektakulär ist

320 Kilometer lang ist die Fahrt von Ōpōtiki in der Bay of Plenty nach Gisborne in der Hawke's Bay – wenn man sich die Zeit nimmt, am Eastcape vorbeizufahren, dem östlichsten Punkt Neuseelands. Der Umweg hat es in sich; die direkte Strecke auf dem State Highway 2 ist nur 140 Kilometer lang. Aber es gibt gewichtige Gründe, warum man diese touristisch kaum erschlossene Region Neuseelands unbedingt erkunden sollte.

Das Eastcape ist eine so abgelegene Gegend, wie man sie auf der Nordinsel gar nicht erwarten würde. Immerhin sind die Metropole Auckland und der Touristen-Hotspot Rotorua Luftlinie nur 200 bzw. 300 Kilometer entfernt. Das große Hindernis sind die dichten, unwegsamen Wälder des Te Urewera, die eine wirkungsvolle Barriere bilden. Auch in Zeiten des beispiellosen Besucherbooms machen nur wenige Touristen den Abstecher in den Osten.

Auf den ersten Blick scheint das verständlich: Am Eastcape gibt es keine Thermalwunder oder aktiven Vulkane, man kann weder Wale noch Albatrosse oder seltene Pinguine entdecken, und auch auf Adrenalin-Abenteuer wie Bungee-Jumping oder Rafting muss man verzichten. Hier gibt es eigentlich nichts Besonderes zu sehen, außer viel Natur und viel Ruhe. Stille Buchten, weite Strände, verlassene Dörfer, Weidezäune, grüne Hügel – das ist wenig atemberaubend, aber doch eigentlich sehr.

Laut Routenplaner braucht man mit dem Auto nur sechs Stunden, um das Eastcape zu umrunden. Das ist allerdings eine sehr trügerische Angabe oder anders gesagt: Wer wirklich nur sechs Stunden Zeit hat, für den ist dieser Roadtrip nicht zu empfehlen. Alle, die den Abstecher gemacht haben, sind jedenfalls danach überzeugt, keine Zeit verschwendet zu haben – auch wenn sie zwei oder drei Tage »opfern« mussten.

Der State Highway 35, der um das Eastcape herumführt, macht deutlich, wo man hier ist: Obwohl als Highway ausgeschildert, ist er schmal und streckenweise sogar nur geschottert. Auf Gegenverkehr trifft man kaum, auch sonst sind Begegnungen selten. Reisende sind ohnehin kaum unterwegs. Und trifft man auf Einheimische, sind das oft ziemlich kauzige Existenzen.

Ein großer Teil der Bevölkerung des Eastcape versteht sich als Māori (in Neuseeland muss die Volkszugehörigkeit nicht ausschließlich auf der Herkunft beruhen; man kann sich durchaus auch als Nachkomme von Engländern als Māori definieren). Traditionelle Tanzaufführungen in Baströckchen und sonstige Eingeborenen-Romantik, wie sie in Rotorua allerorts aufgeführt wird, bekommen Reisende hier nicht geboten. Wer die richtige Kultur der heute in Neuseeland lebenden Māori kennenlernen will, ist am Eastcape trotzdem genau richtig.

Die Stimmung in den von der Zeit vergessenen Dörfern, wo viele Māori noch heute ohne Arbeit, aber mit neuem kulturellen Selbstbewusstsein leben und sich von den Erträgen ihres Hinterhofgartens und ein bisschen Jagd selbst versorgen, ist eine ganz eigene. Da reiten Kinder auf Pferden zur Schule, das Mittagessen wird frisch aus dem Meer geholt und die mit reichen Schnitzereien verzierten Marae dienen wirklich als Treffpunkte der Gemeinde und nicht als Fotomotiv. Mit Māori-Schnitzkunst verziert ist auch die St Mary's Church in Tikitiki und zeugt von den Erfolgen der christlichen Missionare in Neuseeland.

In Te Araroa hat man die Spitze der »Stiefelferse« der Nordinsel fast erreicht. Dort wächst, versteckt auf dem Hof der Dorfschule, Neuseelands größter Pohutukawa. 350 Jahre ist er alt und wird hier wohl problemlos noch weitere 350 Jahre ausharren – passieren dürfte derweil nicht viel. Anstatt der scharfen Kurve des Highways nach Südosten zu folgen, fahren wir an dieser Stelle noch 20 Kilometer geradeaus. Auf dem Otiki Hill thront weithin sichtbar, wenn auch wenig spektakulär, das East Cape Lighthouse. Wer die 750 schweißtreibenden Stufen zum Fuß des automatischen Leuchtfeuers erklommen hat, wird mit einem Blick belohnt, der nicht nur bei Sonnenaufgang grandios ist. So weit das Auge reicht, erstreckt sich der Pazifik. Nur an der kleinen vorgelagerten Insel Whangaokeno bleibt der Blick hängen, wo der Leuchtturm bis 1922 gestanden hat.

Ist man hier wirklich der erste Mensch, der morgens die Sonne aufgehen sieht? Nicht ganz. Eigentlich gebührt diese Ehre den noch weiter östlich im Meer liegenden Chatham Islands, aber dort leben nur wenige Hundert Menschen, und die bekommen noch weniger Besuch als das Eastcape.

Wer auf neuseeländischem Festland bleiben will, kann noch einige Minuten Vorsprung herausschlagen: Ein paar Hundert Meter weiter oben treffen die Strahlen der Morgensonne natürlich eher auf, wenn man die Kugelform der Erde berücksichtigt. Der Gipfel des 1.752 Meter hohen Mount Hikurangi ist also »the place to be«, wenn morgens die Sonne aufgeht.

Auch der erste Europäer, der Fuß auf neuseeländischen Boden setzte, stattete dem Eastcape einen Besuch ab. Wo Captain James Cook am 8. Oktober 1769 anlandete und schon bald Bekanntschaft mit den Māori machte, ist in der Cook's Cove hinter dem eindrucksvoll langen Tolaga Pier genau markiert. Von der Schönheit des Eastcape war der Entdecker allerdings wohl nicht allzu beeindruckt; schon am nächsten Tag verließ er die Bucht wieder und verewigte sie auf seinen Karten als Poverty Bay, »weil sie uns nichts bot, was wir brauchten«.

Man sieht: Selbst Entdecker können irren!

72. Grund

Weil man White Island beim Wachsen zusehen kann

Dass Neuseeland auf dem pazifischen Feuerring liegt, zeigt sich an vielen Stellen des Landes; von den vielen verräterischen kegelförmigen Bergen, die schon lange schlafen oder ganz erloschen sind, über die zahllosen heißen Flüsschen und Quellen, bis zu den dampfenden, zischenden und blubbernden Thermalgebieten im Zentrum der Nordinsel. Nicht zu vergessen die deutlich sichtbaren »fault lines«, Bruchzonen vergangener Erdbeben, die den Boden in Neuseeland oft um mehrere Meter gehoben oder gesenkt haben.

Ich weiß ja nicht, wie es anderen Reisenden geht; mich persönlich beschleicht bei diesen stummen Zeugen der unsicheren Erdkruste unter meinen Füßen ein mulmiges Gefühl. Die dampfenden Erdspalten rund um Rotorua oder der stumm aufragende Gipfel des Mount Ruapehu erinnern mich daran, dass jederzeit die unterirdischen Kräfte der Erde losbrechen könnten – gruselig, oder?

Eine Art Schocktherapie war für mich daher der Besuch von Neuseelands einzigem aktiven Meeresvulkan, der etwa 50 Kilometer vor der Küste der Bay of Plenty liegt. White Island wurde die unwirtliche Felseninsel von Captain James Cook getauft, der im Jahr 1769 in sicherer Entfernung vorbeisegelte und die Sichtung eines »fernen weißen Federbauschs« in seinem Logbuch notierte (dass es sich um einen Vulkan handelte, hatte er offenbar nicht bemerkt). Die weißen Rauchschwaden steigen tatsächlich die ganze Zeit von dort auf und vermelden stetige vulkanische Aktivität. Die Māori nannten das Inselchen deshalb Whakaari oder vollständig: Te Puia o Whakaari, was »der dramatische Vulkan« heißt.

Dramatisch sieht »Mighty Whitey«, wie der Vulkan von den Menschen in Whakatāne und Ōpōtiki, die ihn täglich dampfen sehen, genannt wird, zweifellos aus. Je näher man kommt, desto besser wird es. Wer es sich leistet und die Insel mit dem Helikopter anfliegt, bestaunt den fast kreisrunden Felsen im blauen Meer, der die sprichwörtliche »Spitze des Eisbergs« darstellt: Die 321 Meter hohe Insel erhebt sich insgesamt 1.600 Meter über dem Meeresboden und liegt zu 90 Prozent unter Wasser. Fast genau in der Mitte der Insel liegt ein Kratersee, der je nach Lichteinfall milchig-blau bis grün leuchtet – zusammen mit dem Dunkelblau des Meeres, in dem sich oft gelbe Schwefelschwaden verwirbeln, ein toller Anblick.

Bootstouristen wie wir müssen sich die spektakulären Eindrücke mit einem Fußmarsch erarbeiten. Wir landeten nach einer recht schwankenden Überfahrt an einem nicht allzu vertrauenerweckend aussehenden, weil ordentlich verrosteten Steg, kletterten aus dem Schlauchboot und sollten sofort unsere Gasmasken anlegen – die schwefelige Luft, die hier allerorten aus Felsritzen aufsteigt, ist so gesundheitsgefährdend, dass Kinder nicht herkommen dürfen und

Schwangeren eindrücklich von einem Ausflug abgeraten wird. Dass ich hier freiwillig keine Nacht verbringen würde, war mir schon nach fünf Minuten auf White Island klar. Hier gibt es nichts – kein Tier und keine Pflanze war zu sehen, als wir das Inselinnere betraten. Dafür stank es übel; die Gasmaske konnte nur die Spitzen des Gestanks abfedern, der uns schon aus Rotorua vertraut war.

Aus dem Schlot von Whakaari dampft es ohnehin ständig; zu einem richtig großen Ausbruch kann es jederzeit kommen, wie uns der Guide freundlich lächelnd informierte. Ob unsere gelben Baustellenhelme uns dann helfen würden? Immerhin wurden wir so gut wie möglich geschützt: Mehrere Messstationen und Kameras auf der Insel überwachen Bodentemperaturen und Gasemissionen und melden sie regelmäßig ans Festland, wo GeoNet die Daten auswertet. Bis zu 1.000 Erdbeben erschüttern White Island – jeden Tag! Steigt die vulkanische Aktivität über das Level drei (von fünf), werden die Touren auf die Insel pausiert. Vulkanausbrüche kommen immer wieder vor, zuletzt 2012 und 2013. Dabei stieß der Berg bedrohliche Aschewolken aus, der Kratersee fing an zu kochen, verschwand und bildete sich danach neu. Hier ist immer was los!

Menschen haben auf Whakaari nie gelebt. Aber der Schwefel, den es hier reichlich gibt, war begehrt. Man brauchte ihn unter anderem für Arzneimittel und Dünger und wollte ihn nicht länger aus den USA importieren. Die Arbeiter, die hier von den 1880er-Jahren an auf der Insel Schwefel abbauten, hatten wohl den gefährlichsten und härtesten Job der Welt. Nachdem 1914 ein Trupp von einem Lahar verschüttet wurde und spurlos verschwand (nur die Camp-Katze überlebte), mussten sie jeden Tag vom Inselrand, wo ihre Hütten standen, hinüber zur Schwefelfabrik in der Crater Bay hinüberrudern; bei zu rauer See kletterten sie über die Felsen.

Die Arbeitsbedingungen müssen höllisch gewesen sein: Es war so heiß, dass Steine einfach zerplatzten, Kleidung aus Baumwolle zerfiel nach kurzer Zeit, und wenn man sich nicht mehrmals täglich die Zähne putzte, wurden sie schwarz. Und natürlich bebte ständig die Erde, kochend heißer Dampf waberte herum, und Geröll flog durch die Luft. Ich hoffe sehr, dass die armen Kerle anständig bezahlt wurden!

Der Unternehmer, der White Island 1936 kaufte, hat damit jedenfalls ein gutes Geschäft gemacht, auch wenn sich der Schwefelabbau im Endeffekt nicht lohnte. Die Touristen, die heute fast täglich die Insel besuchen und jedes Mal eine Landegebühr bezahlen müssen, bringen ihm bzw. seinen Enkeln sicher mehr ein – weshalb die Nachkommen von James Raymond Buttle sich nach wie vor weigern, ihre Insel dem neuseeländischen Staat zu verkaufen.

Der Gedanke, dass ich vielleicht gerade über 200 NZ$ bezahlt hatte, um mich von einem Vulkanausbruch umbringen zu lassen, entbehrte nicht einer gewissen Zynik. Ich versuchte, ihn beiseite zu schieben und die Schönheit in der lebensfeindlichen Ödnis zu sehen. Die bunten Ablagerungen aus pink-rotem Eisenoxid, weißlichem Kalziumsulfat, grünstichigem Kupfer und dem allgegenwärtigen giftgelben Schwefel verleihen der kargen Mondlandschaft, die übersät ist mit ausgeworfenem Geröll und dampfenden Schlammlöchern, einen durchaus interessanten Anstrich; so könnte die Erde ausgesehen haben, als es noch kein Leben auf ihrer Oberfläche gab. Die Illusion ist nur halb perfekt; das Kreischen einer riesigen Kolonie von Tölpeln, die am Rand der Insel nisten, erinnert daran, dass es eben doch Leben hier gibt – ziemlich beruhigend, wie ich finde.

Schwitzend und schwer durch unsere Gasmasken atmend, stapften wir im Gänsemarsch über die Insel. Da der Vulkan fast komplett unter Wasser liegt, liefen wir quasi direkt auf dem Rand des Kraters entlang – für Vulkanologen faszinierend und unheimlich praktisch, für mich noch mal extra bedenklich. Die Blau- und Grüntöne des Kraterseewassers waren eine Erholung für meine Augen. Baden sei hier dennoch nicht empfehlenswert, genauso wenig wie Trinken, warnte unser Guide; der See ist ziemlich heiß und säurehaltig.

Auch die verrosteten und verätzten Überreste der Förderanlagen und die verfallene kleine Fabrikhalle, wo das auf der Insel geförderte Schwefelpulver zu Dünger weiterverarbeitet wurde, haben einen nicht zu bestreitenden morbiden Charme und geben tolle Fotomotive ab. Trotzdem: Ich war wirklich froh, als wir umdrehen und diese gruselige Insel wieder verlassen konnten. Das hier ist eines der Erlebnisse in Neuseeland, die ich wirklich nicht wiederholen möchte – auch wenn ich einen Besuch auf White Island jedem ans Herz legen kann, der nicht so ein Angsthase ist wie ich.

73. Grund

Weil die Taranaki Coast jeden Tag anders aussieht

Wie oft kann man nach Neuseeland reisen, bevor es langweilig wird? Fans dieses Landes werden die Frage nicht verstehen oder sie mit einem verächtlichen Lachen beantworten. Ein Land, das so vielfältig ist wie Neuseeland, wird nie langweilig!

Das beste Beispiel dafür ist die Küste von Taranaki, einer Region im Westen der Nordinsel. Rund um den perfekten Kegel des erloschenen Vulkans Taranaki (die Pākehā nannten ihn Mount Egmont) erstreckt sich eine Landschaft, die bisher nur bei sehr wenigen Reisenden auf dem Radar liegt. Der 2.518 Meter hohe Berg ist von dichtem, flechtenbehangenem Regenwald und scharfkantigen Felsbrocken bedeckt, seinen Gipfel besteigen nur Mutige mit alpiner Erfahrung.

An seinem Fuß wird der Taranaki von einem grün karierten Gürtel umrahmt – Felder ziehen sich bis zum Horizont über die weiten Ebenen mit der fruchtbaren Vulkanerde. Städte wie New Plymouth oder Stratford lassen allenfalls England-Fans das Lenkrad einschlagen, und da hier auch weder Wale noch Geysire warten, fahren die meisten Touristen lieber direkt von Auckland über Rotorua und das Zentralmassiv mit seinen rauchenden Schloten nach Süden durch.

Zu schade! Zu Füßen des Taranaki wartet nämlich eine der schönsten Küsten von ganz Neuseeland – und das ist eine kühne Behauptung, wenn man sich die wirklich vielen spektakulär schönen Strände des Landes vergegenwärtigt. Der elf Kilometer lange, schwarzsandige Tongaporutu Beach nördlich des Cape Egmont Lighthouse ist mein persönlicher Kandidat für das Top-Ranking.

Sie wollen ein Beweisfoto sehen? Das würde keinen Sinn machen. Mit hoher Wahrscheinlichkeit sieht der schwarze Strand, der sich vor hoch aufragenden, orangefarbenen Lehmklippen in breitem Glitzern erstreckt, nämlich bei Ihrem Besuch ganz anders aus. Vergleicht man Fotos, die im Abstand weniger Wochen aufgenommen wurden, kommt man schon manchmal ins Zweifeln: Ist das wirklich derselbe Strand?

Je nach Wetterlage, Lichtverhältnissen und Tageszeit leuchten die aus dem Lehm ragenden Felsnasen in knalligem Gelb oder wirken fast weiß, der Lehm selbst verändert seine Farbe, und das Wasser der Tasman Sea sieht von einer Stunde zur anderen komplett anders aus: Einmal liegt sie weiß schimmernd oder silbergrau glitzernd da, dann wieder wogt sie in bedrohlichem Schiefergrau oder lässt aquamarinblau leuchtende, weiß gekrönte Brecher an das Ufer donnern.

Diese Brecher tragen das ihre zur Abwechslung bei: Die Brandung nagt gnadenlos am weichen Gestein, knabbert Stückchen heraus, wäscht Höhlen frei und reißt große Felsbrocken um. So wird die Westküste stetig neu geformt, und das in einem atemberaubenden Tempo: Beeindruckend aufragende Felsformationen, die wir an einem Tag bewundert hatten, waren einige Zeit später umgestürzt, abgebrochen oder spurlos im tiefen Sand versunken. Die steilen Klippen aus Lehm und verfestigtem Sand, deren exakte Querstreifung mancherorten an ein zu stark bearbeitetes Foto glauben lässt, krümeln unter der Wucht des Wassers, dem Nagen des Windes und der beharrlichen Erosion weg.

Beobachter, die regelmäßig hierherkommen, sprechen von ganzen zwei Metern, die der Küstenlinie am Tongaporutu Beach jedes Jahr entrissen werden. Höhlen, deren Wände mit Felszeichnungen der Māori verziert sind, kathedralenhoch aufragende Felsbögen, wackelig in der Brandung balancierende Felsnadeln oder wie Dinosaurier-Eier anmutende riesige Steinkugeln können binnen Tagen oder gar Stunden entstehen, aus dem sandigen Untergrund auftauchen, abbrechen oder vom Meer wieder weggespült werden.

An Baden ist hier nicht zu denken; nicht einmal ein Boot kann man zu Wasser lassen und in der Geschichte Neuseelands sind Hunderte Schiffe hier bei auflandigem Wind gestrandet und gesunken. Ihre Wracks, deren Bergung zu aufwendig wäre, sind zum Teil noch heute vom Strand aus zu sehen und werden von Mutigen bei Ebbe beklettert. Wer hier zum Strand hinabsteigt oder sich gar in die Wellen wagt, muss nicht nur Mut haben, sondern auch eine Uhr: Die Gezeiten haben unglaubliche Wucht und können binnen wenigen Minuten den Rückweg von einem Kletterfelsen oder aus einer Höhle unmöglich machen.

Der schwarze Sandstrand verändert sich ständig in seiner Ausdehnung und Festigkeit, je nach dem Stand und der Stärke der Gezeiten. Wo wir bei Ebbe über einen endlos breiten Strand tappten, in flachen Gezeitenpools winzige Krabben und leuchtende Seesterne aufstöberten, schien die Flut einen komplett anderen Strand zu überspülen – keine Spur zeigte sich mehr vom brettflachen Strand und den geheimnisvoll wartenden Höhlendurchgängen unter den Klippen. Bei auflandigem Wind schlagen die Wogen zum Teil fast bis auf die sattgrünen Wiesenflächen hinauf, die auf der Oberseite der Klippen wachsen.

Der Mensch ist ein Gewohnheitstier; bestimmte Felsformationen bekommen daher unweigerlich Namen und gelangen zu lokaler oder gar internationaler Berühmtheit. Am Tongaporutu Beach ist es allerdings nicht ratsam, sich mit den Zeichen des Landes allzu vertraut zu machen. Die 25 Meter hohen, wie Finger aus dem Meer zeigenden Felsnadeln, die heute »Three Sisters« heißen, waren vor nicht allzu langer Zeit »Four Sisters« und mussten zwischenzeitlich auf eine weitere Schwester verzichten. Noch mehr Trauer schwappte durch die Gemeinde der Neuseelandfans, als der »Elephant Rock« nach einem schweren Herbststurm seinen Rüssel verlor – bestürzt versicherte man sich gegenseitig, dass man ihn doch gerade kürzlich noch gesehen und fotografiert hatte?!

So ist die Natur, und so darf sie auch sein. Während wir Menschen durchaus beschämt sein sollten über das Verschwinden des Kiwi oder der Kauri-Bäume, über das Abholzen riesiger Waldflächen und das Wegsprengen von Felsen für den Straßenbau, dürfen wir hier am Tongaporutu Beach einfach nur zuschauen und staunen: über die Kraft der Natur, die sich täglich neu erschafft.

Weil der Forgotten World Highway in einen Staat im Staat führt

Ich gebe es zu: Auf die vielen Stempel in meinem Reisepass bin ich schon ein wenig stolz. Da prangen ganzseitige, farbige Einreise-Visa für Kambodscha und unscheinbare Einreisestempel von Vietnam neben eingehefteten Zetteln aus Japan und natürlich die Visa-Waiver von Neuseeland ... und wenn wir nicht zum falschen Zeitpunkt durch Whangamomona gefahren wären, dann wäre da heute noch ein weiterer Einreisestempel zu sehen.

Was nämlich kaum jemand weiß, und was auch wir leider erst zu spät erfuhren: In Neuseeland liegt noch ein weiteres Land, das einen eigenen Präsidenten hat und in das man ganz offiziell einreisen kann. Es handelt sich, trara, um die Republik von Whangamomona. Diese Enklave voller aufrechter Patrioten, die der Regierung in Wellington den Kampf angesagt haben, liegt versteckt im Hinterland von Taranaki. Im Schatten des gleichnamigen Vulkans, um dessen kegelförmigen Gipfel sich wie auf einer technischen Zeichnung erst ein Ring von Regenwald, dann viele rechteckige Felder und dann wieder Wald erstreckt – begrenzt auf der westlichen Seite von der Küstenlinie der Tasman Sea, auf der anderen Seite von ... Vergessen.

Das Gebiet zwischen dem Mount Taranaki und dem Central Plateau, wo die Touristenströme aus Auckland und Wellington sich am Tongariro-Massiv treffen, scheint nicht nur von der Tourismusbehörde vergessen worden zu sein. Hier gibt es tatsächlich nichts – außer ein paar bemitleidenswert kleinen oder schon völlig vergeisterten Orten wie Strathmore oder Aukopae, endlosen Hügeln voller Schafe und Kühe, viel dichtem Wald, beeindruckend hohen Kalksteinfelsen und dem vielfach gewundenen Lauf des Whanganui River.

Für motorisierte Besucher gibt es nur eine Möglichkeit, diese abgeschiedene Einöde zu durchqueren: Der State Highway 43 führt über 155 Kilometer von Stratford an der Westküste nach Taumarunui im Süden des ebenso dünn besiedelten King Country und ist mit durchschnittlich 150 Fahrzeugen am Tag die am wenigsten befahrene Hauptstraße des Landes. Gleichzeitig gilt sie als eine der schlechtesten und ist die einzige, auf der man teilweise auf Schotter fahren muss; eine Asphaltierung der zwölf rutschigen Kilometer, die durch die dunklen, steilen Wände der Tangarakau Gorge führen, wäre schlichtweg zu teuer. Weil die Route den Versorgungspfaden der ersten neuseeländischen Siedler folgt, die hier beharrlich, aber vergeblich versuchten, das unberührte Land zu kultivieren, erhielt sie bald den Namen »Forgotten World Highway«.

Wie in einer von der Zivilisation vergessenen Welt fühlt man sich tatsächlich, wenn man die »Abkürzung« ins Innere der Nordinsel nimmt: An der Strecke gibt es keine Tankstellen, die Möglichkeiten zum Einkaufen sind ebenso selten wie der Handy-Empfang. Menschen trifft man kaum; die verfallenen Wellblechhütten am Wegrand, die stillgelegten Kohleminen und die Hinterlassenschaften von aufgegebenen Farmen verbreiten mitunter eine regelrecht post-apokalyptische Stimmung. Es ist ja nicht so, dass hier noch nie jemand gelebt hätte; in den 1930er-Jahren, als es sich lohnte, ein Farmer zu sein und der Staat den Bau einer Eisenbahnlinie durch die Region finanzierte, verzeichneten einige Ortschaften noch über 1.000 Einwohner.

Steht man dann an den Damper Falls, wo das Wasser aus mehr als 70 Metern Höhe über die Abbruchkante einer lehmig-grauen Felswand herunterdonnert und zwischen baumhohen Farnwedeln verschwindet, kommt man sich wirklich vor wie in einer vergessenen Welt – und es wäre nicht weiter verwunderlich, wenn man zwischen dem dichten Blattwerk die schuppige Schnauze eines Dinosauriers hervorblitzen sähe.

Stattdessen sieht man etwas ganz anderes, nicht weniger Verwunderliches: ein Schild, das Autofahrer in der »Republic of Whangamomona« willkommen heißt. Zur Grenzkontrolle und Abwicklung der Einreiseformalitäten wird man in das nahe gelegene »Whangamomona Hotel« gebeten, sollte der Grenzposten am Straßenrand nicht bemannt sein.

Das zweistöckige, offensichtlich historische Holzgebäude ist neben dem Pub das einzige, das dem 14-Einwohner-Flecken mitten im Nirgendwo ein städtisches Flair verleiht. Es dient gleichzeitig als Zollstation, Regierungsgebäude und Sitz des Präsidenten der Republik von Whangamomona. Dieser war bei unserer Durchfahrt offenbar in Regierungsgeschäften unterwegs, sodass wir hier niemanden antrafen – und uns dabei die Gelegenheit der Abstempelung unserer Reisepässe entgehen ließen.

Mehr als eine schöne Reiseerinnerung fehlt uns deshalb nicht; denn die trotzige kleine Republik ist natürlich keine anerkannte politische Enklave. Dass es sie überhaupt gibt, zeugt vom typisch neuseeländischen Eigenwillen, aber auch vom Humor – der eigensinnigen Republikaner genauso wie der staatlichen Behörden. Die ließen die Einwohner von Whangamomona einfach machen, als die es sich 1989 in den Kopf setzten, eine eigene Republik zu gründen. Anlass war die geplante Neuanordnung der lokalen Verwaltung, die eine Hälfte des Landkreises von Whangamomona dem neuen Distrikt Manawhatu-Whanganui zuteilen sollte – und das, ohne die Einwohner vorher zu konsultieren. Die befürchteten das Schlimmste: Ihre Rugby-Mannschaft würde fortan für den neuen Distrikt antreten müssen. Revolution!

Die Siedler, die schon seit Ende des 19. Jahrhunderts in ziemlicher Abgeschiedenheit hier lebten, hatten bereits 1908 in Eigeninitiative ihre Unabhängigkeit vom Stratford County erklärt und bis 1955 ihren eigenen District verwaltet; damals lebten hier fast 200 Menschen in einer Region, die sie »Valley of Plenty« nannten. Der Erste Weltkrieg (!), eine verheerende Flut im Jahr 1924 und schließlich die Fertigstellung der Eisenbahnverbindung von Stratford nach Taumarunui sorgten für einen solchen Einwohnerschwund, dass Whangamomona um 1980 fast ausgestorben wäre.

Die letzten Einwohner dachten aber nicht ans Aufgeben; und ihr trotziger Akt des Aufbegehrens gegen staatliche Auflagen brachte ihnen – dank der wohlwollenden Laissez-faire-Einstellung der Behörden, die der Republikgründung augenzwinkernd zusahen – neue Einkommensquellen. Immer mehr neugierige Touristen kommen in Whangamomona vorbei; alle zwei Jahre im Januar aber schwellen die Besucherzahlen kurzzeitig auf mehrere Tausend an.

Wenn nämlich Neuwahlen anstehen und demokratisch über den nächsten Präsidenten von Whangamomona entschieden wird, lohnt es sich, hier zu sein. Die Unabhängigkeitsfeierlichkeiten sollen opulent und spaßig sein, höre ich; vom Gummistiefelweitwurf und Peitschenknallen über Possum-Häuten bis zum Schafsrennen kann man hier traditionelle neuseeländische Partystimmung erleben.

Die Krönung ist natürlich die Deklaration der Wahlergebnisse. Wahre Demokratie kennt keine Einschränkungen; jeder und jede, der am Wahltag im Besitz eines Passes nach Whangamomona kommt, darf antreten und mitwählen. Und so stehen in der Liste vergangener Präsidenten neben dem zweimal wiedergewählten, sehr beliebten und leider im Jahr 2015 verstorbenen Murt Kennard auch eine Ziege (die alle Stimmzettel aufgefressen hatte) und ein Pudel (der aber nach der – politisch motivierten? – Attacke durch einen Mastiff vorzeitig zurücktrat). Aktueller und sechster Träger der Präsidentenkette aus Kronkorken und Wildschweinzähnen ist John Herlihy. Ob er sein Wahlversprechen, jeden Sonntag Freibier im Pub auszuschenken, einhalten wird, ist fraglich – wie bei jedem Staatsoberhaupt dieser Welt.

75. Grund

Weil in Castlepoint der schönste Leuchtturm der Welt steht

Mit den Leuchttürmen ist es in Neuseeland ähnlich bestellt wie mit den Wasserfällen: Einer ist schöner als der andere, ständig sieht man einen am Wegrand und muss uuunbedingt ein Foto schießen. Nach dem fünften hält dann langsam die Gewöhnung Einzug. Ein prüfender Blick und ein kritischer Vergleich – »Der von vorhin war aber höher …« – reicht dann, wo noch Tage zuvor begeistert losgeknipst wurde.

Nachdem wir uns an den dicken, weiß gestrichenen Leuchttürmen am Cape Reinga, am Mangawhau Head bei Auckland, am Nugget Point in den Catlins oder auf der Banks Peninsula in Akaroa sattgesehen hatten, nachdem uns auch die schlankeren Exemplare am Cape Egmont (spektakulär vor dem gleichnamigen erloschenen Vulkan!), am East Cape (der erste, der morgens die Sonnenstrahlen des neuen Tages sieht) oder am Cape Palliser (einsam vor stürmisch schwarzen Wolken und knallblauem Meer an einer Klippe gelegen) Stoßseufzer der Begeisterung entlockt hatten – da dachten wir eigentlich, uns könnte kein Leuchtturm mehr hinter dem Ofen hervorlocken.

Dann trafen wir aber doch die Entscheidung, den langen Abstecher von Wellington nach Castlepoint zu machen. Dieser Küstenabschnitt im Hinterland der neuseeländischen Hauptstadt ist so schlecht zu erreichen, dass hier quasi kein Tourist hinkommt. Ringsherum warten nur die unzugänglichen, dicht bewaldeten Tararua Ranges, davor radeln immerhin einige Weinfreunde beschwingt durch die Weinberge der Wairarapa-Region. Aber hier, an der Ostküste der Nordinsel, noch ein gutes Stück südlich von Napier und Gisborne an der Hawke's Bay, ist es wirklich still. Castlepoint selbst hat nur 15 dauerhafte Bewohner, die etwa 100 Ferienhäuser erwecken den Ort an Sommerwochenenden regelrecht zum Leben.

Im Winter muss es hier sehr einsam sein; der Trip nach Wellington dauert reichliche zwei Stunden, und die Städte, die vorher am Wegrand liegen – Masterton, Greytown oder Martinborough –, erschienen uns beim Durchfahren so langweilig, dass mein Mann fast am Steuer eingenickt wäre.

Warum man dann überhaupt den langen Weg hierher mit den vielen Kurven auf sich nehmen sollte? Bei den Māori, deren Vorfahr Kupe hier einen riesigen Tintenfisch nach wochenlanger Verfolgungsjagd aus dem Meer gezogen haben soll, heißt der Küstenabschnitt »Rangiwhakaoma«, übersetzt: »Wo der Himmel rennt«. Was sie damit meinten, wurde uns klar, als sich ebendieser Himmel, überzogen von dahinjagenden Wolken, über uns und dem Panorama der Küste auftat. Der Ausdruck wird ja oft bemüht, wenn es um Neuseeland und seine Naturwunder geht. Aber hier passierte es mir tatsächlich: Mir fiel die Kinnlade herunter und ich war sprachlos.

Am Ende zweier weit geschwungener, von zackigen Felsen eingerahmter sandiger Buchten, deren goldener Sand in der Sonne leuchtete, erhebt sich ein wie eine Welle steil nach vorn strebender Felsvorsprung. Vor den dunkelblau und weiß tosenden Wellen des Pazifiks bleibt die stille Deliverance Cove verschont, weil sie wie eine tropische Lagune von einem vorgelagerten Kranz aus Felsen geschützt wird. Auf der nördlichen Seite dieses natürlichen Spektakels folgt sozusagen das i-Tüpfelchen: Am Ende eines gewundenen Pfades steht er, der Leuchtturm aller Leuchttürme. Elegant und schmal. Weiß leuchtend. Hoch in den Himmel zeigend, fest verankert auf dem fast ebenso schönen Stück Steilküste.

Der schroff aufragende Castle Rock fiel schon 1770 Captain James Cook im Vorbeifahren auf und erhielt von ebendiesem Seefahrer seinen Namen. Der Forschungsreisende befand, die 162 Meter hohe Felszunge sehe aus wie die Mauern eines Schlosses.

Vom blinkenden Licht des Leuchtturms, der heute weiß strahlend auf der anderen Seite der Bucht steht und Schiffen aus Südamerika die Navigation zum Hafenbecken von Wellington erleichtern soll, konnte James Cook noch nicht profitieren. Er wurde erst 1913 errichtet, nachdem zahlreiche Schiffe auf der Fahrt von Auckland nach Wellington an der Wairararapa-Küste gestrandet waren.

Er ist der größte Leuchtturm der Nordinsel und der einzige Leuchtturm Neuseelands, der direkt vor Ort aus fertigen Metall-Elementen zusammengefügt wurde. Und noch mehr: Er ist einer von nur zwei Leuchttürmen Neuseelands mit einem rotierenden Licht. Die beiden Linsen des Leuchtfeuers schwammen ursprünglich in einem Bad aus Quecksilber; als das nach einem Erdbeben 1942 ausgelaufen war, sammelte es der beherzte Leuchtturmwärter in einem Nachttopf aus Porzellan flugs wieder ein, um es weiterzuverwenden. Keine Sorge: Inzwischen drehen sich die Linsen auf einem System aus Rollen.

Der hier arbeitende Leuchtturmwärter genoss weiteren Luxus: Er konnte seine Kinder zu Fuß in die Schule schicken, im nahe gelegenen Örtchen einkaufen und abends ein Bier im Pub trinken gehen. Bis in die 1950er-Jahre wurde das Leuchtfeuer mit Öl betrieben, danach mit Strom aus einem Dieselgenerator und schließlich elektrisch über ein Stromkabel. Grant Hitchcliff, der letzte Leuchtturmwärter, hielt durch bis 1988, was einem weiteren Landesrekord gleichkommt. Seitdem

Grandios! Anders lässt sich der Mount Aspiring Nationalpark im Süden der Südinsel nicht beschreiben.

Die Straße von Queenstown nach Glenorchy, am Ufer des Lake Wakatipu (oben) entlang, gilt als eine der schönsten der Welt und wird vielleicht nur noch von dem Abstecher getoppt, der von Glenorchy aus ins buchstäbliche Paradies führt (unten).

Bei so viel Naturschönheit wie am Seeufer in Glenorchy (oben) werden sogar hibbelige Kids ganz ruhig. Am stillen Moke Lake bei Queenstown (unten) haben wir alle ein Stück Herz gelassen.

Stillgelegte Minenstollen ziehen sich durch die Berge der Coromandel Peninsula und geben abenteuerliche Wanderwege ab, etwa den Karangahake Gorge Windows Walk.

Im Abel-Tasman-Nationalpark wandert man streckenweise direkt am Strand entlang (oben) – was für eine Verlockung! In den eiskalten Cleopatra Pools (unten) winkt ersehnte Abkühlung, und viel Spaß auf der Felsenrutsche.

Traumhafte Ausblicke (oben) warten an den Hängen des Vulkan-Dreiers im Tongariro-Massiv ...
und nachts hört man mit Glück den Kiwi rufen (unten)!

Eine oder mehrere Hängebrücken gehören zu den meisten Wanderungen in Neuseeland dazu; da sollte man schon schwindelfrei sein.

In den Catlins im tiefsten Süden stolpert man am Strand der Curio Bay schon mal über einen Seelöwen (oben) oder über einen der seltenen Gelbaugenpinguine (unten).

Endlose weiße oder goldene Strände findet man in ganz Neuseeland, nicht nur im Northland in Pakiri (oben) oder im Südsee-Lookalike Abel Tasman (unten).

Es geht aber auch in Schwarz: Wie hier in Muriwai Beach bei Auckland ist der vulkanische Sand vieler Strände an der Westküste schwarz gefärbt und leicht magnetisch.

Noch mehr Magie gefällig? Die Moeraki Boulders (oben) nördlich von Dunedin wirken sehr geheimnisvoll, haben aber nichts mit Dino-Eiern zu tun. Im Gegensatz zu den Gesellen unten: Die nur in Neuseeland heimische Tuatara (unten) stammt tatsächlich in direkter Linie von den Urzeit-Echsen ab.

Der Homer Tunnel ist eine bauliche Meisterleistung und führt zum abgelegenen Milford Sound – einem der größten Naturwunder Neuseelands.

Eine Bootstour durch den tief eingeschnittenen Fjord auf den Spuren von Kapitän Cook gehört zu den Highlights jeder Neuseelandreise. Unterwegs warten unzählige kleine und große Wasserfälle, Seerobben, Delfine und hin und wieder ein Pinguin.

Die cleveren Kea-Papageien (oben) sind wesentlich zutraulicher als die Schafe (unten), die Neuseeland zu Millionen bevölkern, wenn auch ihre Zahl deutlich zurückgegangen ist.

Diesen gefährlichen Ork (oben) trafen wir in der »Weta Cave« in Wellington, wobei man sich fragt, wer hässlicher ist, der Ork oder die Giant Weta auf seiner Schulter. Viel gefährlicher sind die »sandflies« (unten): winzige Biester, die so manchen Neuseelandreisenden in den Wahnsinn treiben. Am Milford Sound warnen überlebensgroße Modelle vor der Gefahr.

Ein Sonnenuntergang an der Kapiti Coast; nicht die letzte Gelegenheit, bei der wir unser Herz an Neuseeland verloren.

wird das Leuchtfeuer von Wellington aus ferngesteuert. Die Kanzel des Turms ist heute verwaist und nicht zugänglich. Aber die Sicht von ganz oben kann man per Webcam trotzdem genießen; über die eigene Website des Leuchtturms, was ihn ebenfalls ziemlich einzigartig macht. Kürzlich wurde der Castlepoint-Leuchtturm außerdem zum ersten des Landes, der nachts bunt angestrahlt wird – was die meisten Neuseeländer allerdings eher geschmacklos finden.

Noch schöner als ohnehin schon muss es in Castlepoint aussehen, wenn das jährliche Pferderennen am Strand ausgetragen wird. Seit 1872 treffen sich die Einwohner der Gegend jedes Jahr an einem Wochenende im März, um ihre besten Pferde gegeneinander antreten zu lassen. Preisgelder oder Trophäen gibt es dabei nicht zu gewinnen; hier zählen noch der Spaß am Sport, die Ehre und die Gelegenheit, gemeinsam mit der Familie am Strand zu picknicken.

Wir begnügten uns mit dem Bewundern des vorhandenen einheimischen Tierlebens; von kreischenden Möwen, die auf einem vorgelagerten Inselchen brüten, bis zu faul im Sand herumschlumpfenden, dickpelzigen Seebären präsentiert sich in Castlepoint die übliche Bandbreite der Meeresbewohner. Mit etwas Glück sichtet man direkt vom Strand aus Wale und Delfine, erzählten uns einige neuseeländische Kinder, die das Glück hatten, hier jedes Jahr ihre Ferien zu verbringen (und es sicherlich gar nicht würdigen konnten).

Dabei ist das Castlepoint Scenic Reserve für Kinder ein wahres Paradies. Die Felsen und der Strand sind nicht nur bildschön und laden zum Surfen, Kajakfahren und Angeln ein (Neuseeländer sind schmerzfrei, was das Angeln von gefährlichen Felsvorsprüngen aus angeht; auch die eher frische Wassertemperatur schien nur uns vom Baden abzuhalten). An Sommerwochenenden wie dem unseres Besuchs ist der brettflache Strand voll mit Picknickstühlen und … Autos. Warum soll man den ganzen Kram auch selbst schleppen, wenn man mit dem »ute« problemlos auf dem festen Sand fahren kann? Wir hatten die Klauseln unseres Campervan-Mietvertrags im Hinterkopf und parkten lieber hinter den Dünen.

Am Fuß des Felsens, auf dem der Leuchtturm thront, verbirgt sich außerdem eine geheimnisvolle Höhle. Die Kids führten uns aufgeregt hin: Nur bei Ebbe ist sie zu sehen, kein Schild weist Touristen auf sie hin. Drinnen liegen die Überreste des Riesentintenfischs, den Kupe anno dazumal hier gefangen haben soll – angeblich.

Ohne seinen Leuchtturm wäre Castlepoint, mangels Anschluss an einen der großen Highways, heute wohl eine Geisterstadt; oder der Ort wäre gar nicht erst entstanden. Dramatische Klippen und wunderschöne Buchten gibt es an Neuseelands Küsten reichlich; und viele von diesen sind besser und bequemer zu erreichen. Hierher kommen die Besucher genau wegen der Schönheit, die die Szenerie aus Leuchtturm vor grandioser Kulisse liefert.

Wir waren jedenfalls komplett überzeugt, dass wir nun alles gesehen hatten. Weitere Stopps an Leuchttürmen können wir uns eigentlich sparen – es kann schlichtweg keinen schöneren geben als den Leuchtturm von Castlepoint. Oder?

76. Grund

Weil man sich im Abel-Tasman-Nationalpark in der Südsee glaubt

Der Abel-Tasman-Nationalpark ganz im Norden von Neuseelands Südinsel ist der kleinste und gleichzeitig der beliebteste der neuseeländischen Nationalparks. Kein Wunder: Die Region an der Nordseite der Südinsel bezaubert mit goldenen Stränden, lauwarmem Meerwasser und dichtem grünen Regenwald. Jährlich mehr als 150.000 Besucher können nicht irren, dachten wir und schauten im Hochsommer mal vorbei.

Das Gebiet rund um Nelson erhält jährlich die meisten Sonnenstunden in ganz Neuseeland, hier herrscht ein regelrecht tropisches Klima. Schon bei der Anfahrt von Süden staunten wir, als sich die rauen Berge der Southern Alps auf ein lauschiges Tal öffneten. Obsthaine voller Apfel-, Avocado- und Kirschbäume erstreckten sich, so weit das Auge reichte, und die Luft schien uns so weich und warm wie ein freundliches Kissen. Auf dem Campingplatz »The Barn« im winzigen Örtchen Marahau lud ein eindeutig an Tropeninseln erinnerndes Sonnendeck mit offener Badewanne zum Chillen ein, die Duschkabinen hatten gleich gar kein Dach, und fürs Frühstück konnten wir uns frische Feigen direkt vom Baum pflücken.

Kein Wunder, dass auch der zum Nationalpark gehörende Abel Tasman Coast Track, der zu den neun »Great Walks« Neuseelands zählt, zu den beliebtesten Mehrtageswanderungen des Landes gehört. Der Track führt über 60 Kilometer fast durchgängig an der Küste entlang von Marahau nach Wainui Bay – oder andersherum. Die Besonderheit: Man kann ihn nicht nur erwandern, er lässt sich abschnittsweise auch wunderbar per Kajak paddeln – einige Campsites sind exklusiv für die Kajakfahrer nur vom Wasser aus erreichbar.

Noch etwas macht den Track so beliebt: Die drei bis fünf Tagesetappen können auch einzeln gegangen werden, da jeder Abschnitt von »Aquataxis« angefahren wird. Diese kleinen Motorboote setzen Wanderer und Kajakfahrer auf Vorbestellung mehrmals täglich am Strand ihrer Wahl ab und holen sie nach Vereinbarung an einem festgelegten Strand wieder ab.

Für Gelegenheitswanderer, Besucher mit wenig Zeit oder auch Familien mit kleinen Kindern ist das eine tolle Gelegenheit: einfach einen schönen Abschnitt des Tracks herausgesucht und ohne Gepäckschlepperei oder Angst vor dem allzu langen Rückweg losgefahren. Oder, wie wir es an einem besonders faulen Tag gemacht haben: am Wunschstrand seiner Wahl absetzen und dort nach ein paar Stunden wieder abholen lassen.

Als Familie mit kleinen Kindern wurde uns der kurze Wegabschnitt zwischen Torrent Bay und Anchorage empfohlen. Zur Flutzeit ließen wir uns hier vom Wassertaxi absetzen und gingen dann den Weg um die überflutete Anchorage Bay herum. Etwa auf halber Strecke, wo der Weg zwischen den beiden Buchten eine Steigung mit wunderschöner Aussicht erklimmt, entdeckten wir den verlockenden Hinweis auf die Cleopatra Pools – dem wir natürlich nachgehen mussten.

Ein recht kurzer, aber wirklich sehr anstrengender Pfad führte steil vom Hauptweg ab, mitten in den dichten Regenwald hinein. Etwa 20 Minuten stiegen und kletterten wir über Stock und Stein, rutschten durch den Schlamm wieder zurück, hoben die Kinder über Baumstämme und zogen uns schließlich keuchend an Luftwurzeln hinauf, bis wir mit offenen Mündern an das felsige Ufer eines wilden Bergbachs heraustraten, der sich hier über mehrere Stufen seinen Weg hinab zum Meer bahnt. Eiskaltes Wasser sammelte sich hier in mehreren natürlichen Felsenpools, von denen einige tief genug zum Hineinspringen waren – wenn man den Mut aufbrachte. Der größte Hit war jedoch die Felsenrutsche, von unseren Kindern aus nachvollziehbaren Gründen »Elefantenrutsche« getauft. Wer mutig war, ließ sich über diese glatte, etwa zehn Meter lange Felsenrinne hinab in ein tiefes Wasserloch sausen – Kreischen garantiert!

Ein Geheimtipp sind die Cleopatra Pools, poetisch benannt nach der ägyptischen Königin Kleopatra, die offenbar eine Vorliebe für einsame Freiluftbäder hatte, nicht mehr. Jedenfalls nicht im Sommer. Einige von den vielen, vielen Wanderern, die den Abel Tasman Coast Track laufen, werden es immer hierher geschafft haben und die Idylle der Pools stören. Aber das kauft man quasi mit, wenn man auf dem beliebtesten Wanderweg Neuseelands läuft.

Auf der anderen Seite hätten wir hier längst nicht so viel Spaß gehabt, wenn die coolen Backpacker nicht da gewesen wären. Kichernd beobachteten unsere Kinder, wie die kaum 20-Jährigen nach langem Debattieren nervös lachend ihre Angst vor der Felsenrutsche überwanden – oder auch nicht. Die weißhaarige Kiwi-Dame, die allein mit schwerem Rucksack die Szene betrat, beschämte alle jüngeren Wanderer. Ohne Federlesen zog sie ihr Shirt über den Kopf, kletterte vorsichtig über die glitschigen Felsen und warf sich juchzend ins kalte Wasser. Respekt!

Die Erfrischung am eiskalten Wasserfall gab uns genug Kraft für die restlichen Kilometer zurück zum Meer. Wo dann ein erneutes Bad genommen wurde, während wir faul im Sand liegend auf die Abholung durch das Aquataxi warteten. Goldener Sand, türkisblaues Wasser, der Duft von Sonnencreme – nur die Kokosnüsse fehlten uns zum perfekten Thailand-Revival.

Ach, Neuseeland, du vielfältiges Land – sogar Tropenfeeling bietest du!

Weil die Seen der Südinsel so unglaublich blau sind

Die ersten Kilometer, die man in Neuseeland zurücklegt, sind – zugegeben – nicht allzu spektakulär. Jedenfalls nicht, wenn die Reise in Christchurch auf der Südinsel startet. Kilometer um Kilometer ziehen sich Canterburys von hohen Hecken gesäumte Felder zu beiden Seiten des Highways. Und obwohl die ihre eigene rurale Schönheit haben (besonders wenn man, wie unser Söhnchen damals, auf Traktoren und anderes landwirtschaftliches Gerät steht), sind sie nach ein paar Stunden durchaus ein wenig … langweilig.

Umso krasser dann das Augenaufreißen, wenn man nach etwa vier Stunden Fahrt den ersten echten Höhepunkt der Südinsel erreicht. Lake Tekapo, ein 95 Quadratkilometer großer Gletschersee, liegt eingebettet zwischen den Zweitausendern der Two Thumb Range und der Southern Alps, im Hintergrund ist schon ganz klein das markante schneebedeckte Dreieck des Aoraki/Mount Cook zu erkennen. Im Vordergrund steht, bequem direkt am Highway gelegen, eine kleine, aus rauen Feldsteinen errichtete Kirche.

Die Church of the good Shepherd, vor der die Statue eines treuen Schäferhundes an den ehemals wichtigsten Beruf in dieser Region erinnert, ist mit ihrem offenen See-Panoramafenster direkt über dem Altar dermaßen romantisch, dass sie zum Pflicht-Stopp täglich Hunderter Reisegruppen geworden ist. (Was der Romantik wiederum nicht allzu zuträglich ist; inzwischen musste die Kirche durch einen Zaun vor respektlosen Schnappschussjägern geschützt werden.)

Die Schönheit des alpinen Panoramas, der gelb leuchtenden Tussock-Gräser und der bunt blühenden Lupinen, die im Frühling und Frühsommer wie Unkraut (das sie streng genommen auch sind) den Straßenrand säumen, nimmt man aber erst auf den zweiten Blick wahr. Und der kann eine Weile auf sich warten lassen, denn der erste Blick hängt sehr lange fest – am schier unglaublichen Blau des Seewassers. Lake Tekapo ist dermaßen quietschblau, dass man bei den meisten Fotos im Nachhinein versucht ist, die Farbintensität etwas abzumildern – denn die Aufnahmen wirken unweigerlich zu stark bearbeitet. Der aquamarinblaue Farbton des Seewassers ist die Folge von feinem Gesteinsmehl, das mehrere Bergflüsse von Norden aus den Gletschern der Southern Alps in die Seen des Mackenzie Basin hineinspülen. Der glatt geschliffene Untergrund der ehemaligen Gletscherseen sorgt dann beim richtigen Stand der Sonne für diesen unglaublich knalligen, fast unwirklich scheinenden Farbton. Nicht alle Seen der Southern Alps kommen übrigens in den Genuss eines solchen Zuflusses; der gar nicht weit vom Lake Tekapo entfernte Lake Alexandrina ist ganz normal dunkelblau.

Eher milchig-weißblau und damit noch unwirklicher sieht das Wasser des Lake Pukaki aus, wenn die Sonne im richtigen Winkel steht. Der See, den man auf Satellitenbildern regelrecht leuchten sieht, verläuft fast parallel zum Lake Tekapo und ist nach nur einer halben Stunde Fahrt erreicht. Anders als am ziemlich trubeligen Lake Tekapo waren wir hier fast allein; es gibt weder Campsites noch Thermalbäder, nicht einmal einen Shop. Die »Freedom Camper«, die direkt am Ufer kostenfrei die Nacht verbringen wollen, sind ziemlich unter sich.

Einige sind Mittelerde-Fans und haben den Lake Pukaki vor allem deshalb angesteuert, weil er im zweiten Teil der *Hobbit*-Trilogie den Langen See spielt, an dessen Ufer die auf Stelzen im Wasser stehende Seestadt Esgaroth aufgebaut wurde (vom gigantischen Set, an dem mehrere Hundert Menschen beschäftigt waren, ist heute leider nichts mehr zu erkennen). In der wirklichen Welt ragt über dem milchweißen See der Aoraki/Mount Cook auf – auch ohne Drachen und Zwerge beeindruckend genug.

Gletscherwasser und Steinmehl sind auch das Geheimnis der Blue Pools, die wir bei der Weiterfahrt von Central Otago an die Westcoast passierten. Eingeklemmt in eine Schlucht zwischen hohen, fast schwarzen Granitfelsen und dichtem grünen Urwald strömt der Hokitika River in einem Knallblau unter der bildhübschen Hängebrücke dahin, das erfahrenen Neuseelandreisenden nun schon recht vertraut sein müsste; trotzdem standen uns erneut die Münder offen, und wir konnten die Finger nicht vom Auslöser der Kamera nehmen.

Nur unsere Kinder waren weder vom Lake Tekapo und seiner wundervoll romantischen Kirche noch von der knallblauen Verlockung der Blue Pools beeindruckt – vielmehr machten sie laut ihrer Enttäuschung Luft. Was nützt das wunderschöne blaue Wasser, wenn man nicht darin baden kann?, war ihre anklagende Frage. Da mussten wir ihnen recht geben: Das Wasser der blauen Seen und Flüsse ist so eisig kalt, dass es nicht mehr als erfrischend beschrieben werden kann. Und obwohl es immer wieder Verrückte gibt, die für einen Schnappschuss oder eine Mutprobe hineinspringen, ist das wirklich nicht zum Nachahmen empfohlen. Einige junge Männer sind in den Blue Pools vom Kälteschock so überrascht worden, dass sie gerettet werden mussten.

Die Neuseeländer sind von der unwirklichen Schönheit des Lake Tekapo und seiner Nachbarn übrigens wenig beeindruckt. Sie haben Lake Pukaki und Lake Ohau in den 1970er-Jahren angestaut und nutzen die Kraft des quietschblauen Wassers seitdem zur Energiegewinnung. Die knallblauen Seen erzeugen mehr als die Hälfte der Wasserkraft-Energie Neuseelands.

78. Grund

Weil Kaikōura weitermacht

Kaikōura ist ein Muss auf der Reiseroute für so ziemlich jeden Neuseelandreisenden. Das ehemalige Fischerdorf, das eingebettet zwischen den bis zu 2.800 Meter hohen Kaikōura Ranges und dem Ozean liegt, diente in den letzten Jahren als Musterbeispiel für nachhaltigen Tourismus in Neuseeland. Die Umwelt schützen die Einwohner von Kaikōura nicht nur im Alltag; hier wird zum Beispiel Müllvermeidung großgeschrieben, das Ziel ist, eine »zero waste community« zu werden. Das eigentliche Nachhaltigkeitsprojekt ist aber die Entwicklung einer nachhaltigen Einkommensquelle für einen Großteil der Einwohner: des Tourismus.

Dank des Meeresbodens, der schon 500 Meter hinter dem Ufer 1.200 Meter tief ist, und des enormen Nahrungsreichtums in dieser

Tiefseespalte kommen ungewöhnlich viele Wale, Delfine und andere Meeressäuger sehr nahe an die Küste von Kaikōura heran. Um sie in freier Natur zu beobachten, muss man also nicht weit hinausfahren. Das machten sich die Einwohner, unter denen viele Māori sind, zunutze, als dem Ort in den 1980er-Jahren der wirtschaftliche Niedergang drohte: Sie starteten »Whale Watch Kaikōura« und retteten damit nicht nur ihr Einkommen, sondern bescherten ihrer Heimat einen grandiosen Neustart.

Kaikōura ist heute *die* »Whale Watching«-Destination in Neuseeland und nimmt jedes Jahr etwa 130 Millionen NZ$ ein. Hunderttausende Touristen fahren nur deshalb den Highway an der Ostküste der Südinsel entlang, um dort vorbeizukommen (ansonsten bietet der Streifen Küste – neben wunderschönen Blicken aufs Meer – nämlich nicht allzu viel). Der weltweit einzigartige Tiefseegraben steht seit 2014 als Wal-Schutzgebiet unter Naturschutz, integriert in das Hikurangi Marine Reserve, die größte Meeresschutzzone Neuseelands.

Auch wir haben uns frühmorgens in einen der schnittigen Katamarane gesetzt und uns im Speed-Tempo hinaus aufs Meer bringen lassen. Wir beobachteten den Skipper, der über uns (ja!) stetig mit dem Echolot auf der Pirsch nach Walen war und, sobald er einen geortet hatte, das Boot mit Karacho dorthin steuerte.

Und dann kletterten wir auf Kommando eilig an Deck und kniffen die Augen zusammen – war das dunkle Ding, das da zwischen den Wellen dümpelte …? Es ist wirklich enorm beeindruckend, einen gigantischen Pottwal aus nur wenigen Metern Entfernung zu sehen – auch wenn wir »von über Wasser« nur den geringsten Teil seines Körpers ausmachen konnten. Noch beeindruckender wird es, wenn dort zwei oder mehr Tiere schwimmen; und am beeindruckendsten ist natürlich der Moment, wo sich der Wal nach zehnminütigem Verschnaufen (so lange braucht er, um die verbrauchte Luft auszustoßen und neue einzuatmen) mit sanfter Anmut wieder in die Tiefe begibt.

Die elegante Neigung der Schwanzflosse, die als letzter Gruß kurz zum Himmel zeigt, ist wunderschön. Sieht man als Hintergrund die grünen Hügel rund um Kaikōura und dahinter die schneebedeckten Gipfel der Berge, kontrastiert durch das türkisblaue Meer, sind die

Fotos davon fast schon übertrieben kitschig – wir wurden oft gefragt, warum wir sie so stark bearbeitet hätten. #nofilter, Leute!

Wenn so ein Ausflug dann auch noch abgerundet wird durch ein paar Hundert vorbeiziehende Delfine, einige über dem Boot schwebende Albatrosse und eine Gruppe von kurz auftauchenden Seelöwen, ist der Tag perfekt. Wir stiegen jedenfalls mit einem dicken Grinsen im Gesicht von Bord und sagten beim anschließenden »flat white« im Hafencafé eine ganze Weile gar nichts.

Die meisten Touristen in Kaikōura sind so rundum zufrieden wie wir: Die Wahrscheinlichkeit, einen oder mehrere Wale zu sehen, liegt bei über 90 Prozent und wenn doch mal nichts geht, darf man kostenfrei noch einmal mitfahren. Die Meeressäuger scheinen sich an den vielen Besuchern nicht zu stören, und die Touristenzahlen steigen stetig – das Leben in Kaikōura schien perfekt. Bis zum November 2016, als sich mit einem Schlag alles veränderte.

Kurz nach Mitternacht zwischen Sonntag und Montag (bei uns in Europa war das etwa zur Mittagszeit am Sonntag) begann in Culverden, etwa 90 Kilometer nördlich von Christchurch, die Erde zu beben. Das Epizentrum lag nur wenige Kilometer unter der Erde, die dabei freiwerdende Energie war unglaublich: Bis nach Auckland und Gisborne auf der Nordinsel und bis ins südlich gelegene Dunedin spürte man den Boden schwanken, die Stärke auf der Richterskala wurde mit 7,8 gemessen.

Bei dem Beben rissen mehrere Verwerfungszonen auf, und der Boden wurde bis zu vier Meter nach oben gedrückt. Dabei wurde vor allem die Region um Kaikōura durchgeschüttelt, wo viele Touristen in der Nacht den Schock ihres Lebens erlitten. Erdrutsche blockierten Zufahrtsstraßen und zerstörten Bahngleise, Strom- und Wasserleitungen. Als am Morgen die Sonne aufging, war der Ort Kaikōura zwar weitgehend unbeschädigt, aber von der Außenwelt abgeschnitten.

Der Küsten-Highway SH 1 ist die Hauptverkehrsader der Südinsel. Er führt von Christchurch über Kaikōura nach Picton und ist die einzige Zubringerstraße für den Ort. Es gibt zwar noch einen Schleichweg über das Inland, aber der State Highway 7 ist schmal und kurvenreich – und auch er musste erst wochenlang mit schwerem Gerät beräumt werden, bevor ihn immerhin Lkw und Anwohner wieder benutzen konnten.

Was folgte, war eine der größten Rettungsaktionen der letzten Jahre: Hubschrauber und Kleinflugzeuge der Armee, von kleinen Unternehmen und von Privatpersonen brachten Wasser und Essen nach Kaikōura. Auf dem Rückweg nahmen sie die verschreckten Touristen mit, die ihre Wohnmobile wohl oder übel stehen lassen mussten – und nicht jeder Vermieter konnte es sich leisten, aus Kulanzgründen ein Ersatzfahrzeug zu stellen.

Die Einwohner von Kaikōura halfen ihren Gästen selbstlos und großzügig, während es für sie selbst düster aussah. Das Erdbeben hatte einen breiten Streifen Küste um bis zu zwei Meter angehoben. Dort sammelten zunächst Freiwillige auf dem Trockenen sitzende Krebse, Langusten, Krabben und Pāua-Muscheln ein, bevor klar war: Es half nichts, Hunderttausende Meerestiere – darunter die Langusten, für die Kaikōura berühmt ist – würden elend verenden, und die Langustenfischer würden erst einmal arbeitslos sein.

Auch um die größeren Meeresbewohner schien es schlecht zu stehen. Zwar hatten sich Wale und Delfine offenbar vorgewarnt aus der Erdbebenzone zurückgezogen und kehrten nach einigen Wochen zurück, als wäre nichts geschehen. Aber der Seelöwen-Kindergarten am Ohau Point, wo Seelöwenmütter ihre neugeborenen Jungen tagsüber im geschützten Becken eines Wasserfalls zurückließen, während sie zur Jagd gingen, war von großen Felsbrocken verschüttet. Waren die Babys unversehrt? Und wenn ja, würden die Seelöwen sich nun einen anderen Kindergarten suchen?

Am schlimmsten waren die Aussichten jedoch für die »Whale Watching«-Anbieter. Ihre Katamarane konnten wegen des angehobenen Meeresbodens nicht mehr aus dem Hafen auslaufen, und Touristen würden in nächster Zeit ja sowieso nicht mehr nach Kaikōura kommen können (und wollen). Und die Sommersaison hatte doch gerade erst begonnen!

Während eine Hiobsbotschaft nach der anderen aus Neuseeland eintraf, saßen wir fassungslos hier in Deutschland. Was sollte man in so einer Situation tun? Die Menschen in Kaikōura machten das, was

Neuseeländer immer tun: »keep going«. Sie machten einfach weiter. Anstatt zu jammern und nach staatlicher Unterstützung zu rufen (oder ihren Frust auf Sündenböcke abzuladen), packten sie mit an bei den Bauarbeiten. Sie zogen ihre Boote über die Felsen in tieferes Wasser und baggerten einen neuen Hafen aus. Sie luden Gäste zu Touren ein, sobald die Zufahrt zum Ort wieder einigermaßen passierbar war, und warben unentwegt im Internet um neue Besucher.

Ihre Beharrlichkeit hat sich gelohnt. Ein Jahr später weihten die Einwohner von Kaikōura stolz ihre neue Hafenanlage ein. Und dank einer wahrlich heroischen Leistung der Straßenbauarbeiter sind sowohl die Zufahrt über das Inland als auch der Küstenhighway auf ganzer Länge für Reisende wieder befahrbar.

Das Spektrum der Freizeitaktivitäten in Kaikōura ist so breit gefächert wie eh und je: von »Whale watching«-Touren über Kajakfahrten und Schwimmen mit Delfinen. Es sind sogar einige neue Attraktionen hinzugekommen, die das Erdbeben zutage gebracht hat: etwa die Dino-Eier, die plötzlich an einem Küstenabschnitt aufgetaucht sind und wie kleine Abbilder der Moeraki Boulders aussehen, oder eine neue Strömung für die Surfer direkt vor der Stadt.

Am spannendsten ist eine Zone in der Whalers Bay vor Kaikōura, wo aus einer aufgerissenen Erdspalte unermüdlich Champagnerartige Bläschen aufsteigen. Die Hope Springs, die sofort auf der Route etlicher Kajaktouren landeten, tragen ihren Namen zu Recht – denn in Kaikōura hat die Hoffnung gewonnen.

79. Grund

Weil es hier das klarste Wasser der Welt gibt

Welche Farbe hat Wasser? Ist es durchsichtig, hellblau, dunkelblau? Die Frage hatte ich mir nie gestellt – bis ich am Rand der Pupu Springs stand. Bitte nicht lachen; der Name ist nur eine der typisch neuseeländischen Abkürzungen des klangvolleren Te Waikoropupū Springs. Hier, in einem etwa sieben Meter tiefen Quelltopf, lebt Huriawa, einer der drei wichtigsten Schutzgeister Neuseelands, wenn sie nicht gerade unter der Erde unterwegs ist. Die Gottheit, die von den Māori gern als Echse oder Drache dargestellt wird, wacht über die Einhaltung von »tapus« und ist gleichzeitig zuständig für die Reinigung verstopfter Wasserwege.

An den Pupu Springs war Huriawa offensichtlich fleißig; hier sprudelt so klares Wasser aus den Tiefen der Erde, dass man problemlos auf den tief unten liegenden Boden aus feinem weißen Sand blicken kann; es scheint sogar, dass dieser Sand an verschiedenen Stellen zu tanzen scheint. Dort werden die Schlote sichtbar, aus denen das versickerte Wasser des Takaka River, des Waingaro und des Anatoki River zutage tritt – und zwar ganze 14.000 Liter pro Sekunde!

Die schiere Menge des Wassers der Pupu Springs ist fast so berühmt wie seine Klarheit. Messungen des National Institute for Water and Atmosphere ergaben horizontale Sichtweiten von 63 Metern. Noch klareres Wasser gibt es nur unter dem Gletschereis in der Antarktis (und im gar nicht weit entfernten Blue Lake im Nelson-Lakes-Nationalpark, der allerdings nur über eine anstrengende, mehrtägige Wanderung erreichbar ist). Das Wasser sieht so bezaubernd weich und klar aus, dass ich ohne Weiteres an seine besonderen spirituellen und heilenden Fähigkeiten glauben möchte.

Was unter Wasser liegt, sieht man von über Wasser nur schwer. An einigen Stellen des asphaltierten und abgezäunten Uferweges sind freundlicherweise große Unterwasserspiegel aufgestellt worden, und die zeigen ein wahres Wunderland: So muss sich ein Aquarienfisch fühlen!

Ich beneide die Taucher, die hier noch vor einigen Jahren mit strengen Auflagen den Unterwasserblick genießen konnten. Wenigstens eine Schnorchelmaske wünschte man sich! Aber das ist seit 2006 streng verboten. An einer ihrer heiligsten Stätten bitten die Māori um Respekt und Einhaltung ihrer kulturellen Regeln; Essen in Ufernähe möge man bitte genauso unterlassen wie das Berühren des Wassers, Tauchen inklusive. Aber trinken darf man das Wasser doch sicher? Nein, lieber nicht. Die Pupu Springs sind eine Karstquelle und liefern zwar unwahrscheinlich klares, aber auch sehr hartes Wasser. Das

Wasser des Takaka River braucht ganze zehn Jahre, um durch den Kalksteinboden gefiltert zu werden. Trotzdem werden regelmäßig seine Phosphat- und Nitratwerte gemessen; und die steigen langsam, aber stetig.

Es gibt immer wieder Streitigkeiten um den steigenden Wasserverbrauch der immer zahlreicheren Einwohner, der die Wasserqualität der Pupu Springs verschlechtert, den Wasserdruck verringert und von den Māori als ganz reale Bedrohung ihres Schutzgeistes empfunden wird. Es gibt auch immer wieder Warnungen über Verunreinigungen von Wasserläufen nahe der Quelle, sei es mit den fiesen E.coli-Bakterien oder mit der neuseeländischen Wasserpest Didymo. Und es gibt immer wieder Versuche, die Quelle kommerziell zu nutzen: Glasbodenboote, geführte Tauchausflüge und ein Unterwasserhaus (!) waren schon im Gespräch.

Auch unsere Kinder hatten Schwierigkeiten, der Verlockung des klaren, sprudelnden Wassers zu widerstehen, zumal wir an einem wirklich warmen Sommertag hier vorbeischauten; die Pupu Springs liegen quasi am Wegrand, wenn man von Nelson in die Golden Bay fahren will. Aber meine Hinweise auf die eisige Wassertemperatur – sie soll um die 11° Celsius liegen – und den gruseligen Schutzgeist, der unter dem glitzernden Sand haust, genügten zur Abschreckung. Das sollten Erwachsene doch auch schaffen!

Welche Farbe hat denn nun also Wasser? Geht man nach den Pupu Springs, die ja das klarste Wasser der Welt ausstoßen, ist es – bunt. Es liegt aquamarinblau und tintenblau da, wenn man von der Seite auf die Quelle blickt, dann leuchtet es stellenweise smaragdfarben und golden, teilweise auch rosarot: Das Hellgrün der wild wuchernden Wasserkresse, das Rotbraun der in der Strömung wogenden Algen und jedes Moospolster (eine der Moos-Arten wächst auf der ganzen Welt nur hier in der Quelle!) werden durch das klare Wasser verstärkt und mit einer Leuchtkraft reflektiert, die jede Kamera aufgeben lässt.

Wasser selbst mag nach nicht viel aussehen – aber es kann anderen Dingen eine unglaubliche Schönheit verleihen. Nirgendwo auf der Welt kann man das so eindrucksvoll sehen wie an den Waikoropupū Springs.

80. Grund

Weil hier die einsamsten Bauern der Welt leben

Wenn Jim Ward vergessen hat, Brötchen einzukaufen, wird es am Sonntagmorgen schwierig: Der nächste Bäcker ist weit weg. Vom Molesworth Homestead, wo seit 150 Jahren die Farmer und ihre Familien und Angestellten leben, sind es wahlweise 80 Kilometer nach Hanmer Springs im Süden oder 100 Kilometer nach Norden, wo die geschotterte Acheron Road irgendwann Blenheim erreicht. Genauso selten wie Bäcker oder andere Geschäfte an der Strecke sind Tankstellen oder Handy-Empfang; wer die Farmer der Molesworth Station besuchen will, muss gut vorbereitet starten. Die Acheron Road, einzige Zufahrtsmöglichkeit, ist Neuseelands höchste öffentlich befahrbare Straße; auf dem 1.145 Meter hohen Wards Pass fällt auch im Hochsommer gern mal Schnee.

Die Molesworth Station ist eine typisch neuseeländische Hochland-Viehfarm, auf der die Kühe im Sommer frei durch die Berge streifen, im Winter dann in niedrigere Lagen getrieben werden, wo sie weiterhin Grünfutter finden. In ihren Abmessungen ist Neuseelands größte Hochland-Farm allerdings wahrlich gigantisch: Auf 180.000 Hektar steinigen Hügeln, brettflachen Hochebenen voller Tussock-Gras und schroffen Felsen weiden hier an die 10.000 Rinder – die größte Herde des kleinen Landes.

In den guten alten Zeiten, als John Murphy noch im Besitz der »station« war, weideten hier fast 100.000 Schafe. Das Leben in den Bergen der Kaikōura Range ist hart; im Winter ist es eiskalt und die höheren Lagen der Farm sind wochenlang tief verschneit, auch im Sommer kann es bei plötzlichen Temperaturstürzen schneien, wenn es nicht gerade brüllend heiß ist. Bei Wind und Wetter müssen die »Cowboys« hinaus in die Berge, oft zu Pferd und in Begleitung ihrer enorm gut trainierten Hütehunde.

Von den grandiosen Panoramen allein, die bei der Arbeit als Farmer inklusive sind, kann man sich nichts kaufen. Als die Weltmarktpreise für Schafwolle und -fleisch in den Keller fielen, Kaninchen das

Land überrannten und ein langer Winter große Teile der Herden tötete, machten sich die Besitzer 1938 über Nacht »vom Acker«. Der Staat übernahm die Molesworth Station. Gerade rechtzeitig, muss man sagen. Die strengen Schutzmaßnahmen des Umweltschutzministeriums DOC retteten die empfindliche Natur des Hochlandes vor der Verwüstung durch Überweidung, Brandrodung und die Kaninchenplage. Schafe (und Kaninchen) gibt es heute keine mehr, dafür werden die lukrativeren Rinder gezüchtet.

Jim Ward, der mit seiner Familie seit fast 20 Jahren auf der Farm lebt, ist nicht ihr Eigentümer, sondern Manager der Firma Landcorp, die im Auftrag des DOC arbeitet. Er und seine Mitarbeiter gelangen meistens mit Quadbikes und Helikoptern zur Arbeit. Damit kommt man auch schneller mal in die Stadt, wenn die Brötchen ausgegangen sind.

Nicht zu vergessen die gelegentlichen Besucher: Seit 1988 dürfen auch ganz normale Menschen die Straße durch das Farmgelände benutzen. Bis 2005 zahlten sie sogar Eintritt. Auch wenn die Fahrt über kilometerlange geschotterte Straßen, die steil und kurvig, vom Regen ausgewaschen und streckenweise zu sogenannten »cattle grids« erodiert sind, eine echte Herausforderung für Gelegenheitsfahrer darstellt, lohnt sich das Schweißvergießen am Lenkrad enorm. Eine solche Weite, so abweisende und gleichzeitig schöne Landschaften habe ich noch nie gesehen (und als Beifahrerin konnte ich mich an den Panoramen der Inland Kaikōura Ranges, die sich bis auf 2.000 Meter über den breiten Flusstälern des Clarence und des Wairau River erheben, ganz in Ruhe sattsehen). Da übersieht man die großen Strommasten der wichtigen Nord-Süd-Verbindung gern, denen der Straßenverlauf folgt (tatsächlich wurde die Acheron Road in den 1960er-Jahren nur angelegt, um diese Verbindungsstraße instand halten zu können).

An der historischen Molesworth Cob Station, wo früher die Farmer lebten, gibt es einen schlichten Campingplatz an einem Flüsschen, knapp 60 Kilometer weiter südlich liegt ein weiterer. Die Besucherzahlen halten sich in Grenzen; nicht verwunderlich angesichts der anstrengenden Anfahrt und der ziemlich exklusiven Zugangsbedingungen. Über Nacht sowie zwischen Herbst und Frühjahr ist die

Acheron Road komplett gesperrt, und auch im Sommer können die großen Zufahrtstore an beiden Enden der Straße ohne Vorwarnung geschlossen werden, wenn etwa Viehtriebe geplant sind oder Feuergefahr besteht. Wohnmobile, die länger als sieben Meter sind, oder Wohnwagen sind ohnehin verboten.

Die Farmer der Molesworth Station, die nicht weit vom Campingplatz entfernt liegt, scheint ihre Einsamkeit nicht zu stören. Ihr Anwesen, für die Öffentlichkeit nicht zugänglich, ist heute mit Elektrizität, TV und Internet ausgestattet; so abgeschnitten von der Außenwelt wie anno dazumal ist man hier also auch im Winter nicht mehr. Besucher stören eher den Farmbetrieb: Sie werden eindringlich gebeten, vorbeiziehenden Rinderherden die Vorfahrt über die Straße zu gewähren und Viehgatter beim Wandern immer zu schließen. Achtlosigkeit führt schnell zu tagelanger Mehrarbeit für die Cowboys. Auch die vielen seltenen Tier- und Pflanzenarten, die teilweise nur auf dem Gebiet der Molesworth Station vorkommen, wollen gern in Ruhe gelassen werden.

Wie die Zukunft hier oben aussieht, darf allerdings das neuseeländische Umweltschutzministerium entscheiden, denn der Pachtvertrag der Regierung mit den Farmern läuft 2020 aus. Ob sie ihn erneuern dürfen und weiterhin auf der Molesworth Station arbeiten und leben werden oder ob das weitläufige Gelände für den (Massen-) Tourismus erschlossen wird, darüber wird derzeit diskutiert.

Hier oben ist viel Platz, und es dürfte eine ganze Weile dauern, bis sich die Touristen gegenseitig auf die Füße treten oder sich die Parkplätze wegnehmen. Wenn man die Acheron Road asphaltieren und den ganzjährigen Zugang zu der Hochebene eröffnen würde, könnten viel mehr Reisende in großen Campervans die Schönheit der Kaikōura Ranges und des Hinterlandes von Marlborough entdecken.

Einen Vorgeschmack erlebten die Farmer nach dem Erdbeben vom November 2016, als die wichtige Küstenstraße zwischen Christchurch und Picton verschüttet wurde. Anstatt die Umleitung über die Highways durch das Inland zu nehmen, wählten einige Fahrer (nach Angaben der Polizei waren es etwa 20 pro Tag) die Abkürzung über die Acheron Road. Die Farmer waren entsetzt; die – moderate – Zunahme des Straßenverkehrs behinderte den Viehtrieb, und die Fahrer, die es vorrangig eilig hatten, rasten rücksichtslos über die rutschigen Schotterstraßen.

Ganz klar: Mit der Einsamkeit des »highcountry« wäre es aus, wenn mehr Touristen kommen. Und ich mag mir gar nicht vorstellen, wie das weite, von Tussockgras-Büscheln bestandene Hochland aussehen wird, wenn überall weiße Wohnmobile parken; wenn die Wegränder von öffentlichen Toiletten und Mülleimern gesäumt sind; wenn sich Ameisenstraßen voller Wanderer über die Tracks und Pfade winden.

Jim Ward hätte dann sicherlich keine Probleme mehr, an einem Sonntagmorgen frische Brötchen zu kaufen. Aber ich bin mir ganz sicher, dass er seine Einsamkeit diesem zweifelhaften Komfort vorzieht.

81. Grund

Weil in Ōamaru eine Zeitmaschine steht

»Ihr wollt Pinguine sehen? Dann müsst ihr nach Ōamaru fahren«, das wurde uns bereits kurz nach unserer Ankunft in Christchurch geraten. Pinguine sehen stand auf unserer To-do-Liste für Neuseeland ganz weit oben – immerhin hatten wir den weltgrößten Pinguin-Fan in unserer Reisegruppe, der wenige Tage vorher mit ernstem Blick den vom Weihnachtsmann eigens gewünschten Pinguin entgegengenommen hatte. Das Söhnchen konnte zwar noch keinen Satz sprechen außer »Ich möchte bitte eine Banane«, aber dass er einen Pinguin brauchte, das hatte er deutlich gemacht.

Ōamaru stand also in Beton gemeißelt auf unserer Neuseelandroute. Und nachdem wir einen stürmischen, eiskalten Nachmittag mit der Beobachtung zweier Gelbaugenpinguine verbracht hatten, die wir von den 30 Meter hohen Klippen am Bushy Beach kaum auf dem Sand ausmachen konnten, wollten wir Ōamaru eigentlich – ein wenig enttäuscht – abhaken. Ohne müde Kinder hätten wir uns noch bis in die Nacht am Hafen herumgedrückt, wo bei Einbruch der Dunkelheit die zweite Attraktion des kleinen Küstenstädtchens an Land kommt:

Dort sind es die klitzekleinen Zwergpinguine (auf Englisch »blue penguins«), die in wahren Rudeln aus dem Meer kommen und zu ihren Brutplätzen wuseln.

Dank müder Kinder gingen wir früh schlafen und erwachten am nächsten Morgen bei – wieder einmal – komplett umgeschlagenen Wetter. Vom eisigen Sturm des Vortags war keine Spur mehr, die Sonne schien mild auf die breiten Straßen und die schmucken weißen Häuser der Innenstadt von Ōamaru.

Anstatt nach unserem Einkauf im Supermarkt einfach weiterzufahren, parkten wir also doch noch einmal unseren Campervan und gingen eine Runde bummeln. Zum Glück! Wir entdeckten nämlich eine Zeitmaschine – und die transportierte uns unversehens ins späte 19. Jahrhundert.

Als das »Mutterland« Großbritannien im Jahr 1973 der EU beitrat und gleichzeitig der weltweite Wollpreis zusammenbrach, fiel Neuseelands wichtigster Exportmarkt weg, und viele Regionen standen vor großen Herausforderungen. Ōamaru war keine Ausnahme. Erst wurde der Hafen geschlossen, dann musste ein Farmer nach dem anderen seinen Besitz verkaufen. Nachdem es in den 1980er-Jahren immer stiller wurde und die Stadt auszusterben drohte, wagten die Stadtväter einen radikalen Schritt: Sie wendeten ihren Blick in die Vergangenheit.

Da hatte Ōamaru einiges zu bieten: Das fruchtbare Flusstal des Waitaki River, geschützt durch die Berge des Mackenzie Country, hatte das Städtchen binnen wenigen Jahrzehnten zum wichtigsten Agrar- und Handelszentrum der Ostküste gemacht. Ihren neu erworbenen Wohlstand zeigten die Einwohner stolz: Sie errichteten eine stattliche Zahl an repräsentativen Gebäuden im neoklassischen Stil, der gerade in »good old England« angesagt war. Von Königin Victoria, die damals gerade regierte, erhielt er seinen Namen: viktorianisch.

Die nahe gelegenen Kalksteinbrüche lieferten das optimale Baumaterial – nicht nur für Ōamaru, sondern für Bauwerke und Skulpturen in ganz Neuseeland. Die Fassaden und Gehsteige von Ōamaru strahlten bald in herrlichem Weiß. Das viktorianische Stadtzentrum von Ōamaru genoss weltweite Bekanntheit: Um 1880 galt die Stadt als eine der reichsten und schönsten in ganz Australien und Neuseeland; manche verglichen Ōamaru mit Los Angeles.

Genau so präsentiert sich Ōamaru heute wieder: Die Warenhäuser, das Postgebäude, Pubs und Hotels im Stadtzentrum und die historischen Lagerhallen der Hafenanlage wurden vom Whitestone Civic Trust aufgekauft, liebevoll renoviert und genießen Denkmalschutz. Einmal im Jahr, immer im November, feiert die Stadt ihre Bauwerke mit einem historischen Gedenktag.

Aber das ist nicht alles: Hinter den viktorianischen Fassaden herrscht auch reges viktorianisches Leben. Bei unserem Stadtbummel durch die schmalen Gässchen der Tyne Street, Harbour Street, Itchen Street und Lower Thames Street hinter dem Hafen schauten wir neugierig und verwundert in die Schaufenster und Auslagen von Buchbindern, Bildhauern und Schneidern – Geschäfte, die man in einer neuseeländischen Kleinstadt nicht unbedingt erwartet. Die für neuseeländische Kleinstädte typischen Angelshops und Take-aways fehlten dagegen.

Im Fotostudio bot man uns ein Familienfoto an; dafür schlüpften wir flugs in viktorianische Roben und setzten keusche Häubchen auf. Peinlich war uns das gar nicht, denn auch der Fotograf trug die passende Kleidung. Und nicht nur er, viele Ladenbesitzer und Angestellte waren ganz selbstverständlich im viktorianischen Look unterwegs. Aber halt; warum trugen denn einige der gesetzten Herren alte Fliegerbrillen auf ihren Zylindern? Und dem dort hing ein lederner Patronengürtel wie eine Schärpe über der Schulter? Die Kinder waren auf ein Rätsel gestoßen. Wir beschlossen, den seltsamen Männern unauffällig hinterherzubummeln. Die bummelten jedoch einfach nur zum nächsten Pub und tippten freundlich an ihre Hüte, als sie uns staunen sahen.

Ein Blick in die Broschüre der Tourist-Information klärte auf: Wir hatten eine doppelte Zeitreise gemacht! In Ōamaru reist man nicht nur rückwärts ins viktorianische Zeitalter, sondern gleichzeitig vorwärts – in die imaginäre Zukunft des »Steampunk«. Diese Subkultur des Retro-Futurismus entstand gegen Ende der 1980er-Jahre aus Gothic und Science-fiction. Steampunk-Literatur spielt in einer Zukunft, wie sie sich aus der viktorianischen Zeit hätte entwickeln können – mit Dampfmaschinen, Zahnrädern und hölzernen Flugmaschinen, wie wir sie aus den Büchern von Jules Verne oder Philip Pullman kennen. In Neuseeland traf er auf eine pragmatische Bastel-Mentalität, die aus Draht und Schrott einfach alles erschaffen kann; und Menschen, die verrückt genug sind, das auch auszuprobieren.

Angefangen hat es in Ōamaru dank Steampunk-Fan Ian Clark alias »Agent Darling«. Der organisierte im Jahr 2010 einen Container voller ausrangierter Steampunk-Requisiten von Weta Workshop, dem Special-Effects-Unternehmen aus Wellington. Die Einwohner von Ōamaru waren fasziniert von der Ausstellung und fingen sofort an, selbst zu experimentieren. Es dauerte nicht lange und die ganze Stadt war im Steampunk-Fieber. In wenigen Jahren hat sich Ōamaru einen Ruf als »Steampunk capital« erarbeitet. Für Fans von wahnwitzigen Dampfmaschinenkonstruktionen, verrückten Hüten und viktorianischen Kleidern ist das Städtchen das perfekte Pflaster: Hier können sie im Kostüm durch ihre Fantasiewelt spazieren, dabei Gleichgesinnte treffen und von Passanten begeisterte Komplimente einheimsen. Einige sind angeblich sogar extra deswegen hierher umgezogen.

Die vielen Steampunk-Installationen im viktorianischen Viertel bereiten nicht informierte Besucher schon ein wenig darauf vor: Allen voran das eindrucksvolle »Steampunk Headquarter«, wo wir Stunden damit verbrachten, alle Exponate zu bestaunen und auszuprobieren (Tipp: Die Zeitmaschine funktioniert nicht). Selbst ein Steampunk-Spielplatz wartet darauf, die Kleinsten in die richtige Stimmung zu versetzen.

Einmal im Jahr, am Queen's Birthday Anfang Juni, steigt in Ōamaru das »Steampunk Festival«, mit Modenschauen, Teekessel-Roboter-Wettrennen und einem Gala-Ball. Was für eine tolle Atmosphäre muss es gewesen sein, als sich 2016 über 200 Steampunk-Fans versammelten und der Stadt damit einen Eintrag ins *Guinness Buch der Rekorde* sicherten. Die Mehrzahl der Teilnehmer waren ganz normale Männer, Frauen und Kinder aus Ōamaru, keine angereisten Fans.

Das hat uns in Ōamaru am meisten fasziniert: Die verrückten Verkleidungen, die abgedrehten Kunstwerke in den Schaufenstern und überhaupt die vielen Kunsthandwerksstätten und Galerien gehören zum normalen Straßenbild. Wenn sonntags Markttag ist, gehen ganze Familien verkleidet und mit Steampunk-Bollerwagen raus. Anders zu sein gehört hier dazu. Die Ōamaruer (sagt man das so?) sind noch verrückter als der Rest der Neuseeländer – und das will schon etwas heißen.

82. Grund

Weil in Castle Hill das Zentrum des Universums liegt – angeblich

Hübsche Orte, wunderschöne Orte, enorm beeindruckende Orte, sogar magische Orte mit einer ganz besonderen Schwingung – die haben wir in Neuseeland reichlich gefunden. Aber ein Ort in diesem ohnehin schon mit schönen Orten gesegneten Land ist sozusagen noch besonderer. Der besonderste, den es auf unserer Welt geben kann; gekürt vom Dalai Lama höchstselbst.

Die Geschichte, die man in jedem Reiseführer und auf zahlreichen Websites im Internet liest, geht so: Im Jahr 2002 erklärte der spirituelle Führer der tibetischen Buddhisten, während er auf seiner dritten Neuseelandtournee die Stadt Christchurch auf der Südinsel besuchte, er möge die Schwingungen in der Stadt nicht. Lag es wohl an den Steinen, die in der 150 Jahre alten Christchurch Cathedral verbaut waren und nicht dorthin gehörten? Man folgte seiner Vermutung und brachte den alten Herrn nach Castle Hill, wo die hellgrauen Kalksteine herkommen, aus denen die Front der Kathedrale gebaut wurde.

Die nicht allzu hohe Hügelkuppe etwa 100 Kilometer im Inland von Christchurch ist übersät von einer großen Zahl an Felsbrocken, die dort herumliegen wie eine Handvoll von einem Riesen verstreuter Würfel. Man könnte den Steinhaufen auch mit einer sehr verfallenen Schlossruine verwechseln; daher stammt der englische Name des Ortes.

Jahrelang war der unscheinbare Hügel, der von den bis zu 2.000 Meter hohen Bergen der Rolleston Range im Südwesten und der

Birdwood Range im Nordosten überragt und eingerahmt wird und von dem man weite Blicke auf das Flusstal des Wilberforce River und den lang gezogenen Lake Coleridge genießt, nur in Boulder-Kreisen bekannt und berühmt gewesen; also bei Menschen, die großes Glück dabei finden, einen Meter über dem Boden wie ein Gecko an einem überhängenden Felsen entlangzuklettern. Diese menschlichen Spinnen mögen am Castle Hill nicht nur die tollen Kletterfelsen, sondern auch das Klima – anders als in anderen Teilen Neuseelands regnet es hier nämlich vergleichsweise selten.

Genauso mag es die Castle-Hill-Butterblume, eine extrem seltene kleine Blume, die tatsächlich nur hier wächst – auf der ganzen Welt gibt es nur 67 Exemplare, die hier neben dem ebenso seltenen Castle-Hill-Vergissmeinnicht und anderen scheuen Blümchen eine prekäre Existenz pflegen. Die Schafe der gleichnamigen Hochlandfarm, die hier seit 100 Jahren friedlich weiden dürfen und die ehemals dichte Vegetation kurz halten, scheinen Vergissmeinnicht und Butterblumen nicht auf ihrem Speiseplan zu haben.

Noch bedeutender als für Kletter-Freaks ist Castle Hill für die Māori vom Stamm der Ngāi Tahu, deren erste Vorfahren hier schon vor Jahrhunderten gelebt und Kūmara angebaut haben (Schlösser und Burgen haben sie nicht errichtet – die Ähnlichkeit der Steine mit einer Ruine ist wirklich reiner Zufall). Ihr Name für diesen Ort lautet Kura Tāwhiti: »der Schatz aus einem fernen Land«. Löcher in den Boden zu graben, auf den Weideflächen rund um die Felsen herumzulaufen oder gar die Felsen zu bemalen würde das »mana« des Ortes beschädigen. Der Ort ist zwar nicht »tapu«, aber »tōpuni«: Ein Mantel des Schutzes liegt über ihn gebreitet.

Wir fühlten uns zwischen den Felsen von Castle Hill auf eine seltsame Art zu Hause; ähneln sie doch sehr den Sandsteinfelsen der Sächsischen Schweiz im Süden von Sachsen. Ob wir auf den schmalen Trampelpfaden zwischen den Felsen herumstromerten oder auf selbige hinaufkletterten und die Aussicht genossen – wir hatten durchaus das Gefühl, dass hier eine ganz besonders ruhige, friedliche Stimmung herrscht. Andere Reisende erzählten uns, der Ort würde sie an den prähistorischen Felsenkreis von Stonehenge in Großbritannien erinnern.

Tenzin Gyatso, der 14. Dalai Lama, mochte es hier auch sehr. Da er nicht in Sachsen zu Hause ist, muss er eine andere Verbindung gespürt haben – oder war es dieselbe Energie, die wir unbewusst aufgenommen hatten und uns rational erklären wollten?

Der Dalai Lama kennt sich aus mit Spiritualität und erklärte Castle Hill umgehend zum spirituellen Zentrum des Universums; das liest man jedenfalls auf nahezu jeder touristischen Broschüre, die im Raum Canterbury ausliegt. Bestimmt fände es die neuseeländische Tourismusbehörde super, wenn sie neben zigtausenden chinesischen und koreanischen Bus-Touristen, Outdoor-Fans aus Europa und Kurzurlaubern aus Australien auch noch die spirituellen Pilger anziehen könnte, die derzeit bevorzugt nach Kalifornien, Indien oder zu den Großen Pyramiden nach Gizeh reisen, um dort nach Energie und besonderen Schwingungen zu suchen.

Nach ausführlichen Versuchen, den Besuch des geistigen Führers in Christchurch und Castle Hill aus zuverlässigen Quellen zu verifizieren, habe ich allerdings den leisen Verdacht, dass ein cleverer Marketer hier einen sehr erfolgreichen Mythos in die Welt gesetzt hat. Ist es wirklich glaubhaft, dass der bei seinen Kurzbesuchen immer extrem beschäftigte Dalai Lama eine Stippvisite von mindestens drei Stunden ins Inland unternommen haben soll, bei der kein Foto gemacht wurde und kein Augenzeuge anwesend war? Ist es glaubhaft, dass der Dalai Lama überhaupt von einem energetischen Zentrum der Welt gesprochen haben soll, wenn er das in keinem anderen Zusammenhang getan hat? Die Lehre von den Energiezentren oder Chakren stammt nicht aus dem Buddhismus, sondern aus dem Hinduismus.

Auch wenn Castle Hill unzweifelhaft ein besonders schöner Ort ist, erkläre ich hiermit offiziell meine Zweifel an der Dalai-Lama-Geschichte und setze eine Suchanzeige auf:

Wer im Jahr 2002 beim Besuch des Dalai Lama in Christchurch anwesend war, idealerweise auch noch mit dem Papst der Buddhisten nach Castle Hill gefahren ist und ihn dort fotografiert oder bei seiner berühmten Äußerung vom spirituellen Zentrum belauscht hat, der möge sich bei mir melden. Ich überarbeite dieses Kapitel in der nächsten Auflage des Buches sehr gern!

Weil in Moeraki Dinosaurier-Eier am Strand liegen

Die kugelrunden, teilweise über einen Meter durchmessenden Steine am Strand von Koekohe, unweit des Fischerdorfs Moeraki, sind eine der bekanntesten Attraktionen Neuseelands. Auf keinem Kalender dürfen sie fehlen, und in jedem Bildband findet man mindestens ein stimmungsvolles Bild der geheimnisvollen Steine, die auf dem breiten Sand des Strandes dahingestreut liegen wie Zuckerperlen auf einem Geburtstagskuchen.

Worum es sich bei diesen »Dino-Eiern« handelt, will wohl jeder Besucher wissen – und es gibt vielfältige Antworten auf diese Frage. Glaubt man den Überlieferungen der Māori vom Stamm der Ngāi Tahu, sind es die Überreste von Wasserkürbissen und Vorratskörben, die aus dem Kanu Ārai-te-uru fielen, das vor über 800 Jahren ihre Vorfahren von Hawaiki auf die Südinsel Neuseelands brachte. Den Rumpf des Bootes erkennen sie in den Klippen am Shag Point, der das südliche Ende des Moeraki Beach bildet.

Die Europäer, denen die steinernen Kugeln am Strand von Koekohe ebenfalls schon in den 1850er-Jahren auffielen, erklärten sich ihren Ursprung etwas langweiliger – wenn auch nachvollziehbarer. Nach der wissenschaftlichen Erklärung handelt es sich bei den Kugeln um schnöde Verkalkungen. Die bildeten sich vor gewaltigen fünf Millionen Jahren um organische Kerne herum, also Fossilien von Meerespflanzen oder Muscheln. Zusammen mit dem Lehm und Schlamm der Umgebung wuchs das aus den Knochen herausgelöste Calcit im Laufe der Zeit zu immer dickeren Schichten heran.

Die Risse im trocknenden Lehm füllten sich schließlich mit Mineralien wie Quarz, wobei noch immer nicht genau geklärt ist, wie genau dieser Vorgang vonstattengeht. Dass es passiert, erkennt man beim Strandbummel sehr einfach; zwischen den vollständigen Kugeln liegen nämlich zahlreiche von Rissen überzogene Exemplare und auch ganz kaputte, die wie Eier aufgesprungen sind und ihr hohles Inneres offenbaren.

Während ihrer Entstehung lagen die Kugeln tief im Schlamm eines flachen Meeres. An Neuseeland war zu dieser Zeit noch nicht zu denken. Wie sehr unsere Erde in Bewegung war und es immer noch ist, zeigen die Moeraki Boulders eindrucksvoll. Immer neue Kugeln löst das Meer aus dem weichen Lehm der Klippen heraus, die dann irgendwann an den Strand rollen und noch später aufbrechen oder wieder im Sand versinken.

Zwischendurch kommen wir Menschen vorbeispaziert, die sich unter einer langen Zeitspanne nur das Warten auf die nächste Staffel *Game of Thrones* vorstellen können. Wir bestaunen die Kugeln, klettern auf ihnen herum und nehmen sie als Souvenirs mit nach Hause (das passiert angeblich tatsächlich immer wieder – wobei selbst die kleinsten Exemplare definitiv zu schwer für das normale Fluggepäck sind). Nach einem Wimpernschlag der Erdgeschichte sind wir wieder verschwunden – und die Moeraki Boulders werden weiter am Strand herumliegen, als Zeugen längst vergangener Erdzeitalter.

Den wenigsten staunenden Touristen ist bekannt, dass die Steinkonkretionen von Moeraki gar nicht so einzigartig sind. »Dino-Eier« findet man in diversen Größen auch an vielen anderen Stellen in Neuseeland – und im Rest der Welt, etwa in den USA und Kanada, in Chile oder Russland. Am nächsten liegen die Katiki Boulders, nur ein paar Kilometer südlich von den Moeraki Boulders. Sie sind viel kleiner als ihre berühmten Nachbarn und nur bei Ebbe sichtbar. In ihrem Inneren hat man dafür Knochen von Mosa- und Plesiosauriern gefunden, weshalb sie, wenn auch faktisch falsch, so doch mit einiger Berechtigung als »Dinosaurier-Eier« bezeichnet werden können.

Einen Neuzugang im Steinkugel-Panorama brachte das Erdbeben von Kaikōura zutage, das im November 2016 die Ostküste der Südinsel erschütterte. Als der Boden im Küstenbereich teilweise bis zu vier Meter angehoben wurde, drückte dies offenbar auch einige Steinkonkretionen nach oben, die ansonsten noch Zehntausende Jahre darauf gewartet hätten, von der Erosion entdeckt zu werden. Die Anwohner des Gooch Beach sind nun stolze Verwalter einer neuen touristischen Attraktion der Region Kaikōura, auch wenn die hier zu bewundernden Konkretionen wenig größer als Wasserbälle sind.

Auch weitab vom Meer haben die Kräfte der Erosion steinerne Konkretionen aus dem Erdboden gelöst. So findet man im Flussbett der Waipara Gorge im nördlichen Canterbury eine Anzahl steinerner Kugeln, die jedoch anders als die Moeraki Boulders nicht grau, sondern weiß gefärbt sind, was ihnen den Beinamen »Gottesmurmeln« eingebracht hat.

Und ja, auch auf der Nordinsel Neuseelands wird man fündig: Am südlichen Rand des Hokianga Harbour im Northland kann man ebenfalls geheimnisvolle Steinkugeln entdecken. Die Koutu Boulders stehen in kaum einem Reiseführer, obwohl sie mit bis zu fünf Metern Durchmesser wesentlich größer sind als ihre Vettern in Moeraki. Noch unbekannter sind die bis zu zwei Meter großen Steinkugeln südlich des Örtchens Mangaweka. Tief im Wald liegen hier mindestens 50 moosbewachsene Riesen am Ufer des Rangitikei River und sorgen bei gelegentlichen Wanderern zuverlässig für überraschte Blicke.

Wo auch immer man die steinernen Kugeln bewundert und wie auch immer man sich ihre Entstehung erklärt – irgendwie kann man sich eines mystischen Gefühls nicht erwehren, wenn man die perfekten steinernen Bälle betrachtet. Sie scheinen einfach nicht natürlich entstanden zu sein, dafür sind sie zu perfekt. Anstatt darüber zu staunen, was die Natur alles erschafft, spürt man förmlich, wie der Kopf sich Geschichten und Erklärungen ausdenkt – wobei »Dino-Eier« noch die harmloseste Variante sind.

Und wenn die warmen Strahlen der untergehenden Sonne auf die vielfach zerrissenen Oberflächen der Moeraki Boulders scheinen, während das Meer sie sanft in seinen Arm zurückspülen will, dann vergisst man die anderen Touristen um sich herum, hört das Klicken der Kameras und die aufgeregten Rufe nicht mehr. Dann wird der Koekohe Beach, der ohnehin schon ein schönes Exemplar der wilden Südinsel-Strände ist, ein wirklich magischer Ort. Sehen Sie das Kanu mit den Vorfahren der Ngai Tāhu dort draußen hinter der Brandung?

84. Grund

Weil der Himmel über Lake Tekapo nachts leuchtet

Zu den umwerfendsten Erfahrungen einer Neuseelandreise gehört der Blick nach oben, wenn am Nachthimmel die Sterne aufgegangen sind. Mehr als ein Abend wurde ungeplant spät beendet, weil wir einfach nicht aufhören konnten, mit offenem Mund ins Dunkel über uns zu starren, Sternenkarten-Apps zu konsultieren, Sternschnuppen zu zählen, eigene Sternbilder zu erfinden ... Eine derartige Vielzahl an Sternen haben wir sonst nirgends auf der Welt gesehen. Und zwar mit bloßem Auge!

Der Nachthimmel über Neuseeland, dessen weniger als fünf Millionen Einwohner abends nur wenige Lampen anknipsen, ist unglaublich dunkel – und entsprechend gut sichtbar sind auch weit entfernte, nur schwach leuchtende Sterne und Sternennebel. Die Milchstraße, die wir in Europa bestenfalls als vage Ahnung erkennen können, zieht sich in Neuseeland als breit leuchtender Streifen quer über den Himmel und ist schlichtweg nicht zu übersehen.

Auf der »Incredible Earth List« des Senders CNN rangiert der Nachthimmel Neuseelands vor diversen weltberühmten Sehenswürdigkeiten wie dem indonesischen Borobudur-Tempel, den mexikanischen Maya-Pyramiden oder der Altstadt von Venedig auf Platz eins. Und die International Dark Sky Association hat bereits zwei Regionen in Neuseeland zu »Dark Sky Sanctuaries« erklärt, also zu einer Art Himmels-Schutzgebieten.

Das bekannteste und erste Sternenreservat Neuseelands, gegründet im Jahr 2012, ist die Region um den Lake Tekapo, einem auch bei Tageslicht unglaublich schönen See westlich von Christchurch. Im Hellen bewundern durchfahrende Touristen vor allem den Anblick des quietschblauen Wassers, umrahmt von einer Kulisse aus weißen Kalksteinklippen, den schneebedeckten Zweitausendern der Southern Alps (ganz hinten winkt Aoraki/Mount Cook, Neuseelands höchster Berg), blau-rosa-violett blühenden Lupinen und sattgelbem Tussockgras (und überlegen, ob die ohnehin schon fast unwirklich schöne

Kulisse durch die pittoreske, aus unbehauenen Feldsteinen errichtete Church of the good shepherd nicht vielleicht gar etwas kitschig wirkt).

Ist die Sonne untergegangen, geht im Observatorium der Universität von Canterbury, das auf einem Hügel am südwestlichen Seeufer thront und Neuseelands größtes Teleskop beherbergt, das Licht an – könnte man sagen. Die Astrotouristen, die eigens für den Sternenhimmel über Otago auf den Mount John kommen, werfen sich auch im Sommer in warme Jacken, denn auf einer »Star watching«-Tour im bergigen Hochland kann es empfindlich kalt werden. Aber was man da zu sehen bekommt, lässt jedes Frösteln vergessen: vom Mond, der (natürlich) umgekehrt über den Nachthimmel läuft, über auf dem Kopf stehende vertraute Sternbilder wie den Orion oder das von der Nationalflagge bekannte Kreuz des Südens bis hin zu den – mit viel Glück sichtbaren – Polarlichtern des Südpols, der Aurora australis.

Mit kleinen Kindern kam eine Sternenbeobachtung für uns leider nicht infrage; denn die findet natürlich zur Schlafenszeit statt. Wir begnügten uns mit einer Tasse Kakao im Astro-Café des Observatoriums, durch dessen Panoramafenster wir immerhin mit einem traumhaften Rundumblick über den See und die Dreitausender rundherum entschädigt wurden. Dabei hörten wir schmunzelnd den aufgeregten Unterhaltungen der anderen Besucher zu, die offenbar auf ihre abendliche Tour warteten. Verstehen konnten wir sie nicht; die meisten sprachen chinesisch.

Lästern über asiatische Touristen ist ja unter Neuseelandfans ein recht beliebter Zeitvertreib; sie treten so zuverlässig in munter schnatternden Gruppen auf, quellen pünktlich zur Öffnungszeit an jeder größeren Attraktion aus Reisebussen und ruinieren so das Erlebnis von Stille und Magie (sowie die schönsten Instagram-Schnappschüsse von menschenleerer Natur!) und müssen aufgrund ihrer mangelhaften Fähigkeiten am Steuer oft als Sündenbock für erzürnte neuseeländische Autofahrer herhalten (während wir Deutschen natürlich niemals versehentlich auf der rechten Spur fahren und damit den Verkehr gefährden …).

Für die dünn besiedelte Mackenzie-Region, in der unter anderem der Lake Tekapo liegt, haben die asiatischen Touristen aber viel Gutes gebracht – sprich: ordentliche Einnahmen im Tourismusbereich. Die meisten Astrotouristen auf der Suche nach dem Sternenhimmel kommen nämlich aus asiatischen Großstädten und haben teilweise noch nie einen solchen gesehen. Für sie entstehen jedes Jahr neue Tour-Angebote in Twizel, Queenstown und Wanaka, Unterkünfte werden mit eigenen kleinen Observatorien ausgestattet, und immer mehr Orte bewerben sich um die »Dark Sky«-Auszeichnung.

Den armen Chinesen, die noch niemals einen richtigen Sternenhimmel gesehen hatten, gönnten wir die fachmännisch erklärte Milchstraße über dem Lake Tekapo aus ganzem Herzen. Und glücklich waren wir trotzdem, wenn wir am Ufer des Moke Lake bei Queenstown, am Strand der Curio Bay in den Catlins, auf einem menschenleeren Campingplatz im Milford Sound oder am Cape Reinga in ein Himmelszelt mit Milliarden von Sternen hinaufschauten. Auch ganz ohne wissenschaftliche Begleitung wussten wir, dass wir hier etwas Besonderes sahen: einzigartig und wunderschön. Eben typisch Neuseeland.

85. Grund

Weil man hier im Sommer Ski fahren kann

Damit wir uns nicht missverstehen: Mit »Sommer« meine ich den europäischen Sommer, die Monate von Juni bis September. Während die Menschen auf der Nordhalbkugel im Freibad sitzen, herrscht auf der anderen Seite der Erde Winter. Wobei das im Fall von Neuseeland nicht so ein Winter ist, wie wir ihn kennen. Selbst im Juli und August wird es im Norden der Nordinsel nicht kälter als 10° Celsius, oft kann man auch im Rest des Landes tagsüber im Schein der Wintersonne ohne Weiteres im T-Shirt herumlaufen.

Es soll ja nun die einen oder anderen geben, die Hitze und Badeseen nichts abgewinnen können. Sie sitzen im Schatten und denken sehnsüchtig an ihre Skiausrüstung, die im Keller verstaubt. Solchen Menschen kann geholfen werden: Sie sollten die Sommermonate (also die auf der Nordhalbkugel) in Neuseeland verbringen!

Eine Neuseelandreise im (neuseeländischen) Winter ist nicht nur wesentlich günstiger, weil um diese Jahreszeit außer einigen Australiern kaum Touristen unterwegs sind. Das große Alleinstellungsmerkmal sind die Wintersportgebiete in den Southern Alps auf der Südinsel und im Vulkanmassiv des Tongariro-Nationalparks auf der Nordinsel. Dort warten zwischen Anfang Juni und Ende Oktober richtig gute Wintersportbedingungen!

So richtig auf der Piste gestanden haben wir in Neuseeland leider noch nie. Am nächsten kamen wir diesem Erlebnis, als wir Ende September auf der Nordinsel am Tongariro-Massiv vorbeifuhren. An den Hängen des 2.797 Meter hohen Mount Ruapehu liegen gleich drei Skigebiete, die zwar nicht viele Pistenkilometer bieten, aber dafür unvergleichlichen Nervenkitzel: Wo sonst auf der Welt carvt man wohl auf einem aktiven Vulkan, der jederzeit ausbrechen kann?

Wer hier oben Ski fährt, muss wachsam sein – das fordern zumindest die Warnschilder an den Liftmasten. Bei den ersten Anzeichen eines Rumpelns heißt es, auf die höher gelegenen Ränder der Pisten zu fliehen, um einem eventuellen Lahar zu entgehen. Solche Schlammlawinen spuckt der größte und aktivste der Tongariro-Vulkane bei seinen seltenen Ausbrüchen gern einmal aus. Seit 1945 gab es 13 solcher Vorkommnisse, die meistens harmlos verlaufen sind. Am 24. Dezember 1953 kostete ein Lahar jedoch 151 Neuseeländer das Leben (die fuhren allerdings nicht Ski, sondern Zug, der von der Brücke stürzte, die der Lahar weggespült hatte).

Leider hatten wir damals einen ungewöhnlich kurzen Winter erwischt und standen an der Talstation des Centennial-Lifts in einer dicken Nebelsuppe, durch die wir den traurigen Schneematsch auf den Pisten des Whakapapa Skifield kaum erkennen konnten. Eine spätere Liftfahrt im Hochsommer (bei der wir hier oben trotzdem ordentlich froren) zeigte uns, was wir verpasst hatten: zwar keinen Schnee, aber schwarze, scharfkantige Lavabrocken, so weit das Auge reicht.

Einen leichten Grusel verspürten wir schon, als wir hier oben herumkraxelten und versuchten, einen Blick vom Skyline Walk auf die tief unten liegende Taupō-Ebene zu werfen (vergebens, denn der griesgrämige Vulkan hatte seine Wolkenmütze tief ins Gesicht gezogen). Würde der Kratersee auf dem Gipfel noch einen weiteren Tag in seinem Becken bleiben? Oder war ausgerechnet heute der seit 1995 prognostizierte Moment gekommen, wo der brüchige Damm aus Asche, Eis und Stein brechen und dem nächsten Lahar Raum geben würde? Puh …

Wenn die Skigebiete so gefährlich und dann auch noch so klein sind, ist es dann nicht sinnlos, sich die Mühe des Ausleihens von Equipment und Skikleidung zu machen, die Anfahrt auf sich zu nehmen und, ja, auch das Unfallrisiko zu tragen? So etwas können nur Ski-Muffel wie mein Mann fragen.

Pisten-Aficionados finden gerade das so toll am Skifahren in Neuseeland: das exklusive Gefühl, zu einer kleinen, aber wissenden Gruppe von Genießern zu gehören. Man steht sich nicht am Skilift die Beine in den Bauch, man muss sich nicht über volle Gondeln und Wartezeiten an den Imbissbuden ärgern, und vor allem hat man Abfahrten, bei denen man fast allein den Traumblick über die weiten Ebenen teilweise bis zum Meer genießt.

Ach ja, und wer wirklich Sorge wegen Skiunfällen und geizigen Unfallversicherungen hat: Alle Menschen, die in Neuseeland einen Unfall haben, werden auf Staatskosten gerettet und versorgt. Die staatliche Unfallversicherung ACC schließt auch Touristen ein, und man muss sie nicht einmal eigens abschließen. Es scheint fast, als wollte Neuseeland, dass seine Gäste Ski fahren.

Wer die riesigen Skigebiete in den europäischen Alpen gewohnt ist, der wird in den Southern Alps und erst recht im Tongariro-Massiv auf der Nordinsel wohl erst einmal abschätzig den Mund verziehen. Die Skigebiete bei Queenstown, nördlich von Christchurch und am Mount Ruapehu liegen zwar zwischen 1.800 und 2.300 Metern Höhe und bieten reichlich Schnee – und das fast ohne den Einsatz von Schneekanonen und anderen verzweifelten Maßnahmen, wie wir sie aus Europa kennen.

Trotzdem sind sie ziemlich klein. Abgesehen von Whakapapa, das mehr als 100 Pistenkilometer hat, kann man die Pisten in den meisten Skigebieten an beiden Händen abzählen. Die Liftanlagen werden zwar Stück für Stück modernisiert, können sich aber mit den Hightech-Riesenanlagen aus Österreich und der Schweiz nicht messen. Schlepplifte und einfache Sessel sind hier das höchste der Gefühle.

Kleine Skigebiete sind ja aber nicht automatisch weniger herausfordernd. In Craigieburn oder Turoa gibt es schwarze Pisten, die sich gewaschen haben, und wer gern abseits der Piste fährt, der hat in der ungespurten »Black Magic Area« in Whakapapa, beim Freeriding auf dem Tasman Glacier oder im Pulverschnee des Temple Basin ein wahres Wunderland gefunden. Vor allem in Wanaka, einem eigentlich recht unscheinbaren Ort im Schatten der Abenteuersport-Backpacker-Hochburg Queenstown, wartet das reinste Skivergnügen. The Remarkables, ein vor allem bei Familien beliebtes Skigebiet, liegt hoch über dem Lake Wakatipu. Am Treble Cone liegt das höchste Skigebiet der Südinsel mit langen Pisten und wunderschönen Ausblicken auf den Lake Wanaka im Tal. Wer hier fährt, trifft mit etwas Glück die österreichische Nationalmannschaft beim Trainieren.

Weiter in Richtung Queenstown liegen das sanfte Skigebiet am Hang des Coronet Peak, wo man sogar nachts bei Flutlicht abfahren kann, und das schicke Cardrona Alpine Resort. Dann warten da noch die Skigebiete am Aoraki/Mount Cook, das Skigebiet Methven am Mount Hutt nördlich von Christchurch, die »Selwyn 6« am Mount Olympus und das kleine Skigebiet bei Hanmer Springs, nicht zu vergessen das Temple Basin am Arthur's Pass, das Kenner als eines der besten Skigebiete der Welt einstufen.

Auf der Straßenkarte sind die 21 Skigebiete der Südinsel teilweise nur Katzensprünge voneinander entfernt. Und weil sie so klein sind und so nahe beieinanderliegen, kann man durchaus mehrere an einem Tag besuchen. Der Skiverband »NZ Ski« bietet dafür sogar vergünstigte Kombi-Tickets an.

Eine weitere neuseeländische Spezialität sind die Skiclubs, die einige kleinere Skigebiete allein verwalten und die auch die einzigen Übernachtungsmöglichkeiten bieten, wenn man morgens direkt in die Bindung steigen will. Für normale Tagesbesucher heißt es in Neuseeland, eine längere Anfahrt zur Talstation auf sich zu nehmen.

Bei Strecken wie der Remarkables Road, die über 13 Kilometer voller Haarnadelkurven hinauf zum gleichnamigen Skigebiet führt, muss man sich das dreimal überlegen. Für den Zugang in das von einem Skiclub betriebene Tukino-Skigebiet braucht man sogar einen Vierradantrieb. Und einige Skigebiete auf der Südinsel sind so abgelegen, dass man sie nur zu Fuß erreicht. Ist anstrengend und nichts für Gelegenheits-Skifahrer, aber auf diese Weise wird ganz automatisch Massentourismus und die damit einhergehende Zerstörung der Natur verhindert.

Nur Skifahren ist den outdoorbegeisterten Neuseeländern natürlich schon lange zu langweilig. Wer auch Schneemobil- und Hundeschlittentouren langweilig findet und bei Snowboards nur gähnen muss, der kann es ja mal mit Snow-Kiting versuchen oder sich von einem Helikopter oben auf einem Berggipfel absetzen lassen – mit Skiern an den Füßen natürlich. Umweltfreundlich ist das nicht, möchte ich stirnrunzelnd hinzufügen; aber in Wanaka ist Heliskiing noch vergleichsweise günstig, weshalb ich mich durchaus gern einmal im zweitgrößten Heliskiing-Gebiet der Welt versuchen würde.

Vielleicht mal schnell zwischendurch, wenn man sowieso in der Gegend ist? Das Tolle an den Skigebieten in Neuseeland ist ja gerade, dass sie so klein und räumlich begrenzt sind. Mal eben für ein paar Stunden in den Winter reinschnuppern – das geht in Neuseeland ganz hervorragend. Während auf den Hängen des Mount Ruapehu, des Mount Taranaki oder eben den Gipfeln der Southern Alps meterhoher Schnee zum Wedeln einlädt, kann man unten im Tal von Methven oder am Ufer des Lake Wakatipu im T-Shirt draußen sitzen und einen »flat white« genießen.

Und sollte es doch zu warm da oben sein für genug Schnee, dann gibt es immer noch die Skihalle in Auckland: Im »Snow Planet« kann man auch im Hochsommer seine dringende Lust aufs Skifahren befriedigen.

86. Grund

Weil in Otago Geister wohnen

Einer der Gründe, warum ich Neuseeland so faszinierend finde: Dieses Land und seine Gesellschaft sind so unglaublich jung! Klar leben die Māori schon seit fast 1.000 Jahren hier, aber sie haben leider bis auf ihre Geschichten und Überlieferungen sehr wenige handfeste Zeugen, die das beweisen. Eine »historic pa site« mag auf der Straßenkarte als touristische Attraktion verzeichnet sein – vor Ort sieht man mit ungeschultem Auge oft nur einen grasbewachsenen Erdhügel (und mitunter nicht mal den). Wer mit Holz und anderen Naturmaterialien baut, dessen Werke vergehen mit der Zeit.

Anders sieht es mit den Hinterlassenschaften der europäischen Siedler aus. Sie brachten aus der alten Heimat Eisen mit, verwendeten zum Bau ihrer Häuser und Straßen Steine und später Asphalt, sprengten Straßen durch Felsen und stauten Flüsse und Seen an. Und vor allem hatten sie es eilig: ein Goldfund an einem Flüsschen mitten im Nirgendwo, Holzvorkommen oder Kohleflöze? Nur wenige Monate später stand da eine Stadt, ein Sägewerk oder eine Mine, und ringsherum herrschte emsiges Leben.

Die Kehrseite der Bau- und Siedlungswut der Pākehā sieht man in Neuseeland überall, vor allem aber an der Westcoast und im Süden der Südinsel. Geisterstädte sind in Neuseeland kein ungewöhnliches Phänomen. Und meine Kinder sind bestimmt nicht die einzigen, die es lieben, durch ihre verlassenen Straßen zu streifen.

Die Geschichte hinter den fensterlosen Fassaden und den verwaisten Mauern ist meistens dieselbe: Entweder die Menschen zogen fort, weil das Gold (die Steinkohle/das Kauri-Holz/ein anderer Rohstoff) zur Neige ging und an einem anderen Ort günstiger zu bekommen war. Oder, und das sind die traurigeren Geschichten, sie wurden von der Natur vertrieben – ständige Überflutungen zwangen einige Orte zum Aufgeben, andere wurden von Erdbeben oder bei Vulkanausbrüchen zerstört. Manchmal entdeckten wir die Grundmauern von Gebäuden, von Gras überwachsene Brücken und Brunnenwände tatsächlich am Wegrand; Wanderrouten wie den Charming Creek Walkway an der Westcoast der Südinsel oder den Karangahake Gorge Windows Walk auf der Coromandel Peninsula hat das Department of Conservation geschickt so angelegt, dass man immer wieder auf Relikte wie alte Fördergeräte oder Schuhe von Minenarbeitern stößt. (Da hat endlich mal jemand verstanden, wie Kinder wandern!)

Andere Geisterstädte sind heute eigentlich nur noch nachts welche – tagsüber wimmelt es nämlich von Touristen. So wird es in Te Wairoa, einem Māori-Dorf bei Rotorua, das vor 130 Jahren von Asche und Steinen des Tarawera-Ausbruchs verschüttet wurde, vielleicht bald doch wieder neue Einwohner geben; wenn die Touristenführer nämlich keine Lust mehr haben, jeden Tag für ihre Arbeit aus Rotorua herzukommen.

In St Bathans, einem winzigen Flecken in Otago, fühlten wir uns erst recht wie in einer Spukstadt, obwohl hier tatsächlich noch Menschen wohnen – und zwar etwa zehn. Das ist im Vergleich zu den einstmals mehr als 2.000 Einwohnern, die hier früher lebten und draußen vor der Stadt nach Gold schürften, natürlich ziemlich wenig. Anstatt ebenfalls das Weite zu suchen, haben sich die Menschen hier aber offenbar entschlossen, als Geisterjäger aktiv zu werden und zu bleiben.

Sie haben einiges zu tun: Allein der Erhalt der historischen Häuser, die sich an der einzigen Straße des Ortes aufreihen, ist ziemlich aufwendig und teuer. Das alte Schulgebäude und die meisten Wohnhäuser werden zwar nicht mehr »in echt« genutzt. Dafür kann man im zweistöckigen, aus Kauri-Holz gefertigten Postgebäude auch heute noch einen Brief abschicken und in der anglikanischen Kirche von 1882 finden regelmäßig Gottesdienste statt. Der Pub schenkt gutes Bier aus und wer sich traut, kann sogar im »Vulcan Hotel« für die Nacht einchecken.

Den Mut brauchen die Gäste nicht nur wegen der historischen Einrichtung – zu der, typisch für Neuseeland, ein Gemeinschaftsbad für alle Gäste auf dem Gang gehört. Wie es sich für eine angehende Geisterstadt gehört, verfügt das örtliche Hotel sogar über ein eigenes Gespenst! Es soll sich dabei um eine Dame handeln, die man hier in den 1880er-Jahren ermordet hat. Seitdem spukt sie durch die Zimmer des Hotels und hofft sicherlich genau wie die letzten zehn Einwohner des Ortes, dass sie auch weiterhin viel Besuch haben wird.

Noch einsamer geht es weiter im Inland zu: Dort streiften wir in der Hitze eines flirrenden Sommernachmittags durch die von gelben Tussockgras-Büscheln bestandenen Wiesen der Dunstan Mountains, die Augen immer auf den Boden gerichtet, damit wir uns nicht an den verrosteten Hinterlassenschaften der Goldgräber die Füße stießen. Nur noch wenige Hinweise findet der Nicht-Archäologe auf die einst lebhaften Städte, die hier mit dem Goldrausch von 1862 aus dem Boden geschossen waren.

Im Bendigo Creek nördlich von Cromwell fanden Glücksritter große Mengen Gold und bald wurde das begehrte Metall auch in Minen gefördert. An den Eingängen standen große Stampf-Batterien, in denen das geförderte Gestein zerkleinert wurde, um das im Quarz enthaltene Gold herauszulösen.

Zu seiner Blütezeit gab es in Central Otago 20 Goldminen, in denen 18.000 Menschen schufteten; die wenigsten fanden den erhofften Reichtum. Bald trudelten die ersten Gerüchte neuer, noch spektakulärer Goldfunde an der Westcoast ein, und die Goldsucher packten ihre Sachen. Von den Häusern, Hotels und Spielsalons aus grauweißem Kalkstein sind heute nur noch einige Ruinen zu sehen; seit 1914 sind Bendigo, Logantown und Welshtown Geisterstädte. Nicht einmal die Bauern, die hier Schafe gehalten hatten, sind noch da.

Vielleicht sind sie nach Arrowtown weitergezogen, das nur knapp 60 Kilometer weiter westlich liegt? Das schmucke Städtchen am Ufer des schnell dahinfließenden Arrow River ist ebenfalls binnen wenigen Wochen während des Goldrauschs entstanden. In den 1960ern lebten hier nur noch knapp 200 Menschen, heute sind es wieder über 2.000. Das ist immer noch wenig im Vergleich zu den 7.000 Einwohnern, die Arrowtown um 1870 hatte; aber wer sagt denn, dass hier Schluss wäre? Immerhin ist das Städtchen nur 20 Minuten von Queenstown entfernt, das derzeit vor Touristen aus allen Nähten platzt.

Insider munkeln ja, dass es im Arrow River auch heute noch Gold gebe. Für einen schmalen Taler kann man die notwendige Ausrüstung, eine flache Pfanne und Gummistiefel, leihen und sein Glück versuchen. Wir hatten keines; das winzige Goldflöckchen, das auf der Zeigefingerspitze kaum zu sehen war, würde uns wohl keinen Reichtum bringen. Die hilfreichen Ratschläge der alten Herren, die angeblich jeden Tag hier schürften und Gold für fast 1.000 Dollar aus dem Wasser holten, schlugen wir in den Wind und kauften uns lieber ein leckeres Eis auf der hübschen Einkaufsstraße von Arrowtown.

Mit touristischen Angeboten für hoffnungsvolle Goldgräber, seiner wunderschönen Umgebung und einem Quäntchen Glück hat Arrowtown seine eigene Vergeisterung gerade noch so abwenden können – und zeigt den Einwohnern von St Bathans, wie man erfolgreich Geister jagt.

87. Grund

Weil man am Aoraki/Mount Cook echte Eisberge anfassen kann

Unsere Gefühle waren gemischt, als wir in einer veritablen Schlechtwetterfront die 50 Kilometer lange Sackgasse zum Aoraki/Mount Cook Village nahmen. Ein großes Schild direkt am Abzweig vom State Highway 8 wurde gerade mit einer Warnung vor starken Windböen bestückt, und kurz danach kämpften wir uns auch schon am Ufer des abweisend grauen Lake Pukaki entlang durch Sturm und Regen. Wenn sich dieser Abstecher nicht lohnen würde, dann hätten wir völlig umsonst auf die Alternativroute an der Westcoast entlang verzichtet …

Am Morgen erwachten wir jedoch wider Erwarten bei strahlendem Sonnenschein, nachdem Sturm und Regen unseren Campervan die ganze Nacht arg durchgeschüttelt und mehrere Backpacker am Errichten ihrer Zelte gehindert hatten. Der Ranger, der die »campsite fee« einsammeln kam, brachte den aktuellen Wetterbericht mit: Uns stand ein Schönwetterfenster offen, das sich allerdings am späten Nachmittag wieder schließen sollte. Also nichts wie los!

Unser Ziel war der Tasman Glacier Lake. Die Wanderung dorthin sollte kurz und einfach sein, eben so, dass wir sie in unserem Schönwetterfenster mit zwei kleinen Kindern bequem schaffen konnten. Weit mussten wir nicht fahren, es ging nur etwa acht Kilometer weiter in die Berge hinein. Der Weg, der vom Umweltschutzministerium zu Recht als »easy walk« eingestuft wird, führte uns erst durch wunderschöne alpine Tundra, später dann durch die leibhaftige Verkörperung des Landes Mordor, Wohnort von Mittelerde-Bösewicht Sauron.

Auf grauem Schotter und schwarzen Steinen ging es stetig, aber nur leicht bergan. Und noch bevor erstes Nörgeln (»Wie weit ist es noch?«, »Sind wir bald da?«) einsetzen konnte, öffneten sich die grauen Felswände vor uns und gaben den Blick auf einen See frei.

Und was für ein See das war! Den Kindern standen die Münder offen. Im milchig-weißen Wasser, das komplett undurchsichtig war, schwammen zahllose große Eisberge!! Wir Erwachsenen staunten nicht weniger (wenn auch mit geschlossenem Mund). Wenn man überlegt, dass Eisberge ja zu neun Zehnteln unter Wasser liegen, muss der Tasman Glacier Lake wahnsinnig tief sein! Tatsächlich hat sich das Schmelzwasser des Gletschers seit den 1980er-Jahren zu einem veritablen Reservoir angesammelt, das weiter wächst; derzeit ist der See sieben Kilometer lang und 245 Meter tief und soll seine Größe im nächsten Jahrzehnt verdoppeln.

Den Tasman Glacier selbst, mit 29 Kilometern der mit Abstand längste Gletscher der Southern Alps, konnten wir von hier unten am Seeufer gar nicht richtig sehen. Der Berg, von dem er sich herabwälzt, war umso besser sichtbar: Der Gipfel des Aoraki/Mount Cook, des höchsten Bergs Neuseelands, ragt nur wenige Kilometer vom See entfernt auf.

Anders als andere Gletscher in Neuseeland wird der Tasman Glacier durch den Klimawandel zwar nicht so schnell kürzer, aber dünner: Wo Bergsteiger vor 100 Jahren noch zehn Meter nach oben klettern mussten, um von den Moränen aus Geröll auf das Eis zu gelangen, liegt das Eis inzwischen 130 Meter weiter unten. Das abgeschmolzene Eis ist der See, den wir gerade bewunderten. Und dass das Ende des Gletschers nun in einem See liegt, lässt ihn noch schneller schmelzen.

Aktuell misst der Tasman-Gletscher an seiner dicksten Stelle noch stattliche 600 Meter und ist 29 Kilometer lang. Vor einigen Zehntausend Jahren sah das anders aus, da war der Gletscher 115 Kilometer lang und schabte mit seinem Gewicht das Bett des heutigen Lake Pukaki aus. Der allgemeinen Erwärmung kann er, auf einer Höhe von nur 730 Metern liegend, nicht viel entgegensetzen. Klimaforscher sagen sein vollständiges Verschwinden voraus.

Vom Seeufer führt ein Abzweig weiter zur Tasman Glacier View. Die wollten wir uns nicht entgehen lassen. Aber die Kinder fanden das Seeufer viel spannender als die Idee, nur wegen einer Aussicht auf schmutziges Eis noch weiter durchs Geröll stapfen zu müssen. Während ich also beim Riesen-Eiswürfel-Schubsen assistierte und aufpasste, dass nur die Finger ins 2° Celsius kalte Wasser gehalten wurden, kraxelte der Papa auf den Kiesberg hinauf, den der Gletscher im Lauf der Jahrhunderte zusammengeschoben hat. Winzig klein sahen wir ihn da oben in der Mondlandschaft aus schwarzen Steinen stehen; unsere Rufe verschluckte das weite Tal sofort. Löst Geschrei nicht Lawinen aus? Ich ordnete mal lieber sofortige Ruhe an.

Zwischen den im milchweißen Wasser dümpelnden Eisbergen lagen an einem Pier aus Plastik-Pontons in wunderschönem Farbkontrast einige knallgelbe Gummiboote, mit denen wir umgehend liebäugelten. Mit ihnen könnten wir »um die Ecke fahren« und dort die Abbruchkante des Gletschers aus der Nähe bewundern. Leider wurden wir (freundlich) fortgeschickt mit der Information, dass wir eine Rundfahrt auf dem Tasman Glacier Lake nur im Besucherzentrum in Aoraki/Mount Cook Village buchen könnten. Und dass wir das Söhnchen, das erst zwei Jahre alt ist, an Land lassen müssten. Angesichts des Risikos, mit dem Boot von einem ohne Vorwarnung aus dem undurchsichtigen Wasser aufploppenden, zehn Meter großen Eisberg umgeworfen zu werden, ist diese Einschränkung wohl ganz vernünftig.

Die soeben in Kompaniestärke zur Rundfahrt anrückende asiatische Reisegruppe beneidend, kehrten wir also um und liefen zu unserem Campervan zurück. Eine ausgiebige Mittagspause am Bergbach gab dem Söhnchen Gelegenheit, aus Versehen hineinzufallen – das

Wasser wäre genauso kalt wie das des Sees, verkündete die große Schwester hilfreich. Sie hatte das ausgiebig getestet. Außerdem hatte sie eine Beschwerde: Die Eisberge wären ja gar nicht richtig weiß gewesen. Das stimmt: Auf ihrer Oberseite sammelt sich im Laufe des Sommers eine dicke Schicht Staub an, sodass die meisten Eisberge genauso schmutzig grau wie ihr »Gletschervater« aussahen.

Nur wenige Tage, nachdem wir die grau bestäubten Eisberge im Gletschersee bewundert hatten, brachte das Erdbeben von 2011, das Christchurch zerstörte, auch die Southern Alps zum Wackeln. Ein 30 Millionen Tonnen schweres Stück Eis löste sich dabei vom Ende des Tasman Glacier und stürzte in den See. Die über drei Meter hohe Flutwelle, die entstand, war für die Touristen, die gerade in ihren gelben Booten dort unterwegs waren, sicherlich ein Erlebnis.

Außerdem kippte die Welle viele der Eisberge um, die danach wieder schneeweiß schimmerten – etwas Gutes hatte die Sache also doch.

88. Grund

Weil ich am Moke Lake mein Herz verloren habe

Queenstown, die Hochburg der jugendlichen Backpacker und Adrenalin-Junkies, erreichten wir nach Wochen voller fantastischer Natur und Einsamkeit. In den Catlins und auf der Milford Road hatten wir kaum eine Menschenseele getroffen. Dafür hatten wir so viel Grün gesehen, so viel gute Luft geatmet und so viele Eindrücke gesammelt, dass wir das Gefühl hatten, besser könnte es doch gar nicht mehr werden in Neuseeland.

Irgendwie hatten wir recht. Das schmucke Städtchen am Südufer des Lake Wakatipu war eine Überraschung für uns – allerdings nicht eben eine schöne. Queenstown sah aus wie ein Skidorf in den französischen Alpen. Auf den Straßen wuselte es von wasserfest gekleideten Touristen. Einen Parkplatz bekamen wir erst nach langem Suchen, und die Preise in den schicken Cafés mit Öko-Kaffee und Fairtrade-Schokolade ließen uns die Haare zu Berge stehen.

Nichts wie weg hier, beschlossen wir einstimmig (obwohl – jemand wollte lieber zuerst noch mehr Eis kaufen …). Wir steuerten unseren Campervan am Seeufer des Lake Wakatipu entlang nach Südwesten und waren ganz schnell wieder in der gewohnten Neuseeland-Staun-Stimmung: Was für ein unglaubliches Blau! Die kleinen Schäfchenwolken, die sich über die den See umrahmenden Berge trauten, spiegelten sich in der glatten Wasserfläche und machten den Anblick noch unwirklicher.

Nach wenigen Kilometern kam der Abzweig, den der Reiseführer angekündigt hatte – fast hätten wir ihn verpasst. Mit trotzig heulendem Motor kämpfte sich unser Campervan brav eine steile, kurvige und überaus schlecht geschotterte Straße hinauf in die Berge. Im Schein der letzten Sonnenstrahlen, die hinter dem hoch aufragenden Mount Crichton und seinen Brüdern hervorblitzten, erblickten wir dann einen kleinen Bergsee und dahinter eine weite Grasfläche mit drei Pappeln. Sonst nichts.

Nachdem wir uns über mehrere in den Boden eingelassene Viehgatter gequält (und unsere Zähne nachgezählt) hatten, rumpelten wir endlich im Schritttempo über die Wiese und suchten erwartungsvoll den Campingplatz, der laut Karte hier am Moke Lake sein sollte. Wo war er denn?

Typisch DOC-Campsite: Sie bestand aus nicht mehr als einem Hinweisschild mit den Gebühren, die man in einem Umschlag in die bereitstehende Kasse des Vertrauens werfen kann. Sanitäranlage hieß hier: ein einfaches Toilettenhäuschen, das trotz der cleveren »long drop«-Konstruktion gewaltig stank, und ein kleines Handwaschbecken.

Wir kurvten eine halbe Stunde über das Gelände und konnten uns nicht entscheiden, wo wir parken wollten. Die Grasfläche, die den Moke Lake umgibt, schien riesig. Die vereinzelten Campervans und Wohnwagen, die schon hier waren, fielen da überhaupt nicht auf.

Den See kümmert es nicht, wer an seinem Ufer campt. Er liegt da wie ein endloser Spiegel und wirft das Abbild der ihn umgebenden Gipfel zurück, oder vielmehr: Er behält es, wie ein Gemälde. Wir konnten uns nicht sattsehen an dem Anblick, der zu jeder Tageszeit anders wirkte. Selbst unsere quirligen Kinder, die die weite Uferfläche eher als Einladung zum Herumsausen ansahen und laut nach einem Bad im See riefen, konnten sich der erhabenen Ruhe irgendwann nicht mehr verschließen und verstummten andächtig.

Nachdem wir getestet hatten, wie kalt der See war (eiskalt), wie lange wir um den See herum brauchten (vier Stunden) und wie der Kaffee mit Seewasser schmeckte (gut!), wussten wir: Hier wollen wir nicht mehr weg. Die Gespräche über Alltägliches, das Kinderschnattern, die kleinen Streitereien – das alles verstummte vor dem gigantischen Schweigen der Berge und des Sees. Wir fühlten uns ganz klein, wenn wir nachts den unglaublichen Sternenhimmel über unseren Köpfen bestaunten, die Milchstraße ganz deutlich sahen und nach der fünften Sternschnuppe gar nicht mehr wussten, was wir uns noch wünschen sollten.

Den einen Wunsch konnte uns keine Sternschnuppe erfüllen: Unser Campervan hielt ohne Stromzufuhr höchstens zwei Tage durch, dann machte die Batterie schlapp. Die Lebensmittelvorräte gingen ebenfalls zur Neige. Genau wie die Zahl unserer Reisetage … Wir mussten also weiter, auch wenn unser aller Blicke beim Wegfahren sehnsüchtig am Rückspiegel hingen.

Nach den Tagen am Moke Lake haben wir noch vieles erlebt und über so einiges gestaunt, aber dieser kleine Bergsee hat einen festen Platz in meinem Herzen besetzt. Immer, wenn ich an ihn denke, kommt dieses Gefühl zurück: das große Schweigen, das aus der grandiosen Natur irgendwie in mein Inneres überging und mich dankbar und zufrieden mit der Welt um mich herum machte. Die Quintessenz Neuseelands.

Die Anfahrt zum Moke Lake ist steil und unbequem, die Campsite bietet nur das Nötigste. Deshalb kommen nicht viele Urlauber hierher, in der Nebensaison ist man oft allein mit dem See, den Bergen und der grandiosen Stille. Hoffen wir, dass es so bleibt.

89. Grund

Weil hinter Glenorchy das Paradies liegt

Dass Neuseeland ein Paradies auf Erden ist – diesen rosarot gefärbten Irrglauben möchte ich hier nicht verbreiten. Zu viele frustrierte Auswanderer lernen die Lektion auf die harte Tour und auch der eine oder andere Besucher scheint mir übermäßig enttäuscht, wenn er in Neuseeland Zeichen des hässlichen zwischenmenschlichen Alltags, der Umweltzerstörung und politischer Skandale entdeckt. Ja, die kleine Nation am Ende der Welt hat sich zur atomwaffenfreien Zone erklärt, als erster Staat der Welt das Frauenwahlrecht eingeführt und ihre Ureinwohner weder versklavt noch ausgerottet. Aber das heißt nicht, dass es keine Probleme gäbe. Neuseeland hat einen ganzen Packen an Altlasten und zukünftigen Herausforderungen zu tragen.

Trotzdem ertappen nicht nur wir uns immer wieder dabei, Neuseeland mit einem Paradies zu vergleichen. Selbst die Bewohner von Central Otago, eigentlich ein harter Schlag von wettergegerbten Viehfarmern und Jägern, die langen, harten und einsamen Wintern in schneereichen Bergen trotzen müssen, scheinen beim Anblick der Landschaft nordöstlich des winzigen Örtchens Glenorchy einen schwachen Moment erlitten zu haben.

Verlässt man das idyllisch gelegene 200-Einwohner-Dorf am nördlichen Ende des langgezogenen Lake Wakatipu, an dessen anderem Ende die berühmt-berüchtigte Backpacker-Metropole Queenstown liegt und im Sommer regelrecht zu brummen scheint, lässt man die letzten Ausläufer der Zivilisation hinter sich. Die schmale, bald nur noch geschotterte und mit ziemlich fiesen Rillen aufwartende Straße windet sich langsam bergauf, parallel zu den Flusstälern des Dart und des Rees River, die in breiten Verzweigungen aus den Bergen des Mount-Aspiring-Nationalparks hinabfließen.

Und dann, nach einer langen, einspurigen Brücke, gelangt man an ein Straßenschild, an dem man sich entscheiden muss: weiterfahren ins Paradies (»No exit«!) oder links abbiegen zur Kinloch Lodge und zum Startpunkt des Routeburn Track? Wir wählten natürlich hoffnungsvoll die erste Alternative – wie wahrscheinlich 99 Prozent aller anderen Reisenden, die den kurzen Abstecher von Glenorchy (bzw. den langen Abstecher von Queenstown) machen. Und wie wahrscheinlich genauso viele Reisende vor uns hielten wir kurz an und machten ein Foto von diesem Wegweiser ins Paradies.

Weiter ging die Fahrt, bei der wir immer wieder ganz kurz am Straßenrand halten und Fotos machen mussten. Links und rechts der schmalen Straße erstreckten sich weite Bergwiesen auf der breiten Schwemmlandebene des Dart River, am Horizont erhoben sich dunkle Wälder vor den schneebedeckten Gipfeln des Mount Earnslaw und der Richardson Mountains in den Himmel. Wir kniffen die Augen zusammen und konsultierten unseren *Lord of the Rings Location Guide*, der bestätigte: Direkt vom Straßenrand aus sahen wir den Sitz des Zauberers Saruman in Isengard, den Waldrand von Fangorn, wo die Ents hausen, oder die Waldlichtung, auf der Beorn, der Gestaltwandler aus dem *Hobbit*, wohnt.

18 Kilometer, weiter ist das Paradies nicht von Glenorchy entfernt. Aber so gern ich jetzt davon berichten würde, welche himmlischen Panoramen oder sonstigen Belohnungen am Ziel unserer Fahrt auf uns warteten – viel mehr außer dem Ortseingangsschild »Paradise« gibt es dort nicht. Die Straße führt an einem kleinen Anwesen vorbei, durch mehrere Viehgatter hindurch und über flache Furten, um dann buchstäblich im Sand zu verlaufen. Weiter geht es nur noch zu Fuß; auf dem Rees Dart Track, der vom »Chinaman's road end« in einer großen Schleife um das Bergmassiv des Mount Earnslaw führt. Ein Blick auf die Straßenkarte zeigt, dass man hier nur wenige Kilometer vom Milford Sound entfernt ist; mangels Straßenverbindung ist aber ein 350-Kilometer-Umweg nötig, um dorthin zu kommen. Kürzer geht es freilich auf den alten Pfaden der Māori, die hier im Fiordland bereits vor Hunderten von Jahren unterwegs waren, um »pounamu«, neuseeländische Jade, zu suchen. Diesen Spuren folgt der Routeburn Track, ein 32 Kilometer langer Zwei- bis Viertagesmarsch für fitte Wanderer, der in puncto Schönheit nur dem (noch anstrengenderen) Milford Track nachstehen soll. Paradise, das Ziel unserer kleinen Spritztour, entpuppte sich jedenfalls nicht als Ort, sondern eher als

eine 300 Hektar große, idyllisch gelegene Schafweide. William Mason, der erste professionelle Architekt in Neuseeland und erster Bürgermeister von Dunedin, kaufte das Land 1883, um seinen Alterssitz hier zu errichten. Zwar starb der angesehene Politiker vorher, aber das von ihm geplante Anwesen diente seitdem als Gasthaus für Touristen, die tatsächlich bereits am Ende des 19. Jahrhunderts den beschwerlichen Weg mit Pferd und Kutsche hierher auf sich nahmen – das Paradies muss schon damals ein solches gewesen sein.

Unser kleiner Campervan verfügte nicht über Vierradantrieb. Solcherart ausgestattete Fahrzeuge und Kleinbusse fuhren an diesem Tag mehrmals an uns vorbei, buntflächig bedruckt mit Logos von *Lord of the Rings*-Location-Touren. Sie brausten am historischen Homestead vorbei, weiter hinein in die Berge – wo die Teilnehmer dann inmitten der atemberaubenden Filmkulisse von Mittelerde aussteigen, herumlaufen und mit Nachbildungen von Zwergenäxten, Elbenschwertern und Zauberstäben herumfuchteln dürften. Wir hatten zwei Kinder dabei, die unseren Erzählungen von Zauberern und Zwergen eifrig lauschten und dann ganz ohne gebuchte Tour und Waffenattrappen wilde Schlachten nachstellten; Ork-Kampfgeschrei inklusive.

Und als die Schlachten geschlagen und die Bataillone in erschöpften Schlaf gefallen waren, genossen wir es ganz in Ruhe: das Wissen, dass wir im Paradies angelangt waren; wenn auch nur für einen Kaffee. Wir hatten am Ende der Straße nicht ganz das gefunden, was wir erwartet hatten; aber der Weg hierher war die eigentliche Belohnung gewesen. Wenn das mal keine Lektion für's Leben ist!

90. Grund

Weil in Wanaka der einsamste Baum der Welt steht

Eigentlich ist der Anblick eines einsamen, etwas krum[illegible]wachsenen Baums mit traurig herabhängenden Zweigen nicht [illegible] Schon gar nicht in Neuseeland, wo jahrtausendealte K[illegible] dicken Stämmen emporragen, buschige Kōwhai-Bäu[illegible] gelbe Blüten herabregnen lassen und knorrige Pohutukawa mit breiten Kronen die Nordinsel zur Sommerzeit mit einer Welle aus Rot überziehen.

An sehr vielen Seeufern stehen vereinzelte Bäume je nach Wasserstand mit den Wurzeln im flachen Wasser, und noch mehr Seen sind von traumhaften Bergpanoramen umgeben. Wie konnte es dieser eine traurige Baum, der am Ufer des Lake Wanaka steht, zu solcher Berühmtheit bringen?

Es handelt sich noch nicht einmal um ein einheimisches Gewächs, sondern um eine stinknormale, aus Europa importierte Trauerweide. Glaubt man Zeitzeugen in Wanaka, war diese Weide vor 80 Jahren einmal ein unbehauener Zaunpfahl. Bereits im Jahr 1939 soll sie hier gestanden und den Draht des Zauns mit ihrer Baumkrone immer weiter angehoben haben – was den Schafen am See die Möglichkeit eröffnete, durch die Lücke in die Stadt zu wandern.

In einer überraschenden und für den modernen Tourismus bezeichnenden Entwicklung ist diese Weide in den vergangenen vier, fünf Jahren zum wohl berühmtesten Baum Neuseelands geworden und läuft sogar Tāne Mahuta und seinen respektablen Kollegen den Rang ab; jedenfalls in den sozialen Medien. Dort ist die Weide unter dem Hashtag #thatwanakatree zu einem echten Star geworden, seit im Jahr 2015 ein sogenannter »Instameet« in Wanaka stattfand.

Dennis Radermacher, ein Fotograf aus Christchurch, hatte mit einem Bild des Baums im See den *New Zealand Geographic*-Fotopreis des Jahres 2014 gewonnen und damit offenbar etwas in Gang gesetzt. Als über 100 Instagram-Stars Fotos von der Weide machten und etwas hilflos mit »that Wanaka tree« beschrieben, wurde der Baum »viral«. Wer heute viele Likes haben möchte, geht mit dem Baum-Hashtag auf Nummer sicher.

Vor allem auf Instagram, einem Bilder-Netzwerk, das ich selbst gern nutze, um mir frisches Neuseelandfernweh zu holen, rutscht die Trauerweide ständig aufs Display. Wie sie sich da so schräg ins Bild lehnt, im Hintergrund die glitzernde Fläche des Lake Wanaka und die schneebedeckten Berge der Mount Aspiring Range, sieht sie wirklich schön aus.

Weniger schön ist die Realität – aber irgendwie auch lustig. Man sollte unbedingt etwas Zeit mitbringen, wenn man morgens oder abends ans Seeufer kommt. Unweigerlich stehen dann hier zwischen zehn und 100 hoffnungsvolle Fotografen, Instagram-Influencer und Reiseblogger in einem weiten Bogen am Wasser und versuchen, den perfekten Schnappschuss zu bekommen.

Sie sind dabei erstaunlich rücksichtsvoll – jeder darf in Ruhe sein Motiv ablichten – und recht einfallsreich: Den »Wanaka tree« habe ich schon in den unterschiedlichsten Lichtverhältnissen, mit den Wurzeln im Wasser und im Uferschlamm, im Regen, im Nebel, schneebedeckt und im Sonnenschein gesehen. Mitunter schmuggeln sich die angehenden Social-Media-Sternchen selbst mit ins Bild und probieren sich in gewagten Yoga-Posen, springend oder im Hochzeitskleid vor der geduldigen Weide – die das alles gelassen nimmt. Sie weiß: Der eigentliche Star ist sie selbst. Die Wanaka-Weide hat eine eigene Facebook-Fanpage und kann stolz auf Features in internationalen Magazinen wie *The Guardian* und dem *Sydney Morning Herald* blicken. Fotokurse besuchen die Weide regelmäßig und nutzen sie als Modell.

Ihrem Heimatort Wanaka, der immer ein wenig im Schatten des quirligen, spektakulären Nachbarorts Queenstown steht, hat sie außerdem einen ordentlichen Schub an Besuchern gebracht. Nicht nur der Baum im See, sondern ganz Wanaka gehörte im Jahr 2017 zu den beliebtesten Orten Neuseelands auf Instagram. Das freut nicht jeden. Schon gar nicht, wenn die Baum-Fans immer respektloser werden und neuerdings für das noch-etwas-originellere Foto auf den Baum klettern und sich auf seine Äste setzen!

Die Einwohner von Wanaka sind besorgt: Sollten die ruhigen Tage in ihrem beschaulichen Ort gezählt sein? (Hand aufs Herz: Niemand möchte in der Touristenhochburg Queenstown seinen Alltag verbringen.) Sie können beruhigt sein: Die meisten jungen Reisenden (denn die älteren ohne Facebook- und Instagram-Konto haben von dem Baum noch nie gehört) halten nur mal eben am Seeufer in der Roys Bay, wo die Weide bequem von der Straße aus erreichbar und fotografierbar ist. Nach dem obligatorischen Schnappschuss sind sie schnell wieder weg.

Ich will nicht sagen, dass sie bleiben sollten. Gerade die Ruhe ist es ja, die Wanaka zu so einem zauberhaften Ort in Neuseeland macht. Und sie ist es auch, die dem einsamen Baum im See sein ganz besonderes Aussehen verleiht. »That Wanaka tree« mag eine Berühmtheit sein, aber er wird es nur so lange bleiben, wie man ihn in Ruhe lässt.

91. Grund

Weil die Gletscher bis ans Meer reich(t)en

Wer über Neuseelands Südinsel reist, darf sich die Fahrt entlang der Westcoast auf keinen Fall entgehen lassen – da sind sich alle einig, die dieses atemberaubend wilde und schöne Stück Küste gesehen haben. Auch wenn es dort tagelang regnen, ach was, schütten kann!

Eines der Highlights dieser regnerischen, stürmischen, schwarzfelsigen, grün wuchernden und gischtig schäumenden Landschaft sind die schneeweiß leuchtenden Zungen zweier Gletscher, die etwa 140 Kilometer nordöstlich von Haast aus dem dichten Regenwald herauswachsen und fast bis zur Brandung der türkis-schwarzblau tosenden Tasman Sea reichen.

Fast, sage ich – und dieses Wörtchen zieht sich im Lauf der Jahre immer weiter in die Länge. Wer auf dem Glacier Highway über den Bergpass von Haast in Richtung Hokitika fährt und die beiden bekanntesten Gletscher Neuseelands sehen will, der muss neuerdings ein ganzes Stück landeinwärts laufen.

Bis in die 1980er-Jahre ging es dem Fox Glacier und dem Franz Josef Glacier, die in wenigen Kilometern Abstand und mit fast derselben Länge fast parallel von den Südhängen des Aoraki/Mount Cook zu Tal fließen, noch recht gut. Klimaforscher wunderten sich sogar, denn der Franz Josef Glacier war einer der wenigen weltweit, die trotz Erderwärmung seit 1982 sogar einen Kilometer an Länge zulegten, anstatt stetig weiter abzuschmelzen, wie er es vorher getan hatte. Aber diese Zeit des Optimismus ist vorbei: In den nächsten 100 Jahren wird der Gletscher fast die Hälfte seiner Länge eingebüßt haben.

Zwar fließen auch heute noch mehr als 3.000 Gletscher von den Bergen der Southern Alps, die Neuseelands Südinsel wie ein Rückgrat fast der gesamten Länge nach durchziehen. Und, Überraschung: Auch auf der wenig gebirgigen Nordinsel fließen vom Mount Ruapehu ganze 18 Gletscher zu Tal, einer davon macht es sich direkt im Krater des aktiven Vulkans gemütlich.

Der größte von ihnen ist der Tasman Glacier am Aoraki/Mount Cook. Vor etwa 20.000 Jahren, als es noch tipptopp um das Klima der Erde bestellt war, bildete er zusammen mit seinen Nachbarn, dem Mueller, Hooker und Murchison Glacier, einen über 100 Kilometer langen Mega-Gletscher. Die gigantischen Kräfte dieser Eismassen bzw. ihre Auswirkungen kann man auch heute noch bewundern: Sie haben den lang gestreckten Lake Pukaki aus dem Boden geschabt, den man heute auf der Anfahrt zum Aoraki/Mount Cook passiert, und sie verleihen vielen Seen und Flüssen auf der Südinsel eine magische knallblaue Farbe. Auch der Milford Sound ist eine Gletschergeburt – selbst wenn die Eismassen, die diese tief eingeschnittene Schlucht geschaffen haben müssen, längst verschwunden sind.

Der Tasman Glacier, der jedes Jahr von bis zu 20 Metern Neuschnee gefüttert wird, ist immer noch beeindruckende 29 Kilometer lang und schiebt bedächtig seine 600 Meter dicke Eiszunge zu Tal. Dagegen ist der Franz Josef Glacier ein wahrer Springinsfeld: Er fließt mit beachtlichen zwei Metern pro Tag zu Tal. Das ist auch der Grund, warum er und sein Zwilling sich ursprünglich bis hinunter in den Regenwald erstreckten: Das Eis wird so schnell und durch so enge Täler bergab geschoben, dass es wie Zahnpasta aus einer Tube gedrückt wird und gar nicht abschmelzen kann (eigentlich).

Was im Schneefeld des Gipfelbereichs ins Eis eingeschlossen wird, kommt erstaunlich schnell unten im Tal an – wie etwa ein abgestürztes Kleinflugzeug, das 1943 vermisst wurde und dessen Wrack schon 1949 nahe dem Dorf Franz Josef angespült wurde. Wesentlich mehr freuten sich die Menschen an der Westcoast über den Goldstaub und die veritablen Klumpen des Edelmetalls, das sie in Flüssen und Bächen fanden. Auch diese wurden und werden von den Gletschern aus dem Gestein der Berge ausgeschabt und mit dem Schmelzwasser zu Tal befördert. Und wie danken es die Menschen den Gletschern? Sie drehen die Heizung auf und bringen die wunderschönen Eismassen zum Tauen. Nun können die Neuseeländer wenig dagegen tun, dass die Amerikaner dicke SUVs fahren, die Chinesen immer mehr Fleisch essen und die Emiratis immer höhere Wolkenkratzer bauen. Aber unschuldig sind sie an der krassen Verkürzung ihrer Gletscher auch nicht gerade; immerhin gehört Neuseeland zu den emissionsstärksten Staaten der Welt (gemessen an der Einwohnerzahl) und tut mit seiner stetig expandierenden Milchvieh-Industrie wenig für die Eindämmung seiner Treibhausgas-Emissionen.

Als wir 2002 zum ersten Mal in Neuseeland waren, konnten wir noch zu Fuß auf dem Glacier Valley Walk die Zungenspitze des Franz Josef Glacier erreichen. Seit 2008 geht das Eis des Franz Josef und auch des Fox Glacier jedoch rapide zurück. Das Ende der unteren Gletscherbereiche, die heute krasse 800 Meter weiter bergauf liegen als bei unserem ersten Besuch, wird inzwischen als so instabil eingeschätzt, dass es nicht einmal mehr von erfahrenen Guides betreten werden darf. Aus gutem Grund: 2009 wurden zwei australische Touristen, die trotzdem zum Gletschermund gelaufen waren, von einem Riesenstück Eis erschlagen. Es ist also wirklich besser, wenn man die Sicht vom Aussichtspunkt am Ende des Sentinel Rock Walk genießt, auch wenn man den Gletscherblick von dort oben nur als Panorama genießt.

Direkt auf das Eis kommt man als Tourist mit knapper Reisekasse nicht mehr. Für einen Fußmarsch ist es vom Dorf aus viel zu weit geworden. Wer den Gletscher nicht nur von weit unten bewundern will, der muss viel Geld in die Hand nehmen: Helikopter stehen reichlich zur Verfügung, um zahlende Gäste hinauf auf das noch bestehende ewige Eis zu bringen. Dass das wenig klimafreundlich ist und den Gletscher ganz direkt noch weiter zum Abschmelzen bringt, machen sich leider die wenigsten Touristen bewusst. Auch die Menschen, die vom Gletschertourismus leben, scheinen keine Gedanken an ihre eigene berufliche Zukunft zu verschwenden. In der Hochsaison, wenn die Wetterbedingungen perfekt sind und Hunderttausende Besucher die Gletscher sehen wollen, schwärmen die Hubschrauber und Kleinflugzeuge wie Schmeißfliegen auf dem ewigen Eis umher – man verzeihe mir die angeekelte Assoziation … Aber wie soll man denn sonst die tollen Gletscher anschauen, fragen Sie mich? Na, von Weitem halt. Auf dem sechs Kilometer langen Robert's Point Track kommt man auch heute noch recht nah an das Eis des Franz Josef Glacier heran. Auch wenn der Aufstieg ziemlich anstrengend ist und wahrlich nicht für Höhenängstliche geeignet (es geht stellenweise über einen freischwebenden Bohlenweg, der an einer Steilwand befestigt wurde!), lohnt sich der Ausblick am Ende der Wanderung, wenn man nämlich hoch über dem Eis des Gletschers steht, auf jeden Fall.

Viel bequemer und ebenso beeindruckend ist eine Bootstour auf dem vom (ebenfalls abschmelzenden) Tasman Glacier gebildeten Gletschersee am Aoraki/Mount Cook; da sitzt man sozusagen mitten in den Folgen des Klimawandels, die in Form von Eisbergen im Gletscherschmelzwasser dümpeln, und genießt trotzdem die Schönheit der neuseeländischen Natur – im vollen Bewusstsein ihrer menschengemachten Vergänglichkeit.

Bei den Māori heißt der Fox Glacier übrigens »Te Moeka o Tuawe«. Der Name ist eine Erinnerung an die Legende von Tuawe, der beim Wandern in der Gegend durch eine Lawine zu Tode kam und seine letzte Ruhestätte im Bett des Gletschers fand. Die Tränen seiner Geliebten, Hine Hukatere, bildeten daraufhin den Franz Josef Glacier, »Kā Roimata o Hine Hukatere«. Was die beiden tragischen Vorfahren wohl zum Abschmelzen der beiden Gletscher sagen?

92. Grund

Weil das Gold hier grün ist

Te Ika-a-Māui (der Fisch von Māui) ist der offizielle Name für die neuseeländische Nordinsel; nach der Māori-Legende von Halbgott Māui, der in einem Kanu sitzend die Nordinsel aus dem Wasser fischte. Die Südinsel heißt seit 2008 auf offiziellen Landkarten Te Waipounamu, was so viel heißt wie »der Ort der Jade« oder »Jade-Wasser«. Eine ganze Insel ist also nach einem Stein benannt, der äußerlich nicht anders aussieht als ein grauer, langweiliger Flusskiesel. Innen verbirgt sich jedoch eine echte Überraschung: Grünblau schimmert die neuseeländische Jade, die so hart und beständig ist, dass die Māori sie nicht nur als Schmuck, sondern auch zur Herstellung von Werkzeugen und Waffen verwendeten. Während man die breiten, flachen »mere«, die von bedeutenden Häuptlingen geschwungen wurden, heute nur noch in Museen bewundern kann, baumeln die männchenförmigen »hei-tiki«, die »Koru«-Spiralen und die stilisierten Angelhaken »hei matau« an den Hälsen zahlreicher Neuseeländer und auch vieler Touristen.

»Pounamu« gibt es nur auf der Südinsel, vor allem an einigen Flüssen der Westcoast und am Lake Wakatipu. Eine Sonderform, die aus einem gänzlich anderen Mineral besteht, wird nur am Milford Sound gefunden. Mit »normaler« Jade, wie sie im Rest der Welt gefunden und verkauft wird, hat »pounamu« nichts zu tun. Im Rest der Welt kann man auch keine neuseeländische Jade kaufen, der Export unbearbeiteter Steine ist seit 1947 verboten (vorher wurde »pounamu« interessanterweise vor allem in Idar-Oberstein zu Schmuckstücken verarbeitet).

Ein Andenken aus neuseeländischer Jade ist etwas ganz Besonderes – wenn man denn echte neuseeländische Jade, »pounamu«, erwischt und keine billige chinesische Kopie. Dann verleihen die Schmuckstücke ihrem Träger Stärke, bringen Glück und eine sichere Reise über das Wasser. »Pounamu« als Geschenk zu bekommen, ist eine große Ehre; Māori vererben ihre Anhänger aus Jade über mehrere Generationen.

Anstatt so einen Anhänger wie jeder dahergelaufene Tourist im Souvenirshop zu kaufen, wollten wir gern selbst einen machen. Dafür mussten wir natürlich erst einmal den passenden Stein finden. Am einfachsten geht das, jedenfalls nach Auskunft eines von uns befragten Jade-Schnitzers, rund um das Städtchen Hokitika, das an der wilden, menschenleeren Westcoast etwa 30 Fahrminuten südlich von Greymouth liegt.

Die neuseeländische Autorin Eleanor Catton hat dieses Örtchen in ihrem preisgekrönten und unglaublich spannenden Kriminalroman *The Luminaries* weltbekannt gemacht, allerdings eher aus der Perspektive der Goldsucher, die in den 1850er-Jahren in Scharen an die Westcoast kamen. Für die Māori ist die Gegend um Hokitika viel bedeutender wegen ihrer reichen Jade-Vorkommen. Während von den Goldsuchern heute nicht mehr viel zu sehen ist, gilt Hokitika immer noch als Zentrum der neuseeländischen Jadekunst.

Māori kamen seit Jahrhunderten von der Ostküste der Südinsel herübergewandert, um an den Ufern des Arahura River nach »pounamu« zu suchen. Der Fluss gilt ihnen als Geburtsstätte des heiligen Steins. Hier versteckte Poutini, der Stammvater der Ngāi Tahu, die von ihm entführte Waitaiki. Deren sehr eifersüchtiger Gatte Tamaahua hatte die beiden von der Bay of Plenty bis zum Arahura River verfolgt. Poutini, der seine Liebe nicht aufgeben wollte, verwandelte Waitaiki in Jade und verbarg sie im Flussbett des Arahura River, genau dort, wo der Waitaiki River mit ihm zusammenfließt. Seitdem bewacht Poutini die Küste der Westcoast, in die der Arahura River mündet – und gab dieser Region seinen Namen (»Te Tai Poutini« heißt »die Gezeiten von Poutini«). Die Ufer des Arahura River sind daher für Nicht-Māori und Gelegenheits-Jadesucher wie uns tabu. Wir sollten am Strand von Hokitika nach Jade Ausschau halten, dort landen viele der Steine nämlich irgendwann.

Technisch gesehen, gehört seit 1997, als der Vertrag von Waitangi revidiert wurde, sämtliche an der Erdoberfläche gefundene Jade in Neuseeland dem Stamm der Ngāi Tahu. Aber praktisch darf man trotzdem das, was man findet, behalten. Also dann! Im Shop von »Heritage Jade« holten wir uns bei Colin Tipps: Um zwischen den Zehntausenden grauen, runden Steinen den einen zu finden, der innen grün schimmert, sollten wir immer der Wasserlinie folgen. Vor allem kurz nach einem Regenguss oder nach starkem Sturm werden viele »pounamu«-Steine hier angespült. Nun hieß es »nur noch«, mit aufmerksamem Blick am Strand entlangzulaufen und nach solchen Exemplaren Ausschau zu halten, die mehr als die anderen glänzen. Hinsichtlich Form, Farbe im trockenen Zustand oder Größe bekamen wir leider keine Anhaltspunkte. Die unbearbeiteten Rohlinge in Colins Werkstatt sahen komplett verschieden aus, wenn auch allesamt ganz normal.

Mit ins Gepäck kam daher ein Stück Sandpapier: Damit sollten wir verdächtige Steine ein paar Sekunden abrubbeln und dann das abgeriebene weiße Pulver abspülen. Erhofftes Ergebnis: die grüne Innenfarbe. Māori ohne Sandpapier reiben die Steine angeblich einfach in der Hand oder an der Stirn ab, da das Körperfett die Oberfläche des Steins glattpoliert und zum Glänzen bringt. Neuseeländische Jade kann sehr verschieden aussehen, von fast durchsichtig bis satt dunkelgrün, manchmal einfarbig und manchmal durchzogen von Adern oder kleinen Einschlüssen. Die grüne Farbe entsteht übrigens aus dem Eisengehalt des Steins, der fachmännisch Nephrit heißt und ein Calcium-Magnesium-Silikat ist.

Wir liefen also los. Wir machten uns die Schuhe an der Wasserlinie nass, wir schauten nach ungewöhnlichen Steinen, wir rubbelten und rieben. Zwei Stunden lang. Der Strandspaziergang war wunderschön, blieb aber leider ergebnislos.

Mit leeren Händen und hängenden Köpfen kehrten wir zurück nach Hokitika. Weitersuchen, an anderen Stränden oder an der Flussmündung des Hokitika River? Mit genug Zeit hätten wir das vielleicht getan. So trösteten wir uns mit dem Glauben der Māori, dass man »pounamu« ohnehin nicht finden kann – vielmehr bestimmt der Jadestein, wer ihn findet. Er sucht genau denjenigen aus, dessen »mana« zu ihm passt, und ist dann lebenslang mit ihm verbunden.

Uns bleibt also nur, auf jeder weiteren Neuseelandreise erneut den Westcoast-Distrikt zu besuchen, damit wir hoffentlich irgendwann einmal von einem passenden Stein gefunden werden!

93. Grund

Weil hier noch echte Höhlenabenteuer warten

Wenn uns nicht schon die Berge von Flyern, die zahllosen Anzeigen in jeder touristisch relevanten Veröffentlichung und schließlich die meterhohen Werbeschilder am Wegrand verdächtig vorgekommen wären – spätestens angesichts der Abmessungen des Besucherparkplatzes vor den Waitomo Caves kam uns der ungute Gedanke, dass wir hier vielleicht nicht ganz allein die Höhlen mit den berühmten »glow-worms« erkunden würden.

45 Kilometer lang und sagenhafte 250 Meter tief erstreckt sich das Höhlensystem der Waitomo Caves unter der Erde. Insgesamt sollen über 300 Höhlen in den Karstfelsen dieser Region versteckt sein; entstanden bereits vor 300 Millionen Jahren, als Neuseeland tief am Grund eines prähistorischen Ozeans lag. Neben den Waitomo Caves liegen die noch größeren Ruakuri Caves, in denen man auf Neuseelands längster Höhlentour unterirdische Wasserfälle rauschen hört, die in die noch 100 Meter tiefer liegende Mangapu Cave fließen. Auf dem Fluss, dessen schwarzes Wasser durch die Höhlen und Gänge fließt, lassen sich Wagemutige auf Schwimmreifen treiben, oder sie seilen sich in finstere Tiefen ab und quetschen sich durch enge Felsspalten.

Und von oben würde man gar nichts sehen, gäbe es nicht den verräterischen Riesenparkplatz und das vielleicht noch größere Besucherzentrum – das, wenn wir ehrlich sind, vielleicht sogar spektakulärer ist als die Waitomo Caves selbst. Denn was wir hier erlebten, war zwar ganz schön, aber auch ziemlich touristisch: Zuerst ordentlich Eintritt bezahlen, dann hinter unserem eifrig redenden Guide her einige Meter durch dunkle Höhlengänge tapsen und dann in einem kleinen Boot über den Höhlensee gestakt werden, damit wir – leise, leise – die weißblau schimmernden Larven der Pilzmücken bewundern konnten (die mit unseren heimischen Glühwürmchen überhaupt nichts zu tun haben). Dabei hatten wir großes Glück: Im Boot hinter uns saß nämlich eine Familie mit sehr aufgeregten kleinen Kindern, deren Geschnatter die »glow-worms« zum umgehenden Erlöschen brachte.

Trotzdem: Als zwei von Tausenden Tagesbesuchern wie (Entschuldigung) Schlachtvieh abgefertigt zu werden, hinterließ ein schales Gefühl. Gut, dass noch weitere Höhlenabenteuer in Neuseeland auf uns warteten, die das Wort »adventure« wirklich verdienten.

Eigentlich geht eine Höhlentour in Neuseeland nämlich so: Man schaut zuerst auf den Wetterbericht und prüft, ob es in den letzten Tagen stärkere Regenfälle gegeben hat. Ist das nicht der Fall, packt man zwei Paar Jeans, feste Schuhe, ein langes Seil und Stirnlampen mit Ersatzbatterien ein und zieht los. Irgendwo auf einer Wiese öffnet sich dann ein mehr oder weniger großes Loch zwischen Kalksteinfelsen und Büschen, in das man mutig hineinsteigt.

So ging es uns mit der kleinen, aber feinen Waipu Cave im Northland, am Cave Stream bei Christchurch und schließlich auch in den Clifden Limestone Caves, die völlig ab vom Schuss im Southland liegen – und das sind gewiss nicht alle Höhlen, die man in Neuseeland auf eigene Faust erkunden kann.

Für besorgte Mütter sind solche Höhlentouren à la Neuseeland genauso wenig wie für Platzängstliche und Spinnenphobiker, wie ich schnell bemerkte. Klar ist es cool, dass man hier ganz ohne Geländer, flach betonierte Wege oder »stimmungsvolle« bunte Neonbeleuchtung durch die Höhlen stromern und sie so erleben kann, wie es auch ihre Entdecker gesehen haben müssen – die oft gar nicht namentlich bekannt sind. Fragt man die Menschen in nahe gelegenen Orten, waren ihnen die Höhlen irgendwie schon immer bekannt; manchmal haben sie, um die Höhlentour bequemer zu machen, an schwierigen Stellen Leitern aufgestellt oder Seile gespannt. Aber mehr kann man nicht erwarten – und umso mehr muss man selber leisten.

Durch eiskaltes, kniehohes Wasser zu waten, sich durch Engpässe zu quetschen, für die man auf dem Bauch kriechen muss, und die Hände beim Klettern und Kraxeln mutig in finstere Felsspalten stecken, in denen Gott weiß was für Viecher sitzen könnten (okay, weder die Höhlenweta noch die Nelson-Höhlenspinne mit ihren 13 Zentimeter langen Beinen sind wirklich gefährlich) – das erfordert Abenteuerlust. Wird das Wasser dann hüfthoch (oder noch höher – wenn es nämlich geregnet hat oder man schlicht kleiner als der Durchschnitt ist), ist die zu überquerende Spalte nur mit einem Sprung zu bezwingen, oder warnt ein Hinweisschild am Eingang, dass man sich heillos verirren kann, wenn man den orangeroten Markern nicht folgt, dann wird es für mich persönlich eine Spur zu abenteuerlich – und meine Kinder lasse ich hier definitiv nicht herumklettern, auch wenn ich dafür von neuseeländischen Großfamilien belächelt werde, die mit Mann und Maus zum Spaßhaben herkommen.

Ich weiß jetzt, wie es sich anfühlt, wenn es so finster ist, dass man nicht mehr weiß, ob man die Augen geschlossen oder offen hat, und wenn die Stille unter der Erde so schwer auf die Brust drückt, dass man den eigenen Puls in den Ohren wummern hört. Und ich kenne jetzt das erlösende Gefühl, wenn die Angst und die unterdrückte Panik von einem abfallen, wenn sich im Dunkel ein zarter Lichtschein regt und immer größer wird: herrliches Tageslicht, das durch den Ausgang hereinblitzt, egal wie trübe der Tag draußen sein mag.

So schön der Anblick einer Höhlendecke voller flimmernder weißer Leuchtpunkte auch ist, die ganz unvermittelt aus der Schwärze aufleuchten; so aufregend die Entdeckung des immer nächsten Gangs im Schein der Stirnlampe sein mag und so stolz man am Ende ist, wenn man es geschafft hat und vom Ausflug unter Tage lebend zurückgekehrt ist – für mich gehört das zu den »Once in a lifetime«-Erfahrungen, die so nachhaltig beeindrucken, dass ich sie nicht wiederholen muss. Uff!

94. Grund

Weil die Milford Road der schönste Roadtrip der Welt ist

Nach Te Anau kommen Reisende nur aus einem Grund: Sie wollen zum Milford Sound. Dorthin führt eine einzige Straße: 120 Kilometer windet sie sich durch Täler und über Bergpässe bis hinunter an eine kleine Bucht, wo ein einziges Hotel und ein Bootsanleger warten.

Weiterfahren geht nicht – die Milford Road ist eine Sackgasse und man muss wohl oder übel die gesamten 120 Kilometer wieder zurückfahren. Warum es trotzdem jedes Jahr Tausende Touristen auf sich nehmen? Ein wichtiger Grund ist sicherlich, dass eines der größten Naturwunder Neuseelands, manche meinen sogar: der Welt, am Ende der Straße wartet.

Der Milford Sound, ein sich über 15 Kilometer
Fjord zwischen hoch aufragenden, schwarzen Felsen,

schleiergleich Wasserfälle stürzen und in dessen tiefblauem Wasser sich seltene Delfine und noch seltenere Pinguine tummeln, ist so grandios, dass er jeder Beschreibung spottet. Auch Neuseelandbesucher, die es eilig haben, quetschen den Abstecher an den südwestlichsten Zipfel der Südinsel irgendwie in ihre Reisepläne. Notfalls kommen sie von Queenstown mit dem Propellerflugzeug herübergejettet.

Auf der Milford Road ist aber der Weg das Ziel. Wer hier einfach durchfährt, ohne mindestens ein paarmal auszusteigen, die Stille auf sich wirken zu lassen, die Füße in einen der Bergbäche zu halten und einen Abstecher zu einer der vielen Naturschönheiten am Wegrand zu machen, der hat die eigentliche Attraktion verpasst. Sorry, liebe Bustouristen, und ätsch, ihr Flugzeugjetter!

Mit unserem kleinen Campervan waren wir auf dem State Highway 94 aus den Catlins nach Te Anau gekommen. Hier wechselt die Straße ihren Namen und heißt jetzt Te Anau–Milford Highway, bekannter als Milford Road. 119 Kilometer lang, ohne Tankstelle, ohne Shop, ohne Handy-Empfang.

Zuerst führt die Straße recht unspektakulär am Ufer des Lake Te Anau nach Norden, in die Te Anau Downs. Hier macht sie eine scharfe Rechtskurve und folgt ab Straßenkilometer 30 dem Lauf des Eglington River nach Nordwesten. Das weite, grasige Flusstal, vor Jahrtausenden brettflach gedrückt durch glaziale Eismassen, lag in flirrender Hitze und großem Schweigen da. Okay, ein paar vereinzelte »Mähs« waren zu hören. Aus den Fenstern unseres Campervans bestaunten wir liebliche, pfannkuchenflache Lupinenwiesen und lichte Birkenwälder. Die dahinter schroff aufragenden, bis zu 1.200 Meter hohen Bergrücken mit üppig grünem Baumbewuchs trugen, dem Sommer zum Trotz, noch einige Schneepflaster. Gekrönt wird dieses Naturschauspiel eigentlich von einer Unzahl an Wasserfällen – sagte der Reiseführer. Bei durchschnittlich 189 Regentagen im Jahr konnten wir es nicht fassen, dass wir einen Tag mit strahlendem Sonnenschein erwischt hatten! So machten die Fotostopps natürlich mehr Spaß, auch wenn wir kaum Wasserfälle entdeckten.

Die Landschaft wurde zunehmend wilder und bergiger, als wir die Grenze zwischen den Distrikten Southland und Fiordland überquerten. Dichter Buchenwald säumte die Straßenränder, und immer wieder blitzten kristallklare Seen zwischen den moosbewachsenen Bäumen auf. Die Kinder wollten baden!

Also machten wir Mittagspause auf einem der vielen kleinen Campingplätze, die den Streckenverlauf säumen wie eine Perlenkette. Insgesamt sind es sieben, und keiner bietet viel mehr als eine offene Stellfläche für Autos und Campervans, eine Chemietoilette und eine Feuerstelle. Doch – die schönste Aussicht, die man sich wünschen kann. Wasser für unsere Suppe nahmen wir uns aus dem Cascade River, der hier über flache, runde Steine gluckst. Und während das Essen kochte, spielten die Kinder »arme Geschwister im Wald«.

Nun aber weiter! Die mit knapp 2.200 Metern ersten wirklich hohen Gipfel des Pyramid Peak und des Ngatimamoe Peak ließen schon erahnen, was bald kommen würde. Richtig spektakulär wurde es, als wir bei Streckenkilometer 84 The Divide, den mit 940 Metern niedrigsten Ost-West-Pass in den Southern Alps und gleichzeitig den höchsten Punkt der Strecke, überschritten.

Der abrupte Wechsel der Vegetation war bemerkenswert, und noch bemerkenswerter waren die Ausblicke vom Key Summit – nach nur einer reichlichen Stunde auf der ersten Etappe des Routeburn Track, der als Viertageswanderung von hier bis nach Glenorchy führt, schauten wir von oben auf das Panorama der Humboldt und Darran Mountains.

Rechtschaffen erschöpft, kamen wir von unserem Abstecher zurück zum Campervan. Die Kinder schliefen plangemäß sofort ein, wir fuhren neugierig weiter. Die Milford Road wendete sich jetzt nach Osten. Wir rollten bergab durch das Hollyford Valley und über den Monkey Creek, um dann zwischen steil aufragenden, meist von Wasser triefenden Felswänden wieder an Höhe zu gewinnen.

Einige Male passierten wir Halteverbotsschilder wegen Lawinengefahr. Gut, dass wir im Hochsommer hier waren. In der Nebensaison sorgen die starken Regenfälle, gern auch mal ergänzt durch plötzliche Schneeschauer und Stürme, oft für Straßensperrungen. Bäume stürzen auf die Fahrbahn, Erdrutsche und Auswaschungen können zu schweren Unfällen führen.

Tatsächlich ist die Milford Road eine der gefährlichsten Straßen Neuseelands. Nach einer Statistik von 2008 liegt sie auf Platz 3 der unfallträchtigsten Straßen des Landes. Kein Wunder bei den vielen Kurven und dem großen Höhenunterschied. Zusammen mit dem zeitweise sehr starken Verkehr und Touristen, die oft nicht gut fahren können, ergibt das einen brisanten Mix.

Als wir bei Streckenkilometer 101 die wie eine Straßensperre aufragende Darran Mountain Range auf 945 Metern Höhe erreichten, schien die Straße zu Ende zu sein. Wir stiegen aus und sahen jetzt erst den kleinen Tunneleingang hinter einer roten Ampel – da sollten wir durch? Zwei Kea-Papageien nutzten unsere Verwirrung, während wir mit offenen Mündern den winzig scheinenden Tunnel und das weite, von Gletschern eingefasste Rundtal vor dem Homer Saddle bestaunten.

Die frechen Bergpapageien hopsten ganz unauffällig heran, schauten mit schief gelegten Köpfen nach interessanten Leckereien und zupften probehalber an allem herum, was nicht komplett festgemacht war. Gefüttert haben wir sie natürlich nicht, darüber hatten wir genug Warnungen gelesen: Die cleveren Kerlchen gewöhnen sich daran, dass auch seltsame Dinge essbar sind. Stoßen sie dann im Wald auf die grellblauen Giftköder, mit denen das DOC Schädlinge bekämpft, fressen sie die auch.

Die Fahrtrichtung durch den 1.270 Meter langen Homer Tunnel wechselt je nach Andrang. Im Winter ist so wenig Verkehr, dass die Ampel ausgeschaltet wird. So läuft man auch nicht Gefahr, beim Warten auf Grün von einer Lawine erschlagen zu werden. Bei der Fahrt durch den engen, grob behauenen und kaum beleuchteten Tunnel fühlten wir uns nicht allzu wohl. Aber vor der Ingenieurskunst von William Homer hatten wir jetzt gewaltigen Respekt. Fünf Jahre hat es gedauert, diesen Tunnel durch den Felsen zu graben, und anfangs benutzten die Arbeiter nur Spitzhacken und Schubkarren! Ihre Familien folgten ihnen für die jahrelangen Bauarbeiten in die unerschlossene Wildnis. Sie lebten in Zelten auf der Baustelle und sahen hinter der Felswand monatelang kein Sonnenlicht. Lawinen töteten mindestens drei Arbeiter, und auch der bereits fertiggestellte Tunneleingang wurde 1945 umgehend von einer Lawine verschüttet. Die Eröffnung feierte man dann erst 1954.

Endlich wieder draußen am Licht! Wir kniffen die Augen zu, während unsere Kinnladen von selbst hinunterklappten. Die Milford Road windet sich auf zahlreichen Serpentinen durch das schlichtweg atemberaubend grandiose Cleddau Valley zu Tal. Zehn Kilometer weiter erreichten wir den Eingang zum Milford Sound.

Hier wartete das wohl bekannteste Fotomotiv Neuseelands: Der 1.692 Meter hohe Gipfel des Mitre Peak ragt als perfektes Dreieck (oder eben eine Bischofsmütze, die Mitra) direkt vor dem dunklen Wasser des Fjords auf. Außerdem warteten Horden von winzigen, aber unglaublich bissigen Sandflies, die uns gleich nach dem Öffnen der Campervan-Türen attackierten. Erlösung brachte nur Bewegung – wir griffen zur DEET-Sprühflasche und nebelten uns großzügig ein.

Am Milford Sound ist Schluss für Autofahrer. Weiter geht es nur zu Fuß, auf einem netten kleinen Uferweg (voller Sandflies) oder per Schiff. Im großzügig angelegten Besucherzentrum, das Platz für Busladungen von Reisenden bietet, kann man Schiffstouren, Kajakfahrten und sogar Tauchausflüge auf den Sound buchen.

Wir gingen dem Trubel aus dem Weg, stiegen wieder in unseren Campervan und fuhren zurück – aber nur ein paar Kilometer. Auf einem der kleinen staatlichen Campingplätze schlugen wir unser Lager fast ganz allein auf und verbrachten die Nacht mit dem Zählen von Sternschnuppen. Am nächsten Morgen erwachten wir beim Klang von Regentropfen, die auf unser Dach klopften. Schade – oder auch nicht.

Wenn es nämlich an der Milford Road regnet, was es fast immer tut, wirken die imposanten, steil aufragenden Berge mit ihren dichten Nebelkappen und herabwabernden Wolkenfetzen womöglich noch beeindruckender. Die Sicht war bis auf wenige Meter beschränkt, die Berggipfel, die wir gestern noch fotografiert hatten, waren in der weißen Nebelsuppe nicht mehr zu erahnen.

Es regnete und regnete, es tropfte, floss und spritzte in vertikalen Flüssen an den schwarzen Felshängen hinab, dass es eine Freude war. Die 1.000 Grüntöne des Regenwaldes schienen sich über Nacht noch einmal vervielfacht zu haben, wenn das überhaupt möglich ist.

Nach zwei Tagen schlugen wir wieder in Te Anau auf. Die reine Fahrtzeit zum Milford Sound und zurück liegt nur bei etwa fünf Stunden; uns kam es vor, als wären wir wochenlang unterwegs gewesen.

95. Grund

Weil man im Southland die skurrilsten Dinge findet

Die Bewohner des Southland sind ein ganz besonderer Schlag – wortkarge Menschen, die Wind und Wetter trotzen und jahrein, jahraus Gummistiefel tragen. Ihren schottischen Vorfahren haben sie einen ganz besonderen Akzent zu verdanken, der noch schwerer zu verstehen ist als das neuseeländische Englisch im Allgemeinen. Das Leben in Murihuku, wie die Māori das Southland nennen (zu übersetzen ist das etwa mit »Schwanzspitze«), ist hart, aber die Plackerei lohnt sich; hier gibt es reichlich Rohstoffe, der Boden ist fruchtbar, und das Meer wirft reichlich Fisch ab. Die ersten Europäer, die sich in Neuseeland niederließen, waren Walfänger, und die siedelten sich in Riverton im Southland an.

Verwunderlich eigentlich, dass heute so wenige Menschen im Southland leben. Die Kombination aus schlechtem Wetter, wenigen Besuchern und viel Freizeit scheint jedenfalls das künstlerische Talent in vielen Southlandern zu wecken. Hier im menschenleeren Süden stießen wir auf noch mehr seltsame und verrückte Attraktionen, als wir sie in Neuseeland ganz allgemein schon bestaunt hatten.

Wir trauten unseren Augen nicht, als uns am Straßenrand, mitten im dicht bewaldeten Nirgendwo der Catlins, eine Schaufensterpuppe zuwinkte – gekleidet in einen schicken, schwarz-gelb gestreiften Pullover und schwarze Gummihandschuhe, mit denen sie ein Hinweisschild über ihren Kopf hielt. »Curious?« stand darauf, und das waren wir nun wirklich. Was konnte hier im tiefsten Süden der Südinsel, zwischen den winzigen Örtchen Papatowai und Fortrose, auf uns warten?

Zunächst einmal: erstaunlich guter Kaffee. Den kauften wir frisch gemahlen und gebrüht von einem netten, bärtigen jungen Mann, der uns anschließend zur Eingangstreppe eines zum Wohnwagen umgebauten grünen Lkw wies: »Dort müsst ihr rein, aber passt auf eure Kinder auf!«

Kinder sind das Einzige, was Blair Somerville, der Besitzer des Wohnwagens und Begründer der »Lost Gypsy Gallery«, nicht so cool findet. Sie fassen nämlich alles an, was spannend aussieht. Und davon gibt es in der verrückten Galerie reichlich. Aus Strandgut und Schrottplatz-Fundstücken bastelt Blair in unermüdlicher Handarbeit große und kleine Maschinen, Installationen und Skulpturen, die mehr oder weniger Sinn ergeben, aber immer spannend und oft witzig anzuschauen sind. Und wo es eine Kurbel oder einen Hebel gibt, da will man eben auch Hand anlegen und sehen, was passiert.

Oft fordern kleine Schilder dazu sogar auf; etwa die verlockende Aufschrift »There are many temptations in life. The button below is one of them« (»Das Leben ist voller Versuchungen. Dieser Knopf ist eine davon.«). Wer würde da nicht testweise mal draufdrücken?

(Ich war vorsichtig und habe das den nächsten Besuchern überlassen, die neugierig durch den kleinen Garten rund um Blair Somervilles Wohnwagen bummelten. Als sie kreischend vor dem Wasserstrahl fortsprangen, der auf Knopfdruck aus dem Gebüsch hervorspritzte, war ich stolz, der Verlockung widerstanden zu haben!)

Am meterhohen Wellblech-Wal-Briefkasten (»whale mail«), der sich per Kurbel bewegen lässt, oder der Sprungfeder, die genau das gleiche Geräusch wie ein Jedi-Schwert macht, können Kinder zum Glück nicht viel kaputt machen. Und »Kunstwerke« wie das Easy-Rider-Schafgerippe, das auf einem Schrottfahrrad thront, können die Kleinen ohnehin nur staunend anschauen. Aber die vielen zarten Maschinchen aus großen Schneckenhäusern, filigranen Pāua-Schalen und zig Metern Draht müssen vor forschenden Fingerchen wirklich bewahrt werden – weshalb wir uns auch recht schnell aus dem mit »organic mechanic« Krimskrams vollgestopften Haus-Truck verzogen und nach einem kurzen Rundgang durch Blairs »Winding Thoughts Theatre« wieder in unseren Campervan stiegen. Ein Blick auf die Preisschilder (ja, diese Kunst ist käuflich) hatte uns vorsichtig gemacht.

Dass die Einwohner der rauen, vom Rest Neuseelands abgeschiedenen Catlins ein ganz besonderer Menschenschlag sind, war uns schon einige Kilometer weiter nördlich aufgefallen. In Owaka waren wir am Vorgarten von Graham Renwick vorbeigekommen, der statt Blumen Teekannen enthält – und zwar so viele verschiedene, dass es das »Teapot Land« als Geheimtipp in den einen oder anderen Reiseführer geschafft hat. Aus einer alten Teekanne, die der verrentete Chefkoch vor zehn Jahren auf seinen Gartenzaun gestülpt hat, sind inzwischen mehr als 1.000 geworden – und die werden jedes Jahr neu thematisch angeordnet! Noch verrückter als die riesige Kollektion selbst fanden wir den Fakt, dass angeblich noch nie eine der vielen Kannen geklaut worden ist.

Nicht geklaut, aber auf legale Weise aus dem Southland verschwunden war zum Zeitpunkt unseres Besuchs das legendäre »Pāua House« in Bluff: Dessen Innenwände sind von seinen Bewohnern, einem alten Ehepaar, über den Verlauf von fast vier Jahrzehnten mit Tausenden Pāua-Muscheln verziert worden. Nachdem die Fluteys gestorben waren, hatte ihr Enkel die veritable Kollektion an das Canterbury Museum in Christchurch verliehen, wo das »Pāua House« noch bis mindestens 2018 ausgestellt wird. Ob es danach wieder seinen Weg zurück ins Southland findet?

Die Krönung der Seltsamkeiten wartet zweifellos in Invercargill. Die Hauptstadt des Southland hat nur knapp 50.000 Einwohner, liegt auf einer brettflachen Ebene zwischen Feldern und Schafweiden und bietet auf den ersten Blick wirklich gar nichts, was zum Bleiben einladen würde. Auf den zweiten Blick gibt es hier aber eine Menge: von perfekt erhaltenen viktorianischen und edwardianischen Hausfassaden über repräsentative Gebäude im Art-déco-Stil bis hin zu witzigen Kunstwerken wie dem riesigen Regenschirm, der nicht nur auf ironische Weise das verbesserungswürdige Wetter im Southland zitiert, sondern auch als Sonnenuhr und Planetarium dient.

Nicht skurril genug? Wie wäre es dann mit dem pyramidenförmigen Southland Museum, das die weltweit größte Sammlung lebender Tuatara-Echsen enthält? Oder mit der »Transport World«, einem privaten Verkehrsmuseum mit der weltgrößten Kollektion historischer Fahrzeuge? Oder, und jetzt kommt's, mit der »Demolition World« – einem Schrottplatz, der sich irgendwie zufällig zu einer Art Grusel-Freiluftmuseum entwickelt hat?

Was genau das Thema ihres Museums ist, wissen David und Lee Fallow selbst nicht so genau. Aber weil bei ihren Haushaltsauflösungen und Abrissarbeiten in der Region so viele interessante große und kleine Bauteile, Möbel und Einrichtungsgegenstände übrig blieben, die niemand kaufen wollte, arrangierte Lee aus diesen Teilen und alten Schaufensterpuppen immer mehr Alltagsszenen auf dem Gelände ihres Schrottplatzes. Die wieder aufgebauten Häuschen und Hütten bilden inzwischen ein richtiges kleines Dorf, komplett mit Kirche, Schule und Krankenhaus. Die Bewohner sind Hunderte große und kleine Schaufensterpuppen, alle liebevoll ausstaffiert mit historischen Kleidern, Hüten und Brillen – und irgendwie echt gruselig.

Das Ergebnis kann man entweder als historische Sammlung neuseeländischen Lebens betrachten oder als verrückten Freizeitpark. Es gibt Besucher, die hier im »Vintage Village« auf Schnäppchenjagd für ihren Haushalt gehen, und andere, die zwischen den wurmstichigen alten Häuschen Filme drehen und Fotoshootings im Gothic-Stil machen. Manchmal finden hier angeblich sogar Hochzeiten statt. Wer hier heiratet, ist offenbar noch verrückter als die Einwohner des Southland selbst.

Kapitel 6

Was kreucht und fleucht

Weil alle den Kiwi lieben

Wo man in Neuseeland geht und steht, der Kiwi begegnet einem eigentlich überall. Nicht »in echt« – in der freien Natur trifft man heutzutage leider nur noch sehr selten auf den unscheinbaren Gesellen. Das liegt nicht nur daran, dass der kleine Vogel nachtaktiv ist, ein graubraunes Federkleid hat und den Aufenthalt unter dichtem Buschwerk bevorzugt, wo man ihn nur schwer erkennen kann.

Zu hören ist er umso besser; mehr als einmal lauschten wir andächtig den durchdringenden Schreien in der Nacht, die dem Kiwi seinen Māori-Namen beschert haben. Und auch wenn der kleine Gesell nicht ruft, hört man ihn schon von Weitem im nächtlichen Wald: Während er mit seinem langen Schnabel im Laub nach Essbarem sucht – was ihm nicht schwerfällt, da seine Nasenlöcher an der Schnabelspitze sitzen –, dann raschelt und schnuffelt er so laut, dass die ganze schöne Tarnung dahin ist.

Und genau hier liegt des Kiwis Problem: Er ist leichte Beute. Für alle Feinde, vor denen ihn die Evolution so lange so gut beschützt hat. Von den Possums und Frettchen, die seine Eier stehlen, über die Hunde und Katzen, für die ein Kiwi einen leckeren Happen darstellt, bis zu den Māori, die aus den hauchzarten Federn des Vogels ganze Umhänge webten – wie viele Kiwi-Pelze wohl für einen Häuptlings-Dress nötig waren?

So schrumpften die Bestände des Kiwi, der einstmals zu mehreren Millionen in Neuseelands Wäldern herumgeschnüffelt haben soll, binnen wenigen hundert Jahren auf magere 70.000 Exemplare zusammen. Nur noch fünf Unterarten findet man heute, von denen einige wie der Okarito Brown Kiwi nur noch in kleinen Enklaven vorkommen. Von dieser Art gibt es nicht einmal mehr 400 Tiere. Der Zwergkiwi (»Little Spotted Kiwi«) ist auf dem neuseeländischen Festland bereits ausgerottet.

Dabei ist der Kiwi so niedlich! Schon die Māori konnten sich der Possierlichkeit des kleinen Kerlchens nicht entziehen. In ihren Sagen erzählen sie sich, dass der Kiwi einst ein großes Opfer brachte: Der Gott des Waldes brauchte Hilfe, weil Käfer seine schönen Bäume zerfraßen. Aber kein Vogel wollte sich bereit erklären, fortan fern vom Sonnenlicht am Boden zu leben und die Bäume zu schützen – außer dem Kiwi. Seine bunten Federn wurden daraufhin braun, und seine Flügel verkümmerten. Der Dank der Götter: Der Kiwi sollte zum beliebtesten aller Vögel werden.

Das hat geklappt – die Neuseeländer mögen den kleinen, flugunfähigen Vogel, der eher an eine laufende Kokosnuss (oder an eine Kiwi-Frucht!) erinnert, tatsächlich sehr. Sie setzen ihn als niedliches Maskottchen auf gefühlt jede zweite Ladenfront und jedes Etikett, sie prägen ihn auf Silbermünzen, verkaufen ihn als Souvenir in jeglicher Form und nennen sich seit einigen Jahrzehnten sogar selbst »Kiwis« (siehe Kapitel »Typisch Kiwis«). Der Kiwi findet sich sogar auf dem neuseeländischen Staatswappen, interessanterweise jedoch nicht auf einem Geldschein. Verwunderlich eigentlich, dass nicht der Kiwi das Nationalsymbol der Neuseeländer ist, sondern der gekringelte Trieb des Silberfarns.

Schon die ersten europäischen Naturforscher, die Neuseelands Wälder durchstreiften, scheinen sich über den Vogel ohne Flügel, der korrekt als Schnepfenstrauß zu klassifizieren ist, amüsiert zu haben. Besonders hübsch ist er nicht mit seinem strubbeligen Federkleid, dem langen, gebogenen Schnabel und dem eiförmigen Körper. Seine Flügel sind fast komplett verschwunden – oder sie waren nie da, so sicher sind sich die Wissenschaftler da noch nicht. Die Evolution hat hier ganze Arbeit geleistet und den Kiwi in eine ausweglose Sackgasse manövriert. Auf den ersten Blick wirkt der kleinste flugunfähige Vogel der Welt ein wenig lächerlich. Er sieht schlecht, steckt ständig mit dem Schnabel im Gebüsch und stützt sich darauf auch noch ab. Aber wenn man sich bewusst macht, dass der kleine Kiwi auf der Suche nach Nahrung jede Nacht mehrere Kilometer durch den Wald läuft, dass er sein mehrere Hektar großes Revier verbissen gegen Eindringlinge verteidigt und dass die Weibchen ein Ei legen, das fast so groß ist wie sie selbst, dann darf man dem Wappentier der Neuseeländer durchaus Respekt zollen.

Zumal er gar nicht so tollpatschig und tölpelhaft ist, wie man meint: Mit seinem langen Schnabel kann er schmerzhaft in vorbeiwandernde Touristenbeine hacken, und untereinander tragen konkurrierende Kiwi-Hähne wilde Kämpfe aus. Dass der Kiwi trotzdem so häufig von streunenden Hunden und Katzen gerissen wird, liegt an der falschen Wahl seiner Verteidigungsstrategie: Bei Gefahr duckt er sich einfach und hält ganz still.

In einer Welt, die nur von Insekten, einigen kleinen Reptilien und Vögeln bevölkert war, funktionierte das gut. Man kann sich heute nicht mehr vorstellen, von wie viel Gezwitscher und Vogelgesang Neuseelands Wälder einstmals erfüllt gewesen sein müssen. Als die Māori und später die Europäer nach Neuseeland kamen, brachten sie mehr als 30 neue Tierarten und über 500 Pflanzenarten mit, die sich umgehend einen Platz an der Sonne suchten. Ohne konkurrierende Säugetiere fühlten sich Ratten, Hunde und Marder pudelwohl – und rotteten in wenigen Jahrzehnten fast die Hälfte der wehrlosen neuseeländischen Vogelarten aus.

Auch der Kiwi hätte es fast nicht geschafft. Die Jagd auf ihn ist zwar schon seit 1896 verboten, seit 1921 steht er unter Naturschutz. Zum Aufatmen ist es aber viel zu früh: Sein Überleben als Art steht immer noch auf der Kippe. Schon ein einziger Hund kann enormen Schaden anrichten, wenn die Populationen sehr klein sind und auf »Inseln« leben, die durch Straßen, Siedlungen und Monokulturen getrennt sind. In den 1990er-Jahren riss ein entlaufener Schäferhund im Northland binnen wenigen Tagen allein 500 Kiwis, das war mehr als die Hälfte der dort lebenden Tiere. Und auch wenn alle Menschen ihre Haustiere brav an der Leine halten: Man schätzt, dass 94 Prozent der Kiwi-Küken von Raubtieren getötet werden, bevor sie 100 Tage alt sind. Und da sind die von Possums gefressenen Eier noch gar nicht mitgezählt …

Aber die Neuseeländer sind ein stures Volk: Sie haben sich in den Kopf gesetzt, dass der Kiwi gerettet werden muss, und das machen sie jetzt auch. Ein Artenschutzprogramm unvergleichlichen Ausmaßes ist angelaufen, bei dem Kiwi-Brutpaare auf einsamen, raubtierfreien Inseln angesiedelt werden, Ranger die frisch gelegten Kiwi-Eier heimlich aus den Nestern klauben und in geschützten Stationen ausbrüten (das nennt sich »Operation Nest Egg«) und Hunderte von Freiwilligen im dichten Urwald Frettchen-Fallen aufstellen und kontrollieren. Die Regierung erhält dabei Unterstützung von Banken, Unternehmen und zahlreichen Privatpersonen.

In Aufzuchtstationen und Kiwi-Häusern im ganzen Land kann man Kiwis sehen, die verletzt oder elternlos in der Wildnis gefunden und wieder aufgepäppelt wurden (viele bleiben dann sicherheitshalber gleich dort). Und immer mehr Waldgebiete werden mit rigorosem Einsatz von Gift und Fallen raubtierfrei gemacht und dann mittels hohen Zäunen so gehalten – damit sich in diesen geschützten Zonen Neuseelands einzigartige Tier- und Pflanzenwelt erholen kann.

Auch der Kiwi selbst hilft bei seiner Rettung mit: Snoopy, der nach einer dramatischen Begegnung mit einer Possum-Falle nur noch ein Bein hatte, half 15 Jahre lang als Botschafter für den Artenschutz bei der Erhaltung seiner eigenen Art mit. Im Jahr 2007 bekam er dafür posthum den »Conservation Award« des Umweltschutzministeriums verliehen.

Die Bemühungen um die Rettung des Kiwi zeigen Erfolg: Der fast ausgerottete Zwergkiwi zum Beispiel wurde auf fünf Inseln vor der neuseeländischen Küste angesiedelt und verzeichnet heute als einzige Art wieder wachsende Bestände. Seit dem Jahr 2000 gibt es ihn sogar wieder auf dem Festland; im »Karori Wildlife Sanctuary« bei Wellington, das heute »Zealandia« heißt, leben im Schutz eines Raubtier-Zauns auf 225 Hektar Land wieder 20 Zwergkiwis.

Da mögen sich der plumpe Kākāpo, der winzige Fairy Tern oder der elegante White Heron ein wenig übersehen vorkommen – auch sie sind schließlich vom Aussterben bedroht und müssen teilweise mit weniger als 40 überlebenden Artgenossen klarkommen! Tja, der Kiwi ist eindeutig der Star unter Neuseelands bedrohten Vögeln. Die Belohnung der Götter scheint immer noch zu wirken …

97. Grund

Weil niemand das Possum mag (außer mir)

Es ist etwa 50 Zentimeter groß, weich und wollig. Seine großen runden Knopfaugen leuchten im Dunkeln, wenn das Possum im Baum sitzt, an Blättern mümmelt, seinen puscheligen Schwanz um den Ast wickelt und mit seinem rosafarbenen Näschen zuckt. Sein ebenfalls sehr kuscheliges Junges trägt das Possum vier Monate lang in einem Beutel herum – es kommt nämlich aus Australien, wo so etwas in der Tierwelt zum guten Ton gehört.

In seiner Heimat, zwei Flugstunden über den »ditch«, ernährt sich das Possum, das man auch unter dem Namen Fuchskusu kennt, von Eukalyptus und muss sich in Acht nehmen vor fiesen Feinden wie Giftschlangen, Eulen, Füchsen und Waranen. Heute steht das Possum auf dem australischen Festland unter Naturschutz. Früher wurde es auch von unsereins gern gejagt – als Lieferant puscheliger Pelze. Genau deswegen hielt es jemand für eine gute Idee, das Possum auch in Neuseeland einzuführen; Puschelpelze sind ja im neuseeländischen Klima auch viel praktischer als im heißen Australien.

Derjenige, der 1837 diese blendende Idee hatte, dreht sich hoffentlich heute mehrfach täglich im Grabe um – er hatte nämlich nicht bedacht, wie wohl sich das gemütliche Tierchen im ansonsten säugetierfreien Ökosystem Neuseelands fühlen würde. Ohne Fressfeinde und umgeben von reichlich Essen in Form von immergrünen Bäumen, explodierten die Bestände des Possums geradezu. In den 1980er-Jahren knabberten sich 60 bis 70 Millionen Fuchskusus durch Neuseelands Wälder und hatten diese an den Rand des ökologischen Zusammenbruchs gebracht; zusammen mit den dort lebenden einheimischen Tierarten wie Kiwi, Kākāpo und wie sie alle heißen.

Die Neuseeländer haben deshalb heute eine eindeutige Meinung zum Thema Possum, von der es keine Abweichung geben kann: Possums sind böse, sie sind der Erzfeind und müssen getötet werden, wo immer es geht. Diese ehrenvolle Aufgabe geht an keinem Neuseeländer vorbei; und wer nicht mit der Waffe auf die Pirsch geht oder Giftköder auslegt, der nutzt wenigstens die PS-Stärke des eigenen Autos und fährt nachts Possums platt. Trotz ihrer immer noch großen Zahl (heute sollen etwa 30 Millionen von ihnen in den Bäumen Neuseelands sitzen) sieht man die nachtaktiven Tiere fast immer nur in zweidimensionaler Form – nämlich platt gefahren auf dem Highway.

Im »Farmyard Holiday Park« in Geraldine trafen wir endlich ein lebendes Exemplar: Sammy, das Possum, hockte zwischen Hängebauchschweinen, Eseln und Truthähnen in einer geräumigen Maschendrahtvoliere voller Laub. Mit Einsetzen der Abenddämmerung kam Sammy langsam und behäbig aus seinem Häuschen gewankt, setzte sich an den Zaun und kaute im Zeitlupentempo an einem Ast. Dabei schaute er mich durch die Maschen an, als würde er sagen: »Hat denn mal einer uns Possums gefragt??«

Der anklagende Blick brachte mich zum Nachdenken. Kein Possum ist freiwillig nach Neuseeland gekommen; anders als etwa die frechen Schiffsratten oder die zahlreichen Parasiten, die sich heimlich an Land schmuggelten. Sie wollten hier auch niemandem etwas zuleide tun; im Gegenteil, man hat sie hier eingeführt, um sie zu jagen und zu töten. Dass sich die Possums schlauer zeigten als gedacht und sich umgehend in den unzugänglichen neuseeländischen Wald verzogen, wo sie sich eine neue Heimat schufen, kann man ihnen doch eigentlich nicht verdenken?!

Das Problem ist nur leider nicht zu ignorieren: Die Possums knabbern am liebsten die zarten Knospen der Bäume ab und ergänzen ihren Speiseplan zwischendurch auch mal durch Kleintiere wie Kiwi-Küken und andere Vogeleier. In ganz Neuseeland hat das zum Rückgang oder gar Aussterben von Vogelarten und zum Absterben nativer Wälder geführt. Und das ist nicht alles: Das Possum überträgt außerdem die Rindertuberkulose und bedroht damit nicht nur Neuseelands einzigartige Natur, sondern auch die wirtschaftlich enorm bedeutsame Viehwirtschaft.

Es hilft nichts: Das Possum muss weg. Wie das genau erreicht werden soll und kann, darüber streitet man in Neuseeland heiß und heftig. Nur an das Possum selbst denkt dabei irgendwie keiner.

Das puschelige Tier ist ja bei Weitem nicht die einzige in Neuseeland eingeführte Art, die schnell zum führenden Feind der einheimischen Natur avancierte. Da gibt es Hunde und Katzen, Igel und Kaninchen, Hirsche .... Aber keines dieser Tiere wurde mit einer solchen Welle des Hasses verfolgt und bei jeder Gelegenheit brutal getötet. Und keines wird darüber hinaus auch noch auf geschmacklose Weise verhöhnt!

Da werden tote Possums bei Dorffesten in Kostümen ausstaffiert und an Zäunen aufgehängt; ihr Pelz wird als »Nippelwärmer« in Souvenirshops verkauft und ihr Fleisch als »roadkill of the day« angeboten, gern in Form von »pie«. Es mag ja sein, dass die Nutzung von Fleisch und Fell ökonomischen Sinn macht – die getöteten Tiere können ja durchaus irgendwie genutzt werden. Trotzdem kaufen die meisten Touristen sicherlich keinen Nippelwärmer, weil sie nachts an der Brust frieren. Und wenn Possum-Fleisch wirklich schmecken würde, dann gäbe es das doch bestimmt im Supermarkt zu kaufen – wie Hirschfleisch zum Beispiel? (Zugegeben: Bis die Lungenkrankheit SARS auftauchte, die unter anderem von Katzen übertragen wird, wurde tonnenweise Possum-Fleisch aus Neuseeland nach China exportiert, wo man zwischen Beuteltieren und Katzen keinen großen Unterschied macht.)

Ist es moralisch wirklich in Ordnung, Tiere für Pelz zu töten, auch wenn die Tiere als eingeschleppte Schädlinge gelten? Die Firma Envirofur vermarktet ihren Possum-Pelz selbstbewusst als »umweltfreundlich«. Ob sie mit ihrem Geschäft wirklich dazu beitragen, die neuseeländische Natur zu retten?

Das Umweltschutzministerium hat der Pelzindustrie jedenfalls nicht nur ein Versagen bei der Schädlingskontrolle attestiert, sondern ihr sogar noch vorgeworfen, das Problem zu verstärken. Der Grund ist ganz logisch: Solange Pelzjäger eine Prämie pro Kilogramm Pelz oder pro Tier erhalten, lohnt sich das Fallenstellen für sie nur dann, wenn die Possum-Population dicht genug ist. Werden es zu wenige Tiere, verdienen die Fallensteller nicht mehr genug und ziehen weiter. Die letzten Tiere einer Population fängt man auf diese Weise also nie, und sie können sich danach in Ruhe neu vermehren. Ganz clevere

Pelzhändler kamen sogar auf die tolle Idee, Possums in der Nähe ihrer Wohnorte einzuführen, damit sie dort bequemer jagen konnten. Die menschliche Dummheit ist wirklich einzigartig …

Die Animal Liberation Front weist derweil süffisant darauf hin, wer tatsächlich die größte Gefahr für die neuseeländische Pflanzen- und Tierwelt darstellt und wer bisher den größten Teil des neuseeländischen Waldes zerstört hat: der Mensch.

98. Grund

Weil das Silberfarn baumhoch wächst

Der undurchdringliche, in 1.000 Grüntönen wuchernde, vor Regen triefende und von unbekannten Vogelrufen widerhallende Wald – an ihn denke ich am liebsten, wenn ich mich nach Neuseeland zurückträume. Neben den turmhohen Stämmen von Rimu, Tōtara und Kauri, den Luftwurzeln der Rātā und den zerzausten Büscheln der Nikau-Palme sehe ich dabei vor allem Farne vor mir. Ihre hellen und schwarzen, haarigen und geschuppten Stämme ragen aus dem Waldboden auf, und ihre Wedel bilden ein dichtes Blätterdach, eine Ebene tiefer als die immergrünen Laubbäume. In Neuseeland wachsen fast 200 einheimische Farne, von millimetergroßen Arten bis zu den 20 Meter hohen Mamaku-Baumfarnen. Eines leuchtet dabei förmlich aus dem Grün heraus: das Silberfarn, auf Māori »ponga«.

Es ist für die Neuseeländer das, was für uns die Deutsche Eiche ist. Die große Bedeutung der inoffiziellen neuseeländischen Nationalpflanze erkennt man schon nach kurzer Zeit im Land – oder sogar schon vorher. Der breit gefiederte Farnzweig zieht sich durch die gesamte Bildsprache Neuseelands, angefangen vom Staatswappen über die 1-Dollar-Münze und viele Briefmarken, das Logo der Eisenbahn und vieler neuseeländischer Behörden und Firmen bis hin zu Aufdrucken auf zahllosen Shirts, Käppis und Campervans.

Diverse Sportmannschaften tragen das Silberfarn sogar als Namen, etwa das nationale Netball-Team und mehrere Frauenmannschaften.

Am berühmtesten ist das Silberfarn-Zeichen der All Blacks, Neuseelands scheinbar immer siegreicher Rugby-Nationalmannschaft; wobei diese es ein wenig übertrieben, als sie ihr Logo eines weißen Farnzweigs auf schwarzem Hintergrund als Handelszeichen eintragen lassen wollten. Nach einem vier Jahre dauernden Rechtsstreit scheiterten sie damit, die Verwendung jeglicher Silberfarn-Symbole verbieten zu lassen. Die Neuseeländer sind stolz auf ihr Farn und lassen sich seine Kommerzialisierung nicht gefallen.

Zuletzt stand das Silberfarn im Mittelpunkt einer hitzigen Debatte um die etwaige Neugestaltung der neuseeländischen Flagge. Favorit war ein Entwurf, der den blauen Hintergrund und die fünf Sterne des »Kreuz des Südens«-Sternbilds beibehielt und anstelle des »Union Jack«, der Neuseelands Verbundenheit mit der Britischen Krone symbolisiert, einen Silberfarnzweig setzte. Nach peinlich langer Diskussion und viel finanziellem Aufwand entschied sich das Volk 2016 schließlich dafür, den Status quo beizubehalten – ganz so beliebt ist das Silberfarn also offenbar doch nicht.

Trotzdem: Die Pflanze, die nur in Neuseeland heimisch ist und hier in den dichten Wäldern der Nordinsel bis zu zwölf Meter hoch wächst, hat eine lange historische Bedeutung – sowohl für die Māori als auch für die nach ihnen eingewanderten Europäer. Letztere wählten die ungewöhnliche Pflanze mit der silberweißen Blattunterseite, die aus der Dino-Zeit übrig geblieben zu sein scheint, schon im 19. Jahrhundert zum Symbol ihrer neuen Heimat am anderen Ende der Welt. Ein witziger Zufall wollte es, dass im viktorianischen England das Sammeln von Farnen gerade in Mode war; da konnten die neuseeländischen Siedler in ihrer farnreichen neuen Heimat natürlich enorm punkten.

Die Māori sprachen dem Silberfarn mehr Bedeutung zu: Es stand bei ihnen für Stärke, Durchhaltekraft und Widerstandsfähigkeit, verpackt in einer natürlichen Eleganz. Diese Symbolik wurde von den »neuen« Neuseeländern, die sich schon bald nicht mehr als ausgewanderte Engländer verstanden, gern übernommen. Zahlreiche neu gegründete Heimatvereine nutzten das Silberfarn als Zeichen der Verbundenheit mit ihrem neuen Land.

Bereits 1888 trug die erste neuseeländische Rugby-Mannschaft den Farnzweig auf ihren Trikots, und im südafrikanischen Burenkrieg sowie in den beiden Weltkriegen wurden die Grabsteine der gefallenen neuseeländischen Soldaten mit dem Symbol verziert. Heute sind die Uniformen neuseeländischer UN-Soldaten mit dem Silberfarn und dem Kiwi versehen. Wer den Farnzweig sieht, denkt an Neuseeland – obwohl die Pflanze nach wie vor kein offizielles Landessymbol ist.

Der stilisierte gekringelte Farnsprössling, das »koru«, wird wiederum von den Māori äußerst gern genutzt. Man entdeckt es in den kunstvollen Schnitzereien der »marae«, in den traditionellen Gesichtstattoos und in gewebten Stoffen. Die Ureinwohner Neuseelands nutzten nicht nur das Silberfarn als Medizin, Baumaterial und Nahrungsquelle. Aber »ponga« hatte für sie noch einen besonderen Nutzen: Wenn die Krieger nachts auf die Jagd oder auf Beutezug gingen, dienten ihnen die im Mondlicht schimmernden Unterseiten der Zweige als Wegmarkierungen. Nicht verwunderlich, dass es über die Pflanze auch eine Sage der Māori gibt: Danach lebte »ponga« ursprünglich draußen im Meer und kam nur an Land, um den Māori als Wegweiser zu dienen.

Immer mehr Pākehā machen es den Māori nach und lassen sich ihre Liebe zur Heimat in die Haut tätowieren; das beliebteste Symbol dabei ist das Silberfarn. Auch so mancher Backpacker bringt einen tätowierten Silberfarnzweig oder ein »koru« von einer Neuseelandreise mit oder lässt es sich als Kur gegen das Fernweh nachträglich stechen. So dient das Farn heute sozusagen auch als Erkennungszeichen eines eingeweihten Kreises von Neuseelandfans, die sich im Sommer im Freibad verschwörerisch zuzwinkern können.

Auch für Schisser wie mich gibt es zum Glück eine Möglichkeit, ihre Verbundenheit mit Neuseeland zu zeigen: Ein Kettenanhänger aus Jade, in Form eines Koru-Kringels, ziert unsere Hälse. Wer aufmerksam schaut, der entdeckt uns an jeder Ecke!

Weil die Pāua wunderschön ist

Ein Strandspaziergang ist doch erst dann richtig toll, wenn man an der Flutlinie viele schöne Muscheln sammeln kann, oder? Neuseeland setzt in dieser Hinsicht Maßstäbe. Wie staunten wir auf unserer ersten Reise, als wir im Sand auf handgroße, fast runde Muschelschalen stießen – deren Innenseite auch noch wunderschön gefärbt war!

Die türkis- bis dunkelblau, leuchtend grün und golden changierenden, geschwungenen Muster sind so schön, dass selbst kleine Muschelsplitter von uns eingesammelt wurden. Ob wir uns daraus einen Kettenanhänger machen könnten? Einige Tage später stießen wir uns kichernd an, als wir im nächsten Souvenirshop ein ganzes Regal voller Pāua-Schalen entdeckten. Aschenbecher oder Seifenhalter, Ringe, Anhänger, Broschen und Ohrringe aus dem schönen Naturmaterial gehören zu den beliebtesten Mitbringseln für Neuseelandurlauber – und im Gegensatz zur ebenso beliebten neuseeländischen Jade sind sie wesentlich günstiger.

Pāua sind auch viel leichter zu finden als der exklusive »greenstone«, den es nur an wenigen Flüssen und Küstenabschnitten der Westcoast gibt. Man stolpert an fast jedem Strand über die halbrunden Schalen mit der Reihe kleiner Atemlöcher, von denen es immer nur eine gibt – kein Gegenstück. Das liegt daran, dass die Pāua eigentlich gar keine Muschel ist, sondern eine Seeschnecke. Mit ihrem kräftigen Fuß saugt sie sich an Felsen im flachen Wasser fest und knuspert dort mit ihren scharfen Raspelzähnen das im Tidenwechsel wogende Seegras ab.

Wie schnell sie dabei unterwegs sein kann und mit welcher Kraft sie sich am Untergrund festsaugt, konnten wir mit eigenen Händen fühlen. Im öffentlichen Aquarium der Dunedin University, das auf einer kleinen Landzunge der Otago Peninsula auf den Pazifik blickt und – wie so viele Museen in Neuseeland – großen Wert auf eine spannende Wissensvermittlung an Kinder legt, krochen mehrere Seeschneckenarten in einem flachen Becken herum und durften gestreichelt werden. »So weich wie unsere Katze«, befand das Söhnchen fasziniert. Als Essen fiel die »niedliche« schwarze Schnecke fortan natürlich aus.

Dabei geben die muskulösen Meerestiere, die im Rest der Welt Abalone, Seeohr oder See-Opal heißen, eine durchaus leckere Mahlzeit ab – etwa in Japan, wo wir das feste, helle Fleisch oft als Belag auf Sushi genossen haben (ohne den Kindern zu verraten, was sie hier gerade aßen). Die Māori, von denen die Pāua ihren schönen neuseeländischen Namen hat, essen die Seeschnecke ebenfalls gern; und weil es an den Küsten so viele von ihnen (also von den Pāua) gibt, hat es die anderswo sehr exklusive Speise in Neuseeland sogar in die Fastfood-Take-aways geschafft. Die schwarz-grünen Scheiben, die man dort unter dem Namen »paua fritters« bekommt, fanden wir persönlich aber nicht eben genießbar. Pāua-Fleisch in Streifen geschnitten und zusammen mit Schinken und Knoblauch in Butter gebraten – das ist schon besser!

Jetzt wussten wir, wonach die Schwimmer suchten, die wir so oft dabei beobachtet hatten, wie sie in ihren Neopren-Anzügen, bewaffnet mit Schnorchel, Messer und einem Hüftbeutel, im flachen Wasser tauchten. Die Pāua ist begehrt und durch strenge Fangquoten geschützt; mehr als zehn Seeschnecken am Tag darf man als Otto Normalverbraucher nicht jagen bzw. sammeln, man darf keine Sauerstoffflasche zum Tauchen verwenden, die Schale der gefangenen Tiere muss mindestens 12 Zentimeter messen, und man darf seinen Fang nicht verkaufen. Viele Neuseeländer versorgen sich in diesen eng gesteckten Grenzen tatsächlich selbst mit einem leckeren Abendessen. Auf diese Weise mit der Natur verbunden zu sein gehört zum Kiwi-Lifestyle genauso wie das Angeln und Jagen.

Auf den Erfolgszug der kommerziellen Pāua-Fischerei ist Neuseeland ziemlich spät aufgesprungen; die richtig großen Bestände kamen traditionell aus Japan, Kalifornien oder Mexiko. Umweltverschmutzung, Krankheiten und Überfischung haben dort Anfang des Jahrtausends für den kompletten Zusammenbruch der Abalone-Population gesorgt. Nun richten sich die Augen der Welt auf Neuseeland, das für Pāua-Fleisch Rekordpreise einnimmt.

Seit den 1980er-Jahren werden die begehrten »black-footed pāua«, die es nur in Neuseeland gibt, in den kalten Gewässern vor Stewart Island und in den Marlborough Sounds auch kommerziell gezüchtet. Bei der Fährüberfahrt von der Nordinsel auf die Südinsel kann man die Tröge, in denen die Pāua liegen, im türkisblauen Meerwasser dümpeln sehen. Pāua werden hier nicht nur für ihr Fleisch gezüchtet, sondern auch für die Schalen und für Perlen; die sehen ebenso bezaubernd bunt aus wie die Schalen.

Neben der gierigen Fischereiindustrie und der Verschmutzung der Küstengewässer bedroht vor allem der Klimawandel die Meeresschnecken. Die Übersäuerung des Meerwassers macht die Schalen der Pāua dünner und die Zunahme starker Wellen erschwert es ihnen, sich am Boden festzuhalten. Wird das Wasser dann auch noch wärmer, wandern die Seeschnecken notgedrungen in kühlere Meereszonen ab – oder sie sterben einfach, wenn es zu schnell geht.

Die angedachte Halbierung der Fangquoten wird die schwindenden Pāua-Bestände in Neuseeland nicht retten können. Der Schwarzmarkt für illegal nach Asien exportiertes Pāua-Fleisch ist groß und lukrativ. Dort wird die Seeschnecke nicht nur gern gegessen, sondern die männlichen Käufer erhoffen sich dadurch mehr Potenz und wollen der Senilität vorbeugen.

Auch die Schalen der Pāua sind sehr begehrt – wen wundert's? Wir selbst konnten nicht an uns halten und verwahrten sorgsam jede intakte Schale, auf die wir im Sand stießen. Die von weißem Kalk und Seepocken verkrusteten Oberseiten ließen sich behutsam abklopfen und glattschmirgeln, bis sie ebenso glatt und leuchtend bunt aussahen wie die Innenseiten.

Die Māori betrachten die Pāua als »taonga«, als kulturellen Schatz, und verwenden die leuchtenden Perlmuttschalen als Verzierung für Kleider und als Augen der bedrohlich grinsenden Tiki-Statuen. Auch viele Pākehā lassen sich von der Schönheit der Pāua-Schalen verzaubern und schmücken so ziemlich alles damit – von Briefkästen über Zäune bis hin zu Klobrillen und ganzen Wänden. Das Wohnzimmer des Ehepaars Flutey aus Bluff, das komplett mit Tausenden Pāua-Schalen »tapeziert« war, schaffte es als Symbol der nationalen

Pāua-Begeisterung sogar zeitweilig ins Canterbury Museum in Christchurch. Darf man Pāua-Schalen überhaupt außer Landes bringen?, lautet eine in Internetforen ziemlich häufig gestellte Frage besorgter Neuseelandreisender. Auch wir waren bang, ob der Zoll unsere Schätze bei der Ausreise konfiszieren würde. Was die gekauften Pāua-Souvenirs anging, mussten wir uns keine Sorgen machen. Die meisten bearbeiteten Pāua-Schalen, die in Neuseeland heutzutage verkauft werden, stammen ohnehin gar nicht von hier, sondern werden aus Südostasien importiert.

Aber bezieht sich die Erlaubnis, selbst gesammelte Muschelschalen auszuführen, auch auf die Pāua, die ja eine Seeschnecke ist? Nein, tut sie nicht! Unbearbeitete Pāua-Schalen müssen genauso wie unbearbeitete Jade im Land bleiben. Wir machten uns also vor unserer Abreise noch einmal emsig an die Arbeit, schliffen, polierten und feilten. Was wir am Ende in unsere Reisetasche legten, sorgsam umhüllt von Socken, sah mindestens genauso schick aus wie die Seifenschalen aus dem Souvenirshop; und als solche dienen uns die Pāua-Schalen auch nach mehreren Jahren noch.

100. Grund

Weil Pūkeko & Co. hier unter sich sind

Als Kapitän Cook im Jahr 1769 während seiner ersten Südsee-Expedition an den neuseeländischen Küsten entlangfuhr, fiel ihm vor allem der Krach auf. Der Gesang der Vögel sei ohrenbetäubend laut, notierte er in seinem Tagebuch.

Normalerweise machen Vögel nur einen kleinen Teil der Tierarten in einem Land aus. In Neuseeland sieht das anders aus: Hier gab es, als die Māori ankamen, bis auf drei winzige Fledermaus-Arten keine an Land lebenden Säugetiere. Dafür machten Vögel fast 90 Prozent der Tierarten aus.

Zu den üblichen Verdächtigen wie Regenpfeifern, Sturmseeschwalben, Waldtauben und Pinguinen kommen in Neuseeland ein paar spezielle Gesellen, die sich in der 80 Millionen Jahre währenden Abgeschiedenheit vom Rest der Welt ganz besondere evolutionäre Nischen gesucht hatten. So lebt in Neuseeland mit dem Kākāpo der weltweit einzige nachtaktive, flugunfähige Papagei; der schon lange ausgerottete Laufvogel Moa erreichte eine Körpergröße von vier Metern und wurde erst mit zehn Jahren geschlechtsreif. Auch er hatte Feinde: Der gigantische Haast-Adler mit einer Flügelspannweite von mehr als drei Metern machte Jagd auf ihn.

Weil die einzigen Feinde für die neuseeländischen Vögel andere Vögel waren, machte es Sinn, das Fliegen einzustellen oder wenigstens stark einzuschränken. Der Kea zeigt, wie man sich effektiv vor Feinden von oben verbirgt: Das Federkleid des frechen Bergpapageis ist von oben dunkelbraun-rot gemustert, sozusagen tarnfarben. Die knallbunten Farbtupfer an der Unterseite sieht man erst, wenn der Kea seine Flügel ausbreitet. Clevere Vögel stellten außerdem ihre Aktivitätsphasen auf die Dämmerung und die Nacht um, legten ihre Nester am Boden oder in Höhlen an und verharrten, wenn sich ein Feind näherte, bewegungslos am Boden. All das sind Verhaltensweisen, die eher untypisch für Vögel sind – in Neuseeland waren sie jahrtausendelang ein praktisches Mittel zum Überleben.

Nach Schätzungen von Naturforschern gab es vor der Ankunft der Māori mindestens 245 einheimische Vogelarten, von denen mehr als zwei Drittel endemisch waren, also nur in Neuseeland vorkamen. Im Vergleich dazu wirken die etwa 80 Echsenarten, die 38 endemischen Süßwasserfischarten, sieben Froscharten und drei Fledermaus-Spezies ziemlich mickrig. Die ökologischen Nischen, die in anderen Ländern von Säugetieren besetzt werden, wurden in Neuseeland von Vögeln eingenommen. Der Moa, der Kākāpo, der Kiwi oder der Takahē bewegen sich am Boden fort und »grasen« dort – ganz wie in Afrika die Elefanten und Giraffen oder in Australien die Kängurus.

Seit der Ankunft der Māori, die im 13. Jahrhundert Ratten und Hunde von den pazifischen Inseln mitbrachten, ging es für die gefiederten Freunde leider steil bergab. Als dann die Europäer im 19. Jahrhundert begannen, aus Neuseeland ein zweites England zu machen, starben binnen wenigen Jahrzehnten fast die Hälfte der Vogelarten aus.

Aber in den neuseeländischen Parks und Gärten hört und sieht man doch trotzdem zahlreiche Vögel? Das vertraute Bild täuscht darüber hinweg, dass diese Vögel fast alle »Einwanderer« sind – die Spatzen, Elstern, Stare und Enten wurden mitgebracht von den Engländern, Amerikanern und Asiaten und machen heute den Großteil der neuseeländischen Vogelpopulation aus. In den dichten, ursprünglichen Wäldern und Feuchtgebieten – die ohnehin auf ein Winziges ihrer früheren Verbreitung zusammengeschrumpft sind – herrscht dagegen vielerorts ein trauriges Schweigen.

Nur wenige einheimische Vögel haben den Schritt aus ihrer Nische geschafft und konnten sich an den veränderten Lebensraum anpassen. Der prominenteste Vertreter dieser »Survivors« ist der Pūkeko, den jeder Neuseelandreisende kennt. Der knallblaue Schreitvogel, der seinen großen Schnabel neugierig in jede Mülltüte steckt, an Straßenrändern patroulliert und als Begrüßungskomitee auftaucht, sobald man seinen Campervan abgestellt hat, ist eigentlich selbst ein Neuzugang. Naturwissenschaftler nehmen an, dass der Pūkeko erst 1000 Jahre v.u.Z. in Neuseeland angekommen ist. Vielleicht hat ihn sein naher Verwandter, der Takahē, eingeladen – der war jedenfalls schon viel früher hier angekommen.

Als die dichten Wälder gerodet wurden und die Menschen Felder und Straßen anlegten, an deren Rändern der Pūkeko viel einfacher Nahrung fand, explodierten seine Bestände geradezu. Anders als die allermeisten einheimischen Vögel gelten Pūkeko als Schädlinge, weil sie nicht nur Schnecken und Insekten, sondern auch Feldfrüchte und Hühnereier vertilgen.

So plump und unbeholfen der langsam dahinstakende Sumpfbewohner aussieht, so fit ist er im evolutionären Kampf. Nicht nur kann sich der Allesfresser gut an alle möglichen Lebensräume anpassen und, obwohl kaum flugtüchtiger als ein Huhn, selbst abgelegene Inseln erreichen. Ein Pūkeko wurde bereits hoch oben auf dem Tasman Glacier beobachtet.

Mit seiner Beharrlichkeit hat sich der Pūkeko einen Platz im Herzen der Neuseeländer erobert, den ihm nur der ewig bedrohte Kiwi streitig macht. Vor allem in der Kinderbuchabteilung sieht man den indigoblauen Vogel mit dem roten Stirnfleck und den langen roten Beinen auf jedem zweiten Cover, der Pūkeko hat ein eigenes Kinderlied, und zahlreiche Schulen und Kindergärten sind nach ihm benannt.

Leider sind der Pūkeko und die ebenso stoisch überlebende Weka-Ralle eher die Ausnahmen der labilen neuseeländischen Vogelwelt. Heute leben noch 51 Vogelarten auf dem neuseeländischen Festland und 37 von diesen gelten als gefährdet oder vom Aussterben bedroht. Einige von diesen leben schon gar nicht mehr dort, wo sie ursprünglich verbreitet waren – es gibt sie nur noch, weil sie in letzter Minute auf raubtierfreie, unbesiedelte Inseln umgesiedelt wurden. Auf Maud Island in den Marlborough Sounds, wo die letzten Kākāpo leben, oder auf Little Mangere Island, der letzten Heimat des Black Robin, haben »normale« Menschen keinen Zutritt; zu groß ist das Risiko, dass sie Ratten oder andere Räuber einschleppen und die Populationen endgültig zerstören könnten.

Ein trauriges Vorzeigebeispiel dafür, wie schnell eine Vogelart in Neuseeland ausgerottet werden kann, ist der Huia (auf Deutsch Lappenhopf). Dieser bis zu 55 Zentimeter große Vogel mit langem, gebogenem Schnabel fiel vor allem durch seine leuchtend orangefarbenen Kehllappen und die langen schwarzen Schwanzfedern mit einer eindrücklichen weißen Spitze auf. Der Singvogel mit dem lauten Ruf wurde von den Māori zwar als »tapu« verehrt, aber auch eifrig gejagt. Bereits Mitte des 19. Jahrhunderts, als die ersten europäischen Naturkundler begannen, Verzeichnisse über die Artenwelt Neuseelands anzulegen (und dafür Tausende Tiere töteten, um sie zur Archivierung in europäische Museen zu verschicken), fanden sie auf der Südinsel keinen einzigen Huia mehr vor.

1901 steckten Māori dem Duke of York bei seinem Besuch in Neuseeland eine Huia-Feder an den Hut. Das war eine Geste des Respekts, denn die schönen Federn galten als begehrter Kopfschmuck für ranghohe Stammesmitglieder. Daraufhin schwappte eine Modewelle über Europa, für die Tausende Huia getötet und ans andere Ende der Welt exportiert wurden. Im 20. Jahrhundert wurden dann die dichten Regenwälder, in denen der Huia lebte und sich von Insekten und Beeren ernährte, so großflächig abgeholzt, dass der Vogel keine Chance mehr hatte. Bemühungen der Māori, die letzten Verbreitungsgebiete des Huia zu schützen oder einzelne Paare auf Kapiti und Little Barrier Island auszusetzen, scheiterten.

Der Huia wurde zwar unter Naturschutz gestellt, aber der Staat bemühte sich weder um die Bestrafung von Wilderern noch um den Erhalt des Lebensraums der Vögel. Ausgerechnet Sir Walter Buller, einer der bekanntesten neuseeländischen Ornithologen, verkaufte offenbar das einzige Pärchen, das nach Kapiti Island umgesiedelt werden sollte, stattdessen an den Baron Rothschild nach England. Seit 1907 gilt der Huia offiziell als ausgestorben.

In den 1920er-Jahren machten sich zwei Expeditionen auf in die Tararua Ranges bei Wellington, um einen einzelnen Huia zu suchen. Ein Schäfer meinte, dort einen Huia gesehen zu haben, der offenbar von seinem Pfeifen angelockt worden war. Keiner der Suchtrupps konnte eine Spur des mysteriösen letzten Huia entdecken, auch wenn es bis in die 1940er-Jahre immer wieder vereinzelte Meldungen von Sichtungen gab.

Die Scham darüber, dass man der Ausrottung des Huia tatenlos zugeschaut hatte, führte 1923 zur Gründung von »Birds New Zealand«, einer ornithologischen Gesellschaft, die sich bis heute für die wissenschaftliche Erforschung und den Schutz der neuseeländischen Vogelwelt einsetzt. So hat das warnende Beispiel des Huia immerhin als Weckruf für die Neuseeländer gedient, ihre einzigartige Vogelwelt zu erhalten – oder das, was noch von ihr übrig ist.

101. Grund

Weil es (noch) Pinguine gibt

In einer Hinsicht ist Neuseeland ein ganz besonders wunderbares und weltweit fast einzigartiges Reiseziel: Wo sonst kann man echte Pinguine in freier Wildbahn beobachten?

Wir haben Pinguine im Hafen von Akaroa bei Christchurch gesehen und bei einer Bootstour im Milford Sound, wir haben erbost schnatternde Zwergpinguine im Aquarium von Picton streicheln dürfen und lachten im Abel-Tasman-Nationalpark über die Anekdoten des Aquataxi-Fahrers über die häufigen Verwechslungen der Kormorane mit Pinguinen. Sogar an der Kapiti Coast bei Wellington landete vor einigen Jahren überraschend ein Kaiserpinguin (der flugs »Happy Feet« getauft wurde) aus der Antarktis.

Neuseeland ist nur knappe 4.000 Kilometer vom Südpol entfernt. Kein Wunder, dass hier gleich mehrere Unterarten dieser possierlichen flugunfähigen Vögel leben, auch wenn Schnee und Eis an den Küsten Seltenheitswert haben.

Die beeindruckend großen Kaiserpinguine, an die jedes Kind zuerst denkt, sucht man in freier Wildbahn zwar vergebens; die findet man nur im »Kelly Tarlton's Aquarium« bei Auckland, wo die schwarz-weiß befrackten Gesellen so ungerührt in der künstlichen Eislandschaft stehen, dass wir nach wie vor nicht sicher sind, ob diese Tiere nicht einfach aus Plastik waren?

Pöh, Kaiserpinguine. Neuseeland hat etwas ganz anderes zu bieten: Hier lebt nicht der größte, sondern der kleinste Pinguin der Welt. Der nur 30 Zentimeter große Zwergpinguin, von den Neuseeländern taktvoll »Blue Penguin« und von den Māori »Kororā« genannt, ist ein außerordentlich niedlicher Geselle. Jeden Abend, wenn er zusammen mit seinen Kumpels in der Abenddämmerung aus dem Meer steigt, den Kropf voller Fisch für seine Jungen, die er in Höhlen am Strand versteckt hat, wird er in der kleinen Küstenstadt Ōamaru südlich von Christchurch von Hunderten begeisterten Touristen beobachtet.

Die mehr oder weniger heimlichen »Wildlife Watcher« quietschen verzückt, wenn Horden von kleinen, knuffigen Vögeln über die Hafenstraße watscheln und dann unter den Verandas der Häuser verschwinden. Dort finden sie es nämlich viel kuscheliger als in den sandigen, zugigen Höhlen am Strand, mit denen sie in der freien Natur vorliebnehmen müssen. Für ihre Sicherheit ist das natürlich weniger gut; mitunter kommt es zu Beinahe-Dramen, wenn sich ein Zwergpinguin-Paar in einem Brennholzstapel angesiedelt hat. Auch die Straßenbeschilderung an der Ostküste zwischen Ōamaru und Dunedin ist einzigartig und warnt vor passierenden Pinguinen.

Die bekannteste öffentlich zugängliche Kolonie von Zwergpinguinen findet man in einem stillgelegten Steinbruch an der Waterfront Road. 28 NZ$ zahlt man, um die niedlichen kleinen Kerlchen bei einsetzender Dämmerung in Rudeln von bis zu 180 Tieren über die Straße hoppeln zu sehen. Noch lebhafter geht es am Pilots Beach auf der Otago Peninsula vor Dunedin zu, hier wird der Strand abends von bis zu 500 Zwergpinguinen gestürmt. Menschliche Zuschauer werden zur Sicherheit (der Pinguine, nicht ihrer) auf Plattformen verbannt.

Abende sind für Eltern kleiner Kinder leider nicht die optimale Zeit für Ausflüge; wir mussten also auf Zwergpinguin-Watching verzichten. Unsere Ausweichvariante: die Gelbaugenpinguine. Sie sind zwar nicht ganz so niedlich wie die Zwergpinguine, aber dafür gibt es sie auch nur in Neuseeland. Der »Hoiho«, wie ihn die Māori wegen seines schrillen Rufes nennen, ist sogar der weltweit seltenste Pinguin. Nur noch etwa 4.000 Exemplare leben an der Ost- und Südküste der Südinsel und auf einigen kleineren Inseln tief im südlichen Pazifik.

Dass ihn trotzdem alle Neuseeländer kennen, liegt daran, dass er die neuseeländische 5-Dollar-Note ziert. Bei den Touristen steht der Gelbaugenpinguin ebenfalls hoch im Kurs. Sie zahlen bereitwillig die Eintrittspreise zu den Beobachtungsplattformen und -unterständen, buchen geführte Touren zu den Stränden und kaufen fleißig Pinguin-Souvenirs. Nach aktuellen Schätzungen trägt der Gelbaugenpinguin etwa 100 Millionen NZ$ im Jahr zum Wirtschaftsumsatz der Stadt Dunedin nahe der Otago Peninsula bei.

Um einen der Vögel mit dem auffälligen gelben Stirnband und der gelben Iris in Neuseeland sehen zu können, muss man nur an die Ostküste der Südinsel fahren und spätnachmittags am Strand die Augen offen halten. Anders als der Zwergpinguin kommt sein Vetter schon etwas eher an Land. Ein weiterer Unterschied: Der Gelbaugenpinguin nistet lieber in dichten Büschen und unter Bäumen. Ja, in Neuseeland kann man Pinguine tatsächlich im Wald treffen!

Das heißt: Früher war das so. Die Zeiten haben sich leider geändert. Dank Instagram & Co. versuchen immer mehr Touristen, coole Pinguin-Selfies zu schießen, und lassen dabei jegliche Vernunft außer Acht. Die Pinguin-Brutkolonie am Katiki Point südlich von Ōamaru, die auf der Internetplattform TripAdvisor zeitweise als beste Attraktion der gesamten Südinsel eingestuft wurde, wird jährlich von Zehntausenden Besuchern regelrecht überrollt. Vor allem im Januar und Februar, wenn die strubbeligen Küken selbstständiger werden, bieten sich wahrlich niedliche Anblicke.

Die Pinguin-Fans übersteigen in ihrer achtlosen Begeisterung jegliche Absperrungen und lehnen sich über Schutzzäune, versperren den Pinguinen den Weg zurück zum Meer oder zu ihren Nestern, um sie möglichst gut aufs Bild zu bekommen; der gebotene Mindestabstand zu wilden Tieren, der mehr als fünf Meter betragen sollte, wird dabei vollkommen ignoriert. Penguin Rescue, ein Verein, der sich um den Schutz von bedrohten Seevögeln und Gelbaugenpinguinen am Katiki Point bemüht und verwaiste Jungtiere aufzieht, hat dann eine harte Zeit.

Die vielen Besucher meinen es sicherlich gut und wollen bestimmt nicht, dass die verstörten Tiere nicht mehr brüten oder ihre Jungen nicht mehr füttern. Das Ergebnis ist trotzdem bitter: Die einstmals größte Pinguinkolonie der Südinsel wird wohl in den nächsten zehn Jahren aussterben. 2016 gab es nur noch 263 Gelbaugenpinguin-Brutpaare auf dem neuseeländischen Festland. Ungestört sind die Pinguine auf den Auckland Islands und den Campbell Islands, aber auch dort nimmt ihr Bestand kontinuierlich ab.

Wissenschaftler haben kürzlich prognostiziert, dass es nicht einmal mehr 40 Jahre dauern wird, bis der Gelbaugenpinguin ausgestorben sein wird. Auch der knuddelige Zwergpinguin, der bisher nur als »bedroht« gilt, wird es nicht mehr lange an Neuseelands Küsten aushalten. Der Bestand der Tierart schrumpft jedes Jahr um zehn bis 30 Prozent.

Wer ist schuld? Die Fischereiindustrie, die die Gewässer vor Neuseeland leer gefischt hat und die Meere mit Schleppnetzen durchkämmt. Die Neuseeländer, die ihre Küstenwälder gerodet haben, ihre Kühe und Schafe über die Pinguinnester trampeln lassen und Katzen und Marder eingeschleppt haben, die sich an den Pinguin-Eiern gütlich tun. Schuld ist auch der Plastikmüll, der durch den Pazifik treibt und eine tödliche Gefahr für alle Meerestiere darstellt. Schuld ist natürlich der Klimawandel, der die Weltmeere erwärmt und damit die

Zahl der Nährstoffe im Wasser drastisch reduziert. Schuld ist nicht zuletzt eine mysteriöse Krankheit, die immer wieder zum Massensterben von Pinguinen in Neuseeland führt. Und schuld sind achtlose Hundehalter, die ihre Haustiere in ausgewiesenen Schutzgebieten von der Leine lassen.

Die Pinguine, die das alles überleben, stehen dann an Land vor einer Horde von aufdringlichen Touristen – zu denen auch wir gehören. Selbst wenn wir gegen riesige Fischkutter und ihre Netze nicht viel machen können, wir können immerhin das tun: bitte nicht stören!

Für uns war daher klar, dass wir mit unseren Kids nichts in einem der Pinguin-Beobachtungsbunker am Strand der Otago Peninsula verloren hatten. Dort muss man ruhig sein, um die scheuen Tiere nicht zu verschrecken, und es ist ziemlich eng und dunkel; kein guter Aufenthaltsort für kleine Kinder.

Wir hatten unser Fernglas eingepackt und haben es am sturmumtosten Bushy Beach bei Ōamaru auch gebraucht. Hier kann man nämlich von einem schmalen Pfad auf den Klippen über die Kante derselben hinunterschauen und sieht dann in etwa 30 Metern Tiefe mit etwas Glück tatsächlich Gelbaugenpinguine, die am Nachmittag aus dem Meer steigen und sich zu ihren leise pfeifenden Küken »in die Büsche schlagen«. Weit unten und ziemlich klein, aber besser als nichts, dachten wir uns und fröstelten im eisigen Sommerwind, der so typisch für die Südinsel ist.

Ziemlich nah und immer noch ziemlich klein, dachten wir einige Tage später, als wir im Schein der untergehenden Sonne auf den Felsen der Curio Bay in den Catlins hockten und weitere Gelbaugenpinguine beobachteten, die einer nach dem anderen aus dem Meer stiegen und überraschend behände über das steinige Ufer in Richtung Buschwerk hoppelten. Eine freundliche Rangerin saß milde lächelnd neben uns, passte aber gut auf, dass keiner der (wenigen) Besucher den Pinguinen zu nahe kam. Unterstände und Verstecke brauchten wir hier nicht aufzusuchen, und unsere hibbeligen Kinder saßen ganz von selbst still, während sie andächtig dem Naturschauspiel zuschauten.

102. *Grund*

Weil eine Begegnung mit Delfinen magisch ist

Neuseeland liegt weitab vom Rest der bewohnten Welt mitten im Ozean, genauer: mehr als vier Millionen Quadratkilometer Meer gehören zum Staatsgebiet, das viertgrößte Seeterritorium eines Staates weltweit. Dieses riesige Meeresterritorium sorgt nicht nur für Abgeschiedenheit, sondern ist auch Lebensraum für über 15.000 Tierarten (neue werden nahezu täglich entdeckt).

In den Gewässern rund um Neuseeland wurde bereits fast die Hälfte aller Meeressäuger-Arten gesichtet. Vor allem vor der Küste von Kaikōura, wo der Meeresgrund in einer steilen Stufe direkt vor dem Land abfällt, lassen sich das ganze Jahr über alle möglichen Wale und Delfine beobachten, ganz zu schweigen von Seelöwen und Seebären, Albatrossen und Tölpeln, Seeschwalben und Pinguinen.

Das Meer bedeutet nicht nur eine Begrenzung für Neuseelands Küsten, es bildet die Identität des Landes. Nahezu jeder Neuseeländer lebt am Meer (denn in Neuseeland ist kein Ort mehr als 120 Kilometer von einer Küste entfernt), und fast jeder genießt das. Wie oft haben wir uns abends beim »Freedom Camping« am Strand über den Strom an Besuchern gewundert, die ihr Auto kurz parkten, eine Weile aufs Meer blickten und dann weiterfuhren – offenbar erst zufrieden mit ihrem Tag, wenn sie kurz Verbindung zum Ozean aufgenommen hatten.

Wie oft fuhren wir an Autos mit Bootsanhängern vorbei oder beobachteten am Strand, wie neuseeländische Familien ihr Boot für eine Spritztour zu Wasser ließen. An jeder Tankstelle stehen riesige Kühltruhen mit »bait« für die Angler bereit, die in Neuseeland ihr Abendessen frisch aus dem Wasser ziehen. Und wer die neuseeländischen Kinder beobachtet hat, die unerschrocken auch bei 10° Celsius in ihren Neoprenanzügen in den tosenden Pazifik hüpfen – auf dem Kalender ist schließlich Sommer! –, der glaubt wirklich, dass Neuseeländer ohne das Meer keine Neuseeländer wären.

Ohne das Meer und seine Bewohner würden auch weit weniger Touristen die weite Reise nach Neuseeland auf sich nehmen. »Whale watching«, Seebären und Pinguine am Strand beobachten und mit Delfinen schwimmen, das gehört zu den Highlights einer Neuseelandreise. Dem kleinen Fischerdorf Kaikōura haben tierliebe Besucher die Existenz gerettet. Heute kommen Zehntausende Touristen hierher, allein um Pottwale, Orcas und die seltenen Hector-Delfine zu sehen.

Ganz ungetrübt ist die Idylle freilich nicht: Obwohl seit 30 Jahren geschützt, sind die in Neuseeland heimischen Delfine, Seelöwen, Wale und viele andere Arten stark bedroht. Den »Bottlenose Dolphin« gibt es nur noch in einigen wenigen Kolonien im Fiordland und in der Bay of Islands. Nur noch ein paar Hundert Orcas ziehen durch neuseeländische Gewässer, die Population des Bryde's Wale im Hauraki Gulf ist ebenfalls stark gefährdet.

Die winzige Zahl der noch verbleibenden Maui-Delfine, einer der kleinsten Delfin-Arten, die nur in Neuseeland lebt, gibt kaum Anlass zur Hoffnung, dass wir diese hübsch gefärbten Meeressäuger in den nächsten Jahren noch sehen werden. 2011 wurde ihr Bestand auf 55 erwachsene Tiere geschätzt, die nur noch vor der Westküste Aucklands und Waikatos gesichtet wurden. Aktuell dürfte es noch sechs fortpflanzungsfähige Weibchen geben.

Auch ihre nahen Verwandten, die Hector-Delfine, sieht man nur noch selten bei Bootstouren vor den Küsten der Südinsel. Mit den Füßen im eiskalten Wasser der Porpoise Bay in den Catlins stehend, beobachteten wir staunend, wie eine Gruppe dieser Delfine – gut zu erkennen an ihrer einzigarten abgerundeten Rückenflosse – ganz ohne Scheu mit einigen badenden Kindern spielte. Damals ahnten wir nicht, wie glücklich wir uns schätzen durften, diese Tiere in freier Natur zu sehen. Hector-Delfine sind ungewöhnlich sesshaft und bleiben ihr ganzes Leben lang am selben Küstenabschnitt. Ob wir sie bei unserem nächsten Besuch im Southland noch antreffen werden?

Die Delfine, die man in Neuseeland noch sehr häufig und in riesigen Schulen im offenen Meer antrifft, sind Dusky Dolphins und Gemeine Delfine. Zu ihnen gehörten die berühmt gewordenen Einzelgänger, die wie ihr großes TV-Vorbild Flipper dafür bekannt waren, mit Kindern und Schwimmern zu spielen, Schiffe durch Meerengen zu begleiten und andere gute Taten zu vollbringen. In Opononi im

Hokianga Harbour nördlich von Auckland, in Māhia im Norden der Bay of Plenty oder in den Marlborough Sounds im Norden der Südinsel kann man Geschichten von Opo, Moko oder Pelorus Jack hören, die heute jeder Neuseeländer kennt.

Und natürlich haben die Māori eine ganz besondere spirituelle Verbindung zu den intelligenten Meeressäugern. Sie bezeichnen sie als »taniwha« oder Wassergeister und behandeln sie mit großem Respekt, wenn sie ihnen im Meer begegnen. Als Botschafter führten Delfine den mythischen Entdecker Kupe aus Hawaiki nach Neuseeland und dienten ihm danach als Lotsen durch die tückischen Fjorde der Marlborough Sounds.

Wie groß unsere Vorfreude war, in Neuseeland gemeinsam mit den freundlichen Delfinen im Meer zu schwimmen, kann man sich vorstellen. Jeder, der vor uns bereits in Neuseeland gewesen war, schwärmte davon, wie toll dieses Erlebnis gewesen sei.

Einen Vorgeschmack bekamen wir bei einer Fahrt mit dem Aquataxi im Abel-Tasman-Nationalpark. Ganz überraschend tauchte aus dem türkisblauen Wasser eine Schule von Tümmlern neben uns auf, die aus reiner Lebenslust vor unserem Boot Saltos sprangen. Jauchzend rissen wir die Arme in die Luft, strahlten die wildfremden Passagiere neben uns an und ließen die Hände durch das Wasser gleiten in der Hoffung, die samtweich scheinende Haut der Tiere zu berühren.

Weit draußen auf dem Meer zu schwimmen, kein Land in Sicht, und dann kommen diese unglaublich eleganten Meeressäuger schwerelos heran und nehmen neugierig Kontakt auf … unglaublich muss das sein. Der erste Wermutstropfen für uns: Delfinschwimmen ist nicht nur teuer, sondern außerdem nur zum Preis des Frühaufstehens zu haben – und das im Urlaub! Nun gut; wir quälten uns also im Morgengrauen aus den Betten, um pünktlich um 6 Uhr an Bord des schnittigen Katamarans zu gehen, der in Tauranga in der Bay of Plenty im Hafen lag. Die Wetsuits wurden verteilt, Kaffee und Muffins wurden serviert, und der jovial scherzende Kapitän startete die Motoren …

… und von hier an ging die Erlebniskurve steil abwärts. Lag es an dem schlechten Kaffee, an zu vielen Muffins, die wir zu früh am

Morgen vertilgt hatten, oder einfach nur am schlechten Vorbild unserer Mitreisenden? Der Hafen war jedenfalls noch nicht außer Sicht, als schon die erste Passagierin kreidebleich nach hinten wankte und sich an der Reling festkrallte. Es folgten in kurzen Abständen immer mehr Fahrgäste, die sich schön nebeneinander auf dem Achterdeck aufstellten und abwechselnd nach vorn beugten. Das war auch sehr klug von ihnen, weil wir gleich nach (!) Antritt der Fahrt und Beginn des Wellengangs ein Formular unterschrieben hatten, das uns untersagte, in der Kabine des Schiffes zu kotzen. Zuwiderhandlungen hätten 200 NZ$ gekostet. Ich hatte natürlich lächelnd unterschrieben – schließlich war ich auf zahlreichen Bootstouren noch nie seekrank geworden.

Kurze Zeit später lächelte ich nicht mehr; das Söhnchen hatte mich, nachdem es ganz verdächtig ruhig geworden war, ohne Vorwarnung von oben bis unten vollgekotzt. Zum Glück trugen wir alle Badesachen unter den Shorts und Shirts, und der seekranke Sohn schlief erschöpft ein. Platz hatte er genug auf den Sitzbänken, die gerade noch voll besetzt gewesen waren. Die Passagiere standen allesamt an der Reling und schauten angestrengt auf den beharrlich schwankenden Horizont …

Ich hätte es bestimmt noch witziger gefunden, wenn ich nicht eine halbe Stunde später selbst dort gestanden hätte. In Begleitung meiner Tochter, die noch kaum über die Reling reichte. Der Seegang war an diesem Tag so heftig, dass mindestens ein Drittel der Tourteilnehmer schwer seekrank war – während der gesamten Fahrt!

Ach ja, und die Delfine? Vielleicht einen oder zwei habe ich aus dem Augenwinkel gesehen. Von den unzähligen Tümmlern, die unser Boot bald entdeckten und wirklich ausdauernd begleiteten, bekamen wir Versehrten auf dem Achterdeck kaum etwas mit; wir waren schon froh, wenn wir uns so lange beherrschen konnten, dass wir uns nicht auf ihre Köpfe erleichtern mussten.

Es muss ein Bild für die Götter gewesen sein. Leider waren alle Nicht-Seekranken emsig damit beschäftigt, auf dem Vorderdeck die Delfine zu fotografieren und sie durch begeistertes, lautes Singen, Trillern und Klatschen zum Bleiben zu animieren. (Unter uns: Wenn ich ein Delfin wäre, würde ich auch bleiben und mal schauen, warum die Irren auf dem Schiff da sich so gebärden …) So gibt es keine Fotos von uns, wie wir bleichgesichtig und verzweifelt abwechselnd den Horizont und das Wasser unter dem Katamaran fixierten.

Wie sich herausstellte, durfte an diesem Tag leider niemand mit den Delfinen schwimmen, weil die ihre Babys mitgebracht hatten. Aber der Ausflug wird uns auch ohne selbst angefasste Delfine für ewig in Erinnerung bleiben – als unglaubliche Erfahrung.

»Was war denn dein schönstes Erlebnis in Neuseeland?« Meine Tochter weiß es ganz genau: »Als wir mit dem Boot zu den Delfinen gefahren sind und alle gekotzt haben!«

103. Grund

Weil der »Gott der hässlichen Dinge« ganz klein ist

Mehr als handtellergroß, vom Umfang und Gewicht einer stattlichen Karotte und mit zahlreichen Beinen und Fühlern ausgestattet – es sei jedem verziehen, der beim ersten Anblick einer Giant Weta kreischend das Weite sucht.

Wieder einmal ist Neuseelands Lage am A…nderen Ende der Welt schuld: In dieser mehrere Millionen Jahre währenden biologischen Abgeschiedenheit entwickelten sich unter Abwesenheit von Fressfeinden nicht nur zahlreiche flugunfähige Vögel, sondern auch gigantische Insekten.

Schön fanden sie nicht einmal die Māori; die haben der mehr als zehn Zentimeter großen flugunfähigen Langfühlerschrecke den respektvollen, aber eindeutigen Namen »Wetapunga« gegeben. Der »Gott der hässlichen Dinge« kann nämlich schmerzhaft kneifen und kratzen, wenn er sich wehren will! Ansonsten ist nicht viel über ihn bzw. sie bekannt, was erstaunlich ist angesichts ihrer Größe.

Was man weiß: Weta kommen mit sehr unterschiedlichen Temperaturen zurecht, weshalb sie sich prinzipiell überall in Neuseeland wohlfühlen. Riesen-Weta und Baum-Weta sind Vegetarier, die kleineren Arten fressen lieber Würmer und andere Insekten. Auch Karotten mögen sie gern, wie der ehemalige Ranger Mark Moffett feststellte, der im Jahr 2011 auf Little Barrier Island die bisher größte »Giant Weta«-Dame entdeckte. Die Aufnahme der riesigen Schrecke, die zutraulich auf der Hand des Mannes sitzt und eine Möhre knuspert (die ihr allerdings aus Sorge um ihren Verdauungstrakt nur kurz für die Filmaufnahme hingehalten wurde), wurde ein Überraschungshit im Internet.

Weta sind zwar gruselig anzusehen, aber allzu oft sieht man sie nicht. Am liebsten verstecken sie sich in totem Laub und ziehen ohnehin die Dunkelheit vor. Kaum ein Neuseelandreisender erblickt eine echte, lebende Weta zufällig in der freien Natur (und seien wir ehrlich: Viele lieben Neuseeland ja auch genau deshalb, weil sie dort keine gigantischen Krabbeltiere zu sehen bekommen!).

Einige Weta-Arten leben auf Bäumen, andere in Höhlen oder in Erdlöchern. Ihre Larven häuten sich elfmal im Lauf von drei Jahren, bevor sie fertige Schrecken sind. Dann können sie mehr als ein Jahr alt werden, was für Insekten ziemlich alt ist.

Insektenforscher haben bereits mehr als 70 Weta-Unterarten in Neuseeland klassifiziert, elf davon sind Riesen-Weta. Wer sich im dichten »bush« auf die Lauer legt, kann auch heute noch neue Unterarten entdecken. Zuletzt wurde im Jahr 1996 eine neue Art der »tusked weta« (die sind mit eindrucksvoll gezackten Hörnern ausgestattet) in den Raukumara Ranges auf Coromandel gefunden.

Die Riesen-Weta gibt es seit 190 Millionen Jahren. Den Nagetieren, die von den Europäern nach Neuseeland mitgebracht wurden, hatte die alte Dame allerdings wenig entgegenzusetzen. In freier Natur findet man die Giant Weta heute nur noch auf abgeschiedenen Inseln wie Little Barrier Island – dort lebt die spezielle Unterart mit dem aparten Māori-Namen. Wiederansiedlungsprogramme in abgeschlossenen Ökosystemen wie auf der Insel Tiritiri Matangi vor Auckland oder auf Motuora Island in der Bay of Islands machen allerdings Hoffnung, dass die Giant Weta ihren evolutionären Dauerlauf fortsetzen kann.

Die kleineren Verwandten der Riesen-Weta trifft man in Neuseeland durchaus häufiger an, vor allem in Gärten und Parks auf der

Nordinsel. Auch bei Höhlentouren erscheinen im Lichtstrahl der Taschenlampe relativ oft Höhlen-Weta (die so einen Ausflug extra gruselig machen).

Neuseeländische Naturliebhaber hängen im Hinterhof »Weta-Hotels« aus morschen Holzstücken auf und freuen sich dann über schockierte Gäste wie uns, die vor den überdimensionalen Grashüpfern zurückschrecken. Zu unserer Verteidigung möchte ich anbringen, dass uns das Tierchen aggressiv anzischte und wild mit seinen Fühlern fuchtelte – da zieht man sich doch lieber vornehm zurück.

Ein kleiner, wehrhafter Riese – das erschien dem angehenden Star-Regisseur Peter Jackson und seinem Freund und Special-Effekts-Künstler Richard Taylor gerade richtig als Maskottchen ihres Filmstudios. Seit 1987 wurden hier Requisiten, Masken und später auch digitale Effekte für die Fernsehserien *Hercules* und *Xena* und für Jacksons eigene Filme produziert.

Mit der *Herr der Ringe*-Trilogie gelangten die »Weta Studios« dann zusammen mit Peter Jackson überraschend zu Weltruhm, diversen Oscars und einer Reihe von Ritter- und Verdienstorden. Seit 2003 reiht sich ein internationaler Blockbuster, der von den kreativen Neuseeländern ausgestattet wird, an den nächsten. Was eine Weta ist, weiß inzwischen zwar immer noch kaum jemand außerhalb Neuseelands, aber den Namen an sich hat das kleine, feine Filmstudio in der ganzen Welt bekannt gemacht.

Die Requisiten und »Bühnenbilder«, die für das *Herr der Ringe*-Epos hergestellt wurden, bewunderten wir gebührend bei einem Besuch des kleinen Filmmuseums. Die »Weta Cave« in Wellingtons Stadtteil Miramar ist nicht größer als eine Zweiraumwohnung, präsentiert aber die ganze Welt der Miniaturen, der in Handarbeit geschmiedeten Waffen und Rüstungen, der lebensechten Masken und der Groß-Klein-Tricks, die Zwerge und Hobbits in den Filmen so echt erscheinen lassen.

Wenn man die auf der Schulter des lebensgroßen Moria-Orks sitzende Weta über dem Kassentresen betrachtet, erscheint sie dann auch gar nicht mehr so groß – und im Vergleich auch nicht mehr so hässlich.

104. Grund

Weil der Kākāpo der traurigste Papagei der Welt ist

Gibt es ein niedlicheres, traurigeres, bemitleidenswerteres Tier auf dieser Welt? Als wir das erste Mal einen Kākāpo sahen – ausgestopft nur, in einem Schaukasten im Museum –, seufzten wir unisono auf. Und da wussten wir noch gar nicht, wie schlecht es um diesen armen Vogel steht. Der Kākāpo selbst scheint es allerdings sehr wohl zu wissen. Man muss nur den tieftraurigen Blick sehen, der selbst ausgestopft aus seinem runden Gesicht schaut.

Der Kākāpo ist quasi die Apotheose der Seltsamkeit neuseeländischen Tierlebens. Als nachtaktiver und flugunfähiger Papagei lebte er einst unbehelligt in den dichten, feuchten und dunklen Regenwäldern der Südinsel Neuseelands und war perfekt an seine ökologische Nische angepasst: Ohne Feinde musste er weder fliegen noch schnell laufen können, stattdessen klettert er aber behände bis in die höchsten Baumwipfel und lässt sich von Zweig zu Zweig nach unten fallen. Er sieht und hört nicht besonders gut, sondern orientiert sich im Dunkel der Nacht mithilfe seiner feinen Schnabelborsten.

Mit seinem braun-grün-gelblich gesprenkelten Federkleid ist der Kākāpo im grünen Regenwald supergut vor Raubvögeln getarnt; wenn er stillhält, sieht man ihn von oben kaum. Statt zu fliehen, schaut er daher hungrige Ratten oder Katzen nur neugierig – oder wahrscheinlich eher traurig – an. Die finden den fetten Happen sicher besonders lecker, weil er außerdem noch ziemlich gut riecht. Wir haben ja leider noch nie einen lebenden Kākāpo schnuppern können, aber man erzählt, dass die puscheligen Gesellen intensiv nach Bienenwachs und Blumen duften. Wie süß!!

Dass es sich bei ihm um einen Papagei handelt und nicht um eine Eule, haben die Naturwissenschaftler offenbar erst festgestellt, nachdem sie dem Kākāpo seinen lateinischen Namen gegeben hatten (»Strigops habroptilus« heißt so viel wie »weichfedriges Eulengesicht«). Wer den Kākāpo beobachtet, kommt aus dem Staunen gar nicht heraus. Allein das Balzverhalten des moppeligen Gesellen ist faszinierend: Wenn alle Bedingungen stimmen, ziehen die Männchen aus ihren Revieren – bis zu sieben Kilometer weit! – zu einer Anhöhe, die sie zuerst säuberlich herrichten und wo sie dann gemeinsam wie in einer Arena gegeneinander Schaukämpfe austragen. Die Weibchen kommen zum Zuschauen und suchen sich dann aus den Kandidaten ein Männchen heraus, das ihnen gefällt.

Die Balzrufe, die das Kākāpo-Männchen dabei ausstößt, sind nicht von dieser Welt: ein tiefes, trauriges (na klar) Grunzen und Brummen, das aus dem aufgeblasenen Kehlsack ausgestoßen wird und kilometerweit durch den dichten Wald schallt. Der kluge Kākāpo sucht sich für sein Rufen besonders geeignete Stellen aus, etwa Felswände oder Berghänge, von denen der Schall gezielt in eine Richtung reflektiert. Und dann heißt es warten und hoffen, dass die traurigen Rufe ge- und erhört werden.

Angesichts dieses Aufwands für das Suchen und Bezirzen einer Partnerin sollte man eigentlich meinen, dass der Kākāpo recht fortpflanzungsfreudig ist. Das Gegenteil ist der Fall! Zwar bespringen die Männchen während der Balz alles, was auch nur entfernt an ein Weibchen erinnert – das kann auch ein herumliegender Ast oder der Kopf eines Rangers sein (es gibt da einen wahnsinnig lustigen YouTube-Film!). Aber es passiert leider nur sehr selten, dass sie in Stimmung kommen.

Man nimmt an, dass der Kākāpo nur dann bereit zur Fortpflanzung ist, wenn der Rimu-Baum viele Früchte trägt. Von denen ernährt sich der traurige Papagei nämlich am liebsten. Leider kommt es nur alle drei bis fünf Jahre zu einer solchen Baummast. Dazu kommt, dass die männlichen Kākāpo erst mit fünf Jahren geschlechtsreif sind, die Weibchen lassen sich sogar bis zum zehnten Geburtstag Zeit. Gibt es dann endlich Nachwuchs, muss sich die Mutter allein um das Nest kümmern und die Eier daher immer wieder allein lassen, um Futter zu suchen – die perfekte Gelegenheit für Fressfeinde aller Art, um sich zu bedienen.

Von ursprünglich Millionen Kākāpo fanden die Europäer bei ihrer Ankunft bereits deutlich weniger vor; die Māori hatten sich an den wehrlosen Vögeln schon weidlich bedient. Kākāpo-Köpfe dienten ihnen als Ohrschmuck, aus den Federn webte man Mäntel, und die fetten, mehr als einen halben Meter großen Vögel gaben sicherlich auch eine leckere Mahlzeit ab. Neugierige Naturforscher sammelten Tausende Kākāpo und schickten sie nach Europa, als wissenschaftliche Präparate oder als Kuriositäten. Lebend hielten sich die Tiere leider immer nur wenige Monate. Man muss es den Neuseeländern zugute halten, dass sie bereits in den 1870er-Jahren bemerkten, wie sehr die Bestände des Kākāpo abgenommen hatten. Während es für die einen die naheliegendste Lösung war, die verbliebenen Vögel noch intensiver zu jagen, erklärte die Regierung 1891 Resolution Island im Fiordland zum Naturschutzgebiet, wohin nun so viele Kiwi und Kākāpo umgesiedelt wurden, wie man finden konnte.

Wirklich tragisch war es, dass die 200 geretteten Kākāpo nach nur sechs Jahren von Mardern ausgerottet wurden, die zur Insel hinübergeschwommen waren. Auch die drei Kākāpo, die gerade noch rechtzeitig nach Little Barrier Island nördlich von Auckland gebracht worden waren, hielten sich nicht lange: Sie fielen verwilderten Katzen zum Opfer. Der letzte Versuch, drei Kākāpo auf Kapiti Island vor Wellington zu retten, endete mit dem Tod des letzten Vogels im Jahr 1936.

Heute leben auf dem neuseeländischen Festland gar keine Kākāpo mehr; alle Tiere, die man finden konnte, wurden in den 1970er-Jahren auf zwei kleine Inseln vor Neuseelands Südinsel umgesiedelt. Dort leben heute zusammengerechnet noch weniger als 160 Tiere. Das sind schon deutlich mehr als die 47 Vögel, die bei einer Zählung im Jahr 1994 zusammenkamen, aber immer noch wenig genug, dass die Art unmittelbar vom Aussterben bedroht ist. In den 1970er-Jahren dachte man bereits, es sei so weit; dann wurden im Fiordland überraschend zwei isolierte Populationen entdeckt, von denen eine allerdings nur noch aus Männchen bestand.

Seit Jahrzehnten bemühen sich die neuseeländischen Vogelschützer um die Rettung des Kākāpo. Der 1989 gestartete »Kākāpo Recovery Plan« begann damit, dass die noch lebenden Vögel zusätzliches Futter erhielten, um sie zur Fortpflanzung zu bewegen. Die wenigen geschlüpften Jungen wurden dann mühsam und bei Weitem nicht immer erfolgreich von Hand aufgezogen.

Nach wie vor klappt das Eierlegen bei den Kākāpo nur, wenn die Rimu-Bäume viele Früchte tragen. 2016 war so ein Jahr, und die Brutsaison war so erfolgreich wie noch nie in den letzten 25 Jahren. Warum das so ist, glauben Wissenschaftler nun herausgefunden zu haben: Der Bruterfolg des Kākāpo hängt, genau wie der des Kea und des Kākā, die ebenfalls nur alle paar Jahre Eier legen, wahrscheinlich von pflanzlichen Hormonen ab, die er über die Rimu-Früchte aufnimmt.

Anders als zum Beispiel Hühner oder Menschen produzieren Papageien Östrogene nicht selbst, sondern müssen sie mit der Nahrung aufnehmen. Dafür haben sie spezielle genetische Rezeptoren. Um ein befruchtungsfähiges Ei legen zu können, brauchen die Weibchen also viele östrogenreiche Rimu-Früchte.

Wenn man nun herausfinden könnte, wie genau die Rimu-Bäume das pflanzliche Östrogen produzieren, dann ließe sich im nächsten Schritt das Hormon synthetisch herstellen und den Fortpflanzungsbemühungen des Kākāpo einen Schubs geben. Eine Art Viagra für den Kākāpo also.

Über den Aufwand, den die Neuseeländer in die Rettung des Kākāpo investieren, kann man nur staunen. Und sie machen unermüdlich weiter, obwohl die Erfolge winzig sind. Die Entwicklung des Kākāpo-Bestandes schwankt so unsicher auf und ab wie der Aktienkurs der Telekom; feiert man in einem Jahr das erfolgreiche Schlüpfen von 24 Küken, ist im nächsten Jahr der Tod mehrerer Weibchen durch eine unbekannte Bakterieninfektion zu beklagen. Der Kākāpo scheint selbst gar kein Interesse am Überleben zu haben!

Wer mag es ihm verübeln? Wer die traurigen Rufe des Kākāpo in der Nacht hört oder in seine so melancholisch-resignierten Äuglein blickt, der hört ihn geradezu rufen: »Lasst mich endlich aussterben, diese Welt ist nicht mehr meine!«

Weil ich meine Schnürsenkel wiederhaben will!

Den stattlichen, bis zu einem halben Meter großen Bergpapageien begegnet eigentlich jeder Neuseelandreisende, der einen Abstecher auf die Südinsel macht. Die grün gefiederten Kerlchen mit den kräftigen Schnäbeln trifft man fast zwangsläufig beim Überqueren des Arthur's Pass, auf der Straße zum Aoraki/Mount Cook oder bei der Fahrt in den Milford Sound. Sie scheinen regelrecht auf Touristen zu warten, denn die bringen Spielzeug!

Kaum biegt man auf den Parkplatz ein, hopst der erste Kea heran, wirft verstohlene Seitenblicke und prüft die Lage. Ist man als interessant genug eingestuft worden, werden die Kumpels herbeigerufen – und dann geht es los. Arglose Tierfreunde, die ausgestiegen sind, werden neugierig beäugt, aber wenn sie nicht etwas ganz besonders Spannendes in den Händen halten, im Weiteren ignoriert. Das wahre Interesse der Kea gilt meistens den Fahrzeugen der Touristen. Die sind so schön weiß und glänzend, ausgestattet mit glitzernden Antennen, spannenden Anbauten und leckeren Türdichtungen. Ob in dem Wohnmobil jemand drinsitzt, ist den Vögeln ziemlich egal.

In ihrer Neugier sind die einzigen Bergpapageien der Welt, die nur auf Neuseelands Südinsel leben, fast rührend menschlich. Tatsächlich fanden Forscher vor einigen Jahren heraus, dass Kea intelligenter als ihre berühmten Vettern, die Raben, sind und damit als die klügsten Vögel der Welt gelten dürften. Kea benutzen Werkzeuge, erkennen sich im Spiegel, arbeiten zusammen, handeln altruistisch und schauen sich Strategien von ihren Nachbarn ab – alles Vorbedingungen für die Entstehung von Kultur, die man eigentlich nur dem Menschen zuschreibt. Kea sind außerdem sehr sozial und leben in Gruppen, in Einzelhaltung sterben sie schnell.

Leider sind Kea in ihrer Entdeckerfreude wenig zimperlich: Wenn sie eine Radioantenne gründlich untersucht haben, dann ist diese kaputt. Dasselbe gilt für Türdichtungsgummis an geparkten Fahrzeugen, die nach einigen Stunden der Erforschung dann nicht mehr vorhanden sind, und Rucksäcke vor Wanderhütten, die danach leer und ziemlich zerfleddert sind. Haben Kea die Bremsschläuche oder andere Leitungen unter einem Auto zernagt, kann das richtig gefährlich werden. Mehr als einem Touristen wurde schon von frechen Kea Reisepass oder Geldbeutel gestohlen – nicht wieder auffindbar im unwegsamen, dicht bewaldeten Bergland der Südinsel.

Nur Anfänger stellen in Neuseeland ihre Wanderschuhe zum Lüften vor die Tür oder auf die Terrasse. Tun sie das auf der Südinsel, haben die Wanderschuhe am nächsten Morgen dann nämlich keine Schnürsenkel mehr – oder sie sind ganz verschwunden, fortgeschleppt für nähere Erkundungen. Die dämmerungsaktiven Vögel können müde Wanderer auch ganz schön nerven, wenn sie unermüdlich auf den dünnen Wellblechdächern von Hütten und Wohnmobilen hin und her trappeln oder schräge Dächer als Rutschbahn benutzen.

Vertreiben lassen sie sich nicht. Wie denn? Mit Gegenständen nach Kea zu werfen ist völlig sinnlos; für den neugierigen, immer zum Spielen aufgelegten Vogel ist das die Einladung zu einem Fangespiel, das er nur gewinnen kann. Und wer winkt, schreit oder droht, der wird so lange mit schief gelegtem Kopf angeschaut, bis er (oder sie) sich ziemlich dämlich vorkommt.

Anders als der scheue Kiwi hält sich der Kea nicht zurück, wenn es um die Nähe zum Menschen geht. Seine Neugier treibt ihn geradezu in unsere Nähe, weil wir so viele spannende Dinge besitzen und machen. Leider haben sich die eigentlich ziemlich robusten Bergpapageien, die gut fliegen können und keine Angst vor eingeschleppten Mardern oder Possums haben müssen, dadurch ziemlich in die Bredouille gebracht.

Für genervte Anwohner und Campingplatzbesucher stellen Kea mitunter eine regelrechte Plage dar, weil sie alles anknabbern, klauen und zerfleddern, was nicht niet- und nagelfest ist. (Im wahrsten Sinne des Wortes übrigens: Kea ziehen sogar Eisennägel aus Holzplanken.) Bei den Versuchen, die Papageien zu vertreiben, kommt es zu Verlusten auf beiden Seiten – aber die Kea bezahlen mit ihrem Leben.

Obwohl sie unter Naturschutz stehen, werden sie immer wieder vergiftet, erschossen, in Fallen eingeklemmt oder überfahren. Fährt ein genervter Autofahrer abrupt los, stürzen die belagernden Kea oft vom Dach und brechen sich dabei ihre dünnen Knochen. Nur manchmal gelingt es dem Umweltschutzministerium, allzu aufdringliche Tiere einzufangen und umzusiedeln. So musste eine Bande von sieben Kea, die einen Monat lang jeden Tag den Campingplatz bei Kaiteriteri am Abel-Tasman-Nationalpark terrorisiert hatten, mit Netzgewehren eingefangen werden. Anschließend wurden sie zum 130 Kilometer entfernten Rainbow-Skigebiet in den Nelson Lakes transportiert, in der Hoffnung, dass sie es dort genauso schön finden wie auf dem Campingplatz am Meer.

So viel Mühe für einen Vogel – das gibt es nur in Neuseeland! Das Image des Kea hat sich grundlegend gewandelt. Der hübsche Papagei, dessen prachtvoll gefärbtes Gefieder man nur sieht, wenn er über einen hinwegfliegt, gilt heute als »Clown der Berge« und wird als Wahrzeichen des Landes vermarktet. Noch vor einigen Jahrzehnten galt der Kea als grausamer Schädling: Weil sich die pragmatischen Vögel, auf deren Speisezettel auch Aas steht, im Winter gern an Schafen gütlich tun und den armen Tieren bei lebendigem Leib die fetten Hinterteile abnagen, wurde für Kea-Bälger bis in die 1970er-Jahre sogar ein Kopfgeld von einem Britischen Pfund gezahlt. Man schätzt, dass die fleißigen Neuseeländer 150.000 Kea töteten. Und auch heute noch sehen besonders die Alteingesessenen den Kea als Plage.

Dabei ist es genau andersherum: Wie seine Verwandten, der Kākā und der Kākāpo, ist auch der Kea bedroht durch eingeschleppte Raubtiere, die seine Eier und Küken fressen, durch den Schwund seines Lebensraums und den Klimawandel, vor allem aber durch seine unbändige Neugier. Kea probieren erst einmal alles, was sie in ihre Schnäbel kriegen – und verderben sich dabei oft den Magen, wenn sie von Touristen Snacks zugesteckt bekommen oder sich das Picknick zusammen mit der Plastikverpackung einverleiben. Durch alte Nägel und Blitzableiter, an denen Kea bevorzugt nagen, erleiden sie oft Eisenvergiftungen.

Natürlich sollten wilde Kea niemals gefüttert werden; darauf weisen Schilder an allen Parkplätzen in den Southern Alps hin. Und natürlich werfen gedankenlose Touristen trotzdem begeistert Kekse aus dem Autofenster oder freuen sich über vermeintlich zahme Vögel, die ihnen Pommes frites aus der Hand fressen. Das ist nicht nur extrem ungesund. Wenn junge Kea sich erst einmal an die Versorgung durch menschliche Fütterung gewöhnt haben, verlernen sie die Nahrungssuche in ihrer natürlichen Heimat. Und: Durch die energiereiche Menschennahrung sind die Vögel schneller satt und haben so noch mehr Zeit, sich Blödsinn auszudenken.

Obwohl der Kea 2017 zum »New Zealand Bird of the Year« gewählt wurde und jedem Neuseelandreisenden bekannt ist, ist sein Bestand in den letzten Jahren drastisch zurückgegangen. Mit nur noch 5.000 Exemplaren ist der Kea kürzlich auf die Rote Liste der vom Aussterben bedrohten Tierarten aufgenommen worden – eine traurige Ehre.

106. Grund

Weil es hier die leckersten Austern der Welt gibt

Wenn es eines in Neuseeland reichlich und überall gibt, dann sind es – Austern. Ob in schicken Bars in der Innenstadt, auf Seafood Festivals oder an Straßenständen, die neuseeländischen Austern sind lecker und preiswert. Das Besondere: Sie sind nicht nur in der Schickimicki-Szene beliebt, sondern gehören zum ganz normalen Meeresfrüchte-Sortiment, wie wir erstaunt und erfreut lernten.

Weltberühmt ist Neuseeland bei Austern-Fans vor allem für die »Bluff oysters«, die nur hier, an der südlichsten Spitze der Südinsel, wachsen (oder sollte man eher »leben« sagen?). Die Austern aus dem kleinen Örtchen ganz im Süden der Südinsel – einige Reiseführer bewerben ihn als den südlichsten Ort Neuseelands, was nicht ganz stimmt – gelten als ganz besonderer Leckerbissen. Im eiskalten Wasser der Foveaux Strait wachsen sie schön langsam zu großen, zarten und (angeblich nussig schmeckenden) Delikatessen heran. Bluff ist außerdem der einzige Ort auf der Welt (!), wo Austern noch »wild« gefangen und nicht gezüchtet werden.

Wir waren bei unserem Bummel durch Bluff überrascht; nicht vom exquisiten Geschmack der Austern, sondern vielmehr von dem wenigen Aufsehen, das hier um die edlen Schalentiere gemacht wird. Frische Austern gibt es hier im normalen Supermarkt um die Ecke, und auch in den Restaurants sind sie nicht teuer. Stolz sind die Einwohner von Bluff natürlich trotzdem auf ihre Spezialität und haben, wie es in Neuseeland so üblich ist, ihr Wahrzeichen in Form einer riesigen Auster ins Stadtzentrum gestellt.

Da wir unseren Roadtrip über die Südinsel mit Blick auf das Wetter in den Januar gelegt hatten, gab es in Bluff nur Austern in Dosen für uns. Der beste Zeitpunkt für einen Besuch des 2.000-Einwohner-Ortes am Tor der Antarktis ist die Zeit ab März – leider genau die Zeit, in der es hier unten ordentlich kalt wird. Die Austernfischer sind seit den 1960er-Jahren strengen Fangquoten unterworfen und dürfen nur bis Anfang August hinaus aufs Meer fahren. Seit 1970 gilt eine Obergrenze von 5.000 Säcken Austern pro Boot. Das entspricht 115.000 Austern insgesamt, die jedes der etwa 20 Austernboote vom Meeresboden einsammeln darf – auf die Bevölkerung Neuseelands gerechnet, sind es etwa zwei Dutzend Austern pro Kopf.

Ein großer Schreck war der Bonamia-Parasit, der die Bluff-Austern im Jahr 1986 befiel und sie ungenießbar machte. Bis 1994 wurden daher überhaupt keine Austern vor Bluff gefischt. Seitdem haben sich die Bestände im tiefen Wasser vor der Küste zum Glück wieder erholt. Zuchtbestände vor Stewart Island wurden aber vorsichtshalber radikal eliminiert. Bis heute finden alle paar Monate gründliche Tests von Austernzuchten und Wildbeständen im ganzen Land statt, um neue Ausbrüche des Bonamia-Erregers frühzeitig zu bemerken.

Für mehrere Familienunternehmen in Bluff bedeutete die Entscheidung der Regierung, dass ab August 2017 in der gesamten Region keine Austern mehr gezüchtet werden dürfen, das Aus. Natürlich gingen dabei auch eine Menge Arbeitsplätze verloren. Aber der Austernbestand insgesamt wurde gerettet – und das haben sogar die von den Einschnitten betroffenen Menschen immer als Priorität gesehen.

Austern aus Bluff sind so begehrt, dass die Menschen am Beginn der Saison vor den Restaurants im ganzen Land Schlange stehen. Die

Einkäufer warten nicht einmal ab, bis die Austernfischer ihren ersten Fang zum Hafen gebracht haben; Helikopter holen die frischen Austern auf dem offenen Meer ab, um die aufgeregten Kunden möglichst schnell beliefern zu können.

Die verbreitetere Pacific Oyster und die schlichte Felsenauster kann man zum Glück das ganze Jahr über genießen. Das haben wir in Neuseeland auch gern getan. Austern als Armeleuteessen haben wir in den Marlborough Sounds und im Northland direkt am Strand von den Felsen gepflückt und roh geschlürft (mit einem Spritzer Zitrone natürlich, man ist ja kein Barbar).

Was im Rest der Welt als unerschwingliche (und, Hand aufs Herz, auch irgendwie eklige) Delikatesse für die Schönen und Reichen gilt, ist in Neuseeland ein Snack für ganz normale Leute. Das zeigt sich auch an den vielen Festivals, mit denen im ganzen Land die Austern-Saison gefeiert wird. Zum Pflichtprogramm für Liebhaber gehört das »Bluff Oyster and Food Festival« im Mai. Statt weißer Tischtücher und Champagner gibt es hier Wettbewerbe im Austernknacken und augenzwinkernde Modenschauen in gebrauchten Austernsäcken. Das vielsagende Motto des Festivals: »unsophisticated and proud of it!«

In Matakana, einer Art Prenzlauer Berg für ausgewanderte Ökobauern nördlich von Auckland, haben wir uns im »Green Shed« einen ganzen Plastikbeutel, vollgepackt mit zwei Dutzend Omaha-Austern und einer Zitrone, für 20 NZ$ gekauft und unter »Ooohs« und »Aaahs« direkt vor der Tür verzehrt. Direkt am Straßenrand stand auch der kleine Imbiss kurz vor dem Ortseingang, wo »Austern-Shots« mit Olivenöl und Chili für einen Dollar verkauft wurden.

Zugegeben: Austern sind nicht jedermanns Geschmack. Aber einfach mal probieren, ohne sich ohne weißes Hemd oder Brillantring doof vorkommen zu müssen, das geht in Neuseeland ganz hervorragend. Selbst unsere Kinder schlürften testweise eine kleine Auster, und immerhin eines erklärte danach, das sei ja wirklich ganz lecker. Das andere konnte sich nicht mit dem Gedanken anfreunden, dass es ja ein lebendes Tier esse. Unsere Beruhigung, dass nur Wirbeltiere Schmerz empfinden würden, überzeugte da wenig.

Dass man von den frittierten Austern in den Fish-and-Chips-Shops lieber die Finger lassen sollte, haben wir nach fast zwei Monaten Budget-Essen in Neuseeland allerdings auch gelernt; im Teigmantel schmecken die Dinger tatsächlich wie … Entschuldigung: heißer Rotz.

107. Grund

Weil Mānuka-Honig magische Kräfte hat

Beim Wandern in Neuseeland fielen sie uns gezwungenermaßen immer wieder auf, weil wir ständig an ihren dornigen Zweigen hängen blieben: Die struppigen, mehrere Meter hohen Mānuka-Sträucher säumen so manchen Wegrand, vor allem auf der Nordinsel. Ihre schmalen Blätter ähneln eher Nadeln. Wer sich durch ihre dichten Zweige zwängen will, der braucht feste Kleidung.

Das ätherische Öl in den Blättern und der Rinde des Mānuka-Strauches wurde schon von den Māori vielfältig genutzt; hauptsächlich zur Wundversorgung und zur Bekämpfung von ansteckenden Krankheiten. Der Mānuka-Strauch, der mit dem australischen Teebaum-Strauch verwandt ist (und seinen Namen von europäischen Naturforschern erhielt, die Eingeborene beim Zubereiten eines Tee-Suds aus der Strauchrinde beobachteten), enthält nämlich reichlich antibakterielle Wirkstoffe. Die funktionieren so gut, dass neuseeländische Farmer angeblich ihr Vieh mit dem Gestrüpp füttern, um es gegen Krankheiten zu »immunisieren«.

Die kleinen rosafarbenen oder weißen Blüten sind es, die den Mānuka-Strauch zu einer ganz besonderen Pflanze machen. Aus ihrem Nektar, von Bienen gesammelt und zu Honig verarbeitet, entsteht Mānuka-Honig. Der ist nicht ohne Grund weltberühmt und das praktischste Souvenir, das man aus Neuseeland mitbringen kann.

Irgendwo auf dem Weg vom Strauch in den Bienenkorb verwandelt sich das in der Pflanze enthaltene Dihydroxyaceton in das antibakteriell wirksame Methylglyoxal. Und während »normaler« Honig aus x-beliebigen Blüten nur geringe Mengen dieses Wirkstoffs enthält, steckt im Mānuka-Honig so viel davon, dass er eine wahre Wunderwaffe gegen fiese Krankheitserreger ist. Von Karies und Parodontitis über Magen-Darm-Beschwerden bis hin zu Brandwunden und Schuppenflechte reicht das Behandlungsspektrum, bei dem der Honig eingesetzt werden kann.

Tatsächlich wurde die nahezu magische Wirkung des Mānuka-Honigs schon mehrfach wissenschaftlich bestätigt. Englische Forscher wiesen nach, dass Mānuka-Honig sogar das Wachstum von MRSA-Bakterien hemmen kann – den gefürchteten multiresistenten Krankenhauskeimen, gegen die kein Antibiotikum mehr ankommt. Mehr noch: Der Mānuka-Honig soll diesen resistenten Keimen ihre Resistenzen wieder abgewöhnen können. Neben ekligen Antibiotika könnte daher in Zukunft auch ein täglicher Löffel Honig auf dem Rezept schwerkranker Menschen stehen. Häufig sind überhaupt keine Antibiotika mehr nötig: Schon eine Nasenspülung mit Mānuka-Honig oder eben ein täglicher Löffel während der Erkältungszeit wirken Wunder. Ehrlich wahr!

Wie so oft, kommt es natürlich auf die Dosierung an. Nicht jeder Mānuka-Strauch liefert Nektar in derselben Qualität. Es gibt also Imker, die wirklich magisch wirksamen Mānuka-Honig verkaufen, und andere, deren Honig eher nur Frühstücksqualität hat. Da neben den Mānuka-Sträuchern in Neuseeland oft Kanuka-Sträucher wachsen, deren Pollen fast genauso aussehen, gibt es sogar richtigen Fake-Mānuka-Honig – und der entsteht nicht versehentlich, denn die beiden Straucharten blühen nacheinander.

Damit man weiß, welcher Honig im Zweifelsfall der richtige ist, hat man 2006 an der TU Dresden (was mich als Lokalpatriotin ein klein wenig stolz macht) eine Methode entwickelt, um die Konzentration des antibakteriell wirksamen Methylglyoxals im Mānuka-Honig zu messen. Lizenzen mit der Angabe des »Unique Mānuka Factor« werden seitdem von der neuseeländischen Active Mānuka Honey Association offiziell vergeben. Ein Mānuka-Honig, der sein Geld wert ist, sollte einen UMF (oder MGO-Gehalt) von mindestens 400 haben, sonst taugt er nur fürs Honigbrötchen – und dort mag ich ihn eigentlich gar nicht so gern, denn Mānuka-Honig schmeckt immer etwas bitter.

Eine offizielle Überwachung des Mānuka-Honigmarktes war dringend nötig: Nach Bekanntwerden der Wunderheilkräfte des Honigs schoss zuerst der Preis in die Höhe. Als wir mit unseren Kindern durch Neuseeland reisten, konnten wir ein Glas Mānuka-Honig in Central Otago noch zum Kilopreis von weniger als 40 NZ$ am Straßenrand kaufen – das Geld warfen wir in die bereitstehende »Honesty Box«, Ehrensache (und typisch Neuseeland). Heute kostet derselbe Honig locker 200 NZ$, wird weltweit für Millionen von Dollars exportiert und ist wahrscheinlich nur noch selten im Straßenverkauf erhältlich.

Wo viel Geld zu holen ist, wächst nämlich auch die Konkurrenz – und die kriminelle Energie, selbst im beschaulichen Neuseeland. Da, wo früher nur ein einziger Imker seine Bienen schwärmen ließ, sind es heute zehn oder 50. Amateure, die sich ohne großen Aufwand mit ihrem eigenen Mānuka-Honig versorgen wollen, stellen ihre Bienenstöcke nur wenige Hundert Meter von anderen Völkern entfernt auf. Die Bienen nehmen sich gegenseitig den Nektar weg und müssen sogar mit Zuckersirup zugefüttert werden, um nicht zu verhungern.

Die gewünschten Konzentrationen von Methylglyoxal werden dann kurzerhand nachträglich in den Honig geschüttet; der Wirkstoff ist als preiswerte Laborchemikalie überall erhältlich. Oder man klebt einfach ein Etikett »Mānuka-Honig« auf das Honigglas, denn welcher Kunde testet das gekaufte Produkt schon im Labor auf seine Inhaltsstoffe? So wurden im Jahr 2013 weltweit geschätzte 10.000 Tonnen Mānuka-Honig verkauft, während die neuseeländischen Imker nach eigenen Angaben nur 1.700 Tonnen produziert hatten.

Und es kommt noch schlimmer: Hunderte Bienenvölker im Northland sind von Unbekannten vergiftet oder gestohlen worden, weil sie Nektar von den wenigen begehrten Sträuchern ernteten. Jeder Imker in Neuseeland kann inzwischen von Drohungen, tätlichen Angriffen und Vandalismus berichten; das Klima ist zerfressen von Angst und Missgunst, viele alteingesessene Imker haben ihre Tätigkeit enttäuscht und frustriert bereits aufgegeben.

Das »flüssige Gold« ist die Aufregung wirklich wert, schaut man sich an, was der Mānuka-Honig alles bewirken kann. Dass so ein Goldrausch aber immer auch die hässlichen Seiten der Menschen hervorbringen muss, sogar in Neuseeland – das finde ich mehr als traurig. Unseren täglichen Löffel Honig nehmen wir in der Erkältungszeit daher immer mit ein wenig Wehmut ein, während wir dem Geschmack der neuseeländischen Buschlandschaft hinterherträumen.

108. Grund

Weil Raubtiere ausgesperrt werden

Mitten in den grünen Hügeln und Weiden des Waikato-Distrikts südlich von Cambridge liegt eine Insel. Umgeben ist sie nicht von Wasser, sondern von einem 47 Kilometer langen Zaun. Ein freiwilliges Projekt kämpft hier um nicht weniger als die ökologische Zukunft Neuseelands: »Sanctuary Mountain« soll das Ökosystem an den Hängen des Vulkans Maungatautari wiederherstellen, so wie es vor der Besiedlung durch die Europäer aussah.

Auf dem erloschenen, 797 Meter hohen Vulkankegel wuchs Hunderte Jahre lang dichter, unberührter Wald. Bevor die Europäer in Neuseeland Fuß fassten, spielte dieser Wald eine wichtige Rolle für das Leben und Überleben der Māori. Er bot einen Lebensraum für über 50 Waldvogelarten, für Fledermäuse, Frösche und Eidechsen, für Fische und Insekten. Ein Großteil dieser Arten kam nur in Neuseeland vor, die Tiere hatten sich in Jahrmillionen der Evolution an die abgeschiedenen Lebensbedingungen angepasst.

Das begann mit den Vögeln, die ohne bedrohliche Raubtiere kaum Schutzmechanismen entwickeln mussten – ein Prozess, den Biologen »ökologische Naivität« nennen. Sie trugen knallbunte Federkleider und sangen laut und unbekümmert gegeneinander an, viele Arten stellten das Fliegen ein und machten es sich am Boden gemütlich (das gilt auch für viele Insekten, und selbst die Fledermäuse in Neuseeland bewegen sich großteils am Boden fort!). Ohne Feinde hatte man es auch mit der Fortpflanzung nicht eilig; viele neuseeländische Vögel legen nur ein Ei pro Gelege und das teilweise nicht einmal jedes Jahr.

Die Pflanzen stellten sich darauf ein und passten ihre Fortpflanzungsmethoden exakt an die Ernährungsgewohnheiten der Vögel an: So gibt es in Neuseeland viele Bäume und Sträucher, die sich für die Verbreitung ihrer Samen auf nur wenige oder gar eine einzige Vogelart verlassen.

Die Ankunft der Europäer markierte für die Tiere und Pflanzen, die immerhin die Ankunft der Māori überstanden hatten, den Anfang vom Ende. Eingeführte Wild- und Haustiere wie Rotwild, Kaninchen, Ziegen oder Schweine machten den einheimischen Tieren und Pflanzen das Leben schwer. Und Schädlinge, die ganz unbemerkt mit in die neue Welt gekommen waren, genossen hier Lebensbedingungen ohne jede Konkurrenz: Ratten, Wiesel oder Marder rotteten innerhalb weniger Jahrzehnte viele neuseeländische Vogelarten aus.

Im Jahr 2000 gab es im Wald am Maungatautari keinen einzigen Fisch mehr. Tuatara-Echsen und Frösche waren verschwunden, es gab nur noch zwölf Vogelarten. Insgesamt war die Zahl der hier lebenden Wirbeltiere um drei Viertel zurückgegangen. Ein Zusammenbruch des Ökosystems stand kurz bevor.

Heute findet man in dem dichten Wald, der die Hänge des Maungatautari bedeckt, wieder deutlich mehr einheimische Tiere und Pflanzen. Wie ist das passiert? Ortsansässige Māori-Stämme und Privatpersonen haben gemeinsam mit dem Staat begonnen, den Wald zu einer »ökologischen Insel« zu machen. Das größte ökologische Restaurationsprojekt Neuseelands beruht zum großen Teil auf vielen freiwilligen Arbeitsstunden. Die werden vor allem von Menschen geleistet, die in den angrenzenden Orten leben und ihre Zeit und Kraft für den Erhalt ihrer Heimat einsetzen.

Um die ökologische Insel zu erschaffen, wurde von 2004 bis 2006 eine Fläche von 3.363 Hektar Land mit dem längsten Spezialzaun der Welt abgesperrt und dann mithilfe von Fallen und Gift von allen eingeführten Säugetieren und Raubtieren befreit. Nur einige letzte Mäuse widersetzen sich dem Vorhaben der »Zeitreise rückwärts« hartnäckig. Weil es extrem schwierig ist, die Winzlinge komplett auszurotten, hat man sich nun entschieden, die Population wenigstens streng zu kontrollieren.

Parallel dazu wurde der Wald behutsam aufgeforstet, und einige seltene, in der Gegend bereits ausgestorbene Tierarten wurden wieder angesiedelt. Dazu gehören der bedrohte Laufvogel Takahē, der Kokopu-Fisch und der Kākā-Papagei. Eine kleine Population von Tuatara-Echsen wurde per Hubschrauber und Flugzeug von einer kleinen Insel in den Marlborough Sounds nach Maungatautari umgesiedelt.

Die Tiere kehrten aber auch ganz von selbst in die geschützte Region zurück. Nur drei Jahre nach Beginn der Einzäunung stellten Naturforscher eine Verdreifachung der Zahl einheimischer Käfer in der Schutzzone fest. Seltene oder bereits ausgestorben geglaubte Arten wie der Hochstetter-Frosch, der Duvaucel-Gecko oder die sonst nur auf der Südinsel wachsende Silberbuche wurden im Zuge der Naturschutzbemühungen am Maungatautari ganz zufällig entdeckt und gaben den Beteiligten zusätzliche Motivation für ihre Bemühungen, den Wald zu erhalten.

Zwei Zonen am südlichen und nördlichen Rand des Berges sind noch einmal extra intensiv abgeriegelt. Sie bieten besonders zuverlässigen Schutz, damit hier Brutprogramme für extrem seltene Vogelarten durchgeführt werden können. In der südlichen Zone gibt es außerdem ein Aviarium und einen Beobachtungsturm für Besucher.

Die Neuseeländer haben nämlich erkannt, dass Naturschutz am besten dann funktioniert, wenn die breite Bevölkerung mitmacht. Das klappt nur, wenn man sie daran teilhaben lässt. So werden in der geschützten Zone auch geführte Nachtwanderungen angeboten, auf denen Gäste Neuseelands großteils nachtaktive Tierwelt selbst erleben können. Bei den mehrmals im Jahr nötigen Gesundheitschecks für den Nördlichen Streifenkiwi dürfen Besucher zuschauen und sogar selbst Hand anlegen; einen lebenden Kiwi im Arm zu halten, ist eine wirklich seltene Gelegenheit.

Tagsüber können die Menschen auf kurzen und längeren Wanderwegen das wiedererwachende Leben im Wald entdecken. Das Bewusstsein für die Schönheit und Wichtigkeit einer intakten, artenreichen Umwelt zu wecken, ist die eine Seite der Medaille; die dadurch eingehenden Privatspenden und der Anstoß, selbst etwas für den Erhalt der Natur zu tun, machen die andere Seite ebenso wertvoll.

Schritt für Schritt beginnt sich die ursprüngliche Tier- und Pflanzenwelt im Wald am Maungatautari-Vulkan zu erholen. Einheimische Pflanzenarten bedecken wieder den Waldboden, Tuatara-Echsen und Giant Weta verstecken sich in hohlen Bäumen und Felsspalten. Zwischen den Bäumen erklingen wieder die Rufe des Kākā und das Zwitschern des winzigen Gelbbandhonigfressers.

Im Dezember 2005 hörten die Anwohner des Maungatautari zum ersten Mal seit geschätzten 100 Jahren einen Kiwi rufen, im September 2007 entdeckten Ranger ein Nest mit zwei Eiern. Die Hoffnung lebt! Und das nicht nur am Maungatautari, sondern in immer mehr Gebieten auf Nord- und Südinsel – von »Zealandia« bei Wellington und der Tawharanui-Halbinsel nördlich von Auckland, dem Bushy Park bei Whanganui im Westen der Nordinsel bis zum erst 2016 eingerichteten »Brook Waimarama Sanctuary« bei Nelson oder dem Orokonui Valley bei Dunedin auf der Südinsel.

Bisher ist die ökologische Insel am Maungatautari-Vulkan die größte Neuseelands; die gemeinnützige Moehau Environment Group zielt mit ihrem Plan, die gesamte nördliche Seite der Coromandel-Halbinsel in ihren ursprünglichen Zustand zurückzuversetzen, noch wesentlich höher. Ich wünsche ihr Glück!

109. Grund

Weil man an jeder Ecke Dinosaurier erwartet – und manchmal auch findet

Wer schon einmal durch den Regenwald auf Neuseelands Südinsel gestapft ist, der kennt das Gefühl, das einen dabei unweigerlich beschleicht: Die Kulisse aus hoch aufragenden, silberblättrigen Baumfarnen, den seltsam geformten Nikau-Palmen und den knorrigen Stämmen der Bäume, behangen mit dicken, blaugrünen, vollbartgleichen Flechten; die dazwischen knochenbleich aufblitzenden, von Moos und Regen glänzenden Kalksteinfelsen und dazu das vielstimmige Konzert aus fremd klingenden Vogelrufen – das alles weckt ganz schnell den

Eindruck, man sei irgendwo hinter der letzten Abzweigung versehentlich falsch abgebogen, in ein Land vor unserer Zeit.

In Neuseeland hat sich seit 80 Millionen Jahren, als es zusammen mit Australien dem Großkontinent Gondwana den Rücken kehrte und auf die andere Seite der Erdkugel driftete, nicht mehr viel verändert. Wie im Rest der Welt waren auch hier Dinosaurier durch die Wälder gestreift, gekrochen und getrampelt, bevor ein immer noch nicht gänzlich verstandenes Ereignis zu ihrem weltweiten Aussterben führte.

Ein eindrucksvoller Beweis für Neuseelands Abgeschiedenheit sind einige faszinierende Vertreter der einheimischen Tierwelt, die nicht nur aussehen wie kleine Dinosaurier, sondern tatsächlich welche sind. Das Massenaussterben vor 65 Millionen Jahren haben sie offenbar unbeschadet überlebt. Die Tuatara oder Brückenechse ist als Art schon seit unglaublichen 230 Millionen Jahren auf dieser Erde unterwegs und hat sich seit 150 Millionen Jahren nicht mehr wesentlich verändert – jedenfalls äußerlich. Auf dem DNA-Level entwickelt sich die Brückenechse jedoch unglaublich schnell weiter, haben Genetiker festgestellt. Da sieht man mal wieder, dass man vom äußeren Erscheinungsbild keine vorschnellen Rückschlüsse ziehen sollte!

Unbeeindruckt davon, dass sie die Letzten ihrer einstmals beherrschenden Spezies waren, krochen die Tuatara bis zum Ende des 17. Jahrhunderts durch Neuseelands Regenwälder – und hatten höchstwahrscheinlich gar nichts davon mitbekommen, dass sie eigentlich hätten aussterben sollen. Bis zum Eintreffen der Menschen, die wie immer alles verdarben. Ganz ohne Zutun der Europäer hatten es die Māori schon am Ende des 17. Jahrhunderts geschafft, die kleine Echse auf dem neuseeländischen Festland komplett auszurotten. Was einem Meteoriten nicht gelungen war, erledigten eingeführte polynesische Ratten und gründliche Waldrodungen.

Isoliert auf einigen vorgelagerten Inseln, erhielt sich glücklicherweise eine beständige Population von etwa 60.000 Tuatara-Echsen und überlebte weitere Jahrhunderte, wenngleich auf einem Lebensraum, der nur noch 0,5 Prozent ihres einstigen Reviers ausmachte. Immerhin: Die Tuatara hielt stoisch durch, bis sich der Mensch und das neuseeländische Umweltschutzministerium endlich daranmachten, ihre Art zu retten.

In einem ersten Schritt wurden die natürlichen Bestände der Tuatara-Echse auf den 32 kleinen Inseln stabilisiert, indem man die dort lebenden Ratten ausrottete und den Echsenmüttern beim Brüten assistierte. Mit dem zweiten Schritt, der Wiederansiedlung auf dem Festland der Nord- und Südinsel, wurde Anfang der 2000er-Jahre begonnen. Die ersten Brückenechsen, die aufs Festland zurückkehrten, waren die neuen Bewohner des »Karori Sanctuary« bei Wellington (heute heißt es »Zealandia« und ist unbedingt einen Besuch wert).

Bei der bis dato größten und komplexesten Umsiedelungsaktion in der Geschichte des Artenschutzes im Jahr 2012 wurden schließlich 260 Tuatara zuerst per Hubschrauber von der winzigen Stephens Island in den Marlborough Sounds in die Landeshauptstadt Wellington ausgeflogen. Von dort flogen sie per Linienflieger – natürlich mit der neuseeländischen Fluggesellschaft Air New Zealand – nach Gisborne, Napier und Waikato auf die Nordinsel sowie nach Dunedin auf der Südinsel (wo Brückenechsen eigentlich gar nicht natürlich vorkamen). In fünf Naturschutzgebieten, die mit raubtierdichten Zäunen vor Eindringlingen geschützt sind, sollen die Neuankömmlinge nun für frischen Wind im Genpool sorgen oder als Pioniere 2.0 den ehemaligen Lebensraum ihrer Art wieder neu erobern.

Solche luftigen Reisen hätten sich die behäbigen Tuatara sicherlich nicht träumen lassen; normalerweise bewegen sich die Echsen in ihrem gesamten Leben von bis zu 150 Jahren nur in einem Radius von 20 Metern um ihre Höhle. Im Gegensatz zu den meisten anderen Eidechsen (mit denen sie nicht verwandt ist!) ist die nachtaktive Tuatara zwar wechselwarm, bleibt aber auch bei niedrigen Temperaturen recht aktiv. Spannend ist außerdem das dritte Auge, das im Laufe des Erwachsenenalters unter einer dünnen Haut verschwindet. Mit diesem Auge auf der Oberseite ihres Kopfes, das bis auf die fehlende Iris ein voll funktionstüchtiges Organ ist, können die Tuatara immerhin Hell und Dunkel unterscheiden; praktisch, wenn Raubvögel am Himmel über der Echse unterwegs sind.

Ein Dinosaurier mit drei Augen? Den wollten wir natürlich in echt sehen! Im dichten Unterholz ist die einen halben Meter große, graugrüne Echse für den Otto Normalwanderer allerdings kaum zu entdecken, selbst auf öffentlich zugänglichen Inseln wie Tiritiri Matangi vor Auckland. Nachdem unsere Kinder wochenlang vergeblich Ausschau nach Mini-Dinos gehalten hatten, waren sie verständlicherweise frustriert. Was hatten wir Eltern ihnen da für Hoffnungen gemacht?

Wie gut, dass man die Urzeit-Echsen in Neuseeland auch im streng geschützten Rahmen von »wildlife sanctuaries« anschauen kann. Wir bestaunten die alten Herren und Damen zuerst in einem Terrarium im Southland Museum von Invercargill, der südlichsten Großstadt Neuseelands, und trafen sie dann ganz im Norden in Warkworth erneut. Dort liegt der einzige Reptilienpark Neuseelands. Er ist ein kleiner Anachronismus, da es bis auf die Tuatara-Echse ja eigentlich fast keine einheimischen Reptilien gibt. Am spannendsten ist eine Tuatara-Begegnung im »National Aquarium« von Napier in der Hawke's Bay: Dort kann man an bestimmten Terminen den Tierpflegern beim Füttern der Echsen helfen. Auf dem Speiseplan stehen Leckereien wie lebende Grillen oder Ochsenherz …

Wer übrigens partout nicht auf die Neuseelandreise warten will, um die lebenden Dinosaurier zu sehen, der kann auch nach Berlin fahren: Dort leben einige Brückenechsen im Aquarium des Zoos.

110. Grund

Weil Neuseeland eigentlich Schaf-Land ist

Auch wenn jemand gar nichts über Neuseeland weiß, diesen einen Fakt kennt jeder – und teilt ihn dann genüsslich unter den Anwesenden: In Neuseeland gibt es 20-mal mehr Schafe als Menschen. Australier wissen dann auch noch, was die wenigen Menschen notgedrungenermaßen mit den vielen Schafen machen, und hauen einen zotigen Schenkelklopfer nach dem anderen heraus, bis man sie freundlich lächelnd auf anwesende Kinder hinweist. (Soll ich trotzdem mal einen erzählen? Nein, lieber doch nicht.) Die Frage ist aber eine andere: Stimmt denn das Verhältnis von wenigen Neuseeländern zu vielen Schafen überhaupt noch? Zweifel kamen uns schon bei unserer ersten Reise durch Neuseeland, wo wir eigentlich ziemlich wenige Schafe sahen, dafür viele Kühe und – Überraschung! Rotwild. Das mag daran gelegen haben, dass die neuseeländischen Schafe, kaum an Menschen gewöhnt und fast das ganze Jahr sich selbst überlassen auf der Weide, außerordentlich scheu sind. Die meisten Aufnahmen, die wir von Schafen gemacht haben, zeigen die wolligen Kerlchen von hinten, in wilder Flucht begriffen.

Gehen wir die Sache wissenschaftlich an und fragen beim neuseeländischen Statistikamt nach. Die wissen zunächst einmal, wie viele Menschen in Neuseeland leben. Mit Stand im Jahr 2015 sind das etwa 4,6 Millionen, was vergleichbar ist mit der Bevölkerungszahl von Berlin und damit, auf ein ganzes Land gerechnet, wirklich ziemlich wenige. Als Nächstes fragen wir nach der Zahl der Schafe. Die amtliche landwirtschaftliche Produktionsstatistik vermeldet hier für das Jahr 2015 exakt 29,5 Millionen Schafe. Das heißt, dass die Schaf-zu-Mensch-Ratio deutlich niedriger ist als 20:1. Auf einen Neuseeländer kommen heutzutage gerade einmal sechs Schafe. Das liegt nicht nur an der zunehmenden Zahl der Menschen, sondern auch an einem Rückgang der Schafpopulation. Die ist seit den 1980er-Jahren, als noch mehr als 70 Millionen Schafe auf nur 3,1 Millionen Neuseeländer kamen, im Rückgang begriffen. Schuld sind die weltweit sinkenden Wollpreise, Dürren in den 1990er-Jahren und zunehmender Konkurrenzdruck für die Schaffarmer durch andere landintensive Agrarzweige, vor allem die immer intensivere Milchwirtschaft und die Forstwirtschaft. Noch nie lebten in Neuseeland so wenige Schafe wie heute!

Die Schafe können sich nicht zu den schutzwürdigen endemischen Tierarten Neuseelands rechnen; allerdings dürfen sie sich vielleicht auf kulturelle Schutzwürdigkeit berufen. Immerhin kamen die ersten von ihnen bereits mit Kapitän Cook nach Neuseeland und betraten schon 1773 zum ersten Mal neuseeländischen Boden.

Es kann nicht einfach gewesen sein, in dem anfangs noch dicht bewaldeten Land ein schafwürdiges Leben zu führen. Aber die neuseeländischen Siedler gaben nicht auf; gingen ihre Herden durch Dürren ein, beschafften sie sich günstig neue Schafe in Australien. Allein im Jahr 1864 landeten 13.000 Schafe von dort auf der Südinsel.

Die Beharrlichkeit zahlte sich aus: Auf großflächig gerodeten Arealen auf der Nordinsel und im ohnehin kargen Hochland der Südinsel weideten bald Hunderttausende Schafe. Wolle zählte zu den ersten Exportgütern des jungen Landes. Sie wurde so erfolgreich, dass man nicht wusste, was man mit dem Rest des Schafs anstellen sollte. (Veganer und Schafliebhaber, bitte weiterblättern!) Schaffleisch war in Neuseeland Billigware, Schafe wurden aus purer Platznot von Klippen ins Meer getrieben oder zu Talg eingekocht.

Die Erfindung des Einfrierens und die Möglichkeit, große Mengen gefrorenen Fleischs mit gekühlten Frachtschiffen nach Europa zu schicken, stellten für die neuseeländischen Schaffarmer gleichzeitig eine Erlösung und eine weitere Einnahmequelle dar. Am 7. Dezember 1881 wurden die ersten Schafe an Bord des Segelschiffs »Dunedin« gebracht, dort geschlachtet und eingefroren. Am 24. Mai des nächsten Jahres kam das Schiff mit 4.900 Schafen in London an und läutete einen Wirtschaftsboom für das kleine Neuseeland ein: Fortan versorgte es die hungrigen Engländer mit leckerem Lammfleisch und machte dabei fast 100 Prozent Profit. Dank der Schafe genossen die Neuseeländer mehrere Jahrzehnte lang einen der höchsten Lebensstandards der Welt. Bis die Überseetransporte des Gefrierfleischs zu teuer wurden und das »Mutterland« Großbritannien sich der Europäischen Union zuwandte. Viele Schlachtbetriebe mussten schließen, obwohl Neuseeland immer noch mehr als die Hälfte des weltweit konsumierten Schaffleischs produziert. Eindrucksvolle Überreste eines einst florierenden Schlachthauses, das direkt an ein großes Kühllagerhaus und eine Hafenanlage angeschlossen war, finden sich am Eastcape: Hier verrottet die über 360 Meter lange Tokomaru Bay Wharf, seit in den 1950er-Jahren die Schaffleisch-Industrie zusammenbrach.

Die Zahl der Schafe in Neuseeland liegt derzeit auf einem Rekordtief, sie haben ihre wirtschaftliche Bedeutung an Milchkühe und Touristen abtreten müssen. Aber wenn wir gerade von denen sprechen: Clevere Schaffarmer verbinden hier das Angenehme mit dem Nützlichen und haben sich auf die touristische Präsentation ihrer Betriebe verlegt. Im ganzen Land kann man als Schaf-Laie sehen, wie Schafe gehalten werden, wie schnell man sie scheren kann und was man mit ihrem Fell so alles macht.

Das demonstrieren zum Beispiel die Schaf-Experten in gigantischen Bespaßungsanlagen wie der »Sheep World« nördlich von Auckland oder dem »Agrodome« bei Rotorua. Vom Einkreisen und Treiben der Herde mit Hunden bis hin zum Scheren und der Fellverarbeitung bekamen wir hier einen überraschend gründlichen Einblick in die typische Farmwirtschaft Neuseelands. Und nachdem unsere Kinder ein Lämmchen mit der Flasche füttern durften, war klar: Schaffleisch essen wir nie wieder!

Der Zweck von Schafen ist ja vorrangig die Produktion von Wolle. Vor allem Neuseelands Merino-Schafe, die im Hochland der Südinsel gehalten werden, leisten hier einen ausgezeichneten Job; ihre Wolle gehört zu den feinsten und besten der Welt, die daraus hergestellte Outdoor-Kleidung erfreut sich in Fachkreisen eines ausgezeichneten Rufes. Ein schlechtes Gewissen muss man auch als Veganer nicht haben, denn den neuseeländischen Merino-Schafen könnte es nicht besser gehen: Sie dürfen das ganze Jahr über allein auf den Weiden herumstromern, die zu den schönsten Regionen des Landes gehören und Traumblicke auf Bergpanoramen und Meeresküsten bieten. Und ohne Wölfe müssen sie vor nichts Angst haben – außer vor dem Schermesser.

Diese Angst trieb den Merino-Schafbock Shrek von der Bendigo Station bei Cromwell im Jahr 1998 dazu, sich vor der alljährlichen Schafschur zu drücken. Er versteckte sich sechs Jahre lang erfolgreich in Höhlen und schleppte einen entsprechend schweren Pelz mit sich herum, als er im Jahr 2004 endlich gefasst wurde: 30 Kilogramm Wolle wurden ihm abgenommen, und zwar live im Fernsehen (Gerüchten zufolge waren die Einschaltquoten höher als zur Beerdigung von Prinzessin Diana). Der Mammut-Pelz wurde für 150.000 NZ$ zu einem wohltätigen Zweck versteigert. Aber das war nur der Beginn einer hochkarätigen Karriere für Shrek: Er wurde zu einem nationalen Symbol für das Land, in dem mehr Schafe als Menschen leben, ein echter »Kiwi«. Shrek wurde Held eines Kinderbuchs und traf an seinem zehnten Geburtstag sogar die damalige Premierministerin Neuseelands, Helen Clark.

Nach seinem Tod mit stattlichen 16 Jahren (Merino-Schafe erreichen normalerweise maximal neun Jahre) wurde Shrek in der weltberühmten »Church of the good Shepherd« am Ufer des Lake Tekapo öffentlich aufgebahrt, seine Asche sollte auf dem Gipfel des Aoraki/ Mount Cook verstreut werden.

So sehr lieben die Neuseeländer ihre Schafe also. Ähäm.

111. Grund

Weil es die Sandfly gibt

Neuseeland ist traumhaft schön, das wird jeder bestätigen. Aber zur Sandfly wird wohl selbst der größte Neuseelandfan kein gutes Wort finden. Warum ich die fiese kleine Kriebelmücke trotzdem liebe? Erkläre ich gleich. Erst einmal gilt es, den Feind zu beschreiben – denn als solcher gilt die Sandfly, auf Māori »namu«, eigentlich jedem. Von den Kriebelmücken, »blackflies« oder schlicht »mosquitos«, die auf der ganzen Welt verbreitet sind, gibt es in Neuseeland ganze 13 Unterarten. Nur zwei von diesen sind wirklich nervig, weil sie Menschenblut mögen: die »New Zealand blackfly« und die »West Coast blackfly«. Unterscheiden kann man sie als Nicht-Fachmann aber sowieso nicht.

Beide sind nur etwa zwei Millimeter groß, treten bevorzugt in Form von schwarzen Wolken auf und können einen mit ihren extrem juckenden Bissen tatsächlich in den Wahnsinn treiben. Natürlich sind es wieder mal nur die Damen, die sich am Blut von Warmblütern wie Pinguinen und anderen Vögeln, Fledermäusen, Seehunden, Haustieren und gern auch Menschen gütlich tun. Sie stechen die Haut auf und saugen den Blutstropfen auf, der dann hervortritt. Mister Sandfly ist dagegen scheuer Vegetarier.

Und warum jucken die Bisse so höllisch? Es liegt an den Antikoagulantien in der Spucke der Sandfly. Die verhindern, dass das Blut des Opfers zu schnell eintrocknet, und bereiten es zugleich magenfreundlich auf. Der oder die Gebissene erlebt leider die Kehrseite dieser praktischen Stoffe: Sie rufen nämlich eine allergische Reaktion hervor, die sich in starkem Juckreiz, Hautrötungen und Schwellungen äußert. Wie es mit Allergien so ist: Manche reagieren sehr heftig auf Sandfly-Bisse, andere fast gar nicht. Die Neuseeländer fluchen jedenfalls fast gar nicht über die Sandfly, der Körper scheint sich also auf Dauer auch an das Allergen zu gewöhnen.

Das Erste, was man tut, wenn man von Sandflies gebissen wurde, ist gleichzeitig das Blödeste, was man tun könnte: kratzen und reiben. Dadurch schwellen die Stichstellen nur an, gehen auf und entzünden sich – und das tut dann richtig weh und kann unbehandelt zu ekligen Infektionen führen.

Um ihre zarte Haut zu schützen, können Neuseelandreisende wenig tun. Ob auf der Nordinsel oder auf der Südinsel, überall lauert die Sandfly. Spätestens an der dauerfeuchten Westcoast und im waldreichen Fiordland machen eigentlich alle Bekanntschaft mit dem Wahnsinnspotenzial der kleinen Fliege.

Abgesehen von fließendem Wasser und Urwald mögen Sandflies auch Strände und Seeufer. Da sie Feuchtigkeit lieben, treten die Biester in Plagequalität bevorzugt an feuchten, diesigen Tagen auf. Spitzenwerte erreicht die Sandfly-Belastung morgens, da stehen die Mütter zusammen mit ihren frisch geschlüpften Babys auf und haben Hunger. In der Abenddämmerung steigen die schwarzen Schwärme erneut auf, da haben die Mamis gerade neue Eier abgelegt und sind wieder hungrig.

Die einzige zuverlässige Verschnaufpause für geplagte Wanderer ist die Nacht. Dann können die Sandflies nichts sehen und beißen daher auch nicht. In der Regel bleiben sie auch freiwillig draußen, sodass man das Zimmer oder den Campervan zum Schlafen nicht luftdicht verschließen muss.

Alte Neuseelandhasen haben eine ganze Reihe von Geheimtipps parat, wenn es darum geht, die juckenden Stiche zu versorgen oder die Sandflies am Beißen zu hindern: Von Antihistaminika oder Cortison aus der Apotheke über Aloe-vera-Creme oder Zahnpasta bis zu so sonderbaren Ideen wie heißem Wasser, Papaya-Creme oder Hautcreme gemischt mit Desinfektionsmittel reichen die Empfehlungen.

Nachdem wir ein einziges Mal, an einem nebelverhangenen Nachmittag am abgelegenen, bildschönen Lake Rotoiti im Nelson-Lakes-Nationalpark auf der Südinsel, Bekanntschaft mit den Plagegeistern geschlossen hatten und schleunigst verduftet waren, kann ich sagen: Hilft alles nicht. Nur die Zeit heilt diese Wunden …

Schon James Cook war von den Sandflies beeindruckt, als er im Dusky Sound ankerte. In seinem Logbuch notierte er damals: »*The most mischievous animal here is the small black sandfly which are exceeding numerous … wherever they light they cause a swelling and such intolerable itching that it is not possible to refrain from scratching and at last ends in ulcers like the small pox.*«

Captain John Lort Stokes, der den Doubtful Sound kartografierte, wollte diesen wunderschönen Ort eigentlich Venom Point, Sandfly Bay oder Bloodsuckers Sound nennen, und der Startpunkt des Milford Track heißt nicht umsonst Sandfly Point. Die Sandfly Bay, die wir auf der Otago Peninsula sehr vorsichtig betraten, ist dagegen vollständig frei von Kriebelmücken; ihr Name rührt von dem ständig fliegenden Sand her, den der Wind hier stetig über die Dünen bläst und der hervorragend gegen Sandflies wirkt.

Selbst die stolzen Māori stehen mit der Sandfly auf Kriegsfuß. Sie erzählen sich eine hintergründige Geschichte: Als der Gott Tu-te-Raki-Whanoa das herrliche Fiordland geschaffen hatte, fanden die Menschen es so schön, dass sie vor lauter Staunen gar nicht mehr zum Arbeiten kamen. Die Göttin Hine-Nui-te-Pō ärgerte das, und sie erschuf umgehend die Sandfly, um die faulen Menschen wieder in Bewegung zu bringen.

Irgendwie haben die Māori recht damit, der Sandfly eine solche Bestimmung zuzusprechen. Wenn es die aufdringliche kleine Kriebelmücke nicht gäbe, würden sicherlich noch mehr Touristen in den schönsten Gegenden Neuseelands herumtrampeln, sich an den einsamen Stränden aalen und überall ihre Quartiere aufschlagen. Dann wäre es vorbei mit der viel gelobten grandiosen Abgeschiedenheit, die vor allem die Westcoast und das Southland noch bieten.

Also: Danke, kleine fiese Sandfly, dass du mein geliebtes Neuseeland vor zu vielen Fans bewahrst!

Fazit

Weil Neuseeland im Herzen bleibt

Schon bevor wir die Flüge für unsere dritte Neuseelandreise gebucht hatten, spürte ich ein leises Bedauern in meinem Herzen. Ich wusste und freute mich wie ein kleines Kind darauf: Wir würden bald wieder nach Neuseeland fliegen. Wir würden wieder in unser Miet-Wohnmobil steigen, uns darin ein Zuhause für die Zeit der Reise schaffen, den Motor starten und auf der linken Straßenseite losfahren – der Nase nach, in Richtung der schneebedeckten Berge der Southern Alps am Horizont, über uns die schnell dahinziehenden Wolken und den unvergleichlich weiten Himmel, hinter uns der Alltag und all das, was im Leben langweilig und grau ist.

Wir würden wieder ohne festen Tagesplan drauflosfahren und dabei aus dem Fenster schauen, immer wieder verzückt seufzen und uns gegenseitig darauf hinweisen, wie schön der Bergrücken da drüben aussah, wie grün die Wiesen leuchteten und wie toll der kontrastierende blaue Himmel darüber wirkte. Wir würden immer wieder anhalten, fotografieren, aussteigen und einfach mal nachschauen, wo der kleine Track hinführte, auf den das grün-gelbe Hinweisschild des Umweltschutzministeriums am Wegrand hinwies. Einen Kaffee kochen, die Picknickstühle aufstellen und die Kinder ohne Ermahnungen oder Sorgen herumstreifen lassen; Platz war genug, und stören würden sie niemanden.

Wir würden wieder eine traumhafte Zeit in Neuseeland haben; da war ich ganz sicher. Und trotzdem mischte sich, schon während ich meinen Finger über die Straßenkarte gleiten ließ und nach Orten schaute, an denen wir noch nicht gewesen waren, ein bedauerndes Gefühl des Abschieds in meine Vorfreude.

Jede Neuseelandreise muss irgendwann einmal enden. Dieses Ende, so lange man es auch hinauszögern mag, hat mich bisher jedes Mal mit so großem Abschiedsschmerz erfüllt, wie ich es von keinem noch so schönen Urlaub kenne. Den Blick aus dem Flugzeug auf die kleiner werdenden Inseln Neuseelands, auf die schneebedeckten Gipfel der Southern Alps oder die grüne Westküste der Nordinsel, kenne ich nur durch einen Tränenschleier.

Zurück in Deutschland kommt uns in den ersten Wochen alles falsch vor. Das Tageslicht scheint seltsam trübe, die Sonne steht zu niedrig, die Welt wirkt so grau, und die Luft schmeckt nicht mehr! Das liegt sicherlich daran, dass wir im Alltag mit Büro, Kindergarten und Schule wieder viel mehr Zeit in geschlossenen Räumen verbringen. Trotzdem: Wir fühlen uns eingeengt, auch wenn wir draußen sind. Im Supermarkt überrascht uns das irre Tempo an den Kassen, wir müssen in Windeseile über die Straße rennen, und jeder hat es eilig, eilig. Unser freundliches Lächeln, das wir zunächst noch freigebig verteilen, friert bald ein, weil es fast niemand erwidert.

»Warum seid ihr denn nicht gleich dort geblieben?« Die Frage, die uns Freunde etwas genervt stellen, nachdem wir ihnen unsere Wiederankommens-Schwierigkeiten schildern, kommt uns fast anklagend vor. Natürlich haben wir darüber lange nachgedacht und geredet. Natürlich erscheint uns die Idee immer wieder verlockend. Aber es gibt diverse Gründe, warum eine Auswanderung für uns nicht infrage kommt.

Neuseeland ist wunderschön, aber es ist kein Paradies. Deutschland, wo wir wohnen und ein dichtes Netzwerk aus Verwandten, Freunden und Bekannten haben, ist auch keines – aber es hat durchaus Vorteile, hier zu leben, finden wir. Würden wir Neuseeland immer noch so toll finden, wenn wir dort leben und arbeiten würden? Tagelange und teure Flugreisen entfernt von Oma und Tanten, aber auch vom Rest der Welt, den wir dann nicht mal eben nach einer halben Stunde Autofahrt entdecken könnten?

Wir haben uns entschieden, Neuseeland nicht zu unserer Heimat zu machen. In meinem Herzen hat es ohnehin einen so festen Platz erobert, dass ich es nicht mehr vergessen kann. Das merke ich an dem heftigen Ziehen in der Brust, das ich spüre, wann immer ich ein Foto aus Neuseeland sehe. An der Freude, die aufwallt, wenn ich jemanden treffe, der auch in Neuseeland war – »Erzähl!«

Und wenn ich mal wieder die Augen rolle über den grauen deutschen Alltag und die so wenig lockeren deutschen Mitbürger, deren Mundwinkel permanent nach unten zu zeigen scheinen, dann horche ich in mich hinein und versuche, dieses warme Neuseelandgefühl hervorzuholen. Ich lächle die miesepetrigen Passanten an, wünsche der verbiestert blickenden Kassiererin einen wunderschönen Tag und lasse mich von Trainingsterminen und dringenden E-Mails nicht allzu sehr stressen – »she'll be right«, auch in Deutschland. Die nächste Neuseelandreise ist ohnehin schon geplant.

JENNY MENZEL, geboren 1978 in Dresden, verlor ihr Herz im letzten Studiensemester ganz ungeplant an Neuseeland – eigentlich sollte es nach Bali gehen. Ihre Reisen mit einem, zwei und inzwischen drei Kindern führten die freie Lektorin, Redakteurin und Familien-Reisebloggerin rund um die Welt, aber immer wieder zieht es sie zurück nach Neuseeland.

Jenny Menzel
111 GRÜNDE, NEUSEELAND ZU LIEBEN
Eine Liebeserklärung an das schönste Land der Welt

ISBN 978-3-942665-46-9

BILDNACHWEIS
Coverfotos: Titelbild: © Bergfee/Fotolia.com, Bildleiste von oben nach unten: © tdway, © naticastillog, © cloudia, © tupungato, © OlyPhotoStories, © leelakajonki, © cloudia, alle Depositphotos.de | **Fotos im Textteil:** © Depositphotos.de: S. 13, 131: © cloudia, S.67: © tupungato, S.163: © kritiya, S.187: © lucidwaters, S.339: © leelakajonki, Autorenfoto S.400: © Privatarchiv Jenny Menzel | **Bildteil 1:** alle © Privatarchiv Jenny Menzel außer © Depositphotos.de: S.9 oben: © muha04, S.9 unten: © Shaycobs, S.11 unten: © Curioso_Travel_Photography, S.12 unten: © chrishowey, S.13 oben: © vichie81, S.13 unten, S.15 oben: © lucidwaters, S.16 oben: © cmfotoworks, S.16 unten: © pstedrak | **Bildteil 2**: alle © Privatarchiv Jenny Menzel außer © Depositphotos.de: S.11 oben: © muha04

VERLAG
Schwarzkopf & Schwarzkopf Media GmbH
Kastanienallee 32, 10435 Berlin
Telefon: 030 – 44 33 63 00
Fax: 030 – 44 33 63 044

INTERNET | E-MAIL
www.schwarzkopf-schwarzkopf.de
www.facebook.com/schwarzkopfverlag
info@schwarzkopf-schwarzkopf.de